KB039054

걸프를 알다

변화하는 아랍의 라이프 스타일과 부상하는 우먼 파워

일러두기

1. 이 책의 외래어와 외국어는 외래어표기법 용례에 따라 표기했습니다.

   아랍어에는 태양문자와 달문자가 있습니다. 태양문자는 정관사 'Al'이 붙을 때 '알'로 발음되지 않고 '앗' 혹은 '안'으로 발음됩니다. 가령 'Saud'는 정관사가 붙을 경우 태양문자 아랍어 음가 규칙에 따라 '앗사우드'로, 'Sabah'는 '앗사바'로 발음되지만, 외래어표기법 용례에 따라 '알사우드', '알사바'로 표기했습니다. 단, 발음상 외래어표기법 용례를 적용하기 어려운 경우에는 발음에 가깝게 표기했습니다[예: 바니 우뚭(Bani Utub), 알칼리파(Al-Khalifa), 알웃자(Al-Uzza) 등].

2. 이 지역의 통계는 자료마다 상이합니다. 이는 아랍 국가들의 통계자료 부족과 접근성의 한계 때문입니다. 따라서 본문에서는 일률적으로 하나의 통계를 적용하기보다 각 자료에서 제시한 자료를 그대로 인용했습니다.

이 도서의 국립중앙도서관 출판예정도서목록(CIP)은 서지정보유통지원시스템 홈페이지(http://seoji.nl.go.kr)와 국가자료공동목록시스템(http://www.nl.go.kr/kolisnet)에서 이용하실 수 있습니다.
CIP제어번호: CIP2018031227(양장), CIP2018031228(반양장)

┃ 단국대학교 아랍문화연구소 총서 2 ┃

걸프를 알다

변화하는 아랍의 라이프 스타일과
부상하는 우먼 파워

엄익란 지음

차례

부상하는 글로벌 파워, 여성 그리고 '워머노믹스'

"여성은 세계 경제에서 과소 활용된 경제 자산이다"
Angel Gurria(OECD 사무총장)

"세계 경제의 가장 강력한 성장 엔진은 여성이다"
≪이코노미스트≫

워머노믹스(Womenomics)는 '우먼(Woman)'과 '이코노믹스(Economics)'의 합성어로, 원래는 소득수준이 높은 여성 소비자를 대상으로 한 상품과 서비스 시장을 뜻했다. 그러다가 여성의 경제활동이 증가하면서 이제 그 의미는 소비의 주체, 생산의 주체, 구매 결정권자로서 여성의 역할을 포괄하게 되었다. 워머노믹스는 '여성의, 여성에 의한, 여성을 위한' 경제, 즉 여성의 경제 참여와 함께 여성이 경제를 주도하는 현상을 의미한다. 세계 굴지의 글로벌 연구소에서 출간되는 미래 보고서들은 한결같이 여성의 경제 참여가 경제에 긍정적인 영향을 미칠 것으로 예고하고 있다.

가령, 보스턴 컨설팅 그룹의 여성 소비 트렌드 보고서에 따르면 현재 글로벌 경제 위기에서 벗어날 수 있는 기회는 여성들이 제공할 것이며, 여성 경제는 부정할 수 없는 거대한 신흥 시장이라고 강조하고 있다. 이 보고서는 여성의 구매력은 경제 불황으로부터 탈출구를 제공할 것이며, 세계 어느 나라의 경기 부양책보다 더 지속 가능한 경기 회복의 견인차로 자리매김할 것이라고 언급하고 있다. 함부르크 트렌드 연구소의 미래 보고서는 미래를 주도할 메가트렌드로 '여성화'를 꼽고 있다. 수많은 사회에서 여성은 전통적인 역할을 벗어던지고 점차 지도자의 위치로 올라선다는 것이다. 그리고 「유엔 미래 보고서 2045」에서는 양성평등이 글로벌 경제에 미치는 영향을 긍정적으로 역설하면서 노동시장에서 남녀 고용률의 차이를 좁히는 것만으로도 미국 GDP의 9%, 유럽 GDP의 13%가 상승할 것으로 보고 있다. 마지막으로 매킨지 보고서에 따르면 여성에게 남성과 동등한 기회가 주어지면 세계 경제는 2025년까지 약 28조 달러(GDP의 26%)의 성장 효과가 있을 것이라고 한다.

워머노믹스 시대 걸프 여성

2000년대 들어 걸프 지역은 지속적인 유가 상승(비록 2014년 여름부터 2년간 유가 하락 상황이 지속되었으나)과 산업 다변화에 성공하면서 이슬람 경제 강국으로 급성장했다. 걸프 국가의 경제력 상승은 소프트 파워의 급성장으로 이어졌다. 걸프 국가는 미디어, 관광, 패션 분야뿐만 아니라 문화 강국으로 이미지 변모를 위해 교육 사업과 문화유산 구축에 심혈을 기울인 결과, 저발전된 국가 이미지에서 탈피해 호감도 높은 글로벌 국가 브랜드 이미지를 구축하는 데 성공했다. 그리고 국가 미래 비전의 일환으로 그동안 집안에 머물던 여성 인적 자원 활용에 박차를 가하고 있다.

지금까지 걸프 국가들은 오일 머니 유입으로 자국민 여성의 경제 참여나 노동시장의 양성평등 문제에는 무관심했다. 자원에 기반을 둔 국가 경제 발전 탓에 여성 노동력이 굳이 필요하지 않았기 때문이다. 걸프 정부는 자국민 여성 대신 외국인 노동자를 고용했고, 자국민 여성에게는 그저 이슬람의 종교 이데올로기에 부합하는 성 역할만을 강조해왔다. 그러나 이제 걸프 국가는 포스트 오일 시대에 대비하기 위해, 그리고 외국인 노동 인력을 자국민으로 대체해 경제 활성화를 꾀하기 위해 여성 인력 활용을 국가 성장을 위한 주요 정책으로 내세우고 있다. 여성의 노동시장 참여는 향후 걸프 사회의 변동으로 이어질 것으로 예측된다. 임금노동자로서 걸프 여성의 신분 변화는 여성의 소비력 향상과 결정권 강화로 이어질 것이며, 이는 향후 걸프 사회의 전통적 가치 변화와 사회변동으로 이어질 것이기 때문이다. 이와 관련해 국내외 언론들은 무슬림 여성을 변화의 주역으로, 그리고 여성 소비자를 '금맥'으로 묘사하고 있다. 특히 걸프 여성의 노동시장 진출은 이 지역의 위머노믹스 확대와 소비 시장 성장의 신호탄이 되고 있다.

이 책의 구성

걸프 지역은 우리와 교류가 활발하고 매력적인 시장이지만 여전히 우리에게 잘 알려져 있지 않다. 또한 한국이 진출하기에는 여전히 불모지로 간주되고 있다. 우리에게 낯선 이문화·이종교라는 문화적 특성 외에도 걸프 국가들의 보수적인 정책으로 접근이 용이하지 못했기 때문이다. 그 결과 이 지역에 대한 정보, 특히 여성에 대한 정보는 턱없이 부족한 실정이다. 이에 이 책에서는 부상하는 '여성의, 여성을 위한, 여성에 의한' 경제성장의 중요성을 인식하면서 걸프 지역을 중심으로 한 GCC 6개국(바레인, 사우디아라비아, 아랍에미리트, 오만, 쿠웨이트, 카타르)의 위머노믹스, 즉 걸프 여성의 경제 참여가 이 지역의 라이프 스타일 변화와 소비에 미치는 영향을 주목한다. 이 책은 5개의 장으로 구성되어 있다. 1장에서는 걸프 국가별 형성 배경과 역사, 2장에서는 걸프 여성의 삶과 역사, 3장에서는 걸프인들의 문화 DNA, 즉 걸프 마인드와 여성에 대한 문화 코드를 분석했다. 이를 기반으로 4장에서는 걸프 라이프 스타일 변동 요인을 소개했으며, 5장에서는 걸프 여성의 라이프 스타일과 트렌드를 소개했다. 따라서 이 책은 실용적인 차원에서도 유용하게 쓰일 것으로 기대된다. 걸프 워머노믹스 연구를 통해 미래의 금맥으로 부상할 걸프 지역 여성 관련 소비 시장에 대한 우리 기업의 진출 전략을 제시할 수 있기 때문이다.

걸프 여성에 관심을 갖고 본격적인 연구를 시작한 지 어언 7년 차에 접어들었다. 한국연구재단의 지원으로 시작된 신흥 지역 연구 지원 사업이 계기가 되었다. 지난 7년간 걸프 여성에게는 많은 변화가 있었다. 특히 그 변화는 정체되어 변화하지 않을 것으로 여겨졌던 사우디아라비아에서 발견되었다. 2015년에는 여성에게 참정권이 주어졌으며, 2018년부터 여성 운전이 가능해졌다. 그러나 걸프 여성은 위에서 아래로 향하는(Top Down) 방식의 제도적 개혁에만 의존하지 않고, 딸로서, 아내로서, 엄마로서 혹은 임금노동자로서 혹은 지도자로서 일상생활에서 자신의 삶을 스스로 개척하고 있다. 그리고 이제 걸프 여성의 활동 영역도 점차 넓어지고 있다. 이는 지금까지 보이지 않는 사적 영역에 머물던 여성이 사회 구성원으로서 적극적인 행위자가 되었음을 의미하며, 향후 이 여성들이 걸프 사회 변동의 원동력으로 부상하고 있음을 의미한다.

끝으로 이 책을 저술할 수 있도록 연구 지원을 해준 '한국연구재단', 비인기 학문 분야임에도 연구 결과가 세상에 나올 수 있도록 기꺼이 출판을 지원해주신 한울엠플러스(주)의 김종수 대표님과 한울 가족들, 실질적인 출판 작업을 같이 진행해주신 최진희 팀장님, 그리고 항상 곁에서 물심양면으로 응원해주는 남편과 효준, 효민에게 감사를 표한다.

무엇보다도 아직 알고 싶은 것이 많은 연구자에게 영감을 불어넣어 준, 그리고 이제 막 세상을 향해 날갯짓을 시작한, 걸프 여성들에게 이 책을 바친다.

Dedicated to the Gulf Women who inspired me

2018년 9월

걸프 국가별 형성 배경과 역사

작지만 중요한 섬나라
바레인

바레인 국기의 왼쪽 흰색 톱니 모양 무늬는 이슬람의 5대 의무 사항을 의미한다. 이슬람의 5대 의무 사항에는 신앙 증언, 기도, 금식, 희사, 성지순례가 있다.

섬나라 바레인

● 바레인의 위치

바레인(Bahrain)은 하나의 큰 섬인 바레인 본토 섬과 본토 섬 주변에 위치한 하와르(Hawar), 무라하크(Muharraq), 움 안 나산(Umm an Nasan)섬, 시트라(Sitra)섬을 포함해 약 33개의 작은 섬으로 구성되어 있다. 바레인 본토 섬은 북쪽 끝에서 남쪽 끝까지의 길이가 48km, 그리고 서쪽 끝에서 동쪽 끝까지의 길이가 16km로, 걸프 지역에서는 가장 작다. 본토의 둘레는 자동차로 2시간 정도 돌아보면 충분하다. 수도 마나마(Manama)는 바레인 본토 섬에 위치하며, 그 의미는 아랍어로 '휴식처' 혹은 '꿈꾸는 곳'에서 유래했다고 한다(Wikipedia). 바레인 국명은 아랍어로 '두 개의 바다'[아랍어로 바다를 '바흐르(Bahr)'라고 하며, 바레인은 두 바다를 지칭하는 쌍수형이다]를 뜻한다. 두 개의 바다는 사우디아라비아와 카타르 사이를 흐르는 두 개의 바다를 의미하기도 하며, 짠 바닷물과 음용이 가능한 샘물이 흐르는 두 개의 수원지를 의미하기도 한다. 실제로 바레인은 다른 걸프 국가와 비교하면 상당량의 지하수와 샘물을 보유하고 있다. 이 신선한 물 때문에 바레인은 비록 국가의 크기는 작지만 고대 청동기 시대부터 인더스 문명과 메소포타미아 문명을 연결하던 딜문(Dilmun) 문명의 중심지로 널리 알려졌으며, 사람들의 교류가 활발하던 무역의 중심지 역할을 했다.

● 바레인의 지정학적 중요성

바레인은 지리적으로 사우디아라비아와 24km, 카타르와 28km 거리로 인접해 있다. 사우디아라비아와는 25km에 달하는 킹 파하드 코즈웨이(King Fahd Causeway)로 불리는 도로로 연결되어 있어 양 국가 국민은 자유롭게 국경을 넘나들 수 있다. 특히 사우디아라비아 동부 지역에 거주하는 주민들은 비교적 개방적이고 자유로운 바레인에서 주말을 즐기기도 한다. 그리고 최근에는 사우디아라비아 정부가 2018년 6월부터 자국 내 여성 운전을 허용하자 사우디아라비아 여성들이 운전면허 취득을 위해 바레인에 몰리고 있다. 비록 바레인은 걸프 지역에서는 가장 작은 국가이지만 지정학적 위치는 매우 중요하다. 바레인은 비행기로 약 8분이면 이란에 닿을 수 있고, 30분이면 이라크에 도달할 수 있다. 따라서 걸프 지역뿐만 아니라

서구의 안보 전략 요충지로 활용되고 있다. 현재 미 해군 제5함대가 바레인에 주둔하고 있다(케쉬시안, 2016: 13).

이주민이 원주민을 통치하는 국가, 알칼리파 가문의 국가 형성 과정

● 근대 이전 바레인

섬나라 바레인이 인류 역사에 첫 기록을 남긴 시기는 기원전 약 3000년경으로, 청동기 시대 딜문 문명기이다. 당시 딜문은 이라크 남부 지역의 메소포타미아 문명과 인도 및 파키스탄이 속한 인더스 문명을 연결하는 고대 문명의 무역 중심지였다. 그러나 인더스 문명이 무너지자 딜문 문명도 타격을 받아 무역의 요충지 기능을 상실했고, 후에 바빌로니아 제국에 편입되었다.

바레인 근대사는 16세기 초로 거슬러 올라간다. 당시는 페르시아, 포르투갈, 오스만 터키가 걸프 지역의 군사와 무역 패권을 장악하기 위해 바레인을 두고 경합을 벌이던 시기였다. 바레인을 차지하기 위한 강대국들의 경합은 페르시아가 1602년 바레인을 정복하면서 끝이 났다. 바레인은 마타리시(Matareesh) 가문의 지배하에 들어가게 되었다. 마타리시는 이란의 부셰르(Bushehr) 지역에 기반을 둔 오만 출신의 통치자로 페르시아 제국에 충성을 바친 인물이다. 마타리시 지배하에서 바레인은 주요 무역항과 진주 채취의 중심지로 부상하게 되었다. 바레인의 근현대사를 알기 위해서는 18세기부터 오늘날까지 바레인 지역을 지배해온 알칼리파(Al-Khalifa) 가문의 성장 배경을 알아야 한다.

● 알칼리파 가문과 바레인 우뚭

알칼리파 가문은 16세기 아라비아반도 내륙 지역인 나즈드(Najd) 지방에서 페르시아 걸프해 주변으로 이주해온 바니 우뚭(Bani Utub) 연합 부족의 일원이다. 일설에 따르면 바니 우뚭 연합 부족은 나즈드 지역에서 발생한 부족 간 내분과 심한 가뭄 때문에 쿠웨이트 지역으로 이주해 정착한 것으로 알려져 있다. 바니 우뚭 연합 부족에 속한 알칼리파 가문은 쿠웨이트 지역에서 나와 1763년 카타르의 주바라(Zubarah)로 불리던 서부 해안 지역으로 이주했다. 주바라에 정착한 알칼리파 가문은 1768년 요새를 건설하고, 주바라를 카타르 지배를 위한 근거지로 이용했다. 당시 알칼리파 가문의 지도자는 셰이크 무함마드 빈 알칼리파(Sheikh Mohammed bin Al-Khalifa)였다. 그는 부유한 상인 출신으로 이 지역의 경제적 패권을 장악하면서 자연스럽게 지도자로 부상했다. 셰이크 무함마드는 다양한 부족과 혼인 동맹을 맺어 정치적으로도 주바라 지역에서 안정과 평화를 유지할 수 있었다. 그는 주바라에서 자유무역 정책을 추진했으며, 그 결과 주바라는 부유한 도시로 성장했다. 그러나 주바라가 경제적으로 번성하자 마타리시가 속한 부셰르 지역과 당시 바레인 지역의 통치자였던 셰이크 나스르 알마즈크르(Sheikh Nasr Al-Mazkoor)를 자극했다. 1782년 마타리시는 주바라 항구에 드나들던 배를 공격했고, 그다음 해에는 셰이크 무함마드가 순례 여행을 갈 때까지 기다렸다 다시 이 지역을 공격했다. 그러나 셰이크 칼리파의 동생인 아흐마드 빈 무함마드 알칼리파(Ahmed bin Mohammed Al-Kalifa)는 성공적으로 공격을 막아냈고, 주바라에서 마타리시 세력을 축출했다.

한편 셰이크 칼리파는 순례 기간에 사망했고, 그의 뒤를 이어 셰이크 아흐마드(Sheikh Ahmed)가 알칼리파 가문의 지도자로 부상했다. 셰이크 아흐마드는 바레인 통치자에 반격하기 위해 쿠웨이트 통치 가문인 알사바(Al-Sabah) 가문을 포함해 바니 우뚭의 다른 부족과 연합했고, 1783년에는 바레인 지역을 정복했다. 전쟁에서 패한 바레인 통치자 셰이크 나스르 알

그림 1-1 바니 우뚭 연합 부족의 이주 과정과 알칼리파 가문의 바레인 정착

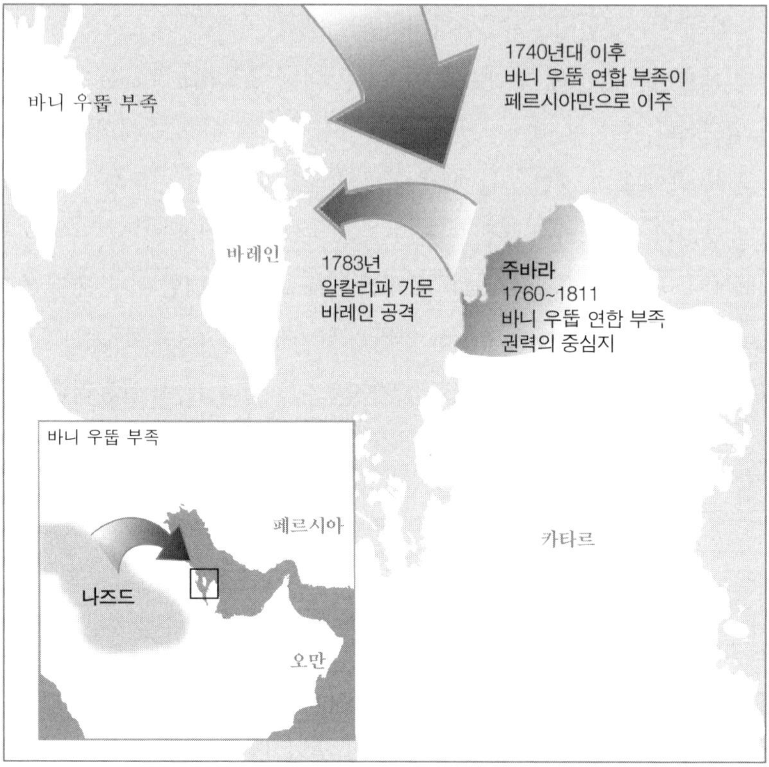

바니 우뚭 부족

1740년대 이후
바니 우뚭 연합 부족이
페르시아만으로 이주

바레인

1783년
알칼리파 가문
바레인 공격

주바라
1760~1811
바니 우뚭 연합 부족
권력의 중심지

바니 우뚭 부족

나즈드

페르시아

카타르

오만

자료: https://fanack.com/bahrain/history-past-to-present/antiquity-to-al-khalifa/

마즈크르는 이란의 부셰르 지역으로 망명했다. 반면, 전쟁에서 승리한 셰이크 아흐마드는 초기에 정착했던 카타르보다 좀 더 좋은 토양과 물을 얻을 수 있는 바레인으로 이주했고, 이후 바레인을 다스리는 아미르(Amir)가 되었다. 셰이크 아흐마드는 그의 통치 기간인 1783년부터 1796년까지 바레인의 무역업과 진주 산업을 적극적으로 장려했고, 대다수 알칼리파 가문 사람들은 그를 따라 카타르에서 바레인으로 이주했다.

알칼리파 가문이 지배하는 바레인은 외적으로는 강대국과의 관계로 인해, 내적으로는 알칼리파 가문의 내분으로 인해 항상 불안정했다. 약소국인 바레인은 주변 강대국 간 벌어지는 각축전에 많은 영향을 받았으며, 간헐적

그림 1-2 바레인의 알칼리파 통치 가문 가계도

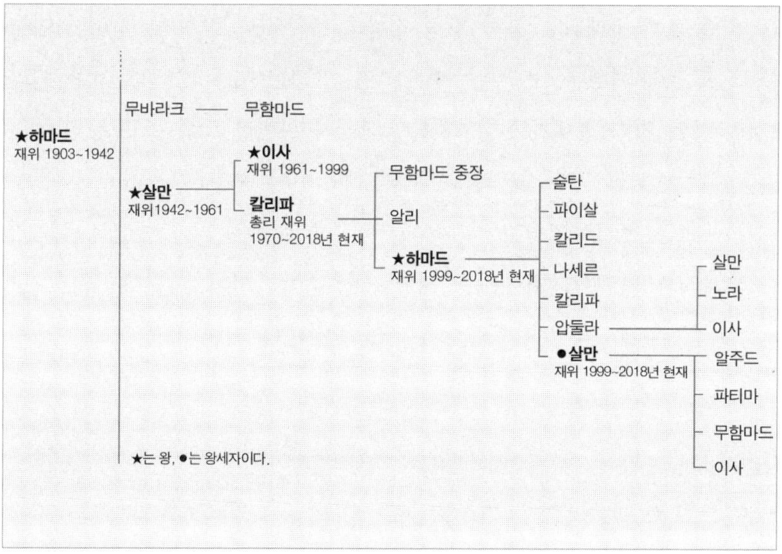

자료: https://dailybrief.oxan.com/Analysis/DB227726/Gulf-monarchies-may-update-power-structures

으로 페르시아, 오스만 제국, 아라비아반도 나즈드 지역 아미르의 통치를 받기도 했다. 이후 1820년에는 인도로 통하는 안정적인 무역로를 확보하려는 영국과 조약에 비준했고, 영국의 보호령하에 편입되었다. 이 보호 조약에서 영국은 알칼리파 가문을 바레인의 통치 가문으로 인정했다. 이후 바레인은 1971년 완전한 독립국이 되기 전까지 영국의 내정간섭을 받았다. 바레인이 영국으로부터 독립하게 되자 이란은 자신들이 지배했던 바레인에 대한 영유권을 주장했다. 그러나 UN의 중재로 1971년 바레인은 주권 국가로 인정받게 되었으며(당시 바레인의 국명은 State of Bahrain이었으나, 2002년 Kingdom of Bahrain으로 국명을 변경했다), 같은 해 9월 아랍연맹 회원국으로 가입했다.

이란은 바레인을 독립국으로 인정했으나 항상 바레인에 정치적·종교적 영향력을 행사했다. 바레인은 과거 이란의 지배를 받은 적이 있었으며, 바레인 국민의 70%가량이 이란과 종파가 같은 시아 무슬림이었기 때문이다. 1979년 이란의 호메이니 혁명 당시 바레인에는 알칼리파 왕정을 전복하려는 시아파 무슬림의 쿠데타가 있었다. 이란이 바레인 내 시아 무슬림 세력을 종용해 쿠데타를 통한 왕정 전복을 부추겼던 것이다. 그러나 이는 내부 밀고로 실패했다. 1979년 이란 혁명, 그리고 이후 1980년 이란·이라크전 발발로 지역 정세가 한층 더 불안해지자 위협을 느낀 걸프 왕정 국가들은 안보를 위한 공동 협력을 도모했으며, 1981년 GCC(Gulf Cooperation Council), '걸프협력협의회'(본부는 사우디아라비아 리야드에 주재) 창설로 이어졌다. 현재 걸프협력협의회에는 바레인, 사우디아라비아, 아랍에미리트, 오만, 카타르, 쿠웨이트가 회원국으로 가입되어 있다.

바레인의 정치 상황

바레인은 군주국이다. 왕위 승계는 1973년 제정된 헌법에 따라 알칼리파 가문의 장자 승계를 원칙으로 하고 있다. 바레인 왕가는 법으로 왕위 승계 구도를 명확하게 확립함으로써 안정적인 지배 구도를 유지하고 있다. 만일 장자에게 왕위를 물려줄 자녀가 없을 경우 왕권은 둘째 아들이 물려받게 된다. 현재 바레인의 통치자는 셰이크 하마드 빈 이사 알칼리파 (Sheikh Hamad bin Isa Al-Khalifa, 1950년생)이며, 왕세자는 살만 빈 하마드 (Salam bin Hamad, 1969년생)이다. 바레인은 국토가 좁고 인구도 적지만 알칼리파 왕족 수는 수천 명에 달하며, 아라비아반도에서 가장 큰 집권 가문에 속하는 것으로 알려져 있다(케쉬시안, 2016: 12). 알칼리파 통치 가문은 다른 걸프 국가와 마찬가지로 왕권을 쟁취하기 위한 경쟁적인 권력관계로 서로 엮여 있다. 현재 바레인 국왕과 왕세자를 중심으로 한 통치 세력과 미묘한 갈등 관계를 유지하는 경쟁상대로는 바로 국왕의 숙부인 칼리파 빈 살만 알칼리파 세력과 '카왈리드(Khawalids)'라고 불리는 세력이 있다. 카왈리드 가문은 1869년부터 1923년까지 바레인을 통치한 이사 빈 알리 알칼리파 (Isa bin Ali Al-Khalifah, 1848~1932년)의 이복형제 칼리드 빈 알리 알칼리파 (Khalid bin Ali Al-Khalifah, 1848~1932년)의 후손이다(케쉬시안, 2016: 14).

바레인의 국회는 양원제로, 왕이 임명하는 상원 의원(Chamber of Deputies)과 국민투표로 선출되어 4년 동안 집무하는 하원 의원(Shura Council)이 있다. 1999년부터 바레인을 통치해온 하마드 왕은 왕위 계승과 함께 다양한 정치 개혁을 시도했다. 그는 국가보안법 철폐, 여성 참정권 부여, 의회 선거, 정치범 사면 등을 시행했다. 바레인 정치 개혁 후 첫 국회의원 선거는 2002년 10월 26일에 치러졌다. 국회의원 선거는 그동안 정치적 약자로 살아온 시아 무슬림에게 정치권을 행사할 수 있는 중요한 기회가 되었다. 특히 2002년은 바레인 여성이 최초로 참정권을 행사한 역사적인 해이다. 비록 여성 국회의원은 단 한 명도 선출되지 않았으나 이를 계기로 바레인에서는 여성의 정치 참여를 위한 환경이 조성될 수 있었다. 2004년에는 나다 하파드 (Nada Haffadh)가 여성으로서는 최초로 복지부 장관으로 임명되었고, 준정부 여성 단체도 조직되어 차기 선거를 위한 교육이 실시되기도 했다. 바레인에서 정당 활동은 불법으로 간주되고 있기 때문에 '폴리티컬 소사이어티 (Political Societies)'라고 알려진 그룹들이 준정당 활동을 대신하고 있다.

바레인의 경제 상황

석유 발견 이전 바레인의 가장 큰 수입원은 진주였다. 1905년 바레인 인구는 약 9만 9000명으로 집계되는데, 이 중 1만 7500명의 남성이 진주 채취 잠수부로 일했을 정도이다. 정부는 진주 수출 후 거래되는 수입에 세금을 부과했는데 이는 국가의 중요한 수입원이었다. 그러나 20세기 초반

일본에서 양식 진주가 수출되어 진주 값이 폭락하고, 세계 경제가 공황기로 접어들어 사치품에 대한 수요가 줄어들자 진주 산업은 1930년대부터 사양길에 접어들었다. 바레인의 경제적 불운은 석유의 발견과 함께 금세 끝나는 것처럼 보였다. 1932년 바레인에서 석유가 처음으로 발견되었고, 바레인은 걸프 지역 최초의 석유 수출국이 되었기 때문이다. 석유 수출은 진주를 대체해 바레인 정부의 주 수입원이 되었다. 불행히도 바레인의 석유 시대는 그리 오래가지 못했다. 타 걸프 지역과 달리 바레인에는 원유량이 풍부하지 않았기 때문이다. 따라서 바레인은 일찌감치 석유 의존 경제에서 탈피해 경제 다변화를 추진했다. 1968년부터 바레인 정부는 외국인 투자 유치를 위해 노력해왔다. 그리고 사우디아라비아의 지원하에 내전으로 폐허가 된 중동의 금융 중심지 레바논을 대신해 금융 허브로 도약하고자 했다. 그러나 바레인의 비전은 1980년 걸프 지역에서 발발한 이란·이라크전과 1990년 이라크의 쿠웨이트 침공으로 역내 불안정이 지속되자 물거품이 되었다.

오늘날 바레인에서는 석유 정제 산업과 알루미늄 제련업이 경제 발전의 주춧돌이 되고 있다. 특히, 사우디아라비아와 합작해 만든 바레인의 알루미늄 제련업은 현재 중동에서 가장 큰 산업 분야로 성장했으며, 그 규모는 세계 3위를 차지하고 있다. 그 밖에도 조선업, 각종 화학 공업, 종이 제조업, 배터리 제조업, 원유 정제 산업 등이 바레인의 주 수입원이다.

모자이크 사회, 바레인

● 서로 이질적인 바레인 사회

바레인 사회는 매우 이질적이다. 바레인 사회의 이질성은 약 30개 이상의 섬으로 구성된 바레인의 지형학적 특성에서 비롯된다. 1941년 간선도로로 수도 마나마가 있는 본토와 공항이 있는 무하라크섬이 연결되고, 이후 그 밖의 주요 섬들이 연결되어 섬 주민들 교류가 활발하기 전까지 이들은 각기 자신들의 전통과 문화를 보존하며 살았다. 바레인 원주민은 18세기 알칼리파 가문이 이 지역에 정착해 지배권을 형성하기 이전부터 이 지역에 거주하던 아랍인과 페르시아 출신 사람들로, '알바하르나(Al-Baharna)'라고 불렸다. 이들 바레인 원주민은 문화적으로 서로 융화되어 통합된 사회를 유지하기보다 각 섬에서 자신들의 전통적인 삶을 고수하며 살아왔다.

바레인 사회는 민족적·종교적인 면에서도 다양하다. 수도 마나마 중심가의 상점 간판이 아랍어, 영어, 힌디어, 우르드어 등 다국어로 걸려 있다는 점은 바레인 사회의 다양성을 잘 보여준다. CIA 자료에 따르면 2016년 바레인 전체 인구수는 137만 8804명이다. 이 중 46%만이 바레인 국적자이다. 그리고 나머지 인구의 대다수는 45.5%를 차지하는 아시아 출신 노동자로 구성되며, 그 밖에 아랍 출신 비바레인 국적자가 전체 인구의 4.7%, 아프리카인이 1.6%, 유럽인과 미국인이 1%를 차지하고 있다. 종교적으로 바레인 사회에서 무슬림이 전체 인구수의 70.3%로 다수를 차지하며, 뒤를 이어 기독교가 14.5%, 힌두교가 9.8%, 불교가 2.5%를 차지하고 있다. 무슬림 인구 중 대다수는 이란계 시아파와 사우디아라비아에서 이주해온 아랍계 시아파로 구성되어 있다. 바레인 내 시아 무슬림 인구수는 통계마다 다르다. 바레인 공식 통계에 따르면 바레인 내 시아 무슬림은 전체 무슬림의 35%, 서구 통계는 55%, 시아 자체 통계는 75%로 집계되고 있다(Shikaly, 1998: 174). 시아 무슬림에 대한 통계 수치가 출처마다 다른 이유는 소수의 지배 계층인 수니 무슬림이 다수의 시아 무슬림을 지배하는 구조 때문이다. 과거 바레인은 이란의 지배하에 있었기 때문에 바레인의 시아 무슬림은 이란을 가깝게 여기며, 종교적 정통성도 이란에서 찾고 있다. 그리고 이들은 정부의 주요 정책에서 배제되어왔기 때문에 바레인 통치 가문에 대한 불만이 쌓여 있다. 따라서 바레인 정부는 시아 무슬림에 의한 왕권 전복을 항상 두려워하고 있으며, 시아 무슬림 인구수를 축소하는 경향이 있다.

● 바레인의 시아 무슬림의 뼛속까지 깊게 밴 종파 감정

바레인의 정치 발전과 경제 상황, 사회의 특징을 이해하기 위해서는 인구학적으로 다수를 차지하는 시아 무슬림과 소수인 수니 무슬림의 관계를 이해해야 한다. 바레인 내 수니 무슬림과 시아 무슬림은 거주 지역, 직업 분포, 교육 정도, 계층 소속감에서 서로 구별된다. 소수의 수니파는 주로 도시 지역에 거주하며 중상류층에 속하지만, 다수의 시아파는 도시의 빈민 지역이나 지방에 거주하며 저소득층을 형성하고 있다. 바레인의 수니 무슬림에는 알칼리파 통치 가문, 알칼리파 가문을 따라 나즈드 지역으로부터 함께 이주한 지지자들, 이란으로 이주했다가 이 지역으로 다시 들어온 '하울라(Haula)'로 불리는 이주민들, 아프리카 출신 이주민 등이 포함된다(Zahlan and Owen, 1998: 60). 바레인 내 수니 무슬림은 정부 요직이나 정부 기관 및 공공 부문에 고용되었다. 반면에 시아 무슬림들은 주로 소규모 무역업이나 수공업, 서비스업, 농업과 어업에 종사하고 있다(Rabi and Kostiner, 1998: 173~174). 종파에 따른 바레인 정부의 차별 정책은 한때 시아 무슬림의 분노를 야기했고, 이는 수차례 폭동과 저항운동으로 이어지기도 했다. 즉, 바레인이 근대국가의 형태를 갖추기 시작한 이후부터 수니 무슬림 지배층은 다수의 시아 무슬림들을 견제하기 위한 차별 정책을 시행해왔으며, 시아 무슬림은 소수의 수니 지배층에게 억눌리는 이등 국민의 삶을 살아온 것이다. 바레인 정부는 시아파 무슬림만 기념하는 '아슈라(Ashura)' 성일 기념을 금지했고, 시아파의 토지 소유도 금지했다. 아슈라는 이슬람력으로 1월 10일인데, 전쟁에서 사망한 제4대 칼리프 알리의 아들 후세인의 죽음을 기리는 날이다. 이날 시아 무슬림은 이맘 후세인의 죽음을 기리기 위해 거리 행진을 하며, 이 행진은 종종 반정부 시위로 번졌다.

다수 시아 무슬림에 대한 소수 수니 통치 가문의 차별 정책은 1960년대 이후 점차 개선되었다. 정부는 시아 무슬림의 아슈라 기념행사를 다시 허용했으며, 개인의 재산 보호와 안녕을 위한 법 등을 제정했다. 그리고 1970년대에는 보건, 법, 상업 및 농업, 공익, 전기와 물, 운송과 통신부를 포함해 일부 부서의 장관을 시아파 출신으로 임명했다(Rabi and Kostiner, 1999: 173). 그러나 바레인 내 시아 무슬림은 여전히 수니 무슬림과 비교해 상대적 박탈감을 느끼며 살고 있다. 정부에 대항한 대규모 시아 무슬림의 분노와 반감은 1979년 이란 혁명 이후 1994년 민주화 운동과 2011년 '아랍의 봄' 때 표출되었다.

● 바레인과 이란의 묘한 관계

바레인은 1979년 발발한 이란 혁명에 예민하게 반응했다. 그 이유는 첫째, 바레인의 다수 종파는 시아파(비록 제대로 된 통계가 이루어지지는 않았으나 시아 자체 통계로 75%로 추정)이고, 이들은 이란과 돈독한 관계를 유지하고 있었기 때문이다. 실제로 바레인 원주민 중 이란 출신이 상당수를 차지한다. 둘째, 이란은 바레인이 고대부터 자신들의 영토라고 주장해왔다. 이란과 바레인의 영토 문제는 1971년 영국 통치하에 있던 바레인이 독립하면서 불거졌으나 UN의 중재로 매듭지어졌다. 그러나 1979년 이란 혁명 이후 양국 간의 영토 문제는 다시 표면 위로 부상했다. 이란 혁명 이후 바레인의 시아 무슬림은 뿌리 깊이 내재된 그들의 불만을 이란의 신정부에 강하게 호소했다. 그리고 이란 역시 당시 라디오 방송을 통해 바레인 시아 무슬림을 선동해 알칼리파 통치 가문 타도를 시도했다. 이에 불안을 느낀 수니 이슬람의 종주국인 사우디아라비아는 바레인을 다각도에서 지원하며 보호했다. 사우디아라비아의 동부 지역은 시아 무슬림의 주요 거주 지역이며, 따라서 사우디아라비아에게 바레인은 이란의 영향을 받은 시아파의 동요를 차단하는 방패막이 역할을 했기 때문이다.

당시 사회 불평등에 따른 시아 무슬림의 반정부 분위기는 바레인 사회의 '종교화'로 귀결되었다. 1979년 이란 혁명 이전 걸프 사회는 오일 머니유입으로 현대화와 서구화에 박차를 가했으며, 이와 같은 경제적 번영기와 급속한 사회 변화 속에서 이슬람은 걸프 사람들 사이에서 점차 잊힌 단어가 되었다. 그러나 이란에서의 이슬람 정부 출현은 무슬림에게(바레인의 경우 특히 시아 무슬림들에게) 각종 부조리와 불평등에 대한 해결책으로 부상했다. 개방적이던 바레인 사회는 이란 혁명 이후 보수적으로 선회했다. 이러한 사회 분위기는 여성의 의상에도 영향을 미쳤다. 오일 머니의 유입과 서구화로 사라졌던 전통 의상은 이란의 영향을 받아 검은색 아바야 형태로 다시 등장했고, 지금까지도 여성의 외출복으로 사용되고 있다(Shikaly, 1998: 182).

1979년 바레인 시아 무슬림의 반정부 시위가 국외 세력에 의해 선동된 것이라면, 1994년 여름에 일어난 반정부 봉기(Intifada)는 정부 정책에 불만을 품은 시아와 수니 무슬림 종교 세력, 그리고 좌파와 자유주의 세력이 연합한 저항운동이었다. 당시 국민들은 외국인 노동자 감소, 바레인 국민에 고용 기회 확대, 효율적인 교육제도 운영, 평등한 법 제도 적용, 1975년 잠깐 존재하다가 소멸된 입헌 민주 제도로의 환원 등을 요구했다. 특히 바레인 시아무슬림은 경제 악화로 인한 실업 문제 해소와 정치적 약자인 자신들을 대변해줄 수 있는 민주제도의 부활을 요구하며 거리로 나섰다(Zahlan, 2002: 78).

바레인 내 실업 문제는 바레인 경제구조와 주변 걸프 지역 정세와도 밀접한 영향이 있었다. 걸프 국가 중 석유 자원이 가장 부족한 바레인은 1980년대 이래 석유 의존적인 경제구조에서 탈피해 홍콩처럼 역내 서비스와 금융업 중심 국가로 부상하려는 계획을 세웠다. 바레인의 이러한 야심에 찬 계획은 사우디아라비아의 원조를 받아 잠시 동안 성공하는 듯했다. 특히 1980년 발발한 레바논 내전은 역내 금융 허브를 꿈꾸는 바레인에게는 호재로 작용하는 듯했다. 그러나 1990년 걸프전이 발발하면서 역내 정치 안정과 경제성장이 위협받자 서비스 중심 산업에도 부정적인 영향을 끼쳤다. 그 결과 바레인 경제는 큰 타격을 입었으며, 이는 실업률 상승으로 이어졌다. 바레인 젊은이들은 1960년대 이래 대거 유입되어 현재는 약 65%로 추정되는 외국인 노동력을 자국민으로 대체하는 '노동력의 자국민화'[일명 바레이니제이션(Bahrainization)] 정책을 시행할 것을 정부에게 강력하게 요구했다. 그러나 정부의 대처는 미온적이었다(Rabi and Kostiner, 1999: 178). 1994년에 발발한 바레인 내 반정부 봉기는 시아와 수니의 연합 운동이라는 점에서 그 의의가 있을 뿐만 아니라 여성이 참여했다는 점에서도 의미가 있다. 이후 2011년 아랍의 봄에 영향을 받은 민주화 운동이 시아 무슬림 주도로 일어났으며, 수십 명의 사상자가 발생했다. 비록 바레인 내 시아 봉기는 현 정부의 정치 구조에는 큰 영향을 미치지 못하고 마무리되었으나 여전히 시아파를 중심으로 정부 정책에 대한 비판은 계속되고 있다.

초보수적인 이미지에서 탈피해 온건한 이슬람을 지향하는

사우디아라비아

 사우디아라비아의 국기는 이슬람을 상징하는 녹색을 배경으로, 이슬람교의 신앙 증언 내용인 샤하다(알라 외에는 신이 없고, 무함마드는 알라의 사도이다)와 정의를 상징하는 칼이 그려져 있다.

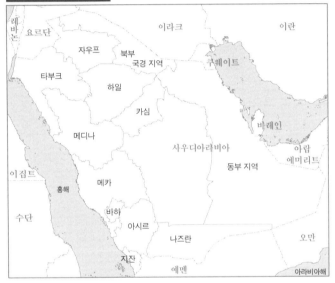

아라비아반도에서 가장 큰 사우디아라비아

• 사우디아라비아의 위치

사우디아라비아(Saudi Arabia)의 면적은 아라비아반도의 80%를 차지한다. 국경은 북쪽으로는 요르단, 이라크, 쿠웨이트, 남쪽으로는 카타르, 아랍에미리트, 오만, 예멘과 접해 있으며, 서쪽으로는 홍해를 끼고 이집트, 수단, 에티오피아, 그리고 동쪽으로는 바레인과 킹 파하드 코즈웨이로 불리는 다리로 연결되어 있다. 이 다리는 1981년 착공되어 1986년부터 개방되었으며, 길이는 25km에 달한다. 사우디아라비아 남부에는 '룹알칼리(Rub Al-Khali)'라고 불리는 거대한 사막 지형이 있으며, 아랍어로는 '1/4을 차지하는 빈 곳'을 의미한다. 한편 사우디아리비아는 동쪽으로 페르시아 걸프만을 끼고 강력한 경쟁 국가인 이란과 마주하고 있다. 이 두 국가는 수니와 시아라는 종파색, 아랍과 페르시아라는 민족과 문명색, 왕국과 공화국이라는 정치색으로 대립되어 경쟁 관계를 유지하고 있다.

사우디아라비아는 이와 같이 다수의 국가와 국경을 접하고 있다. 그러나 국경은 근대국가가 형성되고 석유가 발견되기 이전까지는 큰 의미가 없었다. 아라비아반도에 거주하던 사람들은 물과 식량을 찾아 유목 생활을 했으며, 부족들 간에는 경제적·정치적 이익에 따른 연맹 관계가 지속적으로 형성되고 또 와해되었기 때문이다. 그러나 석유가 발견되면서, 그리고 왕권을 중심으로 한 통치 체제가 구축되면서 국경 문제는 국가 안보 차원에서, 그리고 정치와 경제적인 면에서 중요한 사안이 되었다. 사우디아라비아에서는 1948년 석유가 발견되었고, 1951년부터 채굴되기 시작했다. 사우디아라비아는 전 세계 석유 매장량의 25%를 보유하고 있으며, 석유의 대부분은 동부의 가와르(Ghawar) 유전 지대에서 생산되고 있다. 이 유전은 사우디아라비아 국영 회사인 아람코(Aramco)가 소유하고 관리하고 있다.

사우디아라비아의 행정구역과 지역색

● 사우디아라비아의 행정구역

사우디아라비아 내 행정구역은 13개로 나뉜다. 여기에는 내륙인 나즈드(Najd) 지역의 하일(Hail)·카심(Al-Qassim)·리야드(Riyadh), 서부 해안 지역을 따라 위치한 히자즈(Hijaz) 지역의 타부크(Tabuk)·메카(Mecca)·메디나(Medina)·알바하(Al-Baha), 북부의 북부 경계와 알자우프(Al-Jawf), 남부의 지잔(Jizan)·아시르(Asir)·나즈란(Najran), 동부의 담맘(Dammam)이 포함된다. 각 구역은 118개의 도시로 구분되고, 주요 도시에는 인구의 85%가 거주한다. 특히 리야드, 제다(Jeddah), 메카, 메디나, 담맘, 알후푸프(Al-Hufuf), 무바라즈(Mubarraz), 타이프(Taif), 타부크, 부라이다(Buraidah), 카미스 무샤이트(Khamis Musheit) 등 10대 도시에 사우디아라비아 전체 인구의 50% 이상이 거주하고 있다(홍미정, 2013: 19~20). 아라비아반도의 대부분을 차지하는 사우디아라비아는 지역에 따라 지방색도 두드러진다.

● 보수적인 내륙의 나즈드인

사우디아라비아에서 가장 보수적인 지역은 바로 수도 리야드를 중심으로 한 나즈드 내륙 지역이다. 지정학적으로 아라비아반도의 중심부에 위치한 나즈드 지역은 정치의 중심지이다. 그러나 이 지역은 지형적 특성상 고립되어 있으며, 따라서 타 문화와의 교류도 적었다. 리야드는 인구 600만 명이 거주하는 대도시로, 세 개의 와디(Wadi)가 합류하는 지점에 형성된 거대한 오아시스 정착촌이 도시의 원형이다(홍미정, 2013: 22). 과거 이 지역에는 유목민과 정착민이 공존했으며, 유목민은 타 부족으로부터 정착민을 보호하는 대가로 정착민으로부터 식량, 옷, 금속 제품을 공물로 받았다. 현대 사우디아라비아 왕국의 창립자인 압둘 아지즈(Abdul Aziz) 국왕은 타 문화 유입에 따른 전통문화의 변형을 우려하며 리야드에 외국인 거주를 반대했었다. 그리고 이 정책은 1970년대에 이르러 외국인에게 도시를 개방하기 전까지 꽤 오랫동안 지속되었다. 나즈드 지역에서도 카심이 사우디아라비아 내에서는 가장 보수적인 도시로 알려져 있다(Long, 2005: 3).

• 서구화된 동부 지역의 시아 무슬림

반면 사우디아라비아에서 가장 개방적인 지역은 동부이다. 이 지역 거주민들은 사우디아라비아 내에서도 가장 서구화가 많이 된 곳으로 알려져 있으며, 대다수 거주민이 시아파에 속한다. 이들은 석유가 발견되기 이전에는 생업으로 주로 오아시스 주변에서 대추야자를 기르거나 해안가에서 고기잡이나 진주 채취를 했다. 그러나 석유가 발견되면서 이 지역 사람들의 삶의 패턴은 급속하게 바뀌었다. 석유산업으로 외국인 유입이 증가하게 되었고 자국민은 생계 수단이던 어업과 농업, 진주 채취 대신에 정부 기관이나 아람코와 같은 국영 회사에 고용되었다. 특히 아람코에는 서구인도 상당수 근무했기 때문에 동부 사람들은 일상생활에서 그들과 교류하며 자연스럽게 서구의 자유와 평등, 민주주의와 같은 가치를 받아들였다. 이는 리야드가 전통 수호를 목적으로 1970년대까지 외국인 유입을 엄격히 차단한 것과는 대조된다. 지금까지도 동부 지역은 사우디아라비아에서도 가장 서구화된 곳으로 알려져 있다(Long, 2005: 5~6). 2011년 '아랍의 봄' 발발 당시 동부 지역을 중심으로 반정부 운동이 일어나게 된 배경도 시아 무슬림에 대한 정부의 차별 정책에 대한 반발뿐만 아니라 외국인 유입으로 영향을 받은 동부 지역 거주민들의 민주주의 의식이 작용한 결과이다.

• 코즈모폴리턴 히자즈인

이슬람교의 성지인 메카와 메디나가 자리한 히자즈는 다국적인 분위기이다. 해안가에 위치한 지리적 특성뿐만 아니라 역사적으로도 이슬람교가 탄생한 이 지역에는 전 세계 무슬림 성지순례객들이 드나들면서 다양한 문화가 유입되고 섞이게 되었기 때문이다. 성지순례객들 중 일부는 자국으로 돌아가지 않고 메카나 메디나 지역에 정착한 사람들도 많았다. 지금도 이 지역에서 유명한 상인 가문에는 성지순례를 위해 들어왔다가 돌아가지 않고 정착한 사람들의 후손들도 있다고 한다. 히자즈 지역은 967년 이집트의 파티마 왕조가 성지 관리를 명목으로 '샤리프(Sharif)'(아랍어로 고귀함을 의미)라는 직위를 만들어 예언자 무함마드의 손자인 하산 빈 알리(Hassan bin Ali) 후손에게 자치권을 인정한 지역이다. 이후 예언자 무함마드의 후손들은 사우디아라비아 국가 건설 전까지 이 지역을 관리해왔다(홍미정, 2013: 23~25).

히자즈 지역은 민족이나 국가 정체성에 기반을 둔 공동체보다 이슬람교라는 종교 정체성에 기반을 둔 공동체 확립을 우선시했다. 따라서 다민족과 다문화의 특성이 공존하는 코즈모폴리턴 이슬람 공동체의 성격을 유지할 수 있었다(Al-Rasheed, 2013: 13). 그러나 이와 같은 공동체 전통은 1924년 압둘 아지즈 이븐 사우드(Abdul Aziz ibn Saud)가 아라비아반도를 통일하기 위해 메카를 공격하고, 1925년 자치권을 보장받던 하심 가문을 축출한 뒤(이후 하심 가문은 요르단으로 이주해 요르단 하심 왕국 건설) 이 지역을 통치하면서 점차 사라지게 되었다. 사우디아라비아 파하드(Fahd, 1982~2005년) 국왕은 이슬람교의 종교적 권위와 정통성 확립을 목적으로 1986년부터 왕의 칭호를 '폐하(His Majesty)' 대신 '두 성지의 관리자(Custodian of the Two Holy Mosques, 아랍어로는 Khadim Al-Haramayn Al-Sharifayn)'라는 호칭으로 바꿨으며, 이후 그의 뒤를 이어 고 압둘라 국왕과 현 살만 국왕이 이 전통을 따르고 있다. 여기에서 두 성지는 메카 지역의 하람 사원(Masjid Al-Haram)과 메디나 지역의 나바위 사원(Masjid Al-Nabawi)을 지칭한다. 메카 대사원으로도 불리는 하람 사원은 전 세계에서 규모가 가장 큰 사원으로 무슬림의 기도 방향의 기준이 되는 사원이고, 후자는 사도 무함마드가 메디나 집 근처에 지은 사원으로 전 세계에서 가장 큰 사원 중 하나이다. 히자즈 지역은 1970년대 리야드가 외부에 개방되기 전까지 사우디아라비아의 상업과 외교의 중심지 역할을 담당했다.

● 기타 지역

그 밖에 아시르 지역은 히자즈와 예멘의 중간 지역에 위치하며, 양 국가 간 완충지 역할을 했다. 아시르 지역은 산악 지역으로 외부인의 침략으로부터 안전했으며, 날씨도 좋아 사우디아라비아 사람들을 포함한 걸프 지역 거주민들의 여름 휴양지로도 유명하다. 그리고 이라크, 요르단, 네푸드 사막과 접해 있는 자와프 지역 거주민들은 이라크와 요르단 지역의 부족들과 연대 의식으로 엮여 있으며, 고대부터 아라비아반도의 동과 서를 가르는 주요 무역로로 상업의 중심지 역할을 했다. 그러나 아바스 제국 시대 바그다드와 통하는 무역로가 동서에서 남북으로 바뀌면서 경제적인 도시의 위상을 잃게 되었다(Long, 2005: 9).

와하비즘의 창시자 무함마드 압둘 와하브와 사우드 가문의 동맹으로 탄생한 사우디아라비아

● 사우디아라비아의 역사

현대 사우디아라비아는 3단계의 역사적 과정을 거쳐 형성되었다. 여기에는 사우디아라비아 종교 사상의 기반이 된 와하비즘(Wahhabism) 창시자 무함마드 압둘 와하브(Muhammad ibn Abdul Wahhab)와 나즈드 지역 촌장 무함마드 이븐 사우드(Muhammad ibn Saud) 간 동맹으로 아라비아반도 지배 권력 확장기인 제1왕국(1744~1818년) 시대, 사우드 가문 내부 투쟁과 경쟁 부족인 알라시드(Al-Rasheed) 가문의 지배권 부상으로 세력 소멸기에 해당하는 제2왕국(1824~1891년) 시대, 영국 지원하에 아라비아반도 통일 및 재부상기인 제3왕국(1932~현재) 시대가 포함된다. 현대 사우디아라비아의 역사는 리야드 근처 디리야(Diriyah) 오아시스 정착촌에서 시작되었다. 당시 디리야 정착촌에는 약 70여 가족이 살았으며, 그곳의 촌장이던 무함마드 이븐 사우드(1744~1765년 재위)는 중개상 역할을 하면서 근근이 삶을 이어갔다(홍미정, 2013). 당시 사우드 가문은 주변 부족과 비교하면 그리 부유하지 못했다. 그러나 나즈드 지역에서 보잘것없던 작은 부족의 촌장은 사우디아라비아 건국이념이 된 와하비즘을 설파하는 무함마드 압둘 와하브(1703~1792년)를 만나 동맹을 맺으면서 훗날 아라비아반도를 통일하고 사우디아라비아 왕국을 창건할 수 있는 기틀을 마련하게 되었다.

● 와하비즘의 태동과 사우드 가문과의 동맹

사우디아라비아를 이해하기 위해서는 건국이념의 초석이 된 와하비즘을 알아야 한다. 무함마드 압둘 와하브는 나즈드 지역 오아시스 정착촌인 알우아이나(Al-Uyaynah)의 타밈(Tamim) 부족 출신으로, 이슬람 4대 법학파 중 가장 보수적인 한발리(Hanbali) 법학파 집안에 속했다. 그의 가문은 나즈드 지역에서 대를 이어 종교학자를 배출한 뼈대 있는 가문으로 유명했다. 무함마드 압둘 와하브는 성인이 되자 주변 지역을 여행하면서 순수 이슬람을 회복한다는 기치를 새로운 사상으로 전파했다. 그는 신과 인간 사이 모든 형태의 중재를 비난했으며, 원칙을 지키지 않는 사람에 대해서는 '지하드(Jihad)', 즉 성전을 주장했다. 그리고 이슬람교의 성인 숭배 의식과 무덤 방문을 허용하던 수피주의와 시아파를 이단으로 여겼다. 그러나 알하사(Al-Hasa) 지역의 칼리드(Khalid) 부족과 나즈드 지역에 속한 다른 토후들은 그의 사상이 매우 완고하고 보수적이라 여겨 그를 반기지 않았다. 한편 무함마드 압둘 와하브의 사상에 부정적이던 나즈드 지역 족장들과 달리 디리야 정착촌의 무함마드 이븐 사우드는 그의 사상에 호의적이었다. 무함마드 압둘 와하브가 디리야 지역에 입성했을 때 무함마드 이븐 사우드는 그를 환대했으며, 부족 내 종교 지도자로서 그의 입지를 보장했고, 그의 사상도 받아들였다. 그 대신 무함마드 압둘 와하브는 무함마드 이븐 사우드의 정치적 리더십과 정통성을 재확인하면서 둘은 동맹을 맺게 되었다.

사우드 가문은 무함마드 압둘 와하브의 사상, 일명 와하비즘을 채택하면서 일대 변혁기를 맞게 된다. 무함마드 압둘 와하브와 무함마드 이븐 사우드는 이슬람 제국 건설과 사회 개혁 명목하에 주변 지역을 장악하기 시작했다. 그들의 세력은 정착민과 유목민 간 연대 동맹을 형성했고, 아라비아반도를 차례로 점령하면서 점차 세력을 키워갔다. 아라비아반도 내 정복 사업은 지하드를 명분으로 이루어졌으며, 사우드 가문은 정복 사업을 하면서 정치력을 확고히 할 수 있었다. 그뿐만 아니라 이슬람의 의무 사항인 자카트(Zakat), 즉 종교세를 강조하면서 경제적 부를 축적할 수 있었고, 그에 대한 정당성도 확보할 수 있었다. 결국, 사우디아라비아 왕가는 순수한 이슬람으로의 귀환이라는 종교적 명분을 통해 아라비아반도에서 지배력을 확장했으며, 이는 훗날 강력한 민족주의 이념으로 활용되었다. 사우디아라비아 통치 가문의 와하비즘 채택은 이슬람이라는 종교에 기반을 둔 민족주의 형성(Religious Nationalism)(Al-Rasheed, 2013)과 발전에 뿌리가 되었던 것이다. 와하비즘 종교 이데올로기는 지금까지도 알사우드 가문의 사우디아라비아 통치에 정통성을 세우고 정권의 안전성을 공고히 하는 데 기반이 되고 있다.

● 사우디아라비아의 제1왕국

와하비즘과 사우디아라비아 가문의 동맹 세력을 가장 처음 인정하고 수용한 사람들은 나즈드 남부 오아시스 주민들이었다. 이 동맹 세력들은 '이슬람의 군대'라는 이름으로 18세에서 60세 사이의 나즈드 정착민들을 징집했으며, 이들이 정복 사업의 중심 세력이 되었다. 그 결과 와하비즘으로 무장한 사우디아라비아 가문과 그 추종자들은 아라비아반도의 영토 대부분을 정복할 수 있었고, 1744년 리야드를 장악하면서 제1 사우디 왕국을 창건하게 되었다(홍미정, 2013: 21~22). 그러나 정복 사업 동안 이슬람의 성인 숭배와 무덤 방문을 이교도적 행위로 치부하는 와하비즘의 영향으로 수많은 역사적 성지와 성인들의 무덤은 파괴되었다. 아라비아반도 내 권력 변동이 생기자 오스만 제국은 이를 저지하고자 1811년 이집트의 총독이던 무함마드 알리(Muhammad Ali)에게 아라비아 영토 탈환을 명했다. 당시 제1 사우디 왕국의 통치자이던 압둘라 빈 사우드(Abdullah bin Saud, 1814~1818년 재위)는 무함마드 알리의 후계자인 이브라힘 파샤(Ibrahim Pasha) 군에 패배했고, 디리야는 초토화되었다. 그 결과 사우디아라비아 제1왕국은 멸망했고, 이후 사우디 통치자 압둘라는 콘스탄티노플에서 처형되었다(홍미정, 2013: 58).

● 사우디아라비아의 제2왕국

제1왕국 이후 재건된 제2왕국의 특징은 나즈드 지역 부족 간 세력 다툼으로 요약된다. 제2 사우디 왕국(1824~1891년)은 1824년 투르키 이븐 압둘라(Turki ibn Abdullah, 1821~1834년 재임)가 리야드를 수도로 정하고 사우디 왕국을 재건하면서 시작되었다. 1818년 이집트가 디리야 지역을 지배하자 그는 나즈드에 거주하던 타밈 부족에게 피난처를 구했다. 타밈 부족은 와하비즘의 주창자 무함마드 압둘 와하브가 속했던 부족이었기 때문에 투르키 이븐 압둘라에게 우호적이었다. 투르키는 나즈드 지역에서 반이집트 세력과 연대해 리야드를 중심으로 통치권을 확대해나갔다. 그러나 그는 사우드 가문 내부 갈등으로 인해 암살당했고, 이후 왕위 계승도 사우드 가문 내부의 반목과 내분으로 혼란스러웠다. 이러한 틈을 타 하일 지역을 통치하던 라시드 가문이 제2왕국의 마지막 통치자 압둘 라흐만(Abdul Rahman)을 나즈드 지역에서 축출했다. 전쟁에서 진 사우드 가문 사람들 중 일부는 바레인을 거쳐 쿠웨이트 지역으로 들어와 피난 생활을 했고, 나머지는 라시드 왕국으로 압송되면서 사우디아라비아의 제2왕국도 막을 내렸다(홍미정, 2013: 59~66).

• 사우디아라비아의 제3왕국

제3왕국은 제2왕국 패망 후 쿠웨이트에서 피난 생활을 하던 압둘 아지즈 이븐 사우드(1902~1953년 재위)의 귀환으로 시작되었다. 14세 어린 나이에 쿠웨이트로 쫓겨난 압둘 아지즈 이븐 사우드는 그곳에 머물면서 통치 가문인 알사바 왕가의 보호를 받았고, 당시 알사바 가문을 지원했던 영국과도 친분을 쌓았다. 이후 그는 쿠웨이트와 영국의 지원을 받아 1922년 경쟁 가문이던 라시드 가문을 축출하고 나즈드 지방에 대한 통치권을 확립할 수 있었다. 당시 이 두 가문 간의 전쟁은 아라비아반도에 대한 패권을 장악하려는 오스만 제국과 영국의 대리전이었다. 영국은 1915년 12월 앵글로·나즈드 협정에서 사우드 가문이 오스만 제국의 지원을 받던 라시드 왕국과 전쟁을 한다는 조건하에 영국제 무기와 군사 원조를 약속했던 것이다(홍미정, 1932: 82). 나즈드 지역을 통일한 압둘 아지즈 이븐 사우드는 이후 서진을 하면서 1924년 메카를 공격했고, 1925년에는 메카 지역에서 하심 가문을 축출했다. 당시 메카에서 쫓겨난 하심 가문은 북쪽인 요르단으로 이주해 정착했으며, 오늘날 요르단 왕국의 뿌리가 되었다. 아라비아반도의 경쟁 세력을 제압한 사우드 가문은 1932년 리야드를 수도로 정하고, 현대 사우디아라비아 왕국을 창설하게 되었다.

• 사막의 전사들, 이크완 부대

사우디 왕국 건설 과정에서 가장 혁혁한 공을 세운 일등 공신은 바로 이크완 전사들이다. 이크완은 '형제들'을 의미하며, 이들은 사막의 베두인으로 구성된 군대 조직이다. 1912년 약 1만 1000명의 조직원을 중심으로 창설된 이크완은 와하비즘에 동조한 이슬람교 무장 단체로 기존 부족 세력을 약화시키고 아라비아반도 정복에 앞장섰다(김정명, 2013: 40). 그러나 사우드 가문이 메카와 메디나가 있는 히자즈 지역을 정복하고 아라비아반도를 통일하자 이크완과 사우드 가문 간 의견 충돌이 발생했다. 이크완은 압둘 아지즈가 영국과 선린 우호 실용 외교 정책을 추진하는 것에 불만을 품었다. 그리고 히자즈 지역을 정복한 후 더 이상 진군하지 않는 사우드 가문을 맹렬히 비난했다. 또한, 서구식 근대 문물을 수용하던 압둘 아지즈를 타락한 지도자로 규정하고, 이슬람의 근본 원리를 배신하는 행위라고 비난했다. 이후 이크완은 1927년부터 압둘 아지즈와 영국이 설정한 중립 지대를 인정하지 않고 지속적으로 공격을 감행했다. 이크완이 이라크 지역을 공격하자 영국은 압둘 아지즈에게 이크완 제거를 요청했고, 1929년 사우디 정부군과 술탄 빈 바자드 알우타이비(Sultan bin Bajad Al-Utaybi)가 이끄는 이크완군 사이에 전쟁이 벌어졌다. 1930년 압둘 아지즈는 영국의 지원으로 이크완 제압에 성공했으며, 이크완 병사들은 사우디 국가 수비대란 이름의 준군사 조직으로 편입되었다(홍미정, 2013: 46~47; 김정명, 2013: 154). 이후 사우디아라비아는 1932년 9월 23일 사우디아라비아 왕국 건국을 공식 선포했다.

사우디아라비아의 정치 상황

• 사우디아라비아 정치체제

사우디아라비아는 왕국을 건국한 압둘 아지즈 이븐 사우드 국왕 아들의 형제 상속을 원칙으로 하는 절대군주국으로, 국왕이 정치·행정·사법을 총괄한다. 그러나 왕권의 형제 상속 전통도 이제 곧 사라질 운명에 처했다. 사우디아라비아를 건국한 초대 국왕 압둘 아지즈 이븐 사우드의 2세대는

그림 1-3 사우디아라비아의 알사우드 통치 가문 가계도

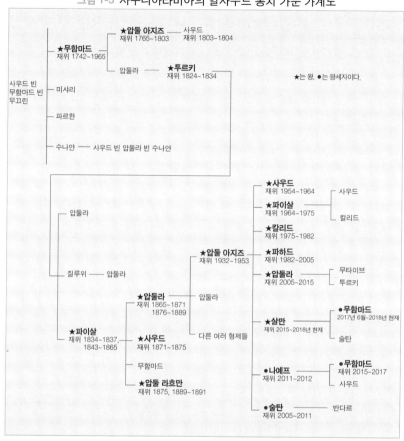

자료: https://dailybrief.oxan.com/Analysis/DB227726/Gulf-monarchies-may-update-power-structures

이미 연로해 국정 운영이 힘들기 때문이다. 2015년 제7대 국왕이 된 현 국왕 살만 빈 압둘 아지즈(Salman bin Abdul Aziz)는 초대 국왕의 25번째 아들로, 그의 이복형제인 전임 압둘라 국왕 뒤를 이어 왕권을 이어받을 당시 나이가 이미 79세였다. 살만 국왕은 정권 안정에 대한 위기감 속에서 형제 상속의 전통을 깨고 2017년 자신의 아들 무함마드 빈 살만(Mohammed bin Salman)을 왕세자로 책봉하면서 사우디아라비아 건국 3세대로 왕권 이양을 추진했다.

사우디아라비아 왕은 정치와 종교의 수반이다. 이는 왕의 칭호에도 반영된다. 1986년 제5대 파하드(Fahd bin Abdul Aziz) 국왕 시절부터 왕의 칭호는 '두 성지(메카와 메디나)의 관리자(Custodian of the Two Holy Mosques)'를 의미하는 '카딤 알하라마인 알샤리파인(Khadim Al-Haramayn Al-Sharifayn)'으로 불렸다. 이는 통치 가문의 종교적 수반으로서의 지위뿐만 아니라 이슬람을 통한 단결과 결속의 의지를 보여준다.

1932년 압둘 아지즈 국왕은 사우디아라비아 왕국을 수립하고 처음에는 부족주의에 기초해 국정을 수행했다. 1953년 국왕 재임 말기 각료 회의(Council of Ministers)를 설치하고 행정부의 각 부처를 조직화했다. 압둘 아지즈 이후 석유 수입 증대와 함께 사우드, 파이살, 칼리드, 파하드 국왕을 거치면서 정부 관료 조직이 확대되었다. 그러나 사우디아라비아는 왕권의 안정과 수호를 위해 가족 중심의 정치를 유지해왔기 때문에 정치적으로는 여전히 전근대적인 모습도 지니고 있다. 압둘 아지즈 국왕의 직계 왕자들은 정부 각 부처의 장관직이나 주요 도시의 주지사 등 요직에 임명되며, 사망할 때까지 장기 집권을 했다. 따라서 사우디아라비아에서는 통치 가문을 중심으로 권력이 사유화되는 경향이 있으며, 민주화에 대한 인식과 제도적 수준도 낮다(최영철, 2013: 97~99).

● 사우디아라비아와 정치 개혁

사우디아라비아에서의 정치 개혁에 대한 요구는 1991년 걸프전 이후 표출되기 시작했다. 일부 세속 자유주의자들은 정치의 자유와 개방, 국민의 정치 참여 확대를 요구하는 청원을 파하드 국왕에게 제출했다. 국민의 요구에 부응하고 왕권 안정을 확보하기 위해 파하드 국왕은 1992년 3월 기본 통치법을 제정하고, 정부 조직에 대한 법적 근거를 마련했으며, 왕위 계승 절차도 규정했다. 기본법에는 압둘 아지즈 국왕의 아들이나 직계 자손이 사우디아라비아를 통치하도록 규정하고 있으며, 최고 울라마 위원회

(Council of Senior Ulama), 권선금악위원회(The Committee for the Promotion of Virtue and the Prevention of Vice), 종교경찰(Mutaween)이 사회 정화와 정치적 정통성을 증진하는 데 중요한 수단임을 밝히고 있다(최영철, 2013: 116~119). 또한, 1993년 9월 국왕 칙령을 통해 국정 자문 기구인 마즐리스 알슈라 (Majlis Al-Shura)를 창립했다. 최초 의원수는 60명에서 출발해 1997년 90명, 2001년 120명, 2005년 150명으로 점차 확대되었다. 2011년 아랍의 봄 여파로 사우디아라비아 내 여권신장에 대한 요구가 증가하자 2013년부터 전체 의원의 20%를 여성으로 임명하기도 했다. 그러나 마즐리스 알슈라는 실질적인 입법권은 없으며, 국왕이 자문 의회 위원들을 임명하기 때문에 상징적인 기관에 불과하다. 사우디아라비아에서는 공식적인 정당 결성이 허용되지 않는다. 2003년 9월 24일 지식인과 엘리트 306명이 탄원서를 제출해 삼권분립을 위한 입법권 보장과 행정부 견제권, 사법부 독립, 그 밖에 인권 존중, 시민사회 조직 활동 합법화, 종교적·문화적 다양성 확대 등을 요구했으나 받아들여지지 않았다.

2011년 발발한 아랍의 봄은 사우디아라비아의 민주화 운동에 미미하게 나마 긍정적인 영향을 미쳤다. 당시 사우디아라비아 내 자유주의자들과 이슬람주의자들을 포함한 개혁주의자들은 다시 한 번 정부에 입법부 구성, 사법부 독립, 언론과 표현의 자유 보장 등을 요구했다. 특히 이러한 요구 사항은 수니 정부하에 차별을 받아온 시아 무슬림이 많이 거주하는 동부 지역에서 더욱 크게 확산되었다. 튀니지, 이집트, 리비아 등에서는 아랍의 봄 여파로 정치적 소요를 겪었으나, 사우디아라비아는 오일 머니를 이용해 경제적 유화 정책을 펼친 결과 아랍의 봄으로 인한 정권의 위협 요소를 차단할 수 있었다. 사우디아라비아 정부는 민주화를 요구하며 거리로 나선 국민을 달래기 위해 주택 50만 호 건설, 실업수당 도입, 공공 부문 일자리 창출, 최저임금 증액, 공무원 임금 인상 등 복지 혜택을 공약했으며, 정부에 대한 불만은 수면 아래로 가라앉았다.

● 결혼을 통한 왕가의 DNA 동맹

사우디아라비아의 왕권은 결혼을 통해 강화되었다. 사우디아라비아 창시자 압둘 아지즈 이븐 사우드 국왕의 경우 정복한 지역의 부족 출신 여성과 결혼을 하고 자녀를 출산해 핏줄로 연결된 단단한 'DNA 동맹'을 맺었다. 그리고 가문 내 외부인 유입으로 인한 권력 누수를 막기 위해 족내혼을 선호했다. 걸프 지역의 결혼 전통에 따르면 대체적으로 딸인 경우 자신보다 신분이 높은 가문과 '승혼(婚昇, Hypergamy, 혹은 Marry up)'을 시키는 경향이 있다. 귀족 출신은 자신의 딸을 왕족과 결혼시켜 신분 상승을 할 수 있었고, 또 자신의 사회적 입지를 확고히 다질 수 있었다. 그러나 반대로 아들의 경우 왕족 가문 여성과의 결혼은 쉽지 않았다. 이러한 결혼 시스템으로 왕족은 전통적인 엘리트 가문과 순수 왕족의 혈통을 분리할 수 있었다(Herb, 1999: 37).

족외혼을 하는 경우 여성을 중심으로 가문 내 파벌이 형성되기도 한다. 가장 대표적인 사례가 수다이리 왕비이다. 수다이리 왕비는 압둘 아지즈 초대 국왕의 왕비 중 가장 사랑받던 여덟 번째 아내 훗사 빈트 아흐마드 알수다이리(Hussa bint Ahmed Al-Sudairi, 1900~1969년)를 지칭한다. 수다이리 가문은 나즈드 지역에서 권세 있고 존경받는 다와시르(Dawasir) 부족 소속으로 초대 국왕 압둘 아지즈 이븐 사우드의 어머니가 속한 가문이기도 하다. 훗사 왕비의 아버지는 압둘 아지즈가 사우디 왕국을 건설하기 위해 벌였던 수많은 정복 전쟁에서 혁혁한 공을 세운 인물이다. 훗사 왕비는 결혼 후 열한 명의 자녀를 낳았으며, 딸 넷을 제외한 아들 일곱은 사우디 왕가에서 막강한 권력을 쥔 파벌을 형성하며 '수다이리 칠형제(Sudairi Seven)'로 불린다. 수다이리 칠형제 중 첫째인 파하드 빈 압둘 아지즈는 5대 국왕(1982~2005년 재임)을, 둘째인 술탄(Sultan) 전 왕세자는 장기간 국방 장관(1963~2005년 재임)을, 넷째인 나예프(Nayef) 전 왕세자는 내무 장관(1975~2012년 재임)을, 다섯째인 살만 빈 압둘 아지즈는 리야드 주지사(1963~2011년)를 지냈고 현재는 2015년 1월 23일 타계한 압둘라 국왕(사우디아라비아 초대 국왕의

13번째 아들, 2005~2015년 재임)의 뒤를 이어 사우디아라비아를 통치하고 있다 (최영철, 2013: 109). 즉, 수다이리 칠형제 중에서 사우디 왕이 두 명이나 배출 되었으며, 2017년 현 국왕의 아들 무함마드 빈 살만이 왕세자로 책봉되면 서 수다이리 가문의 사우디아라비아 통치는 더욱 확고해졌다.

사우디아라비아의 경제 상황

● 지대 추구 '렌티어 스테이트' 사우디아라비아 경제

사우디아라비아는 G20 회원 국가로, 2015년 1인당 국민소득은 대략 5만 5400달러에 달한다. 또한, OPEC 회원국으로 전 세계 석유 매장량의 25%를 보유하고 있으며, 최대 석유 수출국이다. 천연가스는 세계에서 7번 째로 많은 양을 생산하며, 주요 유전은 모두 시아 무슬림 거주지인 동부 지역에 밀집되어 있다. 석유 발견 이전인 20세기 초까지 사우디아라비아 국민들은 방목과 어업에 주로 종사했다. 그리고 1938년 상업적 채굴 가치 가 있는 유전이 발견되고, 1940년대 채굴이 시작되면서 오일 머니가 유입 되자 본격적으로 경제 발전도 시작되었다.

사우디아라비아는 렌티어 스테이트(Rentier State, 지대 추구 국가)의 경제구 조적인 특징을 지닌다. 지대 추구 국가란 한 국가의 경제가 비생산적인 경 제활동, 즉 자원으로부터 얻은 이익, 관광 수입, 해외 원조, 근로자나 이민 자들의 해외 송금 등 '공짜 수입'으로 운영되는 국가를 의미한다. 지대 추 구 국가의 특징은 소수의 노동인구만 지대 혹은 부의 창출에 기여하고 다 수는 분배된 부를 사용하는 데만 참여한다는 것이다. 경제력을 가진 소수 의 지배층은 정치권력까지 장악하며, 지대 수입을 광범위한 사회복지 프 로그램과 공공 분야 고용을 통해 국민에게 분배하면서 국민의 충성을 '구매'한다. 그리고 정부는 국민에게 세금을 징수하는 대신 지대 수입에 의지하고, 국민은 세금이 없으니 정부에 압력을 가할 동기를 갖지 못하게 된다. 지대 추구 국가에서는 정부와 국민 간 석유 수입 분배에 대한 대가로 국민의 정치권력 포기라는 암묵적인 '사회계약'이 체결된다. 결국, 지대 수입은 국민의 참여와 민주주의 발전을 방해하는 핵심 요인이 되고 있다(정상률, 2011: 95~98).

● 렌티어 멘털리티와 노동시장

지대 추구 국가의 경제구조는 정치 구조에서 민주화를 방해할 뿐만 아니라 국민의 건전한 노동 윤리 형성에도 악영향을 미친다. 노동을 통해 벌어들인 수입이 아닌 노력 없이 저절로 생긴 수입에 의존한 결과 걸프 사회에서는 건전한 노동의 의미가 퇴색하고 노동 윤리도 상실되기 때문이다. 국민들은 노동시장에 적극적으로 뛰어들어 일거리를 찾기보다 정부 보조금에 의지하거나 혜택이 많은 정부 기관 일자리가 나올 때까지 자발적인 실업 상태를 유지하는 경향이 있다. 젊은이들의 실업 문제는 경제 문제로만 끝나지 않는다. 2011년 아랍의 봄에서 목격된 것처럼 경제 문제는 정권의 불안정으로 연계되기 때문이다. 이러한 위기감 때문에 사우디아라비아 내부에서도 건전한 노동 윤리를 교육하자는 목소리가 종종 개진되고 있다. 사우디아라비아의 한 저널리스트는 신문 칼럼에서 사우디아라비아에서 실업률이 높은 것은 일자리 부족 문제가 아니라 자국민 사이에 만연한 노동 하대 문화라고 일갈하고 있다. 일례로 직업훈련 비용과 건강보험 적용, 면세 혜택까지 주어지는 월 1200달러의 맥도널드 직원 모집에 지원하는 사우디아라비아 젊은이들이 없다고 한다(*Arab News*, 2013.3.9). 이 칼럼에서는 사우디아라비아의 실업 문제의 근본 원인을 '렌티어 멘털리티(Rentier Mentality, 지대 심리)', 즉 '공짜 수입에 의존하는 심리'에서 찾고 있으며, 자국민 사이에 만연한 지대 심리를 타개하기 위해서는 어려서부터 노동이 생활의 일부라는 것을 교육시키고, 청소나 세차 같은 일에 동참시켜야 한다고 강조하고 있다.

한편, 사우디아라비아는 외국인 노동자 의존도를 벗어나고 건전한 노동 시장을 구축하기 위해서 1990년대부터 노동력의 자국민화 정책, 즉 '사우디제이션(Saudization)'을 시행해왔다. 그러나 기업의 참여가 저조해 사우디제이션의 효과가 없자 2011년부터 정부는 좀 더 강제력 있는 '니타카트(Nitaqat)' 정책을 추진하고 있다. 니타카트는 아랍어로 '범주' 혹은 '카테고리'를 의미한다. 니타카트 제도는 '사우디제이션'을 강화하기 위한 전략으로 강제성을 띤다는 점에서 다른 걸프 국가의 노동력 자국민화 정책과 구별된다. 니타카트 제도에서는 각 기업을 규모와 산업별로 나누어 자국민 의무 고용 비율을 정하고, 각 사업장의 의무 고용 비율 충족 정도에 따라 기업을 '레드', '옐로', '그린', '블루'로 구분한다. 그리고 할당제를 잘 준수하는 기업은 블루로 구분해 각종 세금 혜택이나 노동자의 비자 연장 등 혜택을 부여하지만, 할당제를 준수하지 않는 기업은 레드로 구분해 각종 불이익을 주고 있다. 실제로 최근 발표된 사우디아라비아 노동부의 자료에 따르면 니타카트 제도가 효과를 발휘해 자국민 실업률은 11.7%까지 떨어졌다고 한다(*Arab News*, 2015.2.16). 그러나 강제적으로 니타카트 제도를 도입한 데에 따른 부작용도 속출하고 있다. 일부 취업자는 사업장에 이름만 올려놓고 실질적으로 근무하지 않는 '유령 근로자'이기 때문이다. 민간 기업 고용주들은 근무는 태만하고 기술은 부족한 자국민의 고용으로 사업장 분위기를 해치는 대신 차라리 이름만 등록하는 유령 근로자를 고용하는 것이 생산성 향상에 긍정적이라는 계산하에 유령 근로자를 용인하는 상황이다.

• 사우디아라비아의 경제구조 개혁 프로그램, 사우디 비전 2030

사우디아라비아는 석유산업이 GDP의 55%, 재정 수입과 수출의 90%를 차지할 정도로 석유 의존적인 경제구조를 띤다. 따라서 사우디아라비아 국가 경제는 국제 유가의 등락과 원유 생산량 증감에 크게 좌우된다(김종원, 2013: 217). 사우디아라비아는 석유 의존 경제구조에서 탈피하고 포스트 오일 시대에 대비하기 위해 1970년대부터 5년 단위로 종합적인 경제개발 계획을 수립해 추진해왔다. 그리고 2016년 4월에는 '사우디 비전 2030(Saudi Vision 2030)'을 선포해 경제와 사회 개혁을 급격히 추진하고 있다.

사우디 비전 2030의 내용은 크게 '활기찬 사회(A Vibrant Society)', '번영하는 경제(A Thriving Economy)', '진취적인 국가(An Ambitious Nation)'라는 세 가지 주제를 골자로 해 구성된다. '활기찬 사회'는 뿌리가 강한 사회, 성취감 있는 삶을 가진 사회, 기반이 튼튼한 사회 등 주로 종교 문화적인 운영 계획을, '번영하는 경제'는 경제와 무역 분야의 전략을, 그리고 '진취적인 국가'는 국가의 제도 개혁 및 개인의 책임성 강화를 포괄하는 계획을 담고 있다. 사우디아라비아는 사우디 비전 2030을 실현해 경제 규모 세계 19위에서 15위 도약을 목표로 하고 있다. 석유 의존도를 낮춰 GDP의 비석유 부문 수출 비중을 16%에서 50%로 증가시키고, 비석유 부문의 정부 수입을 1630억 SAR(약 48조 2154억 원)에서 1조 SAR까지 증가시키는 것을 목표로 하고 있다. 또한, 산업 다변화 차원에서 관광 수입을 GDP의 18%까지 확대하고, 질 높은 인적 자원을 양성해 실업률을 11.6%에서 7%로 감소시키며, 여성의 노동시장 참여를 22%에서 30%까지 확대하고자 한다. 그리고 자국민이 해외에 나가지 않고 자국에서 여가 문화를 즐길 수 있도록 여가청(General Authority for Entertainment, 2016년 5월 7일 설립)을 신설하고, 여가 활동의 가계 소비 지출을 2.9%에서 6%까지 확대하는 것을 목표로 하고 있다. 사우디아라비아는 사우디 비전 2030을 실현하기 위해 파격적인 변화를 시도하고 있다. 가령 그동안 금지되던 영화와 콘서트 관람 허용, 여성 운전 허용 등을 통해 전 세계에서 가장 보수적인 국가라는 이미지를 탈피하고 온건한 이슬람 국가로 변모하고 있다.

● 사우디 비전 2030 추진의 주인공, 왕세자 무함마드 빈 살만

사우디아라비아의 경제와 사회 개혁 프로그램인 사우디 비전 2030을 주도하는 주인공은 현 국왕의 아들이자 2017년 6월 왕세자의 지위에 오른 1985년생 무함마드 빈 살만이다. 살만 왕세자는 왕세자의 지위에 오른 지 얼마 되지 않은 2017년 10월에 해외 뉴스 매체와의 인터뷰에서 사우디아라비아의 '온건한 이슬람으로의 전환'을 선포했다. 그는 리야드 미래 투자 계획 회의(Future Investment Initiative Conference)에서 진행되었던 폭스 비즈니스 네트웍스(Fox Business Networks)와의 인터뷰에서 "우리는 모든 종교와 세계에 개방되었던 과거의 온건한 이슬람 국가로 돌아갈 것입니다. 우리는 극단주의자들의 이념을 다루는 데 시간을 낭비하지 않을 것입니다"라고 선언했다(Rogan, 2017).

이로써 사우디아라비아는 지금까지 이슬람 종주국으로서의 전통과 관습 수호라는 명분하에 유지하던 초보수 국가 이미지에서 벗어나 개방과 온건한 이슬람 국가로의 전환을 전 세계에 공표한 것이다. 그리고 개혁에 대한 그의 의지는 종교계와 종교경찰의 권력 약화, 사우디 홍해 자유 관광 지구 개발 및 남부 알키디아(Al-Qiddiya) 지역 '엔터테인먼트 시티' 개발, 사우디 사회에서 금기시되던 영화관 및 콘서트 관람 허용, 여성 운전 허용 등으로 구현되고 있다. 그리고 최근에는 서울의 44배에 달하며, 건설 비용만 5000억 달러에 달하는 미래 신도시 '네옴(NEOM)' 건설 프로젝트 등을 선포하면서 세계의 주목을 받기도 했다. 사우디아라비아의 이러한 조치들은 그 추진 배경에 유가 하락에 따른 사우디아라비아의 재정 악화와 그 여파로 야기될 정치 불안정이 있지만, 이는 향후 사우디아라비아 사회의 대변혁을 야기할 것으로 전망되고 있다. 한편, 사우디 비전 2030에 대해서는 "13년 내 달성하기에 야심 찬 프로젝트", "젊은 왕세자의 구체적인 실행 계획 없는 과장된 메가 프로젝트", "국제사회에 보여주기식 정책(특히 여성 운전 허용과 관련해)", "정치 개혁 없이 경제 개혁만 추진하는 비균형적인 프로젝트"라는 부정적인 견해도 다수 존재한다(Khashan, 2017).

● 무함마드 왕세자와 온건한 이슬람 사회로의 전환 배경

사우디 비전 2030을 통한 사우디아라비아 개혁의 배경 뒤에는 젊은 왕세자의 왕권 장악과 권력 구축 의도가 내포되어 있다. 여기에는 건국 이래 왕권의 정당성을 보장해준 와하비즘 종교 세력과의 동맹 관계 약화도 포함된다. 그동안 종교 세력은 사우디아라비아 왕가의 세속적인 정책에 제동을 걸어왔기 때문이다. 그 일환으로 무함마드 왕세자는 2016년부터 종교경찰의 체포권과 추격권을 박탈하고 강경파를 제거해 종교 세력의 힘을 약화시키고 개혁에 대한 동력을 구축해왔다. 또한, 왕가 내에서는 '부패와의 전쟁'이라는 이름으로 왕권에 도전하는 경쟁자를 제거해 압둘아지즈 초대 국왕의 2세대에서 3세대로 이동하는 왕위 승계 절차의 안정성을 확보하고 있다. 2017년 11월 4일 반부패 위원회는 부패 척결을 앞세워 왕자 11명[여기에는 무타이브 빈 압둘라(Mutaib bin Abdullah) 왕자, 킹덤홀딩스 소유자인 알왈리드 빈 탈랄(Al-Waleed bin Talal) 왕자가 포함]과 현직 장관 4명 등을 체포했다. 이와 관련해 사우디아라비아 최상위 종교 기관인 '최고 울라마 위원회(Council of Senior Scholars 혹은 Senior Council of Ulama로 알려져 있기도 함)'는 트위터에 "부패와의 전쟁은 이슬람법에서 명령되었고, 국가 이익에 따라 필요하다. 부패와 싸우는 것은 테러와의 전쟁 못지않게 중요하다"라는 문구를 게재해 무함마드 빈 살만의 정책에 대한 지지를 선언하고 정당성을 확립해주기도 했다(김강석, 2017.11).

주목할 점은 무함마드 빈 살만 왕세자는 개혁과 개방 정책을 표방하는 사우디 비전 2030을 통해 기존 왕족과 종교 엘리트인 울라마의 지지 대신 지금껏 권력의 소외자였던 젊은 세대와 여성을 지지 기반으로 통치의 정통성을 확보하고 있다는 것이다. 사우디아라비아 인구의 50% 이상이 30세 미만이라는 점을 감안할 때 젊은 세대와 여성을 새로운 지지 세력으로 확보하는 것이 더욱 유리하다고 판단한 듯하다. 따라서 사우디아라비아 정부는 젊은이들의 '즐길 욕구' 충족을 위해 지금까지 금지해왔던 영화와 콘서트 관람을 허용하고, 여성 운전을 허용하는 등 파격적인 개혁 정책을 공표했으며, 이는 왕권과 국민 간 사회계약 대상이 전통적인 기득권 세력인 남성과 종교계에서 새로운 대상, 즉 젊은이와 여성으로 변화하고 있음을 시사하고 있다.

사우디아라비아 사회 변화의 강력한 동인은 의심할 여지없이 유가 하락에서 출발했다. 국제 유가가 2014년 여름 50% 이상 급격하게 추락하자 사우디아라비아는 2015년에 GDP 15%에 해당하는 예산 손실액인 970억 달러를 감당해야 했으며, 정부 예산의 15%를 삭감해야 했다(Kinnimont, 2017). 또한, 재정 적자를 메우기 위해 임금과 석유, 전기, 상수도에 대한 각종 보조금을 삭감했으며, 2018년부터는 소비 품목에 대한 부가가치세 5%를 부과하기 시작했다. 그리고 외국인 노동자를 대상으로 2017년 6월부터 부양가족당 매달 100SAR(약 3만 원)에 해당하는 가족세를 도입해 운영하고 있다(*Indian Express*, 2017.6.22). 즉, 유가 하락 때문에 사우디아라비아 국민들, 특히 젊은 세대는 기존 세대가 누리던 오일 머니의 혜택을 받지 못하고 임금 삭감, 세금 부과, 복지 혜택의 축소를 감당해야 할 처지에 놓인 것이다. 이는 기존의 정치 경제 체제인 렌티어 스테이트 구조의 붕괴를 의미한다. 즉, 복지와 고용 혜택 등 석유 수입을 적당히 분배함으로써 정치권력으로부터 국민을 배제시키고 대신 국민으로부터 자발적인 복종을 유발했던 정부와 국민의 '사회계약' 패러다임이 전환되고 있는 것이다. 결국, 사우디아라비아는 사우디 비전 2030 추진을 통해 포스트 오일 시대에 대비할 뿐만 아니라 젊은 세대에게 자유를 부여하고 그들의 억압된 불만을 해소해 정치 불안정을 미연에 차단하고 있는 것이다. 사우디아라비아는 2011년 '아랍의 봄'을 통해 국민, 특히 젊은이들의 불만이 정권 안정에 위협적이라는 사실을 이미 주변국의 사례에서 경험한 바 있다. 2011년 '아랍의 봄' 발발의 계기가 된 젊은이들의 실업 문제는 왕권과 사회 안정을 위협하는 '똑딱이는 폭탄'으로 인식되었으며, 정부는 이 문제를 해결하기 위해 경제구조 개편과 사회 개방을 추진하는 것이다.

● 사우디아라비아 경제를 이끄는 또 다른 축, '메카노믹스'

사우디아라비아는 석유 수입 외에도 성지순례객 유입으로 안정적인 수입을 확보하고 있다. 이슬람의 성지인 메카와 메디나 방문은 이슬람교의 5대 의무 사항 중 하나이기 때문이다. 무슬림 순례객 유입으로 인한 사우디아라비아 정부의 수입은 GDP의 3%에 해당한다. 2012년 하지 기간에 순례를 행했던 하즈(Hajj) 순례객 수는 300만 명을 넘어섰다. 그리고 하지 기간 외 순례를 행하는 우므라(Umrah) 순례객 수는 매해 800만 명에 이른다. 순례객 수가 점차 증가하면서 압사 사고 등 안전 문제가 해마다 발생하자 사우디아라비아 정부는 순례 기반 시설을 확장하고 있으며, 공사 기간에 쿼터제를 운영해 순례객 수를 제한하고 있다. 사우디아라비아 정부는 국가별 무슬림 100만 명당 1000명으로 순례객 수를 한정했으며, 이에 따라 단일 국가로는 무슬림 인구수가 가장 많은 인도네시아에 가장 많은 순례객이 할당되었다. 순례객들이 이슬람 성지를 방문하는 데 쓰는 비용은 평균 2만 1622SAR(약 618만 원)에 달한다고 한다. 그런데 순례객의 60% 이상은 월 소득이 1000SAR(약 28만 원)에서 4900SAR(약 141만 원)에 이르는 것으로 나타났다(엄익란, 2014b: 111~112). 즉, 순례객의 반 이상이 평생 돈을 모아 일생에 한 번 순례를 행한다는 것을 알 수 있다.

한편, 사우디아라비아는 이슬람 종교가 탄생한 종주국으로서의 지위를 굳건히 다지고, 경제 다변화를 이루기 위해 사우디 비전 2030의 틀 내에서 메카의 경제 부흥, 즉 '메카노믹스(Mecanomics)'를 추진하고 있다. 사우디아라비아 정부는 이슬람 성지순례객 수용 능력을 현재 800만 명에서 2030년 3000만 명까지 확대하려는 목적으로 성지순례 기반 시설 구축에 힘쓰고 있다. 여기에는 그랜드 모스크 확장, 성지순례객 비자 신청 자동화, IT 시스템을 활용한 여행 서비스 제공, 접객 시설 확충, 최첨단 시설과 도서 연구 시설을 갖춘 최대 규모의 이슬람 박물관 건립 등이 포함되어 있다. 그리고 성지순례 이외에도 사우디아라비아 관광 활성화를 위해 종교 유적 발굴에도 많은 관심을 기울이고 있으며, 순례객 유치로 몸살을 앓고 있는 메카의 환경오염 문제를 해결하기 위해 '그린 하즈(Green Hajj)' 정책도 추진하고 있다. 3일간의 순례에 순례객들이 버리고 가는 쓰레기만 총 15만 톤에 달한다고 한다. 이 쓰레기는 메카 밖으로 옮겨져 버려지며, 공기, 물, 토양 오염을 초래하고 있다.

한때는 사우디아라비아 정부가 자국 내 역사와 종교 유적지를 파괴한다는 우려가 국제사회에서 제기되기도 했다(Muñoz-Alonso, 2014). 이와 관련해 글로벌 행동 커뮤니티인 아바즈(Avaaz.org)에서는 사우디아라비아 정부에 종교적으로나 역사적으로 중요한 이슬람 역사 유적 파괴 중지를 촉구하는 청원이 진행되기도 했다. 청원서에는 메카와 메디나에 천 년 이상 유지되던 이슬람 유적 95%가 지난 20년간 정부의 고급 호텔이나 호화 쇼핑몰 건설로 파괴되었으며, 이를 중지하라는 내용이 담겨 있다. 이 청원서에 따르면 4대 칼리파 아부 바크르(Abu Bakr)의 집은 이미 힐튼 호텔로 개조되었고, 사도 무함마드의 아내인 카디자(Khadijah)의 집은 공공 화장실로 개조되었다고 한다. 그리고 사도의 탄생지도 파괴 위기에 처해 있다는 내용도 담겨 있다. 그리고 이 청원서에는 성지를 파괴하는 건설 사업이 표면적으로는 사우디 성지순례객 수용 시설 확장이지만 사실 그 이면에는 와하비즘이 있다고 주장하고 있다. 사우디아라비아의 기본 종교 이념인 와하비즘에서는 무슬림의 종교와 역사 유적지 방문을 철저히 금기시하기 때문이다(Artnet News, 2014.11.19). 그러나 현재 사우디아라비아는 경제 다변화를 위해 관광산업을 확대하고 있다. 사우디 비전 2030 선포와 함께 온건한 이슬람으로 선회하면서 초보수적인 국가 이미지를 탈피하고 있다는 점은 앞서 언급했다. 이에 따라 사우디아라비아는 관광지 개발에 박차를 가하고 있으며, 순례객들이 순례 이후 이슬람 역사와 연계된 풍부한 경험을 체험할 수 있도록 다양한 관광 상품을 준비하고 있다(Ali Khan, 2017). 그리고 엔터테인먼트 시티와 홍해 자유 관광 지구를 개발하면서 향후 사우디아라비아에는 종교 관광객뿐만 아니라 지금까지 비즈니스 방문 목적으로만 허용되던 입국에 대한 제한이 풀리면서 일반 관광객도 유입될 것으로 전망되고 있다.

점차 개방되는 초보수 사회

• 사우디아라비아의 인구 구성

2011년 기준 사우디아라비아의 총인구는 2840만 명이다. 이 중 내국인은 전체 인구수의 68%에 해당하는 1940만 명을 차지하며, 나머지 32%에 해당하는 900만 명은 외국인 노동자이다. 사우디아라비아 자국민은 부족의 혈통을 매우 중요하게 여긴다. 사우디아라비아 신분증에는 개인이 속한 부족이 명기될 정도이다. 사우디 슈라 위원회에서는 차별 방지를 위해 사우디아라비아 신분증에 부족명을 명기하지 말자는 의견이 제안되기도 했다. 사우디아라비아의 주요 부족 혈통은 북쪽의 아드난족(Adnanites, 아브라함과 하갈의 아들 이스마엘), 남쪽의 카흐탄족(Qahtani, 노아의 맏아들 셈의 손자)으로 거슬러 올라간다(Long, 2013: 4). 종교 구성 면에서 사우디아라비아 인구의 97%는 무슬림이다. 그리고 나머지는 기독교도, 힌두교도, 불교도 등이다.

사우디아라비아 인구의 남녀 성비 면에서 사우디 국적 남성은 전체 인구의 34%, 사우디 국적 여성은 34%이며, 비사우디아라비아 남성은 22%, 비사우디아라비아 여성은 10%를 차지하고 있다. 사우디아라비아 남성 대 여성(56% 대 44%)의 성비 불균형은 사우디아라비아로 이주한 외국인 남성 노동인구의 유입에 따른 것이다. 외국인 노동자들 중 비아랍계는 주로 취업을 목적으로 독신으로 사우디아라비아에 입국하며, 이들이 노동시장에서 주축을 이루고 있다. 외국인 노동자들이 사우디아라비아에 대거 유입되기 시작한 시기는 1970년대 이후로 사우디아라비아의 석유 경제 부흥기와 관련된다. 오일 머니가 유입되자 사우디아라비아는 민관 차원에서 국가의 현대화를 위한 기반 구축 프로젝트를 대거 발주했다. 그러나 당시까지도 사우디아라비아 자국민은 자국 내 교육 시설 부족으로 노동시장에 부합하는 교육이나 기술 훈련을 받지 못했다. 따라서 자국민이 현대화된 기술이 필요한 석유산업 분야와 건설 분야에서 일하기는 역부족이었으며, 결국 사우디아라비아는 부족한 노동력을 외국으로부터 적극 유치할 수밖에 없었다.

● 사우디아라비아의 시아 무슬림

사우디아라비아는 종파에 따라 자국민의 정체성이 명확히 구분된다. 사우디아라비아에 거주하는 무슬림 중 80~90%는 수니 무슬림, 나머지 10~15%는 시아 무슬림이다. 사우디아라비아 시아 무슬림은 주로 카티프(Qatif, 시아파가 집중적으로 분포된 지역), 담맘, 알하사(주민 30% 이상이 시아파) 등 동부 유전 지대에 밀집되어 있으며, 메카·메디나·리야드 지역에도 소수의 시아파 무슬림이 거주하고 있다. 그리고 남부에는 시아 무슬림의 분파인 소수의 이스마일파(Ismailism)와 자이드파(Zaidiyyah)도 거주하고 있다(홍미정, 2013: 33~34).

사우디아라비아 내 수니와 시아 간의 종파 문제는 그리 간단치 않다. 역사적으로 수니 정부의 시아파 배제 정책으로 시아 무슬림은 많은 차별을 받아왔으며 그에 따른 불만도 많다. 시아파 무슬림은 유전 지대가 집중된 동부 지역을 중심으로 거주했으며, 외국인이 주로 근무하는 석유 회사 아람코에서 일하면서 자연스럽게 민주주의와 인권에 눈을 떴다. 그리고 정부에 평등과 지역의 균형 발전을 요구하기 시작했으며, 이러한 요구 사항은 1979년 아슈라 행사 동안 종파에 따른 차별 철폐를 촉구하는 봉기로 극대화되었다. 심지어 일부 시아 무슬림은 독립을 요구하기도 했다. 동부 지역 시아 무슬림은 1979년 이란의 이슬람 혁명 당시 호메이니를 지지하는 시위를 벌였으며, 사우디아라비아 군대와 충돌하기도 했다. 사우디아라비아 정부는 자국 내 시아 무슬림의 동요와 이란의 영향력을 차단하기 위해 공교육에서 수니 이슬람의 메시지를 강화시켰으며, 와하비즘에 따라 시아 무슬림을 불신자로 규정했다. 이러한 종파 간 긴장 관계는 수십 년간 지속되었다. 이후 2003년 시아와 수니 종교 지도자 간 대화가 시작되었고, 그와 함께 카티프 지역에서는 그동안 금지되던 아슈라 행사도 허용되었다(홍미정, 2013: 47~48). 그러나 2011년 아랍의 봄 때 카티프를 중심으로 시아 무슬림은 반정부 시위를 조직했으며, 이는 사우디아라비아 내 수니와 시아 종파 간 갈등이 여전함을 보여준다.

● 사우디 국민의 일상을 감시하는 종교경찰

사우디아라비아 사회를 지배하는 이념은 와하비즘이다. 와하비즘은 이슬람교의 4대 법학파 중 가장 보수적인 한발리 법학파에 뿌리를 두고 있다. 한발리 법학파는 중세 아흐마드 이븐 한발(Ahmad ibn Hanbal)에서 기원하며, 이슬람교의 '이즈티하드(Ijtihad)'(아랍어로 독자적 판단을 의미), '키야스(Qiyas)'(아랍어로 유추를 의미), '이즈마(Ijma)'(아랍어로 합의를 의미)와 그 밖의 자유로운 해석을 거부하고, 코란과 순나(Sunna, 이슬람교 선지자 무함마드의 가르침, 말과 행동을 의미)를 문자 그대로 해석한다. 와하비즘은 18세기 무함마드 빈 압둘 와하브가 아라비아반도에서 정립한 신학 사상으로 종교 정화주의를 지향한다. 이들은 7세기 이슬람교 교리만을 순수하고 온전한 이슬람으로 간주하고, 이후의 관행들은 정통에서 어긋난다고 여긴다. 와하비즘이란 용어는 이들을 반대하는 자들이 경멸적인 뜻으로 붙인 것이며, 와하비즘 추종자들은 스스로를 '무와히둔(Muwahhidun, 유일신주의자)' 혹은 '살라피(Salafi, 복고주의자)'라고 지칭한다(김정명, 2013: 145~147).

종교적인 복고주의 혹은 정화를 추구하는 와하비즘은 사우디아라비아인의 일상생활에서도 융통성 없이 보수적으로 적용된다. 일상생활이 종교교리와 부합하는지의 여부는 '권선금악위원회', 일명 '종교경찰'에 의해 매일같이 통제되고 감시된다. 이 위원회는 사우디아라비아 내 공공장소에서 부부나 친척 관계를 제외하고 남녀가 서로 섞이지 않는지 감시하며, 부적절하다고 판단되는 서구 음악이나 영화, 바비 인형과 같은 비이슬람적인 물건, 크리스마스 혹은 밸런타인데이와 같은 비이슬람 축제에 금지되는 용품이 사용되는지 감시한다. 또한 이슬람교에서 금기하는 돼지고기, 알코올 음료, 마약과 같은 하람 용품의 제조나 유통도 규제하고 있으며, 마술, 주술, 최음제, 미신적인 행위, 배교 행위도 감시한다. 동성 연애나 매춘을 처벌하고, 예배 시간에는 상점을 돌아다니며 기도 시간 동안 영업을 중지하는지 등을 감시한다(김정명, 2013: 154~156). 와하비즘의 영향으로 사우디아라비아는 2016년 글로벌 게임 시장에서 선풍적인 인기를 끌었던 '포켓몬 고' 게임도 금지한 바 있다. 포켓몬 게임을 금지한 '파트와(Fatwa, 법해석)'에 따르면 포켓몬의 진화설은 신성 모독에 해당하며, 다양한 동물 캐릭터는 내용 면에서 이슬람교의 핵심인 유일신을 거부하고 다신론을 부추긴다는 이유에서이다. 또한, 게임 이용자들이 포켓몬을 잡으려고 이웃집을 넘나들거나 군사 지역 등 제한구역에 드나들 수 있으므로 바람직하지 않다고 판단하고 있다(*Express*, 2016.7.21). 한편 메카의 권선금악위원회 전 사무총장 아흐마드 카심 알감디(Ahmed Qassem Al-Ghamdi)는 최근 개방적인 사회 분위기에 힘입어 밸런타인데이 축하 행사가 종교와 관련이 없는 사회적 행사임을 강조하면서 어버이날이나 결혼기념일 선물 교환은 사람들 간 유대 관계를 강화하고 소통하는 데 매우 유용하며, 이슬람법 샤리아(Sharia)에 결코 반하지 않는다고 언급한 바 있다(*Al Arabiya*, 2018.2.14). 이는 곧 종교적 해석은 절대적이고 획일적이지 않으며, 오히려 정치, 경제, 사회 상황과 분위기에 따라 유동적임을 시사한다.

• 사우디아라비아의 개방

사우디아라비아 사회는 지난 2016년을 기점으로 획기적으로 변화하고 있다. 지금까지 와하비즘의 기조하에 유지되던 보수적인 사회 분위기를 탈피하고 온건하고 개방적인 이슬람으로 전환하고 있다. 그 덕에 사우디아라비아 국민, 특히 젊은이들은 1979년 발생한 메카 사건 이후 자국 내에서 금지되던 콘서트와 영화 관람도 가능해졌다. 메카 사건은 1979년 칼리드 왕 시기(1975~1982년)에 발생했던 사건으로 와하비즘의 영향을 받은 주하이만 알우타이비(Juhayman Al-Utaybi)와 급진 무슬림 세력 추종자 400여 명이 11월 20일 메카 그랜드 모스크를 포위하면서 벌어졌다. 메카 사건을 일으킨 급진 무슬림 세력은 사우디아라비아인들이 석유 수입의 혜택으로 현대화되고 서구화된 삶을 누리면서 방탕해졌으며, 극장과 TV와 같은 서구 매체들을 접하면서 타락했다고 주장했다. 그리고 와하비즘에 입각해 사우디아라비아 사회를 정화하려는 목적으로 메카의 그랜드 모스크를 점령했다. 사우디아라비아 정부가 프랑스와 파키스탄 특수부대의 지원으로 그랜드 모스크 시위를 진압하는 데에는 약 2주가 소요되었으며, 사상자 수는 수백 명에 달했다. 왕권에 위협을 느낀 사우디아라비아 정부는 종교계의 입장을 수용했고, 사우디아라비아는 초보수적인 사회가 되었다. 이후, 메카 사건을 계기로 사우디아라비아 내에서는 가수, 배우, 예술가의 활동이 사라졌으며, '즐길 욕구'는 원천적으로 차단되었다.

그러나 사우디 비전 2030을 통해 사우디아라비아는 새롭게 변모하고 있다. 사우디아라비아 정부는 문화와 여가 활동의 가계 소비 지출을 2.9%에서 6%까지 확대한다는 목표하에 여가청을 신설하고, 리야드 주변 테마파크 건설 및 콘서트 상영 등을 추진하고 있다. 여가청은 2017년에 이미 4회에 걸쳐 콘서트를 조직했고, 제다에서는 지난 2017년 2월 16일부터 3일간 '코믹 콘(Comic Con)' 행사를 진행하기도 했다. 이 행사의 참가자들은 마블의 어벤저스, 일본이나 한국의 만화나 게임에 나오는 캐릭터로 분장해 다양한 모습을 연출했다. 그러나 이 행사에 대한 종교계와 학계의 논란도 있었다. 이 행사의 참가자들은 입장 시에는 남녀가 구분된 입구를 통해 행사장 내로 들어갔으나 행사장 내부에서는 남녀 분리에 대한 제재가 이루어지지 않아 남녀가 서로 섞여 행사를 즐겼기 때문이다.

서구의 오락 문화를 '타락'의 상징으로 간주하는 종교계는 이 코믹 콘 행사가 이슬람에서 금지한 행위 150개를 위반했다고 비난했다. 그랜드 무프티 셰이크 압둘 아지즈 알셰이크(Abdul Aziz Al-Sheikh)는 알마즈드(Al-Majd) TV에서 콘서트와 영화는 매우 해로우며 부도덕을 조장한다고 언급했다. 그러나 종교계는 정부 정책보다는 여가청을 비난하면서 통치 가문과의 정면충돌은 피했다. 이 행사와 관련해 최고 울라마 위원회 소속 셰이크 압둘라 알무트라크(Sheikh Abdullah Al-Mutlaq)는 대다수 사우디 국민은 이와 같은 행사를 반대한다고 주장하고, 국민의 의견을 듣기 위해 국민투표를 요청하기도 했다.

종교계와 학계의 비판에도 불구하고 2017년 9월 사우디아라비아 건국 85주년 기념 행사장인 축구장에서는 최초로 여성 참석이 허용되었으며, 행사장 내에서는 남녀가 같이 착석할 수 있었다. 그리고 2017년 11월과 12월에는 제다와 리야드에서 열린 그리스 음악가 야니(Yanni)의 공연에서 남녀 동석이 허용되어 남녀가 한데 어우러져 공연을 즐기기도 했다. 이와 같은 사례로 볼 때 사우디아라비아 정부는 사우디 비전 2030 정책 추진을 통해 국제사회를 향해서는 종교색을 완화하는 온건한 이슬람 국가 이미지를 재창출하는 전략을 구사하고 있으며, 내부적으로는 젊은이들의 즐길 욕구 충족을 허용해 사회 불만을 희석하고 있다는 것을 알 수 있다.

최고와 최우선의 혁신을 추구하는
아랍에미리트

 아랍에미리트 국기에 사용되는 왼쪽 붉은 색은 강인함과 용기, 단합을 상징하며, 오른쪽 위 초록색은 희망과 즐거움을, 가운데 흰색은 평화, 정직, 순결을, 그리고 아래 검은색은 승리를 상징한다.

다양한 부족 연합체 아랍에미리트

● 7개 토후국으로 구성된 아랍에미리트

아랍에미리트(United Arab Emirates)는 아라비아반도의 동남쪽에 위치해 있다. 아랍에미리트는 원유 수송에 필요한 호르무즈 해협 남쪽에 접해 있어 전략적으로 매우 중요한 지역이다(홍미정, 2012: 9). 국경은 서쪽과 남쪽으로는 사우디아라비아, 동쪽으로는 오만, 그리고 북쪽으로는 카타르와 접해 있다. 아랍에미리트는 1971년 영국의 철수와 함께 아부다비(Abu Dhabi)를 수도로, 두바이(Dubai), 샤르자(Sharjah), 라스알카이마(Ras Al-Khaimah), 움알쿠와인(Umn Al-Quwain), 푸자이라(Fujairah), 아즈만(Ajman) 등 7개 토후국들이 연방 국가를 결성하면서 이루어진 국가이다. 아랍에미리트의 7개 토후국 중 아부다비와 두바이가 전체 GDP의 90%를 차지하고 있으며(아부다비 55.7%, 두바이 32.3%, 샤르자 7.7%, 라스알카이마 1.7%, 아즈만 1.2%, 푸자이라 1.1%, 움알쿠와인 0.4%), 다른 토후국은 경제적으로 아부다비와 두바이에 의존하고 있다(김종원, 2012: 113).

아랍에미리트는 영토 경계가 확정되지 않은 곳에서 아직까지 이웃국과 분쟁하고 있다. 육상에서는 사우디아라비아와 국경 분쟁이 있으며, 해상에서는 호르무즈 해협 근처에 위치한 아부무사섬(Abu Musa), 큰 툰브(Greater Tunb)와 작은 툰브(Lesser Tunb)와 관련해 이란과 분쟁 중이다. 이란은 아랍에미리트 연방 창설 직전 라스알카이마 영토의 일부였던 툰브와 샤르자 영토의 일부였던 아부무사에 군대를 파견해 이 섬들을 점령한 바 있다. 이란은 본래 이 섬들이 이란에 귀속되었던 섬으로, 19세기 영국이 이란에게서 빼앗아 아랍에게 주었다고 주장하고 있다. 현재 이란은 이 섬들을 행정적으로 관리하고 있으며, 군대를 파견하고 대학 시설도 운영하고 있다. 반면 아랍에미리트는 걸프 연안의 아랍인들이 이 섬들을 지속적으로 통치해 왔다고 주장하면서 이 섬들의 반환을 요구하고 있다. 그러나 이 섬들의 소유권에 대한 아랍에미리트 각 토후국들의 속내는 서로 다르다. 아부다비와 두바이는 이 섬들의 소유권에 대해 별 문제를 제기하지 않는 반면, 원래 섬의 주인이던 라스알카이마는 이 섬들을 장악하고 있는 이란에 대해 강력한 조치가 필요하다고 주장하고 있다. 그도 그럴 것이 아부다비와 두바이에는 지리적 근접성으로 인해 아랍에미리트 전체 인구의 5%인 500만 명가량의 이란인이 거주하고 있으며, 특히 두바이는 이란과 우호 관계를 유지하고 있다(Bq Magazine, 2015.4.20). 두바이는 이란의 재수출 시장으로서의 역할을 수행하고 있으며, 이란과 두바이 무역 규모는 두바이 전체 무역 규모의 20~30%를 차지하고 있어, 두바이에 전략적으로 중요한 시장이다(홍미정, 2012: 10~11).

● **각 토후국별 특징**

7개 토후국은 서로 다른 특징을 지닌다. 아부다비는 아랍에미리트 영토의 87%를 차지하며, 200개의 자연 섬이 있어 영토 면에서 가장 크다. 아부다비는 전 세계 원유의 8%, 전 세계 천연가스의 5%에 해당하는 매장량을 보유해 토후국 중 가장 부유하며, 석유 자본을 기반으로 성장했다. 아부다비는 연방 정부 예산의 70%를 부담하며, 자원이 없어 경제적으로 어려운 다른 토후국에 보조금을 지급하고 있다. 토후국명 '아부다비'는 '가젤의 아버지'를 뜻한다. 국명과 관련한 이야기에는 여러 버전이 있다. 그 중한 버전에 따르면 바니 야스(Bani Yas) 부족 가운데 명문가인 알나하얀(Al-Nahyan) 가계 출신(오늘날 아부다비 통치 가문) 부족민 중 한 사람이 오아시스를 찾던 중 깨끗한 수원지에서 물을 마시고 있는 가젤을 발견했다는 데서 아부다비라는 이름이 유래했다는 설이 있다. 그리고 다른 버전에 따르면 썰물 시간에 물을 찾아 몰려드는 가잘을 묘사한 데서 그 이름이 유래했다는 설도 있다. 지역 방언으로 '다비'는 가젤을 의미했고, '아부'는 원래의 뜻인 '아버지'의 의미보다는 '풍부'하다는 뜻으로 해석되어 '가젤이 많은 지역'을 의미하게 되었다고 한다. 아부다비 사람들은 내륙 지역에서 기원한 조상들의 부족 정신과 기질을 이어받아 보수적인 성향을 띠는 것으로 알려져 있다.

두바이는 아랍에미리트 토후국 중 가장 잘 알려진 토후국이다. 두바이는 아랍에미리트 비즈니스의 중심지이자 교육, 무역, 관광의 중심지로 자유무역 지대가 발달했다. 두바이의 이름은 '메뚜기'를 뜻하는 지역 방언인 '딥바(Dibba)'에서 유래되었다는 설이 있다. 이 지역은 젖은 흙을 좋아하는 메뚜기 떼가 번식했던 곳으로 알려져 있다. 아부다비 사람들에 비해 두바이 사람들은 개방적이다. 해변가에 거주하던 이 지역 사람들은 무역업에 주로 종사해왔으며, 외부인들과의 교류가 잦았기 때문이다. 두바이 옆에 위치한 샤르자는 아랍에미리트 최초로 공항이 들어선 지역으로 역내 중심 무역항이 있으며, 제조업의 중심지로 알려져 있다. 샤르자는 집값이 저렴해 두바이에 직장을 둔 사람들의 주 거주지로 선호되고 있다. 따라서 출퇴근 시간 샤르자와 두바이를 연결하는 도로는 항상 붐빈다. 샤르자의 일부였던 라스알카이마, 7개 토후국 중 가장 작은 아즈만, 쇄강업이 유명하고 대부분 산악 지대로 이루어진 푸자이라, 가장 적은 인구가 거주하는 움알쿠와인 등은 각자의 토후국 환경에 부합하는 성장 동력을 찾으려 노력하지만 자원과 자본의 부족으로 연방 정부에 의존하는 실정이다.

아랍에미리트의 역사

● 오늘날 아랍에미리트의 기원이 된 세 부족

아랍에미리트에는 고대부터 메소포타미아 지역과 교류한 흔적이 발견된다. 하자르(Hajar) 산악 지역에서 발견된 구리 동전은 이 지역에 상업 활동이 있었음을 보여준다. 기원후에는 시리아와 남부 이라크 도시를 육로로 오가던 대상 무역이 있었으며, 주요 항구인 오마나(Omana, 현재의 움알쿠와인)를 통해서는 홍해와 인도까지 오갔다(홍미정, 2013: 18). 중국 상인들도 현재 푸자이라 지역의 디바라고 불리던 무역항으로 왕래했다고 한다.

아랍에미리트 사람들은 630년경 예언자 무함마드의 사절단이 이 지역을 방문하면서 이슬람교로 개종했다. 무함마드 사후에는 디바에서 무슬림의 지하드 전쟁이 있었으며, 토착민이 패배하면서 이슬람화되었다. 이후 무슬림 군대는 637년 지금의 라스알카이마 지역인 줄파르(Julfar)를 근거지로 삼아 이란 정복을 노리기도 했다. 16세기 이전까지 무슬림 상인들은 이 지역에서 패권을 장악하며 해상무역에 종사했다. 그러나 16세기 이후에는 포르투갈이 페르시아 걸프만에 진출해 150년간 주요 해안 지역과 항구를 점령했다. 17세기 이후 포르투갈이 패권을 상실하자 이 지역은 네덜란드, 영국, 프랑스의 경합 장이 되었다. 이후 영국의 동인도회사가 인도양에서 상업 패권을 장악하면서 이 지역은 영국의 지배하에 들어가게 되었다(홍미정, 2013: 19).

오늘날 아랍에미리트를 창건한 주요 부족은 내륙 리와(Liwa) 오아시스 주변의 바니 야스 부족, 해안가 라스알카이마의 알카와심 부족, 그리고 오만 지역에서 발흥한 알부사이드(Al-Bu Said) 부족이다. 아랍에미리트의 가장 발전된 토후국인 아부다비와 두바이는 내륙에 위치한 리와 오아시스에 근거지를 두고 반유목민 생활을 하던 바니 야스 부족에 근원을 두고 있다. 바니 야스 부족은 20여 개의 부족으로 구성된 연합 부족으로, 아부다비의 나하얀 집안이 속한 알팔라히(Al-Falahi) 혹은 알부팔라흐(Al-Bu Falah), 두바이의 알마크툼(Al-Maktoum) 집안이 속한 알팔라시(Al-Falasi) 혹은 알부팔라사(Al-Bu Falasha)가 주력 가문이다. 그 밖에 알하멜리(Al-Hameli), 알수웨이디(Al-Suwaidi), 알마라르(Al-Marar), 알로마이시(Al-Romaithi), 알마즈루이(Al-Mazroui), 알시부시(Al-Sibusi), 알무하이리(Al-Muhairi), 알무하리비(Al-Muharibi), 알쿠바이시(Al-Qubaisi), 알부아민(Al-Bu Amin) 가문이 바니 야스 가문에 속해 있다(홍미정, 2012: 13). 이 가문들은 오늘날까지도 아랍에미리트의 엘리트 가문으로 남아 있다. 바니 야스 부족 연맹체에 소속된 여러 부족 중 알나하얀 가문이 속한 알부팔라시 부족이 바니 야스 부족을 대표했으며, 1790년 리와에서 아부다비로 이주해 부족 국가를 수립했다. 그리고 19세기 초에는 알팔라시 가문이 두바이 크릭(Dubai Creek)에 정착해 알마크툼 부족 국가를 수립했다(홍미정, 2013: 13).

한편 알카와심 부족은 19세기 초 페르시아 걸프만 연해뿐만 아니라 페르시아 연안의 주요 섬들을 모두 지배했다. 당시 알카와심 부족은 수백 척에 이르는 선박을 보유했으며, 다른 부족과 동맹을 맺어 2만 명의 무장 선원들을 동원할 수 있었다. 라스알카이마의 알카와심 부족은 오만 지역의 알부사이드 부족과는 숙적 관계였다. 또한 영국과도 관계가 좋지 않았다. 알카와심 부족은 자신이 장악하던 해상권을 영국이 빈번히 침범한다고 여겼으며, 반대로 영국은 이들이 동인도회사가 인도로 가는 항로를 위협한다고 여겼다. 영국은 알카와심 부족의 근거지인 라스알카이마를 '해적 해안'으로 불렀고, 이들을 토벌 대상으로 여겼다. 따라서 영국은 알카와심 부족을 제거하기 위해 이들과 오랜 숙적 관계였던 오만의 알부사이드 부족을 이용했다. 영국은 이들과 동맹을 맺어 알카와심 부족을 공격했고, 이 전쟁에서 알카와심 부족이 패배하자 페르시아 걸프만의 해상 패권은 영국으로 넘어가게 되었다. 이후 알카와심 부족은 샤르자와 라스알카이마로 분리되어 오늘날 각각 독립 부족 국가로 남게 되었다(홍미정, 2012: 22~24).

1818년 영국은 아부다비, 두바이, 샤르자, 라스알카이마, 움알쿠와인, 푸자이라, 아즈만을 포함해 에미리트 통치자들과 '영구 해상 평화 조약'을 체결하고, 이 지역을 휴전 국가를 의미하는 '트루셜 스테이트(Trucial States)'로 명명했다. 19세기 말 프랑스, 독일, 러시아 등 열강들이 걸프 지역에 진출하자 1892년에 각 에미리트 토후국들은 영국과 배타적인 협정을 체결하고 영국의 보호령으로 귀속되었다. 이 협정에 따라 아랍에미리트 토후국들은 대형 선박을 건조하거나 해안선에 요새를 지을 수 없었으며, 영국의 승인 없이 다른 나라와 독립적인 관계를 맺을 수도 없게 되었다. 영국과의 조약에 따라 대형 선박 건조가 금지되자 아랍에미리트 토후국들은 진주 산업으로 눈을 돌렸다. 걸프 지역의 진주는 유명했으며, 인도와 유럽 등지로 수출도 되었다. 진주 산업은 19세기와 20세기 초까지 발전하다가 1920년대 세계 대공황과 일본의 양식 진주 발명으로 하락의 길로 접어들었다. 그리고 제2차 세계대전 직후 인도가 걸프산 진주에 높은 세금을 부과하면서 진주 산업은 더욱 쇠퇴하게 되었다.

영국의 보호령하에서 부족 간 분쟁은 지속적으로 일어났다. 영국과의 협정 내용에는 부족 간 분쟁에 대한 어떠한 제재도 없었기 때문이다. 1952년 영국 정부 주도하에 7개 부족 통치자로 구성된 '휴전국 위원회(Trucial States Council)'가 설립되었고, 연합 국가 건국이 시도되었다. 그리고 1968년 영국은 1971년까지 영국군을 전원 철수할 것을 결정했으며, 같은 해 2월 카타르 및 바레인을 포함한 9개 에미리트 최고 회의(Supreme Council of Rulers) 결성에 합의했다. 그러나 카타르와 바레인은 최종적으로 연합국에서 빠졌으며, 1971년 12월 2일 라스알카이마를 제외한 6개 토후국이 모여 '아랍에미리트 연방국(United Arab Emirates)'을 창설했다. 이후 1년 뒤인 1972년 2월 10일 라스알카이마는 아랍에미리트 토후국에 가입했다.

● 알나하얀 가문의 아부다비

오늘날 아부다비를 지배하는 가문은 알나하얀 가문이다. 알나하얀 가문은 내륙 지역인 리와 오아시스 주변에서 반유목민 생활을 하던 바니 야스 연합 부족의 일파로, 이들이 아부다비로 이주한 시기는 1761년경이다. 아부다비의 통치 가문인 알나하얀 가문은 전통적으로 바니 야스 부족의 셰이크를 배출한 뼈대 있는 가문이다. 알나하얀 가문이 아부다비의 통치 가문으로 부상하게 된 계기는 영국의 후원 때문이다. 영국은 해상 연맹 부족 세력이던 알카와심 부족의 공격을 받자 이들을 견제하기 위해 내륙의 알나하얀 가문에 속한 샤크부트(Shakbut, 1928~1966년 재위)를 지지했다. 그러나 곧 영국은 석유 발굴에 대한 샤크부트의 태도가 분명치 않자 그의 동생인 자이드 빈 술탄(Zayed bin Sultan, 1966~2004년 재위)을 지지했으며, 샤크부트는

그림 1-4 **아부다비의 알나하얀 통치 가문 가계도**

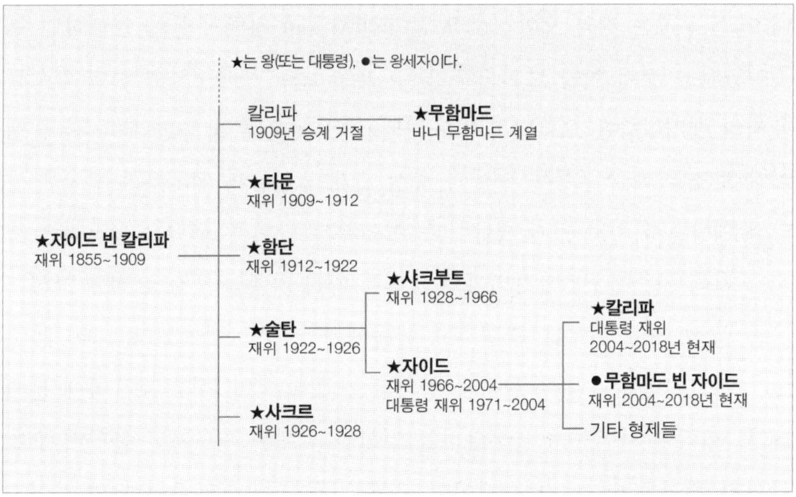

★는 왕(또는 대통령), ●는 왕세자이다.

칼리파 ─────── ★**무함마드**
1909년 승계 거절   바니 무함마드 계열

★**타문**
재위 1909~1912

★**자이드 빈 칼리파**
재위 1855~1909

★**함단**
재위 1912~1922

★**샤크부트**
재위 1928~1966

★**칼리파**
대통령 재위
2004~2018년 현재

★**술탄**
재위 1922~1926

★**자이드**
재위 1966~2004
대통령 재위 1971~2004

●**무함마드 빈 자이드**
재위 2004~2018년 현재

★**사크르**
재위 1926~1928

기타 형제들

자료: https://dailybrief.oxan.com/Analysis/DB227726/Gulf-monarchies-may-update-power-structures

무혈 쿠데타로 축출되었다.

자이드 빈 술탄은 외부적으로는 영국의 지지를 받고, 내부적으로는 부족의 지지를 받으며 지도자로 부상했다. 부족 구성원들은 샤크부트가 권력과 부를 가문에 분배하지 않고 독점한 것에 불만을 품었다. 아부다비에서 석유는 1962년부터 생산되었으나 샤크부트는 막대한 석유 수입을 국가 발전에 투자하지도 않았고 부족원에게 분배하지도 않았다. 이뿐만 아니라 권력 분배도 제대로 이루어지지 않았다(홍미정, 2012: 39). 샤크부트의 리더십은 부와 권력의 공정한 분배를 추구하는 부족주의 정치 메커니즘에는 부합하지 않았던 것이다. 결혼을 통한 혈연이나 정치적·경제적 동맹 관계로 뭉친 부족 연맹체에서 권력 유지의 패러다임은 부족과 부족 간, 그리고 지도자와 부족민 간 부와 권력의 적절한 분배를 통해 이루어진다. 이를 통해 상위 부족은 하위 부족에, 그리고 지도자는 부족원에 권위를 세울 수 있었으며, 그 대가로 서로 연대를 강화하고 충성심을 유지할 수 있었다.

과거 석유 발견 이전 부의 분배는 물, 즉 오아시스를 중심으로 일어났으나, 석유 발견 이후 그 패러다임은 석유 수입, 즉 자본으로 전환되었다. 바니 야스 부족은 리와 오아시스와 알아인(Al-Ain) 지역의 물을 관리하던 부족이었다는 것이 이를 보여준다(장세원, 2006: 115). 부족주의의 권력 형성과 유지의 메커니즘은 오늘날까지 유지되고 있다. 결혼을 통한 부족 간 동맹이나 보조금 지급을 통한 연대와 충성 관계가 지금까지도 부족 정치에 상당한 영향을 끼치고 있기 때문이다. 샤크부트 퇴위 후 권력을 이양받은 셰이크 자이드는 사우디아라비아의 모델을 따라 가족을 주요 요직에 앉히는 가족 중심 연합 정부를 구성하고 이들에게 권력을 분배했다(홍미정, 2012: 39). 그리고 석유 수입은 보조금 형태로 가족과 국민, 이웃 토후국에 분배됐다. 셰이크 자이드는 아부다비를 건설한 위대한 지도자로 불리며 오늘날까지 존경을 받고 있다. 셰이크 자이드 사후 셰이크 칼리파 빈 자이드 알나하얀(Sheik Khalifa bin Zayed Al-Nahyan, 2004~현재 재위)이 현재 아부다비를 이끌고 있다. 그러나 셰이크 칼리파는 2014년 뇌졸중으로 수술을 받았으며, 이복동생이자 계승자 셰이크 무함마드 빈 자이드 알나하얀(Sheikh Mohammed bin Zayed Al-Nahyan, 2018년 현재 58세)이 국방, 경제, 치안 분야를 중심으로 국정 운영을 책임지고 있다(케쉬시안, 2016: 63~65).

• 알마크툼 가문의 두바이

18세기 바니 야스 부족의 한 분파였던 알아부팔라시 혹은 알팔라시 부족의 알마크툼 가문은 오늘날 두바이 크릭으로 이주해 이 지역을 통치하기 시작했다. 알마크툼 가문은 이웃의 강력한 부족인 알나하얀과 알카와심의 지배로부터 독립을 보장받기 위해 항상 외교력을 발휘해야 했다. 영국은 두바이가 1820년 1월 8일 자국과 해양 협정을 체결하고, 1833년 아부다비의 간섭으로부터 독립되기 전까지 아부다비의 지배하에 있다는 입장을 지지했었다. 그리고 두바이는 알카와심 부족이 영국과 오만 동맹 세력에 패배하기 전까지 종종 알카와심 부족의 지배를 받기도 했다. 두바이

그림 1-5 **두바이의 알마크툼 통치 가문 가계도**

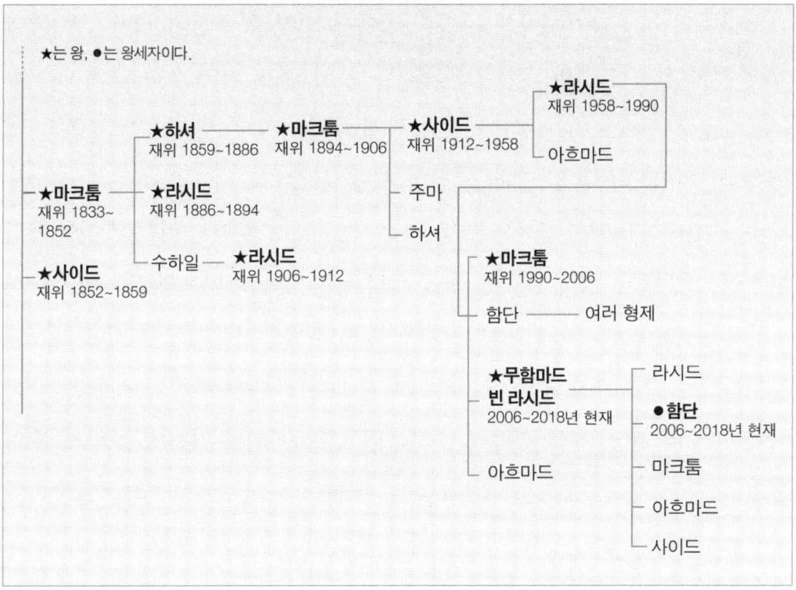

자료: https://dailybrief.oxan.com/Analysis/DB227726/Gulf-monarchies-may-update-power-structures

의 입지는 카와심 부족의 패배와 영국의 걸프 지역 지배 전략인 '분할과 통치' 전략으로 확고해졌다. 한때 해안 연합 부족으로 그 세를 떨치던 알카와심 부족은 영국과의 전쟁에서 패한 뒤 샤르자와 라스알카이마 지역으로 축소되었으며, 영국은 아부다비에서 두바이를 독립시켜 아부다비의 세력 확장을 막았다. 이는 토착민 세력의 통합을 막아 이 지역에서 안정적인 지배권을 확보하려는 영국의 입장과 각 지역에서 정치적 입지를 확고히 하려는 부족장들의 이해가 잘 맞아 떨어진 결과였다.

이후 두바이는 아부다비로부터 독립했으며, 샤르자는 알카와심 부족의 통치에서 벗어나 새로운 토후국으로 등장하게 되었다. 두바이는 아부다비와 관계가 좋지 않다가 20세기 초반 아라비아반도 내륙에서 세력을 확장해온 사우디아라비아의 와하비즘 추종자들에 대한 공동 방어를 위해 결혼 동맹을 맺게 된 것을 계기로 우호 관계로 전환되었다(홍미정, 2012: 43~47).

• 기타 토후국들

샤르자와 라스알카이마의 수장이 알카와심 부족 출신이라는 점은 이미 앞서 언급했다. 알카와심 부족은 18세기부터 걸프 지역의 주요 해상 연합 세력으로 부상했으며, 무역이 주요 생계 수단이었다. 알카와심 부족은 영국을 이 지역 상인들의 생계를 위협하는 침략자로 보았기 때문에 영국을 자주 공격했다. 반면 영국은 그들을 해적으로 규정했다. 따라서 알카와심 부족의 어민들과 영국 해군은 해상에서 종종 충돌했다. 영국은 알카와심 부족을 소멸시키기 위해 1817년부터 1820년까지 이들의 근거지인 라스알카이마를 집중적으로 공격했으며, 그 결과 알카와심 부족의 세력은 약화되었다. 이후 알카와심 부족이 통치하던 영토는 여러 가문이 분할해 통치하거나 다른 부족으로 넘어갔다(홍미정, 2012: 50~53). 현재는 라스알카이마의 알카시미(Al-Qasimi) 가문이 이 지역을 통치하고 있으며, 2010년부터 셰이크 사우드 빈 사크르 알카시미(Sheikh Saud bin Saqr Al-Qasimi, 1956년생)가 재위해 통치하고 있다. 그리고 샤르자는 셰이크 술탄 빈 무하마드 알카시미(Sheikh Dr. Sultan bin Mohammed Al-Qasimi, 1942년생)가 1972년부터 통치해왔다. 샤르자는 다른 토후국과 달리 자문 위원회인 '마즐리스 알슈라'에 자율권을 부여했으며, 입헌군주 제도에 가장 가깝다. 각 토후국에 속한 부족장들은 토후국을 통치하는 셰이크에 충성을 다하고는 있으나 경제적으로는 연방 정부에서 제공하는 보조금에 의존하고 있다(케쉬시안, 2016: 69~72).

움알쿠와인은 영국의 보호 통치를 받기 전에는 알카와심 부족의 영토였다. 영국은 1819년부터 1820년까지 알카와심 부족과 전쟁을 치러 승리하자 움알쿠와인을 독립적인 토후국으로 인정했다(홍미정, 2012: 58). 움알쿠와인은 아랍에미리트에서 가장 작은 아즈만 다음으로 영토가 작고, 자원도 거의 없다. 현재 움알쿠와인의 통치자는 셰이크 사우드 빈 라시드 알무알라(Sheikh Saud bin Rashid Al-Mualla, 1952년생)이고, 2009년부터 이 지역을 통치하고 있다(케쉬시안, 2016: 75). 아즈만은 알누아임(Al-Nuaim) 부족이 통치하

그림 1-6 아랍에미리트 각 토후국별 지도자

1. 아부다비
   칼리파 빈 카이드 알나하얀
   (아랍에미리트 대통령)
2. 두바이
   무함마드 빈 라시드 알마크툼
   (부통령 겸 총리)
3. 샤르자
   술탄 빈 무함마드
4. 아즈만
   후마이드 빈 라시드 알누아이미
5. 움알쿠와인
   사우드 빈 라시드 알무알라
6. 라스알카이마
   사우드 빈 사크르 알카시미
7. 푸자이라
   하마드 빈 무함마드 알샤르키

자료: Fanak.com(Chronicle of the Middle East & North Africa), https://fanack.com/united-arab-emirates/overnance/

며 걸프 지역에서는 가장 작은 가문이다. 현재 아즈만은 셰이크 후마이드 빈 라시드 알누아이미(Sheikh Humaid bin Rashid Al-Nuaimi, 1931년생)가 1981년부터 통치하고 있다. 그러나 가문의 구성원들이 알아인, 라스알카이마, 오만 내 알부라이미(Al-Buraimi) 지역에 뿔뿔이 흩어져 있어 통치에 어려움을 겪고 있다. 아즈만은 아부다비로부터 보조금을 받지만 두바이와 인접하기 때문에 아부다비보다는 두바이와 관계가 좀 더 돈독하다. 그리고 거주 비용이 비싼 두바이의 대안 주거 지역으로 떠오르고 있다(케쉬시안, 2016: 73). 푸자이라 역시 세 개의 부속 도시와 다른 아랍에미리트 영토 내 고립된 두개의 구역으로 영토가 분할되어 있어 통치가 힘들다. 알카시미 가문과 오만의 알사이드 가문이 이 지역에서 패권을 두고 싸웠기 때문에 영토가 뿔뿔이 흩어지게 된 것이다. 현재 푸자이라의 통치자는 셰이크 하마드 빈 무함마드 알샤르키(Sheikh Hamad bin Mohammed Al-Sharqi, 1948년생)이며, 1974년부터 재위했다. 푸자이라는 아부다비 정부로부터 재정 지원을 받고 있으며, 자국민과 외국인은 동등하게 공무원으로 일할 수 있도록 문호를 개방하는 등 파격적인 정책을 시행하고 있다(케쉬시안, 2016: 77~78).

아랍에미리트의 정치

아랍에미리트는 부유한 산유국인 아부다비와 경제 다변화에 성공한 두바이에 의해 실질적으로 운용되는 토후국들의 연맹체이다. 아랍에미리트의 정치체제는 1971년 아랍에미리트 헌법에 기반하고 있다. 일곱 개의 토후국은 각각의 통치자가 지배하고, 연방 정부는 대통령이 통치하는 공화정 체제이다. 각 토후국은 별도의 경찰과 과세권을 가지며, 연방 정부가 외교권과 국방권을 행사한다(최영철, 2012: 70). 연방의 대통령과 부통령은 토후국 군주 중에서 선출하고, 대통령은 총리와 내각을 지명한다. 대통령은 아부다비의 통치자, 부통령은 두바이의 통치자가 각각 맡고 있으며, 현재 대통령은 셰이크 칼리파 빈 자이드 알나하얀(2004년부터 현재까지)이고 부통령 겸 총리는 2016년부터 현재까지 셰이크 무함마드 빈 라시드 알마크툼(Sheikh Mohammed bin Rashid Al-Maktoum)이 맡고 있다.

대통령 산하에는 각 토후국 수장들이 참여하는 연방 최고 위원회(Federal Supreme Council)가 있다. 이들은 5년마다 재임이 가능한 대통령과 부통령을 선임한다. 그리고 연방 정부 장관으로 구성된 내각 위원회는 입법권과 사법권을 모두 가진 실질적인 통치 기구로, 연방 정부의 최고 집행 기관이다. 헌법에 따르면 입법 기능은 연방 국가 의회(FNC: Federal National Council)가 수행하지만, 실질적인 권한이 없고 상징적인 국정 자문 위원회의 성격을 띤다. 의원은 총 40명이며, 20명은 임명직, 나머지 20명은 선출직이다. 사법권은 아부다비에 소재한 연방 최고 법원에서 독립성을 보장받고, 대법관 5명은 연방 최고 위원회에서 임명된다. 아랍에미리트에는 민사 법원,

형사 법원, 이슬람 종교 법원이 있다(최영철, 2012: 83~92).

석유 의존 경제에서 지식 기반 경제로 변화하는 아랍에미리트의 경제

아랍에미리트의 경제는 다른 걸프 국가처럼 석유 발견 이전에는 무역업, 진주 채취, 대추야자 수입에 의존했다. 그러나 제1차 세계대전과 경제침체, 일본의 양식 진주 생산과 인도의 아라비아산 진주에 대한 무거운 세금 부과로 인해 경제적으로 심각한 타격을 입었다. 석유는 1962년 아부다비에서 처음으로 수출되기 시작했으며, 이후 아랍에미리트는 석유에 의존해 경제성장을 했다.

현재 아랍에미리트가 직면한 가장 큰 문제는 사우디아라비아와 마찬가지로 지나친 석유 의존과 외국인 노동력 의존 경제이다. 따라서 아랍에미리트는 포스트 오일 시대에 대비하기 위해 제조업, 관광업, 금융업, 서비스업에 대한 투자를 확대하는 경제 다변화 정책을 추진하고 있으며, 자국민 노동력의 인적 자원 개발을 위해 교육에도 많은 투자를 하고 있다. 경제 다변화 정책은 아랍에미리트 경제를 선도하는 아부다비와 두바이를 중심으로 일어나고 있다. 아부다비의 경우 '아부다비 경제 비전 2030(Abu Dhabi Economic Vision 2030)'과 '아부다비 경제 전략 계획(Abu Dhabi Economic Strategic Plan)'을 중심으로, 그리고 두바이의 경우 '두바이 플랜 2021(Dubai Plan 2021)'을 중심으로 경제개발 계획을 수립하고 있다. '아부다비 경제 비전 2030'의 내용은 크게 '지속 가능한 성장'과 '국가 균형 발전'을 포함한다. '지속 가능한 성장'은 경제 다변화를 통한 경제구조의 다변화, 기업 중심의 경제 기반 마련, 민간 경쟁력 강화 및 생산성 증대 등을 그 내용으로 하고 있다. 그리고 '국가 균형 발전'은 청년 고용 확대, 여성의 경제활동 활성화, 국내외 고급 노동력 확보, 지역 균형 개발 등을 그 추진 내용으로 하고 있다. 이 발전 전략을 통해 아부다비는 경제성장 및 비에너지 부문 비중을 2030년까지 GDP의 41%에서 64%로 확대하기 위해 노력하고 있다(김종원, 2012: 123~124). 두바이 플랜 2021은 6개의 주제(사람, 사회, 경험, 정부, 경제, 장소)로 구성됐으며, 목표는 경제 다변화를 위한 지속 가능성(Sustainability), 투명성(Transparency), 기업가 정신(Entrepreneurship), 혁신(Innovation), 창의성(Creativity) 등을 발전키는 것이다(KOTRA, 2015.1.9).

아랍에미리트의 경제 발전 전략에서 눈여겨볼 내용은 바로 여성 인력 활용 정책과 관련된 것이다. 지금까지 아랍에미리트는 여성의 노동시장 진출에 대해 부정적이었다. 그러나 최근에는 이러한 사회적 분위기가 점차 바뀌고 있으며, 국가 차원에서 여성 인력의 노동시장 진출을 적극적으로 추진하고 있다. 아랍에미리트 여성의 노동시장 진출과 관련된 내용은 다음 장에서 자세히 언급하도록 한다.

아랍에미리트 사회

● 아랍에미리트의 외국인 유입

아랍에미리트의 외국인 유입은 석유 발견 후 지속적으로 증가했다. 주변 걸프 국가 중에서도 외국인 유입 비율은 아랍에미리트가 가장 높다(아랍에미리트 전체 인구의 89%가 외국인, 카타르는 86%, 쿠웨이트는 69%, 바레인은 52%)(Gulf Labour Market and Migration, 2016). 아랍에미리트 이주민은 1970년대를 기점으로 그 이전에는 아랍 출신 이주민이 주를 이루었고, 이후에는 서남아시아 출신 이주민으로 대체되었다. 현재 아랍에미리트의 외국인 이주민 중 서남아시아 출신 이주민은 전체 아랍에미리트 인구수의 55%를 차지하고

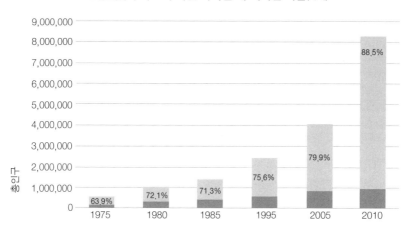

그림 1-7 **2005년 아랍에미리트의 인구수 증가율 및 자국민 대 외국인 구성 비율 그래프(위)와 각 토후국별 자국민 대 외국인 비율(아래)**

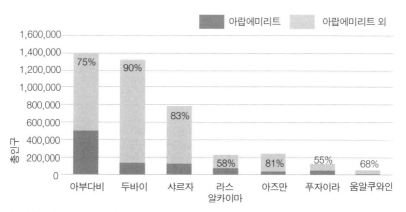

주: 상단 그래프의 2010년은 추정치이다.
자료: De Bel-Air(2015.7).

있으며, 그 중 인도 출신이 전체의 27.15%(260만 명)로 가장 많고, 파키스탄 12.53%(120만 명), 방글라데시 7.31%(70만 명), 필리핀 5.49%(53만 명)가 뒤따르고 있다(Snoj, 2015). 아랍에미리트 내 외국인 노동자 유입률은 오일 머니의 유입과 건설 경기 활황기인 1980년대에 가파른 상승세를 보여 330%까지 기록한 바 있다(<그림 1-7>의 상단 그래프 참조). 이후 외국인 유입은 건설 경기 마감과 걸프전 등의 이유로 점차 감소하다가 지난 10년간 걸프 지역의 경제성장으로 다시 150% 성장세를 유지하고 있다(엄익란, 2016b: 6). 2010년 아랍에미리트의 외국인 이주민 수는 전체 인구수 820만 명의 88.5%를 차지했으며, 2016년에는 아랍에미리트 전체 인구수 930만 명의 90%까지 증가했다. 2016년 통계에 따르면 아랍에미리트는 전 세계에서 일곱 번째로 높은 이주민 유입률을 보인다(World Population Review, 2016).

각 토후국별로 거주하는 외국인 수는 두바이가 전체 인구수의 90%를 차지해 가장 많고, 아부다비(75%), 샤르자(83%), 아즈만(81%)이 그 뒤를 따르고 있다(<그림 1-7>의 하단 그래프 참조). 두바이에 외국인 이주민 수가 가장 많은 이유는 두바이 정부의 개방적인 이민 정책 때문이다. 그리고 이는 두바이의 경제성장 정책과 직접적으로 연관된다. 두바이는 석유 발견 이전부터 인도, 이란, 서아프리카를 잇는 무역의 중심지였으며, 이제는 경제 다변화 정책을 통해 국제 허브로 부상했다. 즉, 두바이는 석유 수입 의존 대신 일찌감치 서비스와 환대 문화를 중심으로 한 경제성장 모델을 채택해왔다. 이러한 경제구조에서는 다양한 이주민 노동력이 필요했으며, 결과적으로 개방적인 이민 정책으로 이어졌다.

● 아랍에미리트의 결혼 펀드 도입, 자국민 결혼 비율을 높이기 위한 처방

외국인 노동자 수가 증가하자 아랍에미리트 정부는 자국민 수를 늘리기 위해 자국민끼리의 결혼을 종용하고 있다. 그리고 이는 아랍에미리트 정체성 유지와 관련한 중대한 사회문제로 여겨지고 있다. 정부는 1992년 설립된 아랍에미리트 결혼 펀드 재단(UAE Marriage Fund Foundation)에서 '결혼 펀드(Marriage Fund)' 제도를 운영하고 있다. 이 재단은 1992년 고(故) 자이드 빈 술탄 알나하얀(Zayed bin Sultan Al-Nahyan) 대통령의 기부로(약 4억 4000만 달러) 설립되었으며, 목적은 젊은이들의 결혼 비용 지원과 자국민끼리의 결혼 독려를 통해 아랍에미리트 가족의 안정성과 응집력을 높이는 것이다.

아랍에미리트도 우리 사회처럼 결혼을 하는 젊은이들이 점차 줄어들고 있으며, 이는 심각한 사회문제가 되고 있다. 여성들의 고등교육과 취업으로 만혼이 증가하고 있으며, 점차 결혼에 드는 비용이 증가하면서 젊은이들의 결혼이 감소하고 있다. 게다가 글로벌화로 이제 더 이상 배우자를 자국민으로 한정하지 않는다. 그 결과 자국민과 외국인의 결혼 비율도 늘어나고 있다. 결혼 펀드는 자국민끼리의 결혼을 장려해 국가의 기틀을 바로잡고 정체성 확립을 유지하기 위한 자금이기 때문에 신청 자격 또한 자국민 남성이 자국민 여성과 결혼을 할 경우에만 받을 수 있다. 자국민 남성의 경우, 신청 자격은 세금 공제 후 월급이 1만 9000AED(약 522만 원) 미만일 경우이며, 심사를 통해 최고 7만 AED(약 1926만 원)까지 지원된다. 펀드의 수혜금은 결혼 후 분할해 갚을 수 있으며, 아이를 낳을 때마다 상환액의 20%씩이 면제된다.

● 아랍에미리트의 소수 자국민이 느끼는 고립감

외국인 유입으로 인해 아랍에미리트 사회는 [다문화 사회에 종종 비유되는 '멜팅 풋(Melting Pot)'과 '샐러드 볼(Salad Bowl)' 중] 거주민 간 고유의 독특한 문화가 서로 섞이지 않고 집단별 정체성이 유지되는 '샐러드 볼' 유형 사회로 정의될 수 있다. 일반적으로 자국민이 주류를 형성하는 타 국가와 달리 아랍에미리트에서는 외국인이 자국민 수를 압도적으로 초과하면서 오히려 자국민이 소수 민족으로 전락했으며, 그 결과 자국민은 '주류의 비주류화' 현상으로 사회적 고립감을 느끼고 있다. 일부는 '자국에서 마치 외국인으로 느끼는(feeling like foreigners in their own country)' 문화적 이질감을 호소하고 있다(Forstenlechner and Rutledge, 2011: 26). 그러나 더욱 심각한 문제는 아랍에미리트 내 서로 분리된 자국민과 이주민을 연계시켜줄 교차점이 부족하다는 것이다. 아랍에미리트 내 자국민과 외국인 이주민은 '실질적으로 그리고 법적으로 분리된(separated de facto and de jure)' 관계이기 때문이다. 이러한 분리 관계는 지난 수십 년간 국가의 차별적인 자국민 보호 정책하에 경제적·정치적·제도적 차원에서 공고히 형성되었으며, 그 결과 자국민과 이주민 간 분절된 사회가 정착되었다.

● 경제력과 계층에 따른 분절 사회

다른 걸프 국가처럼 아랍에미리트의 노동시장은 자국민 대 외국인 간 이중 구조로 되어 있다. 자국민의 경우 임금이 높고, 근무시간이 짧으며, 근무 환경이 좋은 공공 기관의 관리 및 경영직, 전문직에 종사한다. 반면 대다수 외국인 노동자는 민간 부문에 근무한다. 일부 외국인 노동자 중에는 석유와 가스 산업, 은행과 금융업에 종사하며 고임금을 받는 고숙련 전문직 노동자(주로 서구인들)도 있다. 그러나 이들을 제외하면 대다수 외국인 노동자는 근무 환경이 열악하고 저임금을 받는 비숙련 노동자(주로 아시아, 중동, 북아프리카 노동자)로 구성된다. 즉, 아랍에미리트의 노동시장은 구조적으로 공공 부문에서 저강도 노동과 고임금을 보장받는 자국민과 일부 전문직을 제외하고 민간 부문에서 고강도 노동과 저임금을 받는 이주민이라는 이중 구조를 띠고 있다. 이는 경제적인 면에서 소수의 상류층 자국민 대 다수의 하류층 이주민(일부 전문직 제외)이라는 사회계층의 이분화 현상과도 연결된다.

출신 국가에 따른 사회 직종의 구분으로 인해 이민자 사회에는 비공식적이지만 위계질서가 확립되어 있으며, 특정 국가 출신 이민자는 다른 국가 이민자에 비해 특권을 누리기도 한다. 그리고 이러한 위계는 급여체계와 취업 비자 획득 시에도 반영된다(Jamal, 2015: 603). 이주민 사회에서 서구인은 대체적으로 부유층을 형성하며, 레바논·팔레스타인·시리아 출신의 아랍인은 중산층(혹은 일부는 부유층), 동남아시아와 서남아시아 출신 노동자는 저소득층을 형성한다. 즉, 아랍에미리트에는 이민자 사회의 서열이 있음을 알 수 있다(Cooke, 2014: 23). 한편 아랍에미리트 정부는 2003년 노동시장의 '문화적 다양성 정책(Cultural Diversity Policy)'을 선포했다. 이 정책의

그림 1-8 **아랍에미리트 내 거주민 간 서열 피라미드**

현지인:
정부와
공공 부문

서구(영국)와
아랍계(레바논):
사무직

인도:
다양한 직종, 넓은 스펙트럼

파키스탄, 방글라데시, 네팔, 필리핀:
건설업 또는 단순노동

목적은 자국민의 노동시장 진출을 도모하는 것과 한 국가 출신이 특정 분
야를 독점하는 것을 방지하는 데 있다.

● **외국인 유입으로 인한 아랍에미리트의 사회문제**

아랍에미리트를 포함해 걸프 지역 내 서남아시아 출신 노동인구의 유입
으로 걸프 지역 자국민은 경제적 이익과 안락하고 편안한 삶을 누렸다. 그러
나 외국인 이주민 유입은 다음과 같은 새로운 사회문제로 이어지고 있다.

첫째, 직장이나 거주지에서 아랍에미리트 사회 내 자국민과 외국인 이
주민 간 상호 교류가 거의 없었으며, 그 결과 이 두 그룹 간에 '실질적으로
분리된 사회(De Facto Separation)'가 정착했다는 것이다. 당시 아랍에미리트
의 정책 목표는 이주민의 동화가 아닌 분리 정책이었다. 즉, 아랍에미리트
자국민의 입장에서 외국인 이주민은 사회 통합의 대상이 아니었다. 이주
민은 아랍에미리트의 경제구조에는 편입되나 사회구조에서는 배제되었던
것이다(Fargues, 2011: 278에서 재인용)". 또한 이주민은 '법적으로도 분리(De Jure
Separation)'되었다. 외국인의 귀화는 엄격히 제한되었으며, 자국민과 외국

인 간 결혼도 제한되었다. 그 밖에 1971년 도입된 스폰서십 제도인 카팔라(Kafala)는 자국민 대 이주민의 지배와 종속 관계를 더욱 확고히 하는 기능을 했다. 이주민 노동자는 자국민 고용주의 스폰서를 통해서만 합법적인 거주지를 확보하고 거주 비자를 얻을 수 있었다. 고용주는 이주 노동자를 쉽게 해고할 수 있으나 노동자는 자신의 여권을 고용주에게 위탁한 상황에서 고용주를 자신의 뜻대로 바꾸거나 떠날 수 없었다. 만일 노동자가 허락 없이 거주지를 이탈하면 추방당하거나 형사처벌 대상이 되었다.

둘째, 이주민 유입으로 인한 아랍에미리트의 또 다른 사회문제로는 자국민 노동 인력의 무력화를 들 수 있다. 저렴한 이주민 노동력의 유입으로 아랍에미리트의 자국민 사이에서는 건전한 노동 윤리가 점차 사라지게 되었으며, 그 결과 노동시장에서 자국민의 경쟁력 또한 약화되었다. 이주민 노동자 유입에 따른 실업률 상승이라는 부정적인 영향 때문에 아랍에미리트를 포함해 전 걸프 지역은 1990년대부터 노동력의 자국민화 정책을 시행하게 되었다. 아랍에미리트 정부는 외국인 유입을 제한하는 법을 마련하는 한편 노동시장에서 자국민의 경쟁력 강화를 위해 인적 자원 개발에 투자를 아끼지 않고 있다.

• 아랍에미리트 시민권의 가치

아랍에미리트에서 외국인이 시민권을 획득하는 것은 '하늘의 별 따기'처럼 어렵다. 그리고 잘 알려지진 않았으나 아랍에미리트 시민권자 내에서도 여러 등급이 존재하고 있다. 아랍에미리트 국민은 완전한 시민권을 누리는 거주민, 제한된 시민권을 누리는 거주민, 아랍에미리트에 거주하긴 하지만 정부에 등록되지 않은 '비둔(Bidoon)'으로 불리는 사람들로 구분된다. 완전한 시민권을 누리는 사람들은 우리나라의 이른바 '족보'와 비슷한 개념인 '쿨라사트 알카이드(Khulasat Al-Qaid)'를 소유한 사람들이다. 이들은 1925년 석유 발견 이전부터 이 지역 거주자로 인정되는 사람들과 그 후손을 포함한다. 즉, 아랍에미리트는 석유 수입 혜택을 누리기 이전부터 이 지역에 거주한 사람들과 그 후손들만 진정한 자국민으로 보고 있는 것이다. 이들은 국가가 지원하는 무상교육, 무상 의료, 주택 건축 보조금 지급, 수도와 전기 보조금, 기본 급여 외 추가 수당을 지급받는다.

반면 제한된 시민권을 누리는 사람들은 아랍에미리트 여권 소지자를 의미하며, 아랍에미리트 국민으로 인정되지만 완전한 시민권자에게 부여되는 정부의 혜택을 모두 누릴 수는 없다. 2004년 아랍에미리트에서 생물학적 정보를 담은 신분증이 보급되기 이전에는 여권 소유의 여부로 시민권을 확인했기 때문에 여권 소지자는 '완전한 시민'과 동등한 대우를 받았다. 특이한 점은 쿠웨이트, 사우디아라비아와 달리 아랍에미리트의 경우 시민권 규정이 여권 규정보다 늦었다. 쿠웨이트의 시민권 관련 법은 1959년에, 여권 관련 법은 1962년에 규정되었으며, 사우디아라비아의 시민권 관련 법은 1954년에, 여행 문서 법은 2000년에 시행되었다. 아랍에미리트는 1952년 토후국 여권 규정으로 이주민을 관리했다(Jamal, 2015: 614~619). 2005년부터 정부는 '쿨라사트 알카이드'를 통해 아랍에미리트 국민임을 증명할 수 없을 때 여권 갱신을 허가하지 않았으며, 이때부터 완전한 시민권자와 제한적 시민권자가 구분되기 시작했다(Jamal, 2015: 602). 한편 아랍에미리트 내무부는 2006년 10월, 2008년 8월, 2009년 4월 순차적으로 자국 내 30년 이상 거주한 1만 명의 '비둔'에게 시민권을 부여해 귀화를 추진하기도 했다. 이 정책은 자국민 인구수 증가를 목표로 한 것이며, 이를 통해 비둔은 정부가 자국민에게 부여하던 복지 혜택과 취업 지원을 받을 수 있게 되었다.

외국인이 아랍에미리트 시민권자가 되기 위해서는 다음의 요건을 갖추어야 한다. 아랍 이주민의 경우 1972년 규정된 연방법 17조 6항에 의해 아랍에미리트 귀화 신청 전 7년간 아랍에미리트에 거주한 자, 적법한 수입이 있는 자, 평판이 좋고 어떠한 범죄에도 기소되지 않은 자에 해당한다. 비아랍 외국인의 경우 1972년 규정된 연방법 17조에 의해 아랍에미리트 귀화 신청 전 20년간 아랍에미리트에 거주한 자로 적법한 수입이 있는 자, 평판이 좋고 어떠한 범죄에도 기소되지 않은 자, 1972년 규정된 연방법 17조 8항에 의해 아랍어를 능통하게 하는 자로 규정한다. 그리고 1972년 규정된 연방법 17조 16항에 따르면 귀화한 시민은 특별한 이유 없이 해외에 4년 이상 지속적으로 거주할 경우 시민권을 상실하며, 이는 귀화한 아내와 아이들에게도 적용된다(Zhra, 2015: 4~5). 한편 아랍에미리트가 귀화법에 '평판'이라는 주관적인 항목을 포함했다는 것은 이주민 귀화에 대한 잣대가 유동적임을 보여준다.

● 이슬람과 서구 문화의 절충지, 아랍에미리트

포스트 오일 시대에 대비하는 아랍에미리트는 관광산업에 주력하고 있다. 관광객 유치를 위해 '세계 최고', '세계 최대', '세계 최초'라는 수식어가 따르는 몰도 지속적으로 들어서고 있다. '몰 시티(Mall City)'라는 별명을 가진 두바이에만 현재 짓고 있는 몰까지 포함하면 약 80여 개의 몰이 밀집되어 있으며(Wikepedia, "List of shopping malls in Dubai"), 세계적인 쇼핑 중심 도시가 되었다. 타 걸프 국가에 비해 두바이가 중동 이슬람 권역 내 아랍 관광객들을 매료시키는 이유는 크게 다음 두 가지이다. 주말을 이용해 가까운 두바이에서 쇼핑할 수 있다는 지리적 접근성과 이슬람과 아랍 문화가 중심인 두바이에서 좀 더 개방적이고 자유롭게 쇼핑과 여가를 즐길 수 있다는 점이다. 두바이는 전통과 이슬람을 존중하면서 동시에 서구 문화도 개방적으로 포용하기 때문이다. 두바이는 종교적이면서도 세속적이고, 전통적이면서도 현대적인 분위기를 모두 갖추었기 때문에 아랍 무슬림 관광객의 이중적인 욕구를 충족시킬 수 있다. 그리고 두바이는 아랍 무슬림 관광객뿐만 아니라 비무슬림 관광객에게도 매력적인 도시이다. 이슬람의 이국적인 정취와 분위기를 비교적 개방적인 환경에서 즐길 수 있기 때문이다. 이러한 장점 때문에 두바이에는 가족 단위의 쇼핑이 활성화되었다.

두바이의 몰들은 저마다 그 특징이 있으며, '몰 고어(Mall Goer)'들은 자신의 취향에 맞게 다양한 몰 문화를 즐길 수 있다. 두바이 몰은 수족관과 아이스링크를 만들었으며, 에미리트 몰은 스키장을 만들었다. 테마 몰도 있다. 와피(Wafi) 몰은 이집트의 피라미드를 콘셉트로, 이븐 바투타(Ibn Battuta) 몰은 14세기 아랍의 탐험가인 이븐 바투타의 여행을 모델로, 메르카토(Mercato) 몰은 르네상스 시대 이탈리아, 프랑스, 스페인 건축물의 특징을 살려 건설되었다. 그리고 다른 토후국들도 두바이의 성공 모델을 좇아 새로운 몰을 개장하고 있다. 라스알카이마의 경우 2018년 2월 아랍에미리트 최초로 반려견 전용 공원을 개장했다. 포섬 파크(Pawsome Park)로 불리는 이 공원에서 반려견은 주인과 함께 자유롭게 달리고 수영도 할 수 있다. 또한 데이 케어 센터와 호텔도 운영되고 있어 반려견 주인도 정보 공유와 친목 도모를 할 수 있다.

관용의 나라
오만

오만 국기의 오른쪽 위 하얀색은 평화를, 가운데 빨간색은 전쟁에서 흘린 피를, 오른쪽 아래 초록색은 오만의 푸른 산지와 풍요로운 대지를 의미한다. 그리고 칸자르(Khanjar)로 불리는 오만의 전통 칼이 두 개의 교차된 검 위에 놓여 있다. 칸자르는 오만의 공식 엠블럼으로 쓰인다.

오만의 지리적 위치

• 오만의 위치

오만(Oman)은 아라비아반도 남동부에 위치해 있다. 오만의 국경은 내륙 쪽으로는 서쪽의 사우디아라비아, 서북쪽의 아랍에미리트, 서남쪽의 예멘

등 3국과 접해 있다. 바다 쪽으로는 이란, 파키스탄, 인도와 접해 있다. 수도는 무스카트(Muscat)이고, 면적은 30만 9500㎢로 남한 면적의 세 배에 달한다(송경근, 2012: 14). 오만은 크게 해안, 내륙, 산악 지대로 나뉘며, 거주 지역에 따라 사람들의 삶의 방식도 차이가 난다.

오만 거주민의 대다수는 해안을 따라 거주하는 정착민들이다. 해안가 거주민들은 주로 무역업이나 어업에 종사해왔으며, 외부로부터 이주한 사람들과 섞여 살면서 이문화를 받아들였기 때문에 개방적이다. 특히 북동부 해안 지역은 오래된 국제 무역 도시로 페르시아, 발루치, 인도, 동아프리카 이주민이 많이 거주했고, 오만 원주민과 교류하며 살아왔다. 오일 붐 이후에는 오만에서 직장을 구하려는 인도, 파키스탄, 방글라데시 출신 외국인이 대거 유입했다. 그들 대다수는 연안 지대에 거주하면서 오만 문화를 더욱 다양하게 만들었다. 반면, 내륙의 고원 지대나 산악 지역에 거주하는 토착 오만인은 폐쇄적이며 고집이 세고 보수적이라고 알려져 있다. 개방적인 해안가 거주민과는 달리 타 문화에 대한 접촉이 빈번히 일어나지 않았기 때문이다. 내륙 지역 토착 오만인의 일부는 정착하지 않고 사막에서 유목 생활을 했으며, 해안가 거주민과의 교류는 별로 없었다. 따라서 내륙 거주민과 해안 거주민 간에는 융화가 힘들었고, 문화적 이질감도 있었다. 실질적으로 오만의 역사는 20세기 초반까지 내륙을 본거지로 삼았던 이맘(Imam)국과 해안가를 본거지로 삼았던 술탄(Sultan)국 간 패권 다툼으로 점철되어왔으며, 1970년 현 지도자인 술탄 카부스(Sultan Qaboos)가 등극하기 전까지 서구 열강과 주변 아랍 국가의 개입으로 정세는 다소 복잡했었다.

오만의 이슬람 역사

● 독특한 오만의 이슬람, 이바디

오만의 이슬람 역사는 630년경으로 거슬러 올라간다. 오만의 이슬람은 다른 걸프 지역의 이슬람과 성격이 다소 다르다. 오만은 4대 칼리파 알리에 불만을 품고 이탈했던 '카와리지(Khawarij)'의 이바디파(Ibadi) 이슬람교에 속한다. 그리고 그 배경에는 이슬람사 초기의 분열의 역사가 자리하고 있다. 이슬람이 도래하기 전 오만에 거주하던 대다수 주민은 기독교인이었다. 630년경 예언자 무함마드는 아므르 빈 알아스[Amr ibn Al-As, 메카 출신의 부유한 상인이자 예언자와 같은 쿠라이시(Quraish) 부족 출신]라는 사람을 오만에 특사로 파견했다. 아므르 알아스는 당시 오만을 공동으로 통치하던 압드(Abd)와 자이파르(Jaifar)에게 이슬람을 받아들일 것을 권고했으며, 자신이 속한 아즈드(Azd) 부족의 원로들을 모아 이슬람 수용을 설득했다. 이와 같이 오만에서 이슬람교는 전쟁이 아닌 평화적인 방식으로 정착되었다(송경근, 2012: 18~19; 김정명, 2012: 51~52).

632년 후계자를 지명하지 않고 예언자가 사망하자 이슬람 세계는 분열되기 시작했다. 그리고 갈등은 4대 칼리파 알리(예언자의 사촌이자 사위) 시대에 절정에 달했다. 알리가 칼리파 직에 오르자 시리아 총독이었던 무아위야(Muawiyah)는 알리의 통치에 불만을 품고 반기를 들었다. 양 진영의 갈등은 657년 유프라테스강 상류에 위치한 시핀[Siffin, 오늘날의 시리아 락까(Raqqa) 지역]에서의 전투로 이어졌다. 전쟁의 승세가 칼리파 알리에게 기울어지자 총독 무아위야는 협상을 요구했다. 당시 알리 진영은 협상을 수락하자는 협상 찬성파와 이를 반대하는 협상 반대파로 나뉘었다. 알리는 협상 찬성파의 의견을 수락했다. 그러자 협상 반대파는 알리 진영에서 이탈했고, '카와리지'파를 형성했다. 카와리지는 아랍어로 '나옴', 즉 '이탈'을 의미한다. 알리에 불만을 품고 이슬람 주류 세력으로부터 이탈한 카와리 지파는 알리 세력과 대척점에 섰다. 이들 중 일부는 소탕되었으나 살아남은 사람들은 세력을 모아 칼리파 체제를 위협했다. 그리고 결국 알리를 살해하기에 이르렀다. 알리가 사망하자 이슬람 제국의 통치권은 무아위야로 넘어갔고, 무아위야는 시리아의 다마스쿠스(Damascus)를 수도로 우마이야 제국(661~750년)을 건설했다. 카와리지파는 우마위야조의 소탕 작전에 밀려 이란고원으로 이동했으며, 그 세력은 7세기 말에 쇠퇴했다.

이바디파는 카와리지 분파 중 가장 온건하고 개방적으로 알려져 있다. 이바디파는 684년 이라크 남부 바스라 지역에서 압둘라 빈 이바드 알무리 알타미미(Abdullah bin Ibad Al-Murri Al-Tamimi)가 창립했고, 그의 제자는 이라크를 떠나 새로운 안식처인 오만에 정착했다. 이바디파는 다른 카와리 지파처럼 예언자 시대, 그리고 그 후속 세대인 제1대와 제2대 정통 칼리파 시대까지만을 인정한다. 이바디파는 제3대 칼리파 오스만(Uthman)을 부패한 사람으로 간주해 부정했고, 제4대 칼리파 알리(Ali)를 무아위야와 칼리파 계승을 놓고 다투었기 때문에 바르지 않다고 여겼다. 따라서 그들은 제2대 칼리파 시대까지 이어졌던 순수한 이슬람 시대로 돌아가 이슬람 국가를 재건하는 것을 목표로 삼고 있다. 이바디파는 수니파 무슬림처럼 칼리파가 반드시 예언자 가문에서 세습될 필요는 없다고 생각했으며, 지혜롭고 리더십이 있는 사람이라면 그 누구든 칼리파로 선출될 수 있다고 믿었다(송경근, 2012: 18~19). 이러한 사상을 바탕으로 749년 오만의 이바디파는 알줄란다 이븐 마스우드(Al-Julanda ibn Masud)를 이맘으로 선출했으며, 이란 내륙 지역에 위치한 니즈와(Nizwa)를 수도로 자신들만의 이맘국을 건설했다(김정명, 2012: 54). 내륙의 이맘국은 오만으로 불렸으며, 훗날 해안에 만들어진 술탄국과 경합하게 된다.

• 서구의 진출과 오만의 분열

오만은 서구 제국주의 세력의 진출로 격랑의 시대를 맞이하게 되었다. 오만에 진출했던 첫 서구 세력은 1507년 포르투갈이다. 포르투갈은 1650년 사이프 이븐 술탄(Saif ibn Sultan) 1세가 오만에서 외세를 축출하기 전까지 오만을 인도양으로 향하는 길목의 중간 기착지이자 물품 보급지로 활용했다. 이후 오만은 300년간 독립 상태를 유지했으며, 특히 1807년 오만의 지도자가 된 사이드 이븐 술탄(Said ibn Sultan) 시절에는 해군 현대화를 통해 주변 지역인 아랍에미리트, 바레인, 이란, 파키스탄의 일부, 탄자니아의 잔지바르, 동아프리카 연안 지역을 점령하면서 강력한 해상 국가로 등장했다(송경근, 2012: 25~26). 그러나 1856년 후계자 지정 문제를 확실히 하지 않고 사이드 이븐 술탄이 사망하자 오만은 두 아들의 세력 다툼으로 분열되었다. 큰 아들 수와이니 이븐 사이드(Thuwayni ibn Said)는 오늘날의 오만 지역을, 그리고 둘째 아들인 마지드 이븐 사이드(Majid ibn Said)는 아프리카의 잔지바르를 지배했다. 포르투갈 이후 이 지역에 들어온 영국과 프랑스의 이권 다툼으로 오만과 주변 지역 정세는 더욱 분열과 혼란이 심해졌다. 이후 1860년 오만과 잔지바르는 평화협정 체결 이후 완전히 분리되었다.

그러나 실상 오만 내부의 분열이 외부 문제보다 더욱 큰 위기로 작용했다. 오만의 내륙 니즈와를 중심으로 이바디파를 추종하던 부족은 사우디아라비아의 지지하에 자신만의 이맘을 선출해 이맘국을 선포했고 오만으로 불렸다. 반면 무스카트를 중심으로 한 해상 부족은 영국의 후원하에 술탄국이 되었다. 이후 오만의 근대사는 내륙의 유목민과 해안의 정착민 간 투쟁사로 요약된다. 여기에다 영국과 주변 아랍 국가들의 이권 개입으로 한동안 혼란은 지속되었다. 영국 입장에서는 자신의 대리인 역할을 하던 술탄이 내륙을 포함해 오만 전체를 지배해야 유리했다. 게다가 영국은 내륙 지역에 유전 지대가 있다고 믿었기 때문에 이 지역에 대한 지배권을 확고히 하고 싶어 했다. 반면 사우디아라비아와 아랍 민족주의자들은 서구

열강을 등에 업고 세력을 확장하는 술탄국 대신 독립 세력인 내륙 지역의 오만의 이맘을 지지했다. 1955년 위기를 느낀 술탄 사이드 빈 타이무르 (Sultan Said bin Taimur)는 영국의 지원하에 이맘국을 공격하고 니즈와를 정복했다(김정명, 212: 57). 그로 인해 정신적·종교적 지도자 역할을 수행했던 이맘국 오만과 해안을 통치하며 정치적 지도자 역할을 수행했던 술탄국은 통합되었다. 오만의 국명이 오만 술탄국(Sultanate of Oman)으로 불리게 된 것도 이런 배경 때문이다.

오만의 정치

● 오만의 통치자, 술탄 카부스

1932년에 술탄이 된 사이드 빈 타이무르는 강압적이고 폐쇄적인 쇄국 정책을 펼쳤다. 주민들은[특히 도파르(Dhofar) 지역] 그의 통치와 영국에 반발했고, 이는 결국 반란으로 이어졌다. 독립 세력은 1967년 남예멘에 사회주의 정권이 수립되자 그 영향을 받아 1969년 9월 '도파르해방전선(DLF: Dhofar Liberation Front)'이라는 이름을 '아랍걸프점령지해방민중전선(PFLOAG: Popular Front for the Liberation of the Occupied Arabian Gulf)'으로 바꾸고 세력을 확장했다(송경근, 2012: 40). 이후 1970년 7월 23일에는 술탄의 퇴위를 요구하는 궁중 쿠데타가 일어났고, 황태자였던 카부스[Qaboos bin Said, 1940년생. 술탄 사이드와 도파르 출신인 그의 두 번째 아내 마준 알마샤니(Mazoon Al-Mashani) 사이에 태어났다. 남자 형제는 없고 이복 누나를 포함한 3명의 누이들이 있다]가 즉위하게 되었다.

술탄 카부스는 영국의 샌드허스트 로열 밀리터리 아카데미(Royal Military Academy Sandhurst)에서 교육을 받은 후 1964년 귀국했다. 그러나 그의 아버지 술탄 사이드 빈 타이무르는 오만의 살랄라(Salalah) 지역에서 그를 6년

그림 1-9 **오만의 알카부스 통치 가문 가계도**

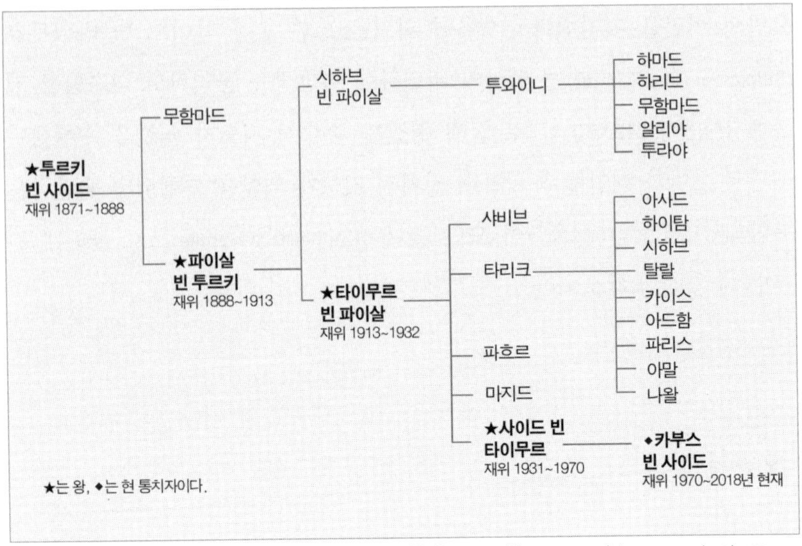

자료: https://dailybrief.oxan.com/Analysis/DB227726/Gulf-monarchies-may-update-power-structures

간 가택 연금을 시켰다. 보수적이고 고립주의적인 성향의 술탄 사이드 빈 타이무르가 진보적인 성향을 지닌 아들 카부스의 반정부 행동을 염려했기 때문이다(박찬기, 2012: 137). 1970년 궁중 쿠데타를 통해 통치권을 쥐게 된 술탄 카부스는 부친의 억압적인 폐쇄 정책을 무효화했고, 국가 현대화를 추진했다. 또한 내륙과 해안으로 분리된 세력을 하나로 통합하기 위해 국가의 이름을 오만 술탄국으로 명명했다. 이는 술탄이 통치하던 해안의 술탄국과 이맘이 통치하던 내륙의 오만국 간의 통합을 상징적으로 보여준다. 그리고 극단적인 이슬람주의나 인민해방전선과 같은 공산주의 운동을 모두 거부하고 실용주의에 입각한 중용적인 이슬람 정책을 펼쳤다(송경근, 2012: 41). 술탄 카부스의 개방 정책으로 오만은 고립 국가에서 국제무대에 재등장하게 되었다.

● 오만의 정치

오만은 절대군주제 국가이다. 1970년부터 현재까지 오만을 통치하는 술탄 카부스는 국가의 수반이자 국방 장관, 외무 장관, 재무 장관, 중앙은행 총재직 등 요직을 겸하고 있다. 카부스 등장 이전에는 통치자와 국민을 이어주는 자문 기관이나 의견 조율 기관이 전무했다. 그러나 카부스는 등극 이후 정부 조직을 개편해 의회제를 도입하고, 1981년 국가 자문 위원회를 설립했다. 비록 입법 권한이 없는 자문 기관에 불과하지만, 국민의 여론과 조언을 수렴해 정책 입안에 반영하는 등의 노력을 기울였다(박찬기, 2012: 125~139). 의회는 4년 임기의 선출직 의원들로 구성된 슈라 위원회와 술탄이 지명한 위원 54명으로 구성된 국가 위원회로 이뤄졌다. 1991년에 의회를 창설한 오만은 1994년에는 여성 참정권을 허용했다. 그러나 오만에서 정당 활동은 여전히 금지되고 있다.

오만이 직면한 가장 큰 문제는 고령의 술탄(1940년생)을 이을 후계자가 아직 지명되지 않았다는 것이다. 고령인 술탄은 현재 병마와 싸우고 있으며, 만일 술탄이 사망할 경우 오만의 정세도 불안해질 수 있기 때문이다. 후계자 문제로 오만이 혼란스러워질 것을 대비해 오만은 1996년 기본법을 선포했다. 기본법 6조에 따르면 술탄의 후계자는 "현 술탄 왕조의 시조 투르키 빈 사이드(Turki bin Said)의 직계 남성 후손으로, 무슬림이며, 오만 국적 부모의 합법적인 아들로 명시"하고 있다(박찬기, 2012: 147). 또한 왕권에 공백이 생기는 경우 '왕실 위원회'가 3일 이내 왕위 계승자를 결정해야 한다고 규정하고 있으며, 만일 왕실 위원회가 왕위 계승자 선정에 합의하지 못하면 술탄 카부스가 왕실 위원회에 남긴 서한에서 지명한 인물로 계승자를 선임하는 것을 국방 위원회가 확인한다고 규정하고 있다(케쉬시안, 2016: 29).

오만의 경제

다른 걸프 산유국처럼 오만 역시 국가 수입의 대부분을 석유와 가스 수입에 의존하고 있다. 오만의 석유 생산은 1967년에 시작되었다. 2011년 상반기 국가 수입 중 석유와 가스의 비중은 84%를 차지하며, 이는 GDP의 48%에 달하는 규모이다. 그러나 오만은 사우디아라비아나 아랍에미리트에 비해 석유 매장량이 현저히 적고(55억 배럴), 지질학적 특성상 채굴 비용이 많이 든다. 현재 추세를 유지할 경우 석유 자원이 20년~30년 후 고갈될 것으로 전망되고 있다(은지환, 2011.11.30). 따라서 오만에서는 주 수입원인 석유 생산이 감소하고, 급속한 인구 증가로 국가의 재정 부담이 증가되는 상황에 대비해 국가 발전의 주요 전략으로 경제 다변화를 논의하고 있다.

오만은 탈석유화 전략을 위해 1975년부터 경제개발 5개년 계획을 마련해 수행해오고 있다. 그 결과 전체 GDP의 67%에 달했던 석유와 가스 비중을 48%까지 줄였다. 또한 1996년 오만 비전 2020(Oman Vision 2020)을 발표해 경제 다변화 정책을 추진하고 있다. 오만 비전 2020의 구체적 내용에는 교육 부문 투자를 통한 인적 자원 개발과 노동력의 자국민화인 '오마니제이션(Omanization)' 추진, 관광산업과 석유화학 산업을 중심으로 한 산업구조 다변화 및 국민소득원 다변화, 제조업 육성 및 외국인 투자 유치, 민영화 등이 포함되어 있다. 오만은 오만 비전 2020을 통해 2020년까지 GDP 중 석유와 가스 비중을 각각 9%, 10%로 줄이는 것을 목표로 하고 있다(은지환, 2011.11.30). 그리고 현재는 오만 비전 2020 이후 오만의 발전 전략인 오만 비전 2040을 준비하며 경제 다변화 사업에 박차를 가하고 있다. 한편 오만은 경제 다변화 전략의 일환으로 관광 부문에 가장 큰 공을 들이고 있다. 오만은 다른 아라비아반도 국가와는 달리 산, 오아시스, 바다 등으로 구성된 풍부한 관광 자원을 보유했기 때문이다. 이를 방증하듯 오만이 2017년에 최고 여행 저널이 선정한 세계 10대 관광국 중에서 8위에 올랐으며, 이는 걸프 국가 중에서는 유일한 기록이다.

관용의 사회, 오만

오만의 인구는 약 460만 명으로, 이 중 남성은 전체 인구의 66.46%, 여성은 전체 인구의 33.54%를 구성하고 있다(World Population Review, 2016). 인구의 50% 이상이 수도인 무스카트를 중심으로 평평한 북쪽 해안 지대를 따라 거주하고 있다. 외국인 노동자의 유입으로 오만에는 아랍인, 이란, 파키스탄, 인도, 방글라데시, 필리핀 출신을 포함한 다양한 민족이 현지인과 함께 거주하며(외국인 약 60만 명), 이 중 이란 출신의 발루치인(Baluchi)이 가장 다수를 차지하고 있다. 오만 인구의 95% 이상은 무슬림이다. 무슬림 인구수는 이바디파 67%, 수니파 32%, 시아파 1%로 구성된다(김정명, 2012: 58~59). 대체적으로 다히라(Dhahirah)와 샤르키아(Sharqiya) 등 남부 지역의 부족들은 수니를 따랐으며, 잘란바니부알리(Jalan Bani Bu Ali) 해안 거주민 중 상당수는 시아파를 추종하고 있다(송경근, 2012: 43~44). 무슬림을 제외하고 나머지 5%는 오일 붐 시대 일거리를 찾아 이주해온 동남아 출신 기독교인과 인도 출신의 힌두교도가 있다.

앞서 언급한 바처럼 오만은 통합되기 이전까지 내륙의 이맘국 오만과 해안의 술탄국 간 경쟁 구도를 형성하고 있었다. 이러한 지역적 특징 때문에 내륙 지역과 해안 지역 사람들은 서로 교류가 뜸했다. 내륙 거주민들은 고집이 세고, 종교적이며 보수적이라고 평가되는 반면, 해안가 거주민들은 세속적이고, 개방적이며 자유롭다고 알려져 있다. 게다가 정치적인 성향에서 내륙 지역 사람들은 세습을 인정하지 않는 이바디 사상의 영향으로 권력을 세습하는 술탄제가 자신들의 교리와 맞지 않는다고 여기고 있다(송경근, 2012: 18~19). 이바디파의 특징은 외부적으로는 관대하지만 내부적으로는 엄격한 '온건한 보수주의'로 알려져 있다.

오만의 관용 정신과 관련해 폭력 연구 국제 센터(ICSR: The International Centre for the Study of Radicalisation and Political violence)의 조사에 따르면 전 세계를 테러의 공포에 몰아넣은 IS 가입자 중 오만 출신은 단 한 명도 없다고 한다. 걸프 출신으로 IS 단원이 된 사람들은 국가별로 사우디아라비아 출신이 1500명에서 2500명으로 가장 많고, 쿠웨이트 70명, 아랍에미리트 15명, 카타르 15명, 바레인 12명으로 추정되고 있다. 이와 관련해 오만 출신 작가이자 정치평론가인 자크리아 알마라미(Zakriya Al-Mahrami)는 "오만인이 극단주의나 테러리즘과 무관한 것은 오만의 정치적·사회적·문화적 안정, 그리고 오만의 관용 정신 때문"이라고 언급하기도 했다(*Times of Oman*, 2015.2.18).

의회와 민주주의가 발달한
쿠웨이트

쿠웨이트 국기의 오른쪽 위 초록색은 풍요로운 국토를, 가운데 하얀색은
평화와 순수를, 왼쪽 검정색은 쿠웨이트가 치른 전쟁을, 오른쪽 아래 빨
강색은 전쟁에서 흘린 피를 의미한다.

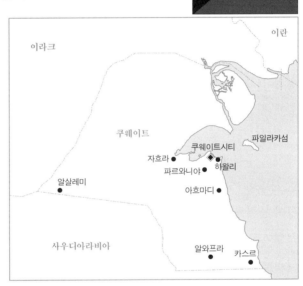

쿠웨이트의 지리적 개관

• 쿠웨이트의 위치

쿠웨이트는 아라비아반도의 북동쪽에 위치한 작은 나라로, 면적은 우리
나라 경상북도 정도이다. 북서쪽으로는 이라크, 남쪽으로는 사우디아라비

아와 국경을 접하고 있으며, 동쪽으로는 페르시아 걸프만과 접해 있다. 국명 쿠웨이트(The State of Kuwait)의 어원은 아랍어의 '쿠트(Kut)'에서 기원했으며, 물가의 '성곽' 혹은 '요새'를 의미한다. 쿠트는 당시 이 지역의 통치자였던 바니 칼리드(Bani Khalid)가 식량과 무기를 저장하던 요새로 사용한 곳이다. 바니 칼리드는 18세기 초 쿠웨이트 왕조의 조상인 바니 우뚭 연합부족이 이 지역으로 이주하자 쿠트 지역을 은신처로 제공했고, 훗날 바니 우뚭 부족은 이 지역에 쿠웨이트 국가를 건설했다. 오늘날 쿠웨이트의 수도는 쿠웨이트시티(Kuwait City)로 걸프전 발발 당시 심각하게 훼손되었으나 전후 신속하게 복구되었다. 쿠웨이트는 수도 쿠웨이트시티와 함께 하왈리(Hawalli), 자흐라(Jahra), 파르와니야(Farwaniya), 아흐마디(Ahmadi)를 포함해 총 5개 주로 구성되어 있다.

쿠웨이트는 몇 곳의 오아시스를 포함한 평평한 사막으로 되어 있다. 쿠웨이트 주변에는 약 9개의 섬이 있으며, 이 중 파일라카(Failaka)라는 섬에만 사람이 거주한다. 파일라카섬은 기원전 3세기에는 그리스 알렉산더 대왕의 통치를 받았던 곳으로 '이카루스(Ikarus)'라는 이름으로도 알려져 있다. 쿠웨이트 국토는 척박하며, 전체 국토의 약 9%만 경작지로 사용되고 있다. 그리고 물이 부족해 식수의 대부분을 바닷물을 담수화해 사용하고 있다.

● 쿠웨이트와 주변국 간의 국경 문제

제1차 세계대전 후 중동을 통치하던 오스만 제국이 패망하자 영국은 쿠웨이트를 영국 보호령하의 독립 수장국으로 선언했다. 영국의 보호령하에서 쿠웨이트는 국경 문제로 사우디아라비아와 이라크 등 주변국과 갈등을 겪었다. 사우디아라비아와의 분쟁의 경우 1920년경 당시 쿠웨이트의 통치자 셰이크 살림 알사바(Sheikh Salem Al-Sabah)는 수도 쿠웨이트시티를 중심으로 반경 약 140km 안에 있는 모든 영토를 쿠웨이트 영토라고 선포했다. 반면 사우디아라비아 나즈드 지역의 통치자 압둘 아지즈 이븐 사우드는 쿠웨이트의 영토는 과거 수도를 둘러싼 성벽을 넘지 않으며, 쿠웨이트와 국경 조약이 체결되지 않은 상황이므로 쿠웨이트는 분쟁 지역에 대한 권한을 갖지 않는다고 주장했다. 사우디아라비아의 와하비즘 추종 베두인들은 1920년 5월 쿠웨이트 남부에 주둔한 쿠웨이트 파병대를 공격했고, 10월에는 수도로부터 약 40km 떨어진 자흐라 지역을 습격했다. 이에 대항해 영국은 함포, 장갑차, 항공기를 쿠웨이트 주변에 주둔시켰고, 베두인 군사들은 곧 철수했다. 이후 쿠웨이트는 영국에 의존하게 되었다.

쿠웨이트에는 다른 걸프 국가와 마찬가지로 진주 산업이 번성했다. 그러나 여타 걸프 국가처럼 1920년대와 1930년대 일본에서 개발한 양식 진주의 등장으로 쿠웨이트는 경제적으로 심각한 타격을 입게 되었다. 진주 산업이 사양길에 접어들자 쿠웨이트는 과거 경제적 번영과 영광이 무색할 정도로 세계 최빈국 중 하나로 전락했다. 그 결과 쿠웨이트는 영국의 보호에 더욱 의존하게 되었다. 영국은 쿠웨이트의 국경 문제 해결에도 적극적이었다. 이라크 주재 영국의 고등 판무관 퍼시 콕스(Percy Cox)는 베두인의 침략에 맞서 1922년 우카이르 협정서(Uqair Protocol)를 통해 쿠웨이트와 나즈드, 이라크와 나즈드 간 국경을 확실히 했다. 이 협정서에 따라 1922년에는 쿠웨이트와 사우디아라비아 양 국가의 국경 사이에 중립 지대가 설정되었다. 그러나 1969년에 양 국가는 중립 지대를 나눠 서로의 영토에 유입시켰고, 이 지역 원유를 각각 추출했다.

쿠웨이트와 이라크의 국경도 우카이르 협정에 따라 새롭게 설정되었다. 그러나 이라크의 파이살(Faysal) 국왕 1세는 페르시아 걸프만 접근을 제한한 우카이르 협정에 불만을 표시했고, 협정에 동의하지 않았다. 불행히도 당시 영국의 지배하에 있던 이라크에게는 어떠한 발언권도 없었으며, 이라크와 쿠웨이트는 1923년에 정식으로 국경 협약을 비준했다. 이런 사항은 1927년에 재확인되었다. 이후 1961년에 쿠웨이트가 독립하자 이라크는 쿠웨이트가 오스만 제국 당시 이라크 관할하에 있었다는 점을 들어 쿠웨이트에 대한 영토권을 주장했으나, 1963년 쿠웨이트의 영토와 독립권을 인정했다. 그러나 이라크와 쿠웨이트 간 영토 분쟁은 훗날 걸프전 발발의 원인이 되었다.

쿠웨이트의 역사

● 바니 우뚭 연합 부족과 쿠웨이트의 형성

18세기까지만 해도 아라비아반도 북부는 다소 외진 유목 지대였다. 아라비아반도의 사막과 얕은 해안가에 거주하던 이 지역 사람들에게는 유목 생활 외에는 다른 대안이 없었다. 반면 아라비아반도 남부의 비옥한 땅과 항해가 가능한 해안에 거주하던 사람들은 농업과 해상무역에 종사할 수 있었다. 따라서 북부 유목민들은 오아시스의 물을 찾아 사막을 횡단하는 고단한 생활을 했지만 남부의 정착민들은 비교적 부유한 삶을 살았다. 사막의 각 부족들은 독립적인 정치 단위로 간주되었고, 각 부족의 지도자인 셰이크는 마즐리스(Majlis)로 불리는 부족 회의를 통해 선출되었다. 비록 부족의 지도자로 셰이크가 선출되기는 하지만 셰이크는 절대적 권한을 갖는 부족의 통치자로 간주되지는 않는다. 셰이크는 안으로는 부족의 일을 결정하고 부족의 안내자 역할을 수행하며, 밖으로는 다른 부족과 협력과 대화를 모색하며 부족의 일을 결정한다. 사막에서 부족과 부족 간의 관계는 고정적이지 않고 협력 관계나 적대 관계에 따라 항상 유동적으로 변했다. 즉, 강력한 부족이 약해지기도 하고 약한 부족은 좀 더 강한 부족에 흡수되기도 하면서 부족은 유기적인 연대를 구성하는 사회 구성 단위로 존재했다.

18세기 초 사막의 권력 구조에는 큰 변동이 있었다. 사우디아라비아 내륙의 나즈드 지역에 부족 간 분쟁이 있었으며, 일부는 이탈해 다른 지역으로 이주했다. 쿠웨이트 왕조의 조상인 바니 우뚭 연합 부족도 나즈드 지역에서 권세 있던 아니자(Aniza) 부족에서 떨어져 나와 오늘날의 쿠웨이트 지역에 정착했다. 바니 우뚭 연합 부족에는 알잘라히마(Al-Jalahima), 알칼리파(Al-Khalifa, 훗날 바레인의 왕가로 독립 분리), 알사바 세 부족이 있었다. 바니 우뚭 연합 부족이 나즈드 지역에서 이탈해 카타르를 거쳐 쿠웨이트에 정착한 배경은 정확하게 알려지지 않았으나, 당시 아라비아반도를 뒤덮었던 극심한 가뭄 때문이라는 설과 17세기 아니자 부족 내 갈등으로 인한 추방설이 있다.

바니 우뚭 부족은 처음에는 카타르 지역에 은신처를 마련해 약 50년 정도 거주했으나 이후 카타르 통치자와 관계가 나빠지자 북쪽으로 이주했다. 그 과정에서 일시적으로 바레인의 무하라크(Muharraq, 바레인 3대 대도시 중 하나로, 마나마가 수도가 되기 전까지 수도 역할을 수행) 지역과 이라크에 속한 바스라(Basra) 지역 남부에 거주하기도 했다. 이후 아라비아반도의 북동쪽을 지배하던 통치자인 바니 칼리드의 영토로 이주했으며, 그들과 좋은 관계를 형성했다. 그러나 얼마 지나지 않아 바니 칼리드의 통치력은 가문의 내분과 중앙 아라비아에서 발생한 와하비 세력에 의해 약화되었다. 그리고 이 틈을 타 바니 우뚭 부족은 1752년 쿠웨이트 지역에서 독립적인 세력을 구축했으며, 알잘라히마·알칼리파·알사바 세 부족이 이 지역을 통치했다.

각 부족은 서로 다른 분야에 종사했다. 알잘라히마 가문은 해상무역업을 중심으로, 알칼리파 가문은 지역 상업을 중심으로 성장했으며, 마지막으로 알사바 가문은 행정과 군부를 책임졌다. 이후 알잘라히마와 알칼리파 가문(오늘날 바레인 지역으로 이주)이 타 지역으로(알칼리파 가문은 오늘날 바레인 지역으로 이주) 이주했으며, 1756년 사바 빈 자비르(Sabah bin Jabir)가 쿠웨이트의 셰이크로 선출되었다. 이후 오늘날까지 쿠웨이트의 통치 권력은 알사바 가문으로 한정되어 승계되고 있다. 비록 알사바 가문이 셰이크로서 쿠웨이트의 지도자 역할을 수행하긴 했으나 절대적인 통치자는 아니었다. 부족 회의 형태인 슈라는 여전히 존재했으며, 여기에서 종교학자와 상인들이 상당한 영향력을 행사하고 있었기 때문에 적절한 권력 분배가 이루어졌다.

　쿠웨이트는 바다와 육지를 잇는 지정학적 위치 때문에 18세기 후반에 번영기를 맞았으며, 이 지역의 패권을 장악하는 중요한 무역항으로 발전했다. 당시 바니 우뚭 부족은 자유무역 정책을 시행했고, 주변 상인들은 쿠웨이트 항구에서 무역업을 했다. 게다가 1775년 페르시아가 바스라를 점령하자 영국 동인도회사는 인도와 연결되는 중간 무역지를 바스라에서 쿠웨이트로 옮겼고, 결과적으로 쿠웨이트 경제는 한층 더 부흥하게 되었다. 무역 중심지로서의 쿠웨이트 성장 배경은 쿠웨이트 내 상인 계층의 형성과 성장을 촉진시켰고, 이는 결과적으로 상인 계층과 지배 계층 간의 견제와 균형 관계를 유도했다.

● 왕권의 견제 세력, 상인 계층의 형성

　18세기 해상무역의 발전으로 쿠웨이트에는 신흥 상인 계층이 출현했다. 이들은 주로 조선업과 진주 산업에 종사했다. 18세기 말 쿠웨이트가 소유한 배의 수는 아라비아반도의 어느 항구와 경합해도 뒤지지 않을 정도로 늘어났다. 진주 채취는 '카마미스(Khamamis)'와 '살라피야(Salafiya)'라는 두 방식으로 운영되었다. 전자는 진주가 팔린 뒤 상인 계층인 배의 주인에게 진주 값의 20%, 그리고 쿠웨이트 통치자에게 미리 정해진 세금을 바치는 방식이다. 반면 후자는 잠수부와 운송인의 가족이 생활할 수 있도록 미리 대출 형식으로 현금을 빌리는 방식이다. 그런데 고율의 이자로 상인에게 돈을 빌린 선장이 진주를 예상보다 적게 채취해 대출금을 상환하지 못한 경우, 선장과 그 밑의 잠수부와 운송인은 계속 한 상인 밑에서 빚을 갚을 때까지 일해야 했다. 만일 선장이 그 빚을 갚지 못하고 사망한 경우 빚은 자동적으로 그 자녀에게 상속되었으며, 자녀들은 빚이 청산될 때까지 한 상인에 종속되었다. 상인들은 이러한 구조를 통해 엄청난 부를 쌓을 수 있었고, 독점권도 행사할 수 있었다.

쿠웨이트 상인의 출신 배경은 다양하다. 당시 해상무역의 중심지인 쿠웨이트는 부유한 도시였으며, 따라서 이란, 이라크, 바레인, 사우디아라비아 등 주변국에서 '쿠웨이트 드림'을 찾아 이주했다. 그리고 아프리카 노예무역도 성행했기 때문에 아프리카인도 유입되었다. 쿠웨이트에 정착한 이들은 무역업을 통해 부를 쌓았고, 이를 유지하기 위해 족내혼을 엄격하게 지켰다. 가장 선호되는 혼인의 형태는 사촌혼이었다. 그리고 부의 유출을 막기 위해 오로지 남성들만이 가족의 재산을 상속받을 수 있었다. 권력과 부를 쥔 상인 계층은 쿠웨이트의 귀족계급이 되었으며, 통치 가문인 알사바 가문도 경제적으로는 상인 계층에 의존하게 되었다. 그러나 19세기 쿠웨이트의 내정을 간섭하기 시작한 영국은 쿠웨이트 내 알사바 가문에게 유리하게 권력을 분배했고, 이는 상인들의 반발을 야기했다. 한때 상인들은 알사바 가문의 정치권에 대항하기 위해 연합 투쟁을 벌이기도 했다. 당시에 형성된 상인 계층은 오늘날에는 석유화학, 금융업, 조선업, 서비스업, 건설업 분야를 장악하면서 쿠웨이트 경제를 이끄는 엘리트 계층으로 남아 있으며, 여전히 상당한 정치력을 행사하고 있다.

● 영국의 간섭과 상인 계층과의 갈등

영국과 쿠웨이트의 첫 접촉은 페르시아가 이라크의 바스라를 점령한 1775년에 영국이 동인도 회사를 쿠웨이트로 옮기면서 시작되었다. 영국의 개입은 쿠웨이트 정치에 많은 변화를 야기했다. 당시 영국은 이 지역 패권 장악이 절실한 상황이었다. 영국은 식민지인 인도로 연결되는 해로의 안정성을 확보하고, 동시에 다른 유럽 국가들과 연합해 러시아의 남하를 막아야 했기 때문이다. 이를 위한 첫 단계로 영국은 아라비아반도 토후 세력과 일련의 협정을 맺었다. 걸프 지역에 주둔한 러시아군에 위협을 느낀 영국은 1899년 1월에 쿠웨이트의 통치자 셰이크 무바라크(Sheikh

Mubarak)와 독점적으로 협정을 체결했으며, 쿠웨이트는 영국의 보호령하에 들어갔다. 당시 협정에는 쿠웨이트가 영국 정부의 동의 없이 타 국가에 영토를 양도하거나 외국 사절을 받지 않겠다는 내용이 담겨 있었다. 쿠웨이트는 오스만 제국의 통치하에 있었으며, 셰이크 무바라크는 오스만 제국보다 영국을 선호했기 때문에 영국과의 협정 체결에 긍정적이었다. 이 협정을 통해 셰이크 무바라크는 오스만 제국의 위협으로부터 안전을 확보하고 자신의 통치권을 인정받을 수 있었다. 영국도 이 협정을 통해 러시아의 남하를 방어하는 동시에 걸프 지역에서의 패권 장악을 위한 주도권을 확보할 수 있었다. 쿠웨이트의 통치자 셰이크 무바라크는 당시 합법적인 통치자였던 이복동생(오스만 제국을 선호)을 살해하고 권력을 잡았으나 그에 대한 후대의 평가는 관대하다. 그는 쿠웨이트 역사를 주름잡은 인물로 알려져 있으며, '무바라크 알카비르(Mubarak Al-Kabir)', 즉 '무바라크 대제'로 불리고 있다(케쉬시안, 2016: 19)

한편 이 기간에 쿠웨이트 내부에서는 중요한 정치 변동이 일어났다. 상인 계층이 정치권을 획득하기 위해 조직적으로 움직이고 있었기 때문이다. 그러나 영국의 개입으로 상인 계층의 정치력 구축은 수포로 돌아갔다. 쿠웨이트의 통치자였던 셰이크 무바라크는 상인 계층과 대화를 하지 않았으며, 수입품과 진주 채취 배에 무거운 세금을 책정했다. 이에 불만을 품은 몇몇 유력 상인들은 쿠웨이트를 떠났고, 이는 상인들의 경제력에 의존하던 알사바 지배 계층에게 오히려 경제적으로 심각한 타격을 입혔다. 셰이크 무바라크는 떠난 상인들을 회유하기 위해 노력했다. 그러나 무바라크 통치 기간에 상인들의 불만은 점차 극대화되었으며, 셰이크 무바라크는 상인들을 회유하는 데 실패했다. 이후 1921년 셰이크 무바라크의 두 번째 아들 셰이크 살림(Sheikh Salem)이 갑작스럽게 죽자 상인들은 자신들의 정치권을 회복하려는 시도를 다시 한 번 했다. 상인들은 알사바 가문에 협의회 설립을 요구하는 청원서를 제출했다. 상인들의 이러한 요구는 셰이크 아흐마드 알자비르 알사바(Sheik Ahmad Al-Jabir Al-Sabah, 1921~1950년 통치)가 쿠웨이트의 새 통치자로 등극했을 때 실현되는 듯 보였다. 상인 계층 중 12명이 협의회 구성원으로 선출되었기 때문이다. 그러나 협의회는 겨우 두 달 만 지속되었다. 셰이크 아흐마드와 상인들의 관계는 다시 멀어지게 되었고, 1938년 상인 계층은 이라크 정부의 지지하에 지하 조직을 구성해 즉각적인 개혁과 입법 평의회 구성을 요구했다. 상인들의 움직임에 두려움을 느낀 셰이크 아흐마드는 영국에 도움을 요청했다. 그러나 영국은 무역로의 안전성 확보를 위해서는 쿠웨이트 상인들의 지지가 필요했으며, 국내 문제가 안정되어야 했기 때문에 오히려 셰이크 아흐마드에게 국내 갈등에 대한 조속한 해결을 촉구했다. 그 결과 1938년 6월 24일에 쿠웨이트 입법 평의회가 탄생하게 되었다. 그러나 힘의 균형이 평의회 쪽으로 옮겨가자 영국의 태도는 다시 바뀌어 쿠웨이트 왕가의 손을 들어주었다. 영국은 셰이크 아흐마드를 평의회 수장으로 임명하고 그에게 절대적 권한을 주었다. 이후 쿠웨이트는 영국과 왕가 연합을 한편으로 그리고 그 반대편에 상인 계층, 시아파 공동체, 베두인 연합을 다른 한 편으로 해 나뉘게 되었고, 1938년 12월에는 급기야 무장 봉기라는 대립으로 이어졌다. 평의회는 해산되었고, 봉기에 참여한 사람들은 체포되어 일부는 1944년까지 이라크로 추방되었다. 이후 1950년대에는 석유가 발견되었으며, 쿠웨이트의 정치권력 구도도 다시 바뀌게 된다.

쿠웨이트의 정치

• 자비르 가문과 살림 가문의 교차적 왕권 이양

1756년 이후 쿠웨이트 왕가의 모든 통치권은 알사바의 직계 후손에만

그림 1-10 **쿠웨이트의 알사바 통치 가문 가계도**

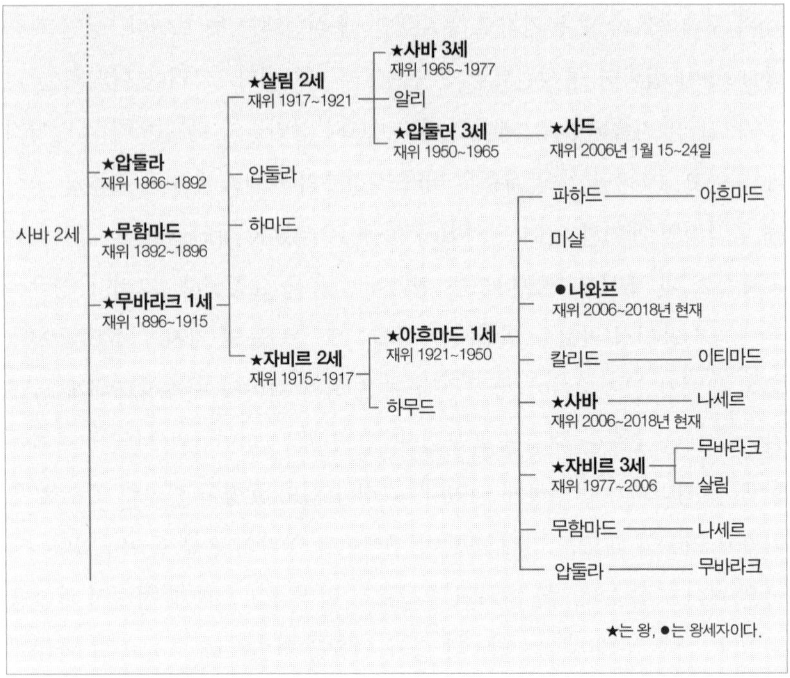

★사바 3세
재위 1965~1977

★살림 2세
재위 1917~1921 — 알리

★압둘라 3세
재위 1950~1965 — ★사드
재위 2006년 1월 15~24일

★압둘라
재위 1866~1892 — 압둘라

사바 2세 ★무함마드
재위 1892~1896 — 하미드

★무바라크 1세
재위 1896~1915

파하드 — 아흐마드

미샬

●나와프
재위 2006~2018년 현재

칼리드 — 이티마드

★아흐마드 1세
재위 1921~1950

★자비르 2세
재위 1915~1917 — 하무드

★사바
재위 2006~2018년 현재 — 나세르

★자비르 3세
재위 1977~2006 — 무바라크 / 살림

무함마드 — 나세르

압둘라 — 무바라크

★는 왕, ●는 왕세자이다.

자료: https://dailybrief.oxan.com/Analysis/DB227726/Gulf-monarchies-may-update-power-structures

계승되고 있다. 다른 걸프 국가와 달리 쿠웨이트의 특이점은 자비르와 살림 두 집안에서 번갈아 왕을 배출해 평화로운 왕위 계승 전통을 마련했다는 것이다. 이 제도는 쿠웨이트를 건국해 '대제'로 불리는 세이크 무바라크에서 비롯되었다. 세이크 무바라크는 합법적인 통치자였던 이복동생(오스만 제국을 선호)을 살해하고 권력을 잡은 인물이다. 비록 그 자신은 이복형제를 죽이고 왕위를 찬탈했으나 그는 쿠웨이트 왕가의 안정과 번영을 염원했다. 따라서 세이크 무바라크 사후 그의 장남 자비르(1915~1917년 통치)와 차남인 살림(1917~1921년 통치) 가문에서 번갈아 왕권을 이어받는 전통을 마련했다. 두 가문이 번갈아 집권하는 방식은 1965년 압둘라 빈 살림 (Abdullah bin Salem)에 이어 형제 사바 알살림(Sabah Al-Salem, 1965~1977년 통치)의 통치 기간을 제외하고 지금까지 유지되어왔다. 이후 2006년 1월 자비르 집안 출신의 셰이크 알자비르 아흐마드 알사바(Sheikh Al-Jaber Al-Ahmad Al-Sabah, 1977~2006년)의 서거로 지난 1978년 이래 쿠웨이트 총리 직을 맡았던 살림 가문 출신의 사드(Saad) 왕세자가 왕위를 물려받았으나, 건강상의 이유로 왕권은 9일 만에 다시 자비르 가문의 셰이크 사바 알아흐마드 알자비르 알사바(Sheikh Sabah Al-Ahmed Al-Jaber Al-Sabah)에게 이양되었다.

쿠웨이트 왕의 공식 명칭은 아미르이며, 아미르는 국가원수이다. 입헌 군주국인 쿠웨이트 국왕은 국가원수로서 수상을 임명하고, 수상의 추천으로 각료를 임명한다. 쿠웨이트 국왕은 의회 해산권, 군 통수권을 행사하는 실질적인 권력을 쥐고 있다. 쿠웨이트 왕세자는 왕위 계승 1년 이내에 왕이 지목하며, 국회의원 다수의 동의를 받아 승인받는다. 쿠웨이트는 행정부·입법부·사법부 삼권이 분리되어 있으며, 첫 선거는 1963년에 있었으나 오직 남성에게만 투표권이 주어졌다. 이후 2005년에는 투표권이 여성에게까지 확대되었다. 국회는 50명으로 구성되며, 임기 4년의 단원제이다. 국회는 1963년에 설립되어 1976년과 1986년 국왕이 해산한 이후 1981년과 1990년 다시 활동을 재개했다. 헌법은 남성과 여성에게 동등한 교육권과 노동권, 개인의 자유와 종교의 자유, 언론과 연합의 자유를 보장하고 있으나 정치 행동과 관련된 일체의 정당 형성은 불법으로 간주된다.

● 쿠웨이트와 민주화

쿠웨이트의 정치 상황과 민주화 정도를 가늠하기 위해서는 국가 수입의 대부분을 석유 수출에 의존하는 지대 추구 국가의 독특한 정치 경제구조를 이해해야 한다. 쿠웨이트를 포함한 다른 걸프 산유국들의 석유 수입은 민주주의와 시민사회 성장에 걸림돌이 되고 있다. 석유 수입은 통치 가문에 막대한 부를 안겨주었고, 국가는 오일 머니로 국민에게 무상으로 주거를 제공하거나 각종 의료 혜택과 무상교육 혜택을 제공할 수 있었다. 따라서 통치 가문은 복지를 통해 오일 머니를 분배했고, 국민들로부터 통치에 대한 정당성과 충성을 확보할 수 있었다. 즉, 일반적인 정치 구조에서는 국민이 국가에 세금을 내고 대표를 선출해 정부의 역할을 감시하지만, 지대 추구 국가의 정치 구조에서는 국민은 반대로 국가가 제공하는 각종 혜택의 수혜자일 뿐이지 국정 운영을 감시하는 역할은 하지 않는다. 걸프 산유국들의 이러한 정치 경제 구조는 결국 국민의 정치 참여와 관심을 저조하게 만들었다.

그러나 쿠웨이트의 역사는 타 걸프 지역의 지대 추구 국가와는 다르게 발전했다. 쿠웨이트에는 통치 가문의 절대적인 권력 행사를 막는 움직임이 상인 계층을 중심으로 다양하게 전개된 역사가 있다. 정치력을 가진 알사바 통치 가문과 경제력을 장악한 상인 계층의 패권 다툼은 항상 긴장을 유발했다. 영국이 권력 다툼에 개입해 통치 가문에 힘을 실어주자 정치적으로 약해진 상인 계층은 서로 연대해 정치권 확보를 위한 투쟁에 뛰어들었다. 경제적으로 상인 계층에 의존했던 쿠웨이트의 통치 가문은 정치적으로는 영국에 의존했으며, 상인 계층과 대화하는 대신 영국의 힘을 등에 업고 상인 계층의 부를 지배하려 했다. 상인들은 통치 가문에 저항하기 위해 정치조직을 구성했고, 제2차 세계대전 당시까지 부족 회의인 마즐리스를 통해 상인들의 정치적 힘은 증대되었다. 상인들은 주로 수니파 출신으로 서로 혼인 관계로 연계되어 있으며 무역, 진주, 조선업으로 막대한 부를 쌓았다.

그러나 상인 계층과 통치 가문 간 권력 균형은 석유 발견 이후 완전히 통치 가문 쪽으로 기울게 되었다. 1938년 석유 발견과 석유 수입은 알사바 가문에 막대한 부를 안겨주었으며, 상인 계층의 경제력에 더 이상 의존할 필요가 없어졌기 때문이다. 통치 가문은 석유 수입으로 인한 부를 독점하길 원했다. 이에 분노한 상인 계층은 1938년 마즐리스 운동을 벌였다. 이 운동은 어느 정도 성공을 거둬 쿠웨이트에 입법부가 창설되었으나 6개

월 이상 지속되지 못했다. 오일 머니로 통치 가문은 상인 계층에 대한 경제적 의존도는 낮아졌으나 항상 상인 계층의 정치적 조직력에 대한 두려움을 가지고 있었다. 그래서 알사바 가문은 정치 분야에서 상인들을 밀어내는 대신에 이들을 회유해 쿠웨이트의 부동산 시장, 건설, 서비스 분야의 독점권을 주며 경제적 부를 보장했다. 또한 쿠웨이트 정부는 엘리트 계층뿐만 아니라 일반 국민의 지지를 얻기 위해 1948년에 쿠웨이트 국적법을 제정했으며, 쿠웨이트 국민에게는 많은 복지 혜택을 주었다. 법적으로 쿠웨이트는 1920년 이래 쿠웨이트에 살아온 남성과 그들의 후손에게만 시민권을 부여했다. 부의 유출을 막기 위해 쿠웨이트는 까다로운 귀화 절차를 만들었으며, 귀화는 쿠웨이트에 10년 이상 거주한 아랍인과 15년 이상 거주한 비아랍인으로만 한정했다. 그러나 쿠웨이트 국민의 수가 전체 인구의 반수를 넘지 않자 1965년에는 국적법을 좀 더 유연하게 적용했으며, 1945년 이래 쿠웨이트에 거주한 아랍인들과 1930년 이래 쿠웨이트에 거주한 이주민에게 쿠웨이트 국적을 부여하기도 했다.

경제적 풍요는 쿠웨이트의 정치적 독립을 앞당겼다. 당시 부유한 계층의 자녀들은 아랍 민족주의의 메카인 이집트 카이로에서 유학했고, 이는 1961년까지 영국의 보호령하에 있던 쿠웨이트에 민족주의 정신을 심어줬다. 쿠웨이트는 영국과 1899년에 독점적으로 맺은 협정서를 무효화하는 조약에 서명하고 1961년에 독립국이 되었다. 그리고 같은 해 아랍연맹에 가입했고, 1963년에는 UN 가입국이 되었다.

● **쿠웨이트의 정치 단체**

정당 구성이 불법으로 간주되는 쿠웨이트에서 정치 참여는 자발적인 모임(Voluntary Association)을 통해 가능하다. 대표적인 자발적인 모임으로는 교사 클럽(Teacher's Club), 국민 문화 클럽(National Cultural Club), 이슬람 지침 단체(Islamic Guidance Society) 등이 있다. 그러나 1950년대에 이 단체들이 쿠웨이트에 거주하는 아랍 이민자들과 연합해 민족주의 운동을 주도하자 쿠웨이트 왕은 자발적인 모임을 폐지시켰다. 1961년에 쿠웨이트가 영국으로부터 독립하자 이 단체들은 부활했으며, 정부 요청에 따라 새로운 이름으로 재조직되었다. 쿠웨이트 정부의 의도는 이민자들과 연대해 정부 정책에 반대 운동을 벌였던 단체들을 내무부와 노동부 관할하에 두어 비정치적 단체로 재구성하는 것이었다. 쿠웨이트에서는 단체나 조직 구성 시 정부에 등록해야만 하고, 정부는 새로 구성된 단체의 성격이 사회에 부정적인 영향을 미친다고 판단될 때 단체를 해체할 수 있다. 이민자들도 다양한 단체에 가입할 수는 있으나 이들에게 투표권은 주어지지 않는다.

비록 정부의 감시하에 있지만, 이 단체들은 의회 구성과 같은 정치적인 일에 관여하기도 했다. 1960년대와 1970년대에 쿠웨이트 민족주의자들은 의회 구성을 위한 대중의 지지를 얻기 위해 이 단체들을 이용했다. 쿠웨이트 민족주의자들은 정부에 타 아랍 정부와의 연합, 외국 통치로부터의 독립, 팔레스타인의 독립, 석유산업의 국유화, 고용 안정, 여성의 참정권, 정치 정당의 창당, 언론의 자유, 아랍 이민자들에게 좀 더 많은 권한을 줄 것 등을 요구했다. 단체들의 반정부 운동이 활발해지자 정부는 1965년에 자발적인 단체 설립의 자유를 더욱 제한했다. 이는 1975년 의회 해산으로 이어졌고, 쿠웨이트 정부와 민족주의 단체들과의 갈등이 심화되자 정부는 좀 더 수동적이며 평화적인 방법으로 비정치적인 활동을 해온 이슬람 세력과 연합했다. 사회 개혁 단체(Social Reform Society)의 전신인 이슬람 지침 단체는 무슬림 형제단의 영향을 받아 1977년에는 쿠웨이트 학생 운동에 많은 영향을 끼쳤다. 그리고 1979년 이란 혁명이 일어나자 정치적으로 더욱 조직된 모습을 갖추게 되고 더욱 강력해졌다.

자국 내 종교 단체의 영향력이 커지자 이들은 다른 단체와 연합해 쿠웨이트 헌법 수정과 의회 설립을 요구했다. 그러나 1980년대에는 이슬람 운동의 인기가 식기 시작했다. 그 원인은 이 조직들이 비효율적으로 운영되었고, 쿠웨이트 시민들이 당면한 많은 사회문제에 해결책을 제시하지 못했기 때문이다. 그리고 정부도 이슬람 세력을 약화시키기 위해 의도적으로 세속 단체를 지지했다. 이후 일련의 의회 해산과 저항운동이 반복되면서 쿠웨이트 사회의 내분이 계속 심화되자 이라크의 사담 후세인은 이라크의 쿠웨이트 점령이 연합 세력과 일반 국민들로부터 환영받을 것이라는 오판을 하게 되었고, 걸프전으로 이어졌다. 그러나 실질적으로 이 연합 세력들은 걸프전 동안 이라크의 쿠웨이트 점령에 대항하는 독립운동 세력으로 부상했다. 그에 대한 보상으로 쿠웨이트 정부는 전쟁이 끝나면 쿠웨이트 헌법과 의회를 민주적인 방식으로 다시 복구할 것을 약속했고, 1992년에 걸프전 후 의회가 복구된 이래 지금까지 선거가 정기적으로 시행되고 있다. 또한 왕과 의회 구성원들과의 모임도 정기적으로 이루어지고 있다. 쿠웨이트의 정치는 통치 가문과 상인 계층, 쿠웨이트 내 존재하는 세속주의 세력과 이슬람 세력, 수니와 시아의 협상 과정을 통해 지속적으로 발전하고 있음을 알 수 있다.

침체된 쿠웨이트 경제

쿠웨이트에서 석유는 1938년에 발견되었다. 그러나 석유 수출은 제2차 세계대전의 발발로 1946년 이후에나 이루어지기 시작했다. 쿠웨이트는 1946년에 최초로 약 76만 달러 규모의 수출용 석유를 선적했고, 이후 점진적으로 석유 수출량을 늘림으로써 안정적으로 경제 발전을 할 수 있었다. 2003년 이후 국제 유가가 지속적으로 오르자 5% 이상의 경제성장률을 보였다. 그러나 2008년의 국제 금융 위기의 영향으로 2009년 경제성장은 세계 평균에 못 미치는 -1.7%를 기록하기도 했다(김종원, 2011: 165). 이후

2010년부터 유가가 상승하자 경제성장은 회복되는 듯했으나 2014년 유가 하락은 경제성장에도 부정적인 영향을 미쳤다. 쿠웨이트 정부는 유가 하락으로 2016년과 2017년 회계 연도에 406억 달러, 2018년까지 730억 달러에 달하는 재정 적자를 전망하기도 했다. 이에 쿠웨이트 총리실은 유가가 20달러 이하로 떨어질 경우 국가 경제에 막대한 지장을 초래할 수 있다고 경고하며 재정 수입원을 다양화할 필요가 있다고 밝히기도 했다. 또한 쿠웨이트 정부는 저유가 상황에 대비하기 위해 법인세 10% 부가, 부가가치세 5% 도입, 수도 및 전기 요금 등에서의 국가 보조금 삭감, 제조업 육성을 중심으로 한 산업 다각화, 민간사업 분야 활성화 방안들을 내놓고 있다(송세현, 2016.6.15). 그러나 유가가 회복되면서 2018년에 시행하려던 부가가치세 도입은 아직까지 시행되지 않고 있다. 그와 함께 쿠웨이트는 2035년까지 걸프 지역의 금융 및 무역 허브로 부상하기 위한 '쿠웨이트 비전 2035(Kuwait Vision 2035)'를 추진하고 있다.

쿠웨이트 사회

오늘날 쿠웨이트 인구는 373만 명으로 추정되며, 이 중 아랍 출신 외국인은 110만 명, 아시아 출신 외국인은 104만 명으로 외국인 인구수는 전체 쿠웨이트 인구의 70%를 차지한다(World Population Review, 2016). 쿠웨이트 정부는 외국인에게 시민권을 엄격히 제한하고 있다. 시민권은 원칙적으로 1920년부터 국적법이 만들어진 1959년까지 쿠웨이트에 거주한 자, 쿠웨이트 부모 사이에 태어난 자, 쿠웨이트에 15년 이상 거주한 자로 아랍어에 능하고, 생계 수단이 있으며, 무슬림에게만 주어진다. 쿠웨이트 여성과 외국인 남성 사이에 태어난 2세의 경우 시민권은 부여받지 못하지만,

반대로 쿠웨이트 아버지와 외국인 어머니 사이에 태어난 자녀는 시민권을 부여받는다. 한때 쿠웨이트는 자국민 수를 늘리기 위해 베두인 및 쿠웨이트를 위해 봉사한 아랍 국적자에게 귀화의 장벽을 낮춘 바 있다. 그 밖에 쿠웨이트에는 약 10만 명에 달하는 '비둔(Bidoon)'이라고 불리는 사람들이 존재한다. 비둔은 '국가가 없는 사람들'을 뜻하며, 쿠웨이트 국적을 얻지 못한 베두인을 지칭한다. 이들은 시민권을 행사하지 못하기 때문에 쿠웨이트 내에서 경제적으로, 정치적으로 많은 차별을 받으며 살고 있다. 쿠웨이트 내 외국인 노동자들의 지위도 다양하다. 외국인 노동자 중 서구인들이 가장 상위, 그다음이 팔레스타인·이집트·이라크·시리아·레바논의 아랍 국가 이주민들, 아시아 계통의 이주민들이 가장 다수로 하위를 차지한다. 서구 이주민들이 은행, 학교 등 전문직과 사무직에 주로 근무하는 반면 타 외국인 노동자들은 대부분 건축과 기술 분야에 많이 분포되어 있다. 노동의 특성을 고려할 때 과거에는 건설업에 외국인 남성 노동자가 주로 유입되었으나 오늘날 외국인 고용이 서비스 분야로 확대되면서 외국인 여성 노동인구수도 증가하고 있다. 이들이 주로 근무하는 분야는 호텔, 무역, 제조업이다.

종교 분포 면에서도 쿠웨이트 사회는 다양하다. 전체 인구의 약 85%가 무슬림이고, 기독교인·힌두교인을 포함한 기타 종교가 15%를 차지하고 있다. 비록 쿠웨이트 사회는 표면적으로는 현지인과 이주민으로 나뉘지만 내부적으로는 수니와 시아의 종교적 성향에 의해 또다시 분류된다. 쿠웨이트에서 종파에 따른 인구 분포에 대한 정확한 통계는 제시되지 않았으나 일반적으로 쿠웨이트의 다수 종파는 수니 무슬림이며 이들이 70%, 나머지 30%가 시아 무슬림으로 알려져 있다. 쿠웨이트 내 시아 무슬림은 1979년 이란 혁명과 1980년에 시작해 1988년까지 이어졌던 이란·이라크 전쟁으로 사회적으로 경계의 대상이 되기도 했다. 그러나 1990년 이라크의 쿠웨이트 침공은 이 두 종파를 하나로 묶는 중요한 계기가 되었다. 이라크 사담 후세인의 침공에 맞서 이들은 종교적인 색채를 강조하기보다 국가의 독립과 안녕을 위해 연합했기 때문이다. 따라서 사우디아라비아나 바레인처럼 쿠웨이트 내 수니와 시아 갈등 문제는 그리 크지 않다. 그리고 쿠웨이트 내 수니 무슬림과 시아 무슬림은 서로 결혼을 하기도 한다.

가장 젊은 왕이 통치하는
카타르

카타르 국기는 다른 아랍 국가에서 흔히 쓰지 않는 팥죽색에 가까운 보라 색을 사용한다. 카타르 국기의 보라색은 과거 조개 염료 생산지였던 카타르의 역사를 상징하는 것이다

카타르의 지리적 개관

• 카타르의 위치

카타르(Qatar)는 아라비아반도 서쪽에 위치한 반도 국가이며, 면적은 우리나라의 경기도 크기이다. 지형은 평평한 사막으로 이루어져 있고, 약

6000만 년 전에는 해수에 침잠되어 있었기 때문에 소금 지대가 많다. 해안 지대를 따라 지하수가 많아 주요 도시도 해안 지대를 따라 발달했다. 그러나 지하수의 염분 농도가 높아 담수 시설이 발달되어 있다. 카타르는 반도 국가의 이점 때문에 과거부터 중개 무역업이 발달했고, 어업과 진주 채취도 활발했다. 카타르의 수도 도하(Doha)는 작은 어촌 마을이었으나 오랫동안 해양 활동 세력의 중심지였다. 1971년 독립 국가 수립 후 현재는 카타르의 행정·경제·교육·문화의 중심지가 되었으며, 인구의 50% 이상이 거주하고 있다. 그 밖에 주요 도시로는 유전 지역 두칸(Dukhan), 가스 생산지 라스라판(Ras Laffan), 도하 인근 해안 도시 알와크라(Al-Wakrah)와 알코르(Al-Khor) 등이 있다(주카타르 한국대사관, 2015).

바레인과의 경합으로 시작된 카타르의 역사

● 고대 문명의 다리 역할을 했던 카타르

카타르 지역은 기원전 6세기경부터 사람들이 거주했던 것으로 추정된다. 기원전 4~5세기경에는 티그리스와 유프라테스강을 따라 번성했던 알우바이드(Al-Ubaid) 문명과 카타르 정착민 간 교역이 성행했다. 카타르 서부 해안은 메소포타미아 문명과 인더스 문명 간 교역의 중심지 역할을 했으며, 이후 3세기 사산조 페르시아 시대에는 동과 서를 잇는 중요한 교역의 중심지 역할을 했다. 카타르에서는 동양에서 수입된 구리, 향료, 백단향이, 아라비아반도에서 들여온 자색 염료, 의류, 진주, 대추, 금, 은 등이 교류되었다. 카타르는 건조한 기후 때문에 유목민들이 계절에 따라 단기간 거주하며 낙타와 말을 사육했던 곳으로 유명했다. 이후 아라비아반도 서쪽에서 이슬람교가 창시되었고, 카타르가 이슬람교를 수용하면서 이슬람 시대가 개막되었다. 당시 카타르 거주민들은 재봉술이 뛰어났으며, '카타리야 (Qatariyah)'라고 명명되던 카타르산 의복은 이슬람교의 창시자 무함마드와 그의 아내 아이샤가 입었다고도 전해진다(주카타르 한국대사관, 2015: 9~10).

● **근대 카타르의 형성**

근대 카타르 역사는 18세기 아라비아반도 나즈드 지역 남부 자브린 (Jabrin) 오아시스에 거주하던 바누 타밈(Banu Tamim) 부족의 알사니(Al-Thani) 가문이 카타르 동부 해안 도시 푸와이라트(Fuwairat)에 정착하면서 시작되었다. 이후 19세기 중엽 카타르 남동 지역으로 세력을 확장해 지금의 도하 지역으로 이주함으로써 오늘날의 카타르 국가의 기반을 형성했다. 바누 타밈 부족에 속한 알사니 가문은 본래는 아라비아 남부 나즈드 출신으로 17세기 후반에서 18세기 초반에 이르기까지 중앙 아라비아에서 동부 카타르로 이주했다. 원래는 유목민이었으나 목초지가 부족해 해안에 정착하면서 어업에 종사하며 때때로 진주 채취도 했다. 그러나 알사니 가문은 도하로 이주한 이래 영국이 바레인의 알칼리파 가문에 대항해 자신의 세력을 키워줄 때까지 카타르 내부 권력 투쟁에서 크게 두각을 나타내지는 못했다(홍미정, 2011: 24~25).

카타르의 근대사는 바레인의 통치 가문인 알칼리파 가문과의 경쟁을 통해 형성되었다. 1766년 바니 우뚭 부족의 분파인 알칼리파 가문은 쿠웨이트에서 카타르 북서 해안으로 이주했다. 이들은 카타르 서쪽에 위치한 주바라 정착촌과 남동쪽에 위치한 무라이르(Murair) 요새를 건설했으며, 당시 걸프 지역의 무역권을 장악했다. 알칼리파 가문은 오만과 페르시아와 함께 역내 강력한 해상 세력으로 부상하면서 1783년 바레인 지역을 정복했고, 1878년 영국이 카타르 지역에서 영향력을 발휘하기 전까지 주바라 지역 통치자를 임명할 정도로 이 지역 정세에 깊이 관여했다. 한편 알칼리파 가문과 대척되던 세력인 알사니 가문과 영국 연합 세력은 카타르의 동쪽

그림 1-11 **카타르의 알사니 통치 가문 가계도**

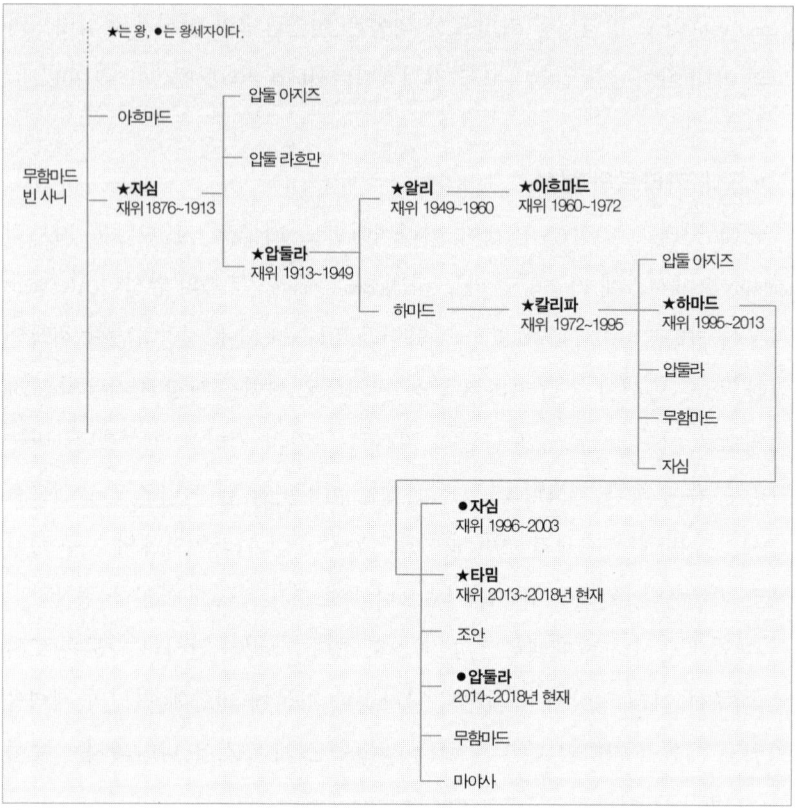

자료: https://dailybrief.oxan.com/Analysis/DB227726/Gulf-monarchies-may-update-power-structures

지역인 도하와 와크라(Al-Wakrah) 지역에 거주하고 있었다(Zahlan, 2002: 100). 1867년 바레인 군대는 도하와 와크라 지역을 포위하고 약탈 공격을 감행했으며, 1868년 영국의 루이스 펠리 대령(Colonel Lewis Pelly)이 이 사건에 개입하면서 바레인과 카타르는 평화협정을 체결했다. 이 협정은 현대 카타르 역사 시작의 초석이 되었다. 이후 1871년 오스만 제국이 동부 아라비아 지역으로 그 세력을 확장하면서 카타르를 재점령했고(이전 1670년 당시 이 지역을 지배하던 바니 칼리드 부족으로부터 추방), 1872~1915년까지 알사니 왕조는 오스만 제국의 바스라주에 속한 지방 통치자로서 역할을 했다.

카타르 반도 내에서 바레인에 불만을 품은 세력들이 반바레인 시위를 하자 바레인의 알칼리파는 1867년 군대를 보내 반란군을 진압했다. 그러나 이는 1820년 영국·바레인 협정 위반이었으며, 이에 영국은 바레인으로부터 카타르의 독립을 요구했다. 이때 카타르의 대표로 나선 인물이 1850년부터 도하에 거주하면서 상당한 부를 쌓은 무함마드 빈 칼리드 알사니(Mohammed bin Khalid Al-Thani)였다. 이 협정을 기반으로 카타르는 바레인의 영향력에서 벗어나 1878년 12월 18일 국가를 창설할 수 있었다(홍미정, 2011: 24~25). 이후 1916년 오스만 제국이 물러나자 카타르를 장악한 영국은 1918년 카타르의 세이크 압둘라 빈 자심 알사니(Sheikh Abdullah bin Jassim Al-Thani) 국왕과 보호 조약을 체결했다. 이후 영국의 보호 아래 카타르 정부의 구조가 정비되었고, 최초로 정규교육 과정을 갖춘 학교가 설립되었으며, 공공 부문이 발전했다.

영국의 보호령하에서 카타르는 경제적인 번영을 누렸다. 카타르는 350척 정도의 진주 채취 어선을 보유했으며, 거주민들은 어업과 무역업에 종사하고 진주 채취를 하면서 안정적인 생활을 할 수 있었다. 그러나 일본의 양식 진주 산업의 발달, 1929년 대공황으로 경제에 큰 타격을 입자 상당수 거주민들은 생계 수단을 찾아 주변 지역으로 이주했다. 그리고 제2차 세계대전이 끝나고 1939년 석유 발견 이후 1950년대와 1960년부터 석유 자본이 본격적으로 유입되자 경제가 다시 번영했으며, 국가의 현대화도 이룩할 수 있었다.

젊은 지도자를 중심으로 개혁하는 카타르 정치

1968년 영국은 에미리트 지역의 각 토후국과 맺었던 조약을 종결하고

1971년 걸프 지역에서 철수할 것을 발표했다. 카타르는 바레인과 함께 아랍에미리트 토후국 연합 국가 수립에 동참하기로 했으나 연방 국가 구성에 대한 이견으로 1971년 영국과의 보호 협정을 폐지하고 완전 독립을 선언했다. 카타르는 알사니 가문이 통치하고 있으며, 헌법 22조는 알사니 가문의 세습을 규정하고 있다.

1972년 2월 22일 셰이크 칼리파 빈 하마드 알사니(Sheikh Khalifa bin Hamad Al-Thani)는 궁정 무혈 쿠데타로 자신의 삼촌인 아흐마드 초대 국왕으로부터 왕위를 찬탈했다. 이후 그의 아들 셰이크 하마드 빈 칼리파 알사니(Sheikh Hamad bin Khalifa Al-Thani)는 1995년 6월 27일 부왕에 대항해 궁정 쿠데타를 일으켜 성공했으며, 국왕으로 즉위했다. 칼리파 전 국왕을 지지하는 세력들이 왕위를 다시 찾고자 쿠데타 음모를 벌이기도 했다. 그러나 대다수 국민은 그의 아들 하마드 국왕을 지지했다. 하마드 국왕은 국민의 기대에 부응하기 위해 즉위와 함께 카타르 내 다양한 개혁 정책을 펼쳤으며, 이는 다른 걸프 국가와는 차별화된 행보였다. 즉위 직후 언론의 자유를 인정했으며, 언론에 대한 사전 검열 제도를 폐지했다. 그러나 거의 모든 언론이 정부 보조금으로 운영되는 실정이어서 실질적인 언론의 자유는 제한적이었다. 그럼에도 불구하고 이러한 분위기는 1996년 '편견 없고 성역 없는' 방송을 모토로 한 알자지라(Al-Jazeera) 방송국의 창립으로 이어졌다. 알자지라는 1990년과 1991년 걸프전 당시 맹활약을 펼치던 CNN을 모델로, 전 아랍 지역에 24시간 자유로운 의견을 개진할 수 있는 방송을 송출할 수 있었다. 그러나 '편견 없고 성역 없는' 방송을 모토로 한 알자지라 방송은 걸프 국가를 포함해 비민주적으로 운영되는 아랍 정권을 비난해 그들을 자극했으며, 2017년 사우디아라비아, 아랍에미리트, 바레인, 이집트가 연합한 카타르 단교 사태의 빌미가 되었다.

언론 분야뿐만 아니라 카타르는 사회 개혁에서도 적극적이었다. 1999년에는 여성에게 선거권을 부여했으며, 2003년에는 여성 교육부 장관을 임명

했다. 같은 해 8월 5일에는 국왕의 4남인 셰이크 타밈 빈 하마드 알사니
(Sheikh Tamim bin Hamad Al-Thani, 1980년생)를 왕세자로 책봉했다. 그리고 하
마드 국왕은 2013년 건강상의 이유로 퇴위했으며, 하마드 국왕의 뒤를 이어
그의 아들 타밈이 왕위에 올라 걸프 국가에서는 가장 어린 지도자가 되었다.

다른 걸프 국가와 구별되는 카타르 정치의 가장 큰 특징은 젊은 세대를
중심으로 한 평화로운 방식의 권력 승계에 있다. 그리고 그 변혁의 배경에
는 여성이 자리하고 있다. 선왕 하마드 국왕의 두 번째 부인인 모자 빈트
나세르 알미스네드(Mozah bint Nasser Al-Missned)는 평화로운 권력 이양을
이끈 핵심 인물로 거론된다. 모자 왕비는 일찌감치 카타르 여성의 교육과
권리 향상에 관심을 가져왔으며, 카타르에 일류 교육기관을 설립하기 위
해 노력했다. 현재 카타르의 교육 도시에는 코넬대학교 의과대학, 조지타
운대학, 노스웨스턴대학, 버지니아주립대학 등을 포함해 해외 유명 대학
의 분교가 유치되어 운영되고 있다. 또한, 2006년에는 카타르 여성의 권리
보호를 위해 가정법원도 설립했다. 이 법원에서는 이혼, 여성의 혼납금,
양육권, 아동보호 문제 등을 전담한다(주카타르 한국대사관, 2015). 그 결과
2000년대 들어 카타르 여성들은 정부 고위직에 오르는 등 사회 각계각층
에서 지도자로 성장했으며, 남성 중심 사회구조 변혁을 주도하고 있다.

자원 부국, 카타르

카타르는 국토 면적은 작지만, 석유(251억 배럴)와 천연 가스(24.7조 ㎥, 세계
3위)의 보존량이 많은 에너지 자원 부국이다. 특히 노스 필드(North Field)는
세계 최대 단일 가스전으로 전 세계 가스 매장량의 13.3%가 있다. 카타
르는 비록 최근 세계 경기의 불황으로 고도 성장세가 완화되긴 했으나

2011년까지 연 15%의 초고속 경제성장을 달성하며 1인당 국민소득 약 10만 달러의 고소득 국가로 발전했다.

그러나 카타르의 경제구조는 다른 걸프 국가와 마찬가지로 자원 의존 경제구조라는 점에서 취약하다. 카타르 경제에서 석유와 가스 분야가 GDP 비중의 50% 이상을 차지하고 있으며, 제조업·서비스업·농업 등의 분야는 저발전 상태이다. 따라서 카타르도 다른 걸프 국가들처럼 포스트 오일 시대에 대비하기 위해 경제 다변화 정책을 추진하고 있으며, '카타르 국가 비전 2030(Qatar National Vision 2030)'이라는 장기 비전을 마련해 미래 경제성장을 위한 로드맵을 구축하고 있다(주카타르 한국대사관, 2015). 카타르 국가 비전 2030은 2006년 하마드 국왕이 발표한 이래 본격적으로 추진되었으며, 그 핵심은 인적 자원 개발(모든 국민이 국가 발전에 동참할 수 있도록 교육과 훈련 등을 통한 인적 자본 육성), 사회개발(높은 수준의 도전적인 가치관에 기초한 정의와 상호 신뢰가 공존하는 사회 건설), 경제 발전(경제 다변화 정책 추진), 환경보호 등 네 분야로 구성된다. 인적 자원 개발을 위해 카타르는 교육 도시를 건설해 해외 유명 대학의 분교를 유치하고 있으며, 과학기술 증진을 위해 과학 단지를 건립했다. 또한, 의학 분야를 발전시키기 위해 별도의 연구 단지를 조성하고 있으며, 자원 의존 경제에서 지식 경제로 경제성장 모델 변화를 추진하고 있다(박찬기, 2011: 149~150). 그 밖에도 2022년 FIFA 월드컵 유치에 성공했고, 관광업을 발전시키면서 자원 의존도를 줄이는 경제 다변화 정책을 실현하고 있다.

외국인이 다수인 카타르 사회

● 카타르 인구

2014년 IMF 통계에 따르면 카타르의 인구는 223만 명이고, 이 중 자국민은 전체 인구의 10%에 불과하다. 다른 걸프 국가처럼 카타르도 석유와 가스 발굴과 함께 인구구조 면에서 급작스러운 변동을 겪었다. 1908년 카타르 반도에 거주하던 사람들은 불과 2만 7000명이었다. 이 중 6000명은 외국인 노예, 400명은 이란 출신의 선박 제조 기술자였다. 이후 1930년대 이란인 유입이 늘면서 인구의 20%를 차지하는 5000명에 달했다. 1930년대 세계 경제 대공황으로 야기된 경제 침체로 카타르도 심각한 타격을 입자 카타르에 살던 거주민들은 고향을 떠나 다른 곳으로 이주했으며, 그 결과 1949년경 인구는 1만 6000명으로 감소했다.

1950년에 카타르에서 석유가 수출되기 시작하자 자국 내 노동력 수요가 증가했고, 외국인 노동력은 다시 유입되기 시작했다. 당시 유입되던 외국인은 이웃 아랍인과 인도인들이 주를 이루었으며, 어려운 시기에 자국을 떠났던 카타르 인들도 다시 돌아왔다. 1970년대 영국의 도움으로 실시된 통계에 따르면 카타르의 전체 인구는 11만 1113명에 달하고, 이 중 카타르 현지인은 40%인 4만 5039명을 차지했다. 외국인 노동자가 지속적으로 유입되어 1977년 외국인 노동자 수는 약 20만으로 증가했다(홍미정, 2011: 12~14).

카타르는 소수의 자국민에게만 석유와 가스 수입을 분배하고 있다. 따라서 다른 걸프 국가처럼 시민권 보유 여부는 국가의 부를 분배하고, 또 카타르 사회에서 내부인과 외부인을 가르는 중요한 기준이 되었다. 카타르는 석유 발견 이전 1930년대의 기근과 가뭄, 경제 악화에도 불구하고 카타르를 떠나지 않고 남아 있던 원주민에게 우선적으로 시민권을 부여했고,

그들을 중심으로 국가의 부를 분배하고 있다.

● 카타르 사회구조와 부족주의

카타르 사회는 민족, 국적, 직업에 따라 사회적 지위가 확연히 나눠진다. 그리고 다른 걸프 국가와 마찬가지로 인구구조는 피라미드 형태를 띤다. 피라미드 구조의 가장 상부는 카타르 자국민이 차지하고 있다. 카타르 자국민은 석유 발견 이전 유목 생활을 하던 베두인 출신이었는데 현재는 대다수가 도시 정착민이 되어 부유한 삶을 누리고 있다. 이들은 카타르 사회의 통치 가문이나 엘리트 계층을 주로 형성하며, 국가 복지 혜택의 주 수혜자이다. 앞서 언급한 바처럼 카타르는 석유 발견 이전부터 이 지역에 거주하던 사람들만 자국민으로 인정하고 있다. 카타르 자국민 사회의 내부에 들어가 보면 사회계층은 유동적이지 않고 고정되어 사회변동에도 불구하고 좀처럼 변하지 않는다는 특성이 있다. 그리고 계층의 중심에는 오랫동안 뿌리 깊이 박힌 부족 개념이 자리하고 있다. 아라비아반도에 거주하는 사람들의 소속감을 부여하는 부족 개념은 20세기 걸프 지역이 영국의 보호령에서 벗어나고 각 지역을 구분하는 국경선과 국가가 등장한 이후에도 사라지지 않았다. 이들의 관계는 오히려 결혼을 통한 동맹으로 더욱 공고해졌다. 사람들은 서로의 말투나 옷, 행동 양식으로 다른 부족원들을 구분했으며, 자신이 속한 부족의 고귀한 신분을 유지하기 위해 비슷한 계층의 부족원끼리 결혼하는 것을 이상적으로 여겼다.

부족의 순수한 혈통을 유지하기 위해 집안의 어른들은 자녀의 결혼을 철저히 통제했다. 신분이 높은 부족의 여성은 자신보다 낮은 신분의 부족 남성과 결혼하지 않는 것이 관습과 전통으로 이어졌다. 이는 결혼에 대한 카타르인들의 인식에도 나타난다. 카타르인들은 낮은 계층의 부족원과 결혼하게 될 경우 자녀의 혈통에 부정적인 영향을 미칠 것으로 생각하고 있다. 부족과 계층에 대한 인식은 너무나 확고해서 석유 붐으로 갑작스럽게 재력을 갖게 된 신흥 부자들도 전통적인 엘리트 부족으로 편입되기는 쉽지 않았다. 부족 사회에서 신분 상승은 일반적으로 결혼 동맹을 통해 이루어지는데, 과거 낮은 계층에 속하던 부족이 석유 붐으로 벼락부자가 되었더라도 석유 붐 이전부터 명망 있던 높은 계층의 부족은 (비록 신흥 부자가 자신보다 잘살더라도) 신흥 부자에게 자녀를 결혼시키길 꺼린다는 것이다. 그들은 "돈은 사라지지만 부족은 영원히 남는다"라고 생각하기 때문이다(Cooke, 2014: 41~45).

● 카타르 내 사회계층

카타르 내 사회계층은 다층적이다. 가장 신분이 높은 계층은 통치 가문이 속한 부족과 그들과 연대한 엘리트 부족이다. 통치 가문에 대한 불충은 신분의 상실로 이어진다. 1930년대의 경제 침체와 기근을 피해 카타르를 떠난 사람들 중 일부는 석유 발견과 함께 카타르의 경제 사정이 좋아지자 다시 돌아왔다. 1930년대부터 아라비아에 닥친 '기근의 시대'를 통치 가문과 함께 견뎠던 부족은 이제 카타르의 엘리트 가문으로 성장했다. 그러나 당시 카타르를 떠나 고향으로 다시 돌아온 사람들은 오일 머니의 혜택을 완전히 누리지 못하는 '2등 시민'이 되었다.

그리고 그 아래에는 페르시아와 연관된 '3등 시민'이 있다. 여기에는 페르시아 출신인 '아잠(Ajam)'과 아라비아 출신으로 부족 간 갈등으로 페르시아에 정착했다가 다시 아라비아로 온 '하울라(Haula)'가 있다. 쿡(Miriam Cooke)에 따르면 어떤 하울라는 800년 전 아라비아반도를 떠나 600년간 페르시아에 정착한 뒤 200년 전에 다시 돌아와 카타르에 정착했지만, 여전히 '토착민(Asil, original)'으로 여겨지지 않는다고 한다. 그리고 '4등 시민'으로는 원주민이긴 하지만 아프리카 노예 출신이 있다. 그들의 계층은 검은 피부색에서 드러난다. 1950년대에 노예제도가 폐지되면서 이들 노예 중 일부는 주인의 성을 따서 살고 있다. 일부 노예는 셰이크를 섬기며 실질적인 권력을 행사하기도 했다. 그리고 마지막으로 사우디아라비아, 쿠웨이트, 아랍에미리트를 중심으로 국적 없이 아라비아반도를 돌아다니며 유목하는 베두인인 '비둔'이 있다. 이들은 아라비아반도에 국가가 들어설 당시 시민권의 개념을 이해하지 못하고 정부에 등록하지 않은 사람들이거나 단순히 조상의 전통을 따라 유목을 선호했던 사람들이다. 이들은 정부에 등록되지 않았기 때문에 여권 발급도 어렵고, 또 자국민에게 주어지는 혜택도 누릴 수 없다. 비둔 문제는 1980년대 오일 머니에 대한 분배에서 이들이 제외되면서 표면화되었다. 이들은 실질적으로 외국인보다 누릴 수 있는 권한도 없고, 국가 정책에서 제외되기 때문에 2011년 아랍의 봄 당시 시위를 조직하기도 했다 (Cooke, 2014: 60~62).

토착민 아래에는 석유 경제의 시작과 함께 일자리를 찾아 이 지역으로 이주한 비카타르 아랍인과 서구인이 있다. 이들은 주로 교육직, 석유 관련 기술직, 의료 분야 등 전문직에 종사하며 임금도 높기 때문에 생활수준 역시 높다. 그리고 마지막으로 카타르 사회의 가장 낮은 계층은 아시아계 이주 노동자들이 주를 이룬다. 이들은 주로 택시 운전, 상점 직원, 건설 노동자 등 3D 분야에 종사한다. 카타르는 외국인 노동자 유입이 지속되는 상황 속에서 자국민 일자리가 위협받자 '카타리제이션(Qatarization)'을 도입해 외국인 노동자의 유입을 규제하고 민간 부문에서 내국인 고용 확대 정책을 추진하고 있다. 그러나 자국민의 노동시장 진출에도 불구하고 카타르 사회 내 계층 구조와 인식은 그리 쉽게 바뀌지 않고 있다.

2017년 카타르 단교 사태와 걸프 GCC 국가의 미래

● 1981년 걸프협력협의회, GCC 결성

걸프협력협의회, 즉 GCC(Gulf Cooperation Council)는 바레인, 사우디아라

비아, 아랍에미리트, 오만, 카타르, 쿠웨이트 등 걸프 지역 산유국 6개국이 결성한 정치·경제 협력체를 말한다. GCC는 1981년 5월 사우디아라비아의 리야드에 설립되었으며, 협의회 의장은 국가별로 돌아가며 교체된다. GCC의 설립 목적은 회원국 간 단결을 유지하는 것이다. 이 국가들은 정치, 경제, 사회구조, 종교와 문화 차원에서 유사성을 띤다. 정치 면에서는 군주제라는 공통의 정치체제, 경제 면에서는 자원 의존 경제, 사회구조 면에서는 부족주의와 가부장제, 외국인 이주 노동자 문제, 종교와 문화 차원에서는 수니파 이슬람과 아랍어에 기반을 둔 공동의 정체성과 동질감을 공유한다. 회원국 간 관계 강화와 협력 증진을 위한 동맹체 결성 목적은 GCC 헌장 4조에서도 강조되고 있다. 1981년에 GCC가 결성하게 된 계기는 이 지역 안보와 관련된다. 당시 걸프 지역은 1979년 이란 혁명과 1981년 이란·이라크 전쟁으로 불안정했으며, GCC 회원국들은 군사 협력을 통해 역내 안정을 꾀하고자 했다.

GCC의 최고 의사 결정 기구는 최고 위원회(Supreme Council)이다. 최고 위원회는 GCC 국가원수들로 구성되고, 연례 회의에서 GCC 역내 문제를 논의한다. 위원회 결정은 만장일치를 통해 승인된다. GCC 각료 회의는 국가별 외무부 장관 또는 다른 부처의 정부 공무원들로 구성되며, 최고 위원회의 결정을 이행하고 새로운 정책을 제안하기 위해 분기마다 열린다. 비록 GCC는 국가별 국경 문제[가령 하와르섬을 둘러싼 바레인과 카타르의 갈등, 알부라이미(Al-Buraimi) 오아시스를 둘러싼 사우디아라비아와 아랍에미리트, 오만의 갈등], 정치적 이슬람에 대한 국가별 대처 방안(이집트에서 무슬림 형제단을 지원하는 카타르와 군부 세력을 지원하는 사우디아라비아와 아랍에미리트, 리비아에서 각기 다른 경쟁 세력을 지원하는 카타르와 아랍에미리트 간 경합 관계), 그리고 이란과 국가별 관계(카타르, 오만, 두바이의 이란에 대한 호의적인 관계와 사우디아라비아와 바레인의 이란에 대한 적대적인 관계)에서 입장차가 존재하지만, GCC 창립 이후 지금까지 이 국가들은 협력에 기반해 공고한 관계를 유지하고 있었다. 그러나 GCC 회원국 관계는 2017년 사우디아라비아, 아랍에미리트, 바레인이 공동으로 카타르와 단교를 선언하면서 표면적으로 금이 가기 시작했다.

● 2017년 카타르 단교 사태

2017년 6월 5일, GCC의 사우디아라비아, 아랍에미리트, 바레인은 뜻을 같이하는 이웃 국가들(이집트, 예멘, 리비아, 몰디브)과 함께 카타르와 단교를 선언했다. 카타르와 단교를 선언한 국가들은 그에 대한 조치로 카타르와 육로·항공·선박 왕래를 중단하고, 카타르 항공사의 자국 영공 통과를 불허했으며, 카타르에 파견된 자국 대사를 소환했다. 그리고 카타르에 거주하는 자국민의 철수를 명령했으며, 사우디아라비아와 이집트는 자국 내 알자지라 사무소를 폐쇄했다. 심지어 아랍에미리트 법무부는 '그 누구든지' SNS에 카타르 관련 동정 글을 게시할 경우 15년 이상의 징역형과 최소 50만 AED(13만 6000달러)에 해당하는 벌금형에 처할 것이라고 경고한 바 있다. 이 국가들의 카타르 단교 선언의 표면적인 이유는 카타르가 테러 단체를 지원하고 숙적인 이란을 옹호한다는 것이다. 그러나 그 속내는 수니파 종주국인 사우디아라비아의 주도권에 대항하며 유난히 튀는 행보를 이어온 GCC의 '이단아' 카타르에 대한 사우디아라비아의 '카타르 길들이기'로 해석할 수 있다.

카타르는 단교 사태 여파로 대부분 해외 수입에 의존하던 식량을 안정적으로 확보할 수 없게 되었다. 대부분의 상품이 사우디아라비아 육로를 통해 운송되고 있기 때문이다. 또한, 2022년 FIFA 월드컵 개최를 위한 준비도 위기에 봉착했다. 사우디아라비아, 아랍에미리트, 바레인과 이집트의 보이콧 동참으로 카타르의 월드컵 유치에 따른 각종 건설 프로젝트가 지연되기 때문이다. 카타르의 건설 원자재는 절반 이상이 사우디아라비아 내 도로를 통해 도착하는데, 단교 사태로 도로가 차단되었다. 따라서 8개의 신설 경기장과 다른 부대시설 건설에 필요한 각종 자재 공급에 차질이 빚어지고 있다. 특히 공사를 예정된 기한 내에 완공하기 위해서는 외국인 전문 인력이 현장에 투입되어야 하는데, 단교 사태 여파로 이들이 카타르에 입국하는 것을 다소 꺼리고 있다(*Arab News*, 2017.7.15).

GCC 국가들의 카타르 단교 선언과 함께 그동안 표면적으로는 끈끈해 보이던 GCC 공동체의 동맹 관계도 위기를 맞게 되었다. 또한, GCC 국가 국민들 사이에 종교적·문화적·정치적·경제적 유대감과 응집력도 와해되고 있다. 따라서 이번 카타르 사태로 과거 공고하던 GCC 연합 공동체는 와해되거나 헐거워진 명목상의 공동체로 남게 될 가능성이 크다.

● 카타르 사태를 계기로 걸프 지역 GCC 국가들, 초국가적 부족주의 대신 민족주의 강화

걸프 지역의 GCC 정부는 걸프 사회 내 뿌리 깊게 박힌 초국가적 부족주의를 약화시키고 국가와 통치 가문에 대한 충성심을 강화하기 위해 국민국가 정체성 형성 프로젝트를 추진하고 있다. 가령, GCC 각 정부가 기념하는 성대한 국경일 행사나 문화유산 재건 프로젝트 등이 여기에 해당한다. 특히 국경일은 영국으로부터 독립한 날과 더불어 통치 가문의 영웅성이나 정당성을 내세울 수 있는 날을 지정해 기념하고 있으며, 이를 통해 국민국가를 강조하는 '신국가주의(New Nationalism)' 정책을 추진해왔다(The Arab Gulf States Institute in Washington, 2016). 그럼에도 불구하고 부족주의가 여전히 초국가적 성격을 유지하며 걸프 국가 국민들의 정신을 지배하는 강력한 정신이자 이념으로 작용한다는 것은 부인할 수 없다. 그러나 이번 카타르 단교 사태는 GCC 국민들의 기저에 깔린 칼리지(Khaleeji, 걸프 지역을 아랍어로 이르는 단어) 공동체와 초국가 부족주의를 흔드는 인식 전환의 계기가 되고 있다. 이번 카타르 단교 사태로 그동안 기저에서 걸프인들의 공동체 의식을 탄탄하게 지탱해온 '칼리지 정체성'이 와해되고 있기 때문이다.

관용과 자비의 달인 라마단 달에 식량 자급자족이 불가능한 카타르에 대한 단교 조치는 과거 공고하게 작동했던 초국가적 이념인 부족주의에 영향을 미칠 것이기 때문이다. 단교라는 정치적 파장으로 이제 국민들의 충성심은 부족이 아닌 통치 가문과 국가로 전환되고 있다. 과거 걸프 국가 국민들은 '칼리지인'으로 자신을 규정했으나 이제는 사우디아라비아인, 아랍에미리트인, 바레인인, 카타르인 등 국민국가에 대한 소속감과 충성심을 더 강조하고 있다. 카타르의 경우 이번 카타르 사건을 계기로 카타르 국민들 사이에서는 전례 없는 수준으로 민족주의가 강화되고 있다고 한다. 카타르 우르두어 라디오 라이브 쇼인 '하키카(Haqeeqat)'에서는 이번 봉쇄로 카타르 국가의 중요성이 다시 한 번 주목받게 되었다고 언급하면서 민족과 국적에 상관없이 카타르 거주민들은 카타르의 지도자를 지지한다고 강조했다(*Gulf Times*, 2017.11.30). 카타르 내에서는 아랍인과 비아랍인, 자국민과 외국인이라는 민족과 국적의 구분보다는 카타르 영내에 거주하며 이웃국의 탄압에 대항하는 공동의 운명체가 서서히 발아하는 듯하다.

02

걸프 여성의 삶과 역사

가족과 부족의 수호자,

역사 속 걸프 여성의 삶

이슬람 도래 전 자힐리야 시대 일상생활 속 걸프 여성

• 베일 속의 아라비아 여성

아라비아 여성의 삶은 베일 속에 가려져 왔다. 아라비아 여성을 다룬 저서들이 다른 아랍 지역 여성에 비해 적다는 점은 이를 방증한다. 아라비아 여성은 타 지역 무슬림 여성에 비해 더욱 엄격히 적용되는 남녀 분리 관습 때문에 공적 공간에서는 보이지 않는 존재로 인식되어왔으며, 심지어 그들에 대한 관심도 금기시됐다. 그러나 기록되지 않는다고, 보이지 않는다고 그들의 삶이 없는 것은 아니다. 또한, 그녀들은 우리가 생각하는 것처럼 복종적이지도 않고 수동적이지도 않다. 아라비아반도의 여성은 고대, 그리고 이슬람이 도래하기 이전 150년 전을 일컫는 '자힐리야(Jahiliyah) 시대'(아랍어로는 '무지' 혹은 '몽매'를 의미)부터 지금까지 여전히 아라비아 역사와 전통문화의 생산자이며, 일상의 삶을 굴러가게 하는 주요 원동력이기 때문이다. 이러한 여성의 삶은 제한적이지만 문헌 곳곳에 나타난다.

과거와 일상생활 속에서 그녀들의 삶을 재구성하는 데에는 한계가 따른다. 이 지역 문화는 구전에 기반을 두기 때문이다. 그래서 지금까지 전해

오는 몇 편의 시를 제외하고 역사적 사료는 거의 남아 있지 않다. 그녀들의 역사와 전통은 사람들의 기억과 입을 통해 한 세대에서 다음 세대로 전해졌으며, 오늘날까지 내려왔다. 그래서 고대 아라비아반도 여성의 삶을 구현하기 위해 현대인이 할 수 있는 유일한 작업은 현존하는 고대 시의 의미를 해석하고 유추하는 것이다. 이러한 작업을 통해 그나마 고대 아라비아반도 여성의 삶에 대한 힌트를 조금이나마 얻을 수 있다.

고대 아라비아 여성은 남성 중심 사회에서도 노동력의 주 공급원이었다. 계층에 따라 여성이 살아가는 모습은 달랐지만 아라비아 여성은 자신의 고유 업무였던 가사와 육아 외에도 가족과 부족원을 먹여 살리며 돌보는 역할을 떠맡았다. 부족 간 전투가 없던 평화로운 시기에는 신분의 고하를 막론하고 모두 노동을 했다. 자유인 여성은 집안에서 할 수 있는 실 잣기, 옷감 짜기, 천막 수선 등의 일을 했으며, 가난한 여성이나 노예는 주로 집 밖에서 하는 우유 짜기, 낙타나 양 돌보기 등 목축 일을 도맡았다. 이슬람의 예언자 무함마드의 아내들도 스스로 바느질을 하며 직접 자신의 옷을 짓고, 이를 시장에 팔아 생활을 유지했다고 한다(엄익란, 2015a: 70~104).

● 부족원의 정신적 지주이자 종교 지도자로서의 걸프 여성

고대 시를 통해 부족 지도자로서 여성의 모습도 읽을 수 있다. 여성은 미래를 점치는 '카히나(Kahina)'와 과거를 알아맞히는 '아라파(Arafah)'의 역할을 수행했다고 전해진다. 아라비아에서는 남성 예언자는 '카힌(Kahin)'으로, 여성 예언자는 '카히나'로 불렸다. 카힌 혹은 카히나는 '진(Jinn)'으로부터 영감을 받아 부족원에게 지식이나 메시지를 전달하거나, 부족원에게 어려운 일이 생겼을 때 조언을 했으며, 부족 내 다툼이 벌어졌을 때 잘잘못을 따지는 법관의 임무도 떠맡았다. 또한, 물이 있는 장소를 점쳐 부족에게 생존의 길을 안내하기도 했다. 그리고 적의 침입이나 다가올 자연재해를 예언하기도 했다. 그러나 대체적으로 여성 예언자의 영감이 더 발달해 중대한 사건에 대한 예언을 잘했기 때문에 카힌보다는 카히나가 부족원으로부터 더 많은 존경을 받았다고 한다(조희선, 1994: 301~302).

부족원에게 종교 지도자뿐만 아니라 정신적 지주였던 카히나의 역할에도 불구하고 전승되는 아랍 문학에서는 여성에 대한 언급을 거의 찾아볼 수 없다. 아라비아반도에 만연했던 남성 중심 부족사회 특성상 여성에 복종하는 것처럼 보여지는 것을 부담스럽게 여겼기 때문인 것으로 추정된다. 이후 유일신을 신봉하는 이슬람교가 도래하자 카히나의 역할은 점차 사라지게 되었다. 진으로부터 영감을 받는 일 자체가 이슬람교의 유일신 사상에 위배되기 때문이다. 따라서 이슬람교의 도래와 함께 카히나의 역할도 종교 제도 안에 흡수되었다. 카히나는 이제 잡신으로 간주되는 '진'으로부터 영감을 받는 대신 부족원에게 알라의 계시를 전파하고, 사도의 언행을 가르치게 되었다(Stowasser, 2012: 76~78).

● '승리의 여성', 전장에서의 걸프 여성

고대 아라비아 여성의 역할은 전쟁과 같은 위기 상황에서도 두드러졌다. 전쟁 시 여성은 수동적인 존재가 아니라 전장에 적극적으로 참여하는 전사로서 활약했다. 또한, 부상자를 치료하는 간호사로서, 군사들을 위해 음식을 제공하는 요리사 역할도 수행했다. 여성이 전쟁에 참가했음을 보여주는 가장 오래된 기록은 바드르(Badr)와 타글랍(Taghlab) 부족 사이에 벌어졌던 전투로 알려진다(조희선, 1994: 302~303). 이 전투에서 바드르 부족 출신 하리스라는 사람은 적군에 비해 아군의 전투병 수가 적다는 것을 알자 여성에게 남자 병사의 옷을 입혀 전장에 투입할 것을 부족장에게 제안했다. 전투복을 입은 여성들은 가죽으로 된 조그마한 그릇과 막대기를 가지고 남성의 뒤를 따르면서 땅에 쓰러진 사람이 부족원일 경우 물을 주어 회복시켰다. 그리고 반대로 적군일 경우 막대기로 때려죽여 부족의 승리에 일조했다. 또한 일부 여성들은 전쟁에서 죽은 남성들을 대신해 복수에 나서기도 했다. 이슬람 정복기에 무슬림 군대와 싸웠던 메카군 대장 아부 수피얀(Abu Sufyan)의 아내 힌드 빈트 우트바(Hind bint Utba)는 전투에서 아버지와 오빠를 잃자 그녀의 가족을 죽인 사람을 찾아내어 간과 코, 귀를 도려냈고 목걸이로 만들어(비록 과장된 부분도 있으나) 몸에 지닌 채 복수를 하러 다녔다고 한다.

전장에 참여한 여성의 중요한 역할 중 하나는 부족원의 사기를 올려주는 것이었다. '승리의 여성(Ladies of Victory)'이라 불리는 이 여성들은 부족에서 지위가 매우 높았다. 이 여성들은 아랍 운문의 한 형태인 '사즈아(Saja)' 운율이나 '라자즈(Rajaz)' 운율로 현악기를 연주하고 노래하며 전장에서 싸우는 부족원을 응원했다. 노래 내용은 부족원의 사기를 북돋는 용맹, 명예, 열정 등이 담긴 애가나 상대 부족에 대한 복수를 종용하는 것이었다. 승리의 여성들은 때로는 머리를 풀어헤치고 옷을 찢어 자신의 몸을 드러내면서 울거나 얼굴에 상처를 내고 가슴을 때리기도 했다. 여성들의 절규는 전장에서 남성들을 자극하기 충분했다(Stowasser, 2012: 76). 아라비아반도를 지배하던 문화 코드 중 하나는 명예와 관련된 것이다. 남성은 부족 여성을 지킴으로써 명예를 지킬 수 있었다. 전투에 참여한 남성의 주 임무는 적대 부족이 자신의 부족을 상징하는 '승리의 여성'에 가까이 오지 못하게 이 여성들을 보호해야 하는 것이다. 그래야 자신의 여성을 지키고, 부족의 명예를 지키며, 전쟁에서도 승리할 수 있었다. 만일 패배가 예상되면 부족장은 '승리의 여성'이 타고 있는 낙타의 뒷다리를 잘라 부족 전사들의 후퇴를 막았다. 그러면 부족 전사들은 도망가지 않고 끝까지 남아 승리의 여성을 지키며 명예로운 죽음을 택했다. 즉, 전장에 부족 여성을 대동하는 것은 전의를 북돋우는 것 외에도 부족 남성이 도망가지 못하게 하려는 의도도 담겨 있었던 것이다. 이때 여성들은 부족 남성들의 용기와 명예를 보증하는 역할을 하게 되는 것이다. 이러한 전통 때문에 아랍 부족들은 자신의 여성을 전장 주변에 두지 않고 싸우면 겁쟁이라고 비난했다고 한다(Fromherz, 2012: 49~50).

이슬람의 도래와 걸프 여성

● 이슬람 정복 사업에 참여한 여성

이슬람 도래 이후 한동안 승리의 여성들은 부족 간 전쟁이 아닌 이슬람 정복 사업에 참여했다. 무슬림 여성의 전쟁 참여는 제3대 칼리파 오스만 (Khalifah Uthman) 시대(644~656년 재위)까지 지속되었다. 그러다 이슬람 세력이 강해지고 무슬림 군인들의 숫자가 많아지자 더 이상 여성의 전력은 필요 없게 되었고, 여성은 텐트 속에 머물도록 권장되었다(조희선, 1994: 302~303). 사도 무함마드가 가장 총애하던 아내인 아이샤(Aisha)는 사도 무함마드 사후에 '승리의 여성'이라는 아랍 부족의 전통에 따라 656년 낙타 전투에 참여한 바 있다. 사도 무함마드의 사촌이자 4대 칼리파를 지냈던 알리 (Ali)와 사이가 좋지 않았던 그녀는 낙타 전투에서 알리에 대항해 그의 군대와 전투를 벌였다. 이 전투에서 아이샤의 지지자들은 그녀가 타고 있던 낙타 주변에서 알리의 군대와 치열하게 전쟁을 치렀다. 그러나 아이샤의 군대는 알리 지지자들에게 처참히 패배했다. 당시 낙타를 타고 전장에 참여한 아이샤의 지위는 추종자들 사이에서 아랍의 전통을 이은 '이슬람식 승리의 여성'으로 상징된다. 그러나 반대파는 예언자의 아내 아이샤가 낙타 전투를 이끈 것은 이슬람의 계율에서 벗어난 것이라고 비난을 퍼부었다(Fromherz, 2012: 51).

결국, 자힐리야 시대 여성을 전장에 활용했던 전통은 이슬람이 도래하고 얼마 지나지 않아 사라지게 되었다. 지금까지 언급된 역사적 사료를 재구성해보면 고대 아라비아 여성은 남성과 함께 가족을 부양하고 부족을 수호하는 역할을 했다는 것을 알 수 있다. 그러나 이슬람의 도래와 함께 여성의 역할은 오히려 제도, 전통과 관습의 이름으로 갇히게 된다.

• 이슬람 도래와 걸프 여성

이슬람 도래 이후 무슬림 여성의 지위 변화에 대해서는 논란이 많다. 이슬람이 자힐리야 시대에는 낮았던 여성의 지위를 향상시켰다는 의견과 그와는 반대로 여성의 역할과 지위가 이슬람의 도래로 축소되었다는 의견이 맞서고 있기 때문이다. 전자는 주로 무슬림 학자들의 주장이고, 후자는 서구 학자들의 주장이다(조희선, 1994: 285). 방대한 이슬람 지역의 여성 문제를 하나의 일반화된 틀에 맞춰 재단하기에는 이 지역 여성의 모습이 너무나 다양하다. 게다가 역사 속 보이지 않는 여성의 존재를 논하기에는 자료도 턱없이 부족하다. 그러나 일반적으로 무슬림 여성 학자들은 이슬람 도래 이후 무슬림 여성의 삶이 오히려 퇴보했다는 데 동의한다. 예컨대, 무슬림 여성의 삶을 여성의 관점에서 재조명한 아스마아 바를라스(Asma Barlas, 2002)는 이슬람의 도래와 함께 무슬림 여성의 역할과 지위가 사적 영역으로만 제한되게 된 주원인을 남성의 전유물이 된 종교와 가부장제에서 찾고 있다. 과거 자힐리야 시대 부족의 길잡이 역할을 했던 카히나는 이슬람 도래 이후 소멸하게 된다. 또한, 각 부족들이 숭배하던 아랍인의 여신인 마나트(Manat), 알라트(Al-Lat), 알웃자(Al-Uzza)는 유일신 사상 도래로 아랍인의 기억에서 완전히 지워졌다. 그 대신 이슬람교의 경전 코란과 사도 무함마드의 언행록인 하디스(Hadith), 그리고 이에 대한 남성 이슬람 율법학자의 남성 중심적 해석이 아라비아 사람들의 전통과 관습, 이슬람교의 믿음 체계와 법 제도에 깊숙이 자리하게 되었다.

비록 코란과 하디스에는 무슬림 여성의 공적 활동을 금지하는 내용은 없으나 예언자 사후 현재까지 이슬람 사회는 정치나 경제 분야에서 여성의 활동을 그리 반기지 않는 분위기이다. 대다수 무슬림 학자들은 공적 영역에서의 여성의 활동이 여성의 본질과는 부합하지 않다는 입장을 취하기 때문이다. 그뿐만 아니라 그들은 여성의 능력도 의심하고 있다. 그 결과 사도 무함마드 시대 여성이 수행했던 사회적·정치적·경제적 역할은 축소

되었다. 이와 관련한 사례로 예언자의 아내 아이샤를 들 수 있다. 아이샤는 예언자 시대에 신으로부터 계시를 받은 사도를 곁에서 보좌하며 뛰어난 정치 감각을 드러냈던 여성이다. 그러나 이슬람 사회에서는 그녀의 정치적·종교적·사회적 공적을 인정하기는커녕 오히려 그녀가 낙타 전투의 사례처럼 정치에 개입했기 때문에 이슬람 공동체가 분열되었다고 비난하고 있다. 더욱이 아이샤의 사례를 들어 여성의 정치 참여를 부정적으로 판단하고 있다(조희선, 2009: 158). 그러나 이는 동시에 남성에 의한 역사 기술과 종교 교리에 대한 해석 때문에 이슬람 역사에서 여성적 관점은 제외되었다는 한계를 보여준다.

이슬람 역사에서 여성이 철저히 배제된 결과 무슬림 여성은 주체가 아닌 객체, 중심이 아닌 수동적인 주변인으로 밀려나게 되었다. 그러나 표면적으로 드러나지는 않는다고, 주변으로 밀려났다고 걸프 여성의 존재성이 없다는 것은 아니다. 아라비아 여성은 과거 자힐리야 시대 전쟁에서 앞장서 부족과 가족의 수호자 역할을 맡았던 것처럼 오늘날에도 여전히 묵묵하게 자신의 자리를 지키며 역할을 다하고 있다. 일상생활에서 삶을 꾸려나가는 적극적인 아라비아 여성의 모습은 오일 시대 이전 여성의 삶에서도 찾아볼 수 있다.

석유 발견 이전 걸프 여성의 삶

• 석유 발견 이전 아라비아 사람들의 삶

석유 발견 이전 아라비아 사람들의 삶은 매우 궁핍했다. 이들은 생계를 무역과 고기잡이, 진주 채취에 의지했다. 당시 걸프만에 인접한 바레인, 쿠웨이트, 오만은 남아시아와 아프리카를 잇는 무역의 중심지였다. 이 지역에서는 진주 외에도 말린 대추야자, 대추야자즙, 상어 지느러미, 기도용

매트 등을 수출했으며, 면화, 비단, 쌀, 커피, 설탕, 향신료, 허브, 모피, 철 등을 수입했고, 노예무역도 간간이 이루어졌다. 특히 진주는 이 지역 대표 특산물로, 파리나 뉴욕과 같은 먼 지역의 상인들까지 걸프의 진주를 구하기 위해 왕래할 정도였다. 진주 채취는 주로 6월과 10월 사이에 이루어졌으며, 그 이외의 기간에 아라비아 사람들은 무역업이나 선박 주조업에 종사했다. 해안가 거주민과 달리 아라비아반도의 내륙 지역 거주민들은 오아시스 주변에서 농사를 지었고, 사막의 유목민은 목축일을 했다.

● **석유 발견 이전 일반 여성의 삶**

석유 발견 이전 아라비아반도 여성의 삶과 경제를 연구한 엘 사디(El Saadi, 2012)는 걸프 사회를 실로 '여성의 사회'라고 일컫고 있다. 6월부터 10월까지 남성들이 모두 진주 채취를 위해 집을 떠나면 뒤에 남은 여성들이 남성을 대신해 가장의 역할을 떠맡아 가족의 생계를 책임져야 했다. 남성들이 종사하던 무역업이나 진주 채취로 생기는 수입은 안정적이지 않았다. 또한 바다에서 하는 일에는 항상 생명의 위협도 뒤따랐다. 남성들은 진주를 채취하기 위해 바다에서 물질을 하다 상어에게 공격당해 목숨을 잃거나 팔다리가 잘리는 상해를 입는 경우가 종종 발생했기 때문이다.

여성에 의존적인 삶은 해안가 거주민의 경우에만 해당되지 않았다. 베두인 여성은 오아시스에서 물을 긷고, 가축을 돌보고, 우유를 짜며, 버터, 요거트, 치즈 등을 만들었다. 또한 동물의 털과 가죽으로 방직을 하고, 가방을 만들며, 텐트도 만들었다. 도시 여성은 선생님, 간호사, 미용사, 중매쟁이, 장의사, 산파(산파의 역할은 산모와 아이의 치료와 돌봄이다), 행상(물건을 팔아 수입을 챙기는 대신 도매상 또는 제조업자에게 수수료를 받았다) 등의 일을 했으며, 여성의 부수입은 가족의 생계에 큰 보탬이 되었다. 여성 장의사의 경우 장의 일이 국가 체제로 편입되기 전까지 장례식을 거든 대가로 망인의 가족 혹은 이웃으로부터 수고비를 받았으며, 이러한 수입으로 가족이 생활할 수 있었다(El Saadi, 2012: 153~165). 소수지만 부유층 여성들도 경제활동에 적극적으로 참여했다. 그녀들은 자본을 활용해 직접 사업체를 운영하거나 대리인을 둬 보석 무역에 관여했다. 두바이 통치자의 어머니인 셰이카 후사 빈트 무르(Hussa bint Murr)도 진주 무역을 했다고 알려져 있다(El Saadi, 2012: 164).

한편 쿠웨이트에는 '수크 알하림(Suq Al-Harim)'이라 불리는 여성 전용 시장이 있었다. 이곳에서 여성은 남편이 항해를 하다 얻어온 비단, 천, 아이라인으로 쓰이는 코홀, 머리카락 염색에 주로 쓰이는 헤나, 머리빗 등을 팔았다(El Saadi, 2012: 158). 이 시장에서 과거 걸프 지역 여성의 소비 트렌드가 창조되었던 것이다. 결국, 걸프 여성은 걸프 경제에서 적극적인 생산자와 투자자 역할뿐만 아니라 소비 트렌드를 창조하고 소비하는 역할도 수행했음을 알 수 있다. 즉, 걸프 여성은 (특히 저소득층 여성) 이슬람 이데올로기에 묶여 경제활동에 소극적인 방관자이기보다는 현실에 맞닥뜨려 가족을 위해 적극적으로 생계 활동에 참여했던 생산과 소비의 주체였다.

● 석유 발견 이전 상류층 여성의 삶

석유 발견 이전 상류층 여성에게는 일반 여성과 달리 이슬람의 성 이데올로기가 오히려 엄격히 적용되었다. 쿠웨이트 여성 문제를 연구한 하야 알무그니(Haya Al-Mughni)에 따르면 여성은 대체적으로 남성의 공간으로 여겨지는 공적 공간으로부터 격리된 삶을 살아왔다. 진흙 벽에 창문이 없는 여성의 거주지는 남성의 공적 공간과 비교해 매우 비밀스러웠고, 접근이 불가능했다(Al-Mughni, 2001: 44). 공적 공간에서 여성의 모습은 보이지 않았고, 여성의 목소리는 들리지 않았다. 공적 공간에서 여성이 자신의 모습을 드러내고, 자신의 목소리를 높이는 것은 매우 수치스러운 일로 여겨졌기 때문이다.

성에 따른 사회적 격리는 상인 부유층 여성에게 더욱 엄격하게 적용되었다. 부유한 상인 계층 여성은 외부 세상으로부터 격리된 채 자신들만의 사적 공간에서만 생활했고, 외출은 친척집을 방문할 때만 허용되었다. 무역업에 종사했던 쿠웨이트 남성들은 긴 여행 기간에 가족을 떠나야 했으며, 이때 격리는 자신이 집을 비운 사이 여성을 안전하게 보호할 가장 효과적인 방법이었기 때문이다. 따라서 전통적인 쿠웨이트 가옥은 여성을 최대한 안전하게 보호하고 숨길 수 있도록 지어졌고, 여성의 활동은 넓은 집에서 방과 방을 오가며 움직이는 것이 전부였다. 여성을 격리하고 불필요한 외부 활동을 제한하기 위해 상인들은 많은 하인을 고용했으며, 이들이 안주인을 대신해 장에 가거나 집안일과 육아를 맡았다. 여성이 바깥출입을 할 때에는 사회의 격리 문화 코드에 맞추기 위해 전신을 가리는 전통 의상인 아바야(Abaya)를 착용했다. 공공장소에서 아바야를 착용함으로써 여성의 존재는 사라질 수 있었다. 그나마 아바야는 여성의 존재가 곧 수치로 간주되는 보수적인 걸프 사회에서 외부와 연결하는 유일한 매개체 역할을 했다는 것을 알 수 있다. 아바야를 두름으로써 여성은 자신에게 금지된 공간인 공적 공간에서 활동할 수 있었으며, 동시에 사회로부터는 '정숙한 여인'이라는 평가를 받을 수 있었다.

오일 시대 개막이

걸프 여성에게 의미하는 것

오일 시대 개막과 외국인 노동력 유입

• 오일 시대 개막

오일 시대 개막이 걸프 여성에 미치는 영향과 그 의미를 파악하기 위해서는 석유 시대 도래와 함께 걸프 지역에 유입된 외국인 노동력에 대해 이해해야 한다. 걸프 지역에서 석유는 1930년대 바레인을 시작으로 발견되어 개발되기 시작했다. 석유의 상업화 이후 오일 달러가 유입되기 시작하자 걸프 국가는 1970년대와 1980년대에 급속한 경제성장을 할 수 있었다. 걸프 정부는 오일 머니를 활용해 학교, 도로, 항만 건설과 같은 국가 인프라 구축 사업을 단행했다. 오일 시대 초기만 하더라도 걸프 지역 원주민들은 물과 풀을 찾아 사막을 떠도는 유목 생활을 하거나 해변가에 거주하며 어업이나 진주 채취를 했다. 따라서 그들은 기술력이 필요한 현대화 사업에는 동참할 수 없었다. 걸프 정부는 주변 아랍 국가와 서구로부터 숙련된 고기술 노동자와 비숙련 저기술 노동자를 대거 유치해 자국민 노동력 대신 활용했다. 1970년대부터 본격화되었던 걸프 지역 외국인 노동자 유입은 현재까지도 지속되고 있다. 그 결과 사우디아라비아와 오만을 제외하

| 표 2-1 | 걸프 지역 자국민 대 외국인 인구수(2010~2015년) |

	전체 인구 (명)	자국민 비율 (%)	외국인 비율 (%)
바레인	1,314,562	48	52
사우디아라비아	30,770,375	67.3	32.7
아랍에미리트	8,264,070	11.5	88.5
오만	4,149,917	56	44
카타르	1,699,435	14.3	85.7
쿠웨이트	4,161,404	30	69.2
전체	50,359,763	51.9	48.1

자료: Gulf Research Center(2016).

고 나머지 걸프 국가에서 이주민 수는 이제 자국민 수를 추월하고 있다. 걸프 국가 중에서도 외국인 이주민 수가 가장 많은 국가는 아랍에미리트 이며, 카타르, 쿠웨이트, 바레인, 오만, 사우디아라비아가 그 뒤를 따르고 있다(<표 2-1> 참조).

● 걸프 지역의 심각한 성비 불균형

외국인 노동자 유입은 결과적으로 걸프 지역에서 심각한 남녀 성비 불균형 문제를 양산하게 되었다. 걸프 지역으로 유입되는 노동자는 이 지역에서 일자리를 찾는 남성이 주를 이루었기 때문이다. 걸프 국가 전체를 봤을 때 인구수 5400만 명 중 남성이 차지하는 비율은 대략 60%, 여성은 40% 미만을 차지하고 있다.

외국인 노동자가 자국민 수를 압도하자 걸프 각 정부는 외국인 노동자 이주를 규제하는 한편 자국민 인구수 증가 정책을 중심으로 인구 균형 문제를 논의하고 있다. 외국인 이주민 수를 제한하기 위해 사우디아라비아는 2013년에 90만 명에 달하는 불법 노동자를 추방했으며, 오만은 외국인 이주 노동자 수를 자국민의 33% 이하로 감소하는 정책을 시행하고 있다. 또한, 쿠웨이

표 2-2 걸프 지역 인구 증가율 추이와 동기 대비 한국의 인구 증가율

	1950~1990	1990~2000	2000~2010	2010~2014	1950~2014
사우디아라비아	5.0	3.0	3.0	2.8	3.6
아랍에미리트	6.2	5.0	10.7	3.0	6.7
카타르	6.7	2.1	10.8	8.1	6.7
쿠웨이트	4.5	0.4	4.9	2.8	3.2
오만	3.1	2.7	1.9	6.5	3.0
바레인	3.4	2.7	6.8	0.6	3.9
6개국 전체	4.9	2.9	4.4	3.2	4.0
한국	1.2	0.9	0.5	0.5	0.8

자료: IMF(2015.10); 이권형(2016.6.22)에서 재인용.

트도 외국인 이주 노동자 약 100만 명을 해고하는 계획을 세우기도 했다 (Kinninmont, 2015: 23). 걸프 정부는 외국인 노동자 유입이 자국민 실업률 증가라는 경제 문제뿐만 아니라 마약, 인신매매, 매춘과 같은 범죄 증가와 새로운 전염병 유입 등 사회 안전과 보건 문제에 악영향을 미친다고 여기고 있다. 그리고 궁극적으로는 전통적인 '걸프 사회의 가치(Khaleeji Values)'(Forstenlechner and Rutledge, 2011: 31)와 걸프인의 정체성을 와해시키는 원인으로 받아들이고 있다. 걸프 지역 대부분의 가정에서 서남아시아 출신 외국인 가사와 육아 도우미를 고용하고 있는 것을 감안할 때 걸프인들의 전통적 가치 와해는 사적 공간에서, 유아 시절부터 시작되고 있음을 알 수 있다.

걸프 지역 인구수는 외국인 노동자의 지속적인 유입으로 꾸준한 증가세를 보이고 있다. 유가 상승으로 경기가 좋았던 2000년에서 2010년대까지 아랍에미리트와 카타르의 인구 증가율은 11%에 근접했다. 이후 2010년에서 2014년까지 아랍에미리트의 인구 증가율은 주춤했으나, 카타르는 2022년 FIFA 월드컵 준비로 인한 건설 경기 호황으로 인구 증가율도 8.1%에 달했다. 대다수 외국인은 취업을 목적으로 걸프 국가로 이주하기

때문에 외국인 노동자의 실업률은 대체적으로 0%에 가까운 반면에, 자국민 실업률은 매우 높은 편이다.

걸프 지역 경제 패러다임 변화에 따른 외국인 노동자 유입의 특징

● 걸프 지역 외국인 노동자 이주민사

걸프 지역 외국인 노동력 이주민사는 다음과 같이 세 단계로 요약된다. 제1단계는 걸프 국가가 오일 머니를 기반으로 복지국가를 구축하는 단계로 1973년 아랍·이스라엘 전쟁 전까지를, 제2단계는 걸프 국가가 탈석유 의존 경제를 추진하는 시기로 1991년 걸프전 이전까지를, 마지막으로 제3단계는 노동시장에서 외국인 노동자가 경쟁자로 인식되는 단계로 걸프전부터 현재까지를 포함한다(Fargues, 2011: 274). 걸프 국가의 경제성장 모델에서 1단계와 2단계는 석유 의존 경제 성장기로, 3단계는 경제 다변화와 지식 기반 경제성장을 추구하는 시기로 구분할 수 있다. 단계별 특징은 다음과 같다.

1973년 아랍·이스라엘 전쟁 전까지 걸프 지역에 이주한 노동자는 주로 아랍 국가와 이란 출신이었다. 특히 아랍 국가 출신 노동자는 비슷한 문화와 언어, 종교를 기반으로 걸프 국가 자국민과 동질감을 형성했다. 또한, 당시는 '하나의 아랍'을 주창하던 범아랍주의(Pan-Arabism) 정치 사상이 서구의 식민 지배를 막 벗어난 아랍인들에게 미래 비전을 제시하던 시기였다. 따라서 노동력의 이주도 범아랍주의 차원에서 이루어졌으며, 인적 자본을 갖춘 아랍 국가와 오일 머니라는 자원 자본을 갖춘 걸프 국가가 전략적으로 공조하던 시기였다(Fargues, 2011: 275~276). 아랍 국가 출신 노동자가 걸프 지역에서 주요 노동력으로서 노동시장을 장악하면서 자국민은 점차 노동시장에서 멀어지기 시작했다. 그리고 이러한 현상은 노동력을 제공하는 아랍인과 자본을 갖춘 걸프인이라는 거주민 간 이분화 현상을 초래하게 되었다. 그러나 당시만 해도 범아랍주의 기치하에서 인적 자본과 자원 자본을 병합하는 것이 '하나의 아랍'을 실천하는 가장 이상적인 길이라는 공감대가 형성되어 있었다. 비록 노동시장은 현실적으로 이분화되었으나 문화·종교·언어를 기반으로 한 동질감과 하나의 아랍이라는 '범아랍주의'에 기반을 둔 정치적인 이념은 이분화된 두 집단을 연결시키는 교차점 역할을 할 수 있었다. 그러나 이러한 연합 관계는 그리 오래 가지 못했다.

1973년 이집트를 중심으로 구성된 아랍 연합국과 이스라엘 간 발발한 제4차 중동전쟁, 1979년 발발한 이란 혁명을 계기로 걸프 자국민과 아랍 이주민 간 연합 관계가 깨지기 시작했다. 걸프 국가는 정치적인 문제로 아랍과 이란 출신 노동자 사용을 기피하고 대신 서남아시아(주로 필리핀, 인도, 파키스탄과 극동 지역 출신) 출신 노동자로 대체하기 시작했기 때문이다. 전자의 경우 범아랍주의는 하나의 아랍이라는 꿈을 실현하는 기치로 작용하긴 했으나 왕정을 전복하고 군부가 집권하는 이집트의 혁명 사상이 그 중심에 있었으며, 후자인 이란 혁명의 경우는 수니 이슬람과 경쟁 관계인 시아 이슬람 사상이 그 중심에 있었다. 걸프 왕정은 범아랍주의 정치사상과 시아 이슬람이라는 종교 사상 사이에서 자신의 입지를 공고히 하지 않으면 설 자리가 없었다. 곧이어 걸프 왕정의 이주민 출신국 전환 정책 시행으로 아시아 이주민이 빠르게 유입되었으며, 이들은 아랍과 이란 출신 노동자 수를 앞지르기 시작했다.

걸프 정부의 노동자 송출국 전환 정책은 성공적이었다. 아시아 노동자는 비용 면에서 아랍 노동자에 비해 저렴했으며, 노동 윤리 면에서는 고용주에 더욱 고분고분하고 근면했다. 게다가 가족 단위로 머물던 아랍 노동자와는 달리 아시아 노동자는 독신으로 입국해 사막의 캠프나 슬럼처럼 자국민과는 분리된 공간에서 생활했으며, 관리도 용이했다. 따라서 이들이 아랍과 이란 출신 노동자에 비해 걸프 지역 전통문화에 끼치는 영향도 상대적으로 적었다(Cooke, 2014: 24). 제4차 중동전쟁 후 산유국들은 전략적으로 감행한 석유

감산 정책을 통해 자원 민족주의를 실현했으며, 유가는 전쟁 전보다 4배가량 상승했다. 그러자 유입되는 오일 머니 규모는 더욱 커졌으며, 이는 걸프 국가 현대화를 위한 종잣돈이 되었다. 당시 걸프 국가는 국민의 삶 향상을 위해 도로, 병원, 학교 건설 등 대규모 건설 프로젝트를 단행했으며, 더 많은 노동력이 필요했다. 1973년 중동전쟁 이후부터 1991년 걸프전쟁 전까지 걸프 국가에 유입된 외국인 노동자 수는 9.1%에서 36.6%로 상승했다(Fargues, 2011: 278). 걸프 지역 내 서남아시아 노동인구의 유입은 걸프인들에게 경제적 이익을 가져다주었고, 안락하고 편안한 삶을 제공했다.

• 카팔라 제도를 통한 걸프 정부의 이주민 통제

소수의 자국민은 다수의 외국인 이주민을 '카팔라(Kafala)' 제도를 통해 효율적으로 통제할 수 있었다. 카팔라 제도는 1970년대 이후 전 걸프 지역에 도입되어 현재까지 시행되는 스폰서십 제도이다. 이 제도를 통해 걸프 정부는 자국민 대 이주민의 지배와 종속 관계를 확고히 정착시킬 수 있었다. 이주민 노동자는 자국민 고용주의 스폰서십을 통해서만 합법적인 거주지를 확보하고 거주 비자를 얻을 수 있었다. 그리고 스폰서십 제도에 따라 입국이 완료되면 노동자는 고용주를 바꾸거나 떠날 수 없었다. 반면에 고용주는 이주 노동자를 쉽게 해고할 수 있었다. 만일 노동자가 고용주의 허락 없이 거주지를 이탈하면 추방당하거나 형사처벌 대상이 되었다. 정부 입장에서는 카팔라 제도를 통해 자국민이 이주민을 감시할 수 있는 효과적인 메커니즘을 작동시킬 수 있었다. 그러나 카팔라 제도는 노동자에 대한 고용주의 절대적인 권력 행사를 가능하게 만들어 걸프 국가의 노동자 인권 유린 문제의 원인이 되고 있다.

카팔라 제도에 대한 국제사회의 비난으로 현재는 걸프 국가에서도 이 제도를 폐지하려는 움직임이 일고 있다. 가령 바레인은 2009년에 이 제도의 폐지를 공표한 바 있다. 바레인 이주민 노동자는 고용주의 동의 없이 고용주를 변경할 수 있으며, 이민자에게 계약 해지 권리도 부여했다. 쿠웨이트는 2011년 걸프전 발발 20주년을 기념해 카팔라 제도 폐지를 공표한 바 있다. 오만과 사우디아라비아, 카타르 등도 카팔라 제도 폐지 의사를 표명한 바 있다. 그러나 이러한 정책은 국제사회에 보여주기식 정책으로 표면적인 행위일 뿐이며, 아직도 카팔라 제도는 이 국가들에서 여전히 시행되고 있다. 아랍에미리트의 경우 카팔라 제도는 유지하고 있으나 노동자에 대한 임금 보호제 도입으로 고용주는 피고용인에게 은행을 통해서만 임금을 지불할 수 있는 정책을 마련했다(*Migration News*, 2012.1). 이는 고용주의 노동자 임금 체불을 방지하기 위한 정책이지만 현장에서는 어느 정도나 실현되고 있는지 알 수 없다.

● 지식 기반 경제 모델 도입에 따른 이주 노동자의 노동 성격 변화 전망

외국인 노동자 유입은 1980년대 이후 서서히 줄다가 2000년대 후반 유가 상승에 따른 이슬람 경제 부흥으로 다시 증가하게 되었다. 그러나 걸프 지역으로 유입되는 노동자는 걸프 정부의 지식 기반 경제와 경제 다변화 추진 전략 적용 결과 점차 단순 저기술 노동력에서 고기술 노동력으로 변화하고 있다. 즉, 이 지역으로 유입되는 노동자의 유형이 블루컬러에서 점차 화이트컬러 계층으로 변화하고 있다. 이는 자국민과 이주민 간 관계 변화를 예고한다. 과거 자원을 중심으로 경제성장을 해 온 걸프 국가에서 외국인 이주 노동력은 주로 건설업과 서비스업 중심으로 유입되었다. 그리고 이주 노동자와 자국민 고용주와의 관계는 카팔라 제도에 기반해 일방적인 주종 관계를 형성했다. 그러나 각 걸프 국가가 경제 다변화와 지식 기반 경제를 선포한 현 상황에서 외국인 이주 노동력은 점차 전문직을 중심으로 고수입을 창출하는 계층으로 변화될 것으로 예측된다. 이는 외국인 이주 노동력이 이제는 새로운 기술을 전수받아야 하는 동반자이자 동시에 일자리를 놓고 경합해야 하는 경쟁자 관계로 변모하고 있음을 예고한다. 이와 같은 외국인 이주 패러다임 변화 결과 외국인 이주민은 과거 주변인에서 이제 중상류층으로 도약해 걸프 국가를 이끄는 새로운 주역으로 성장할 것이다.

● 포스트 오일 시대 대비를 위한 걸프 국가 노동력의 자국민화 정책

최근 걸프 국가의 가장 큰 관심거리는 바로 어떻게 오일 시대 이후를 대비할 것인가이다. 이를 위해 각 국가는 석유 의존 경제를 지식 기반 경제 모델로 전환하고 경제 다변화 정책을 추진하고 있으며, 국가의 이미지를 석유 부국에서 문화와 교육의 중심지로 탈바꿈하고 있다. 그리고 걸프 국가는 경제 발전의 주체를 외국인 노동력에서 자국민으로 패러다임을 변화시키기 위해 애쓰고 있다. 그에 따라 각 걸프 국가는 1990년 이후부터 국가별로 '노동력의 자국민화(Nationalization of Labor Force)' 정책을 도입해 운영하고 있다. 그리고 이 프로젝트는 걸프 지역 각 국가의 이름을 따 명명되고 있다. 가령, 바레인 정부는 바레니제이션(Bahranization)을, 사우디아라비아 정부는 사우디제이션(Saudiazation)을, 아랍에미리트 정부는 에미레티제이션(Emiratization)을, 오만 정부는 오마니제이션(Omanization)을, 카타르 정부는 카타리제이션(Qatarization)을, 쿠웨이트 정부는 쿠웨이티제이션(Kuwaitization)을 각각 추진하고 있다. 각 국가별 노동력의 자국민화 정책의 공통적인 목표는 외국인 노동력에 대한 의존 감소와 자국민을 위한 일자리 창출 및 실업 감소이다. 특히 각 걸프 정부는 민간과 공공 부문에 균형 있는 고용을 추진함으로써 공공 부문에만 쏠리고 있는 자국민의 구직 활동을 민간으로 분산시키려고 노력하고 있다. 그러나 민간의 자발적인 참여를 유도했던 노동력의 자국민화 정책이 그다지 효과가 없자 사우디아라비아 같은 국가는 특정 직군(자동차 및 오토바이 상점, 의류 매장, 아동 의류, 액세서리, 가정·사무용 가구 매장 및 가정용품 판매원, 휴대전화 판매원 등)에 대한 현지인 고용을 법률로 정하면서 강제적으로 민간 회사에 자국민 고용을 종용하고 있다.

걸프 국가 중에서도 자원이 없는 오만은 1988년부터 자국민화 정책을 전면적으로 시행해왔다. 그리고 오만의 뒤를 이어 비교적 자유방임적인 고용정책을 시행해온 아랍에미리트도 자국민 고용을 가장 중요한 문제로 인식한 결과 1999년에는 국가 인적 자원 개발 및 고용청(The National Human Recourses Development and Employment Authority, 일명 'TANMIA'로도 알려져 있다)을 설립했고, 2000년대 들어서부터 자국민 고용 정책을 본격적으로 추진해왔다. 그러나 걸프 국가 중에서 노동력의 자국민화 정책을 가장 강력하게 추진하는 국가는 앞서 언급한 바처럼 바로 인구수가 가장 많은 사우디아라비아이다. 현재 사우디아라비아 인구수는 약 3000만 명(외국인은 900만 명, 대부분 사전 고용 계약에 따라 근로자로 왔기 때문에 실업률은 거의 0%에 가까움)이다. 이 중 66%는 30세 미만이며, 37%는 14세 미만이다. 이는 곧 10년 후가 되면 190만 명에 달하는 새로운 노동 인력이 노동시장에 진입함을 의미한다(엄익란, 2015b: 128에서 재인용). 사우디아라비아 정부는 자국민 실업 문제가 향후 사우디아라비아 왕권 유지에 사활이 걸린 문제로 인식해 2011년부터 자국민 신규 고용 창출을 목표로 하는 '니타카트' 제도를 도입했다. 사우디아라비아 정부는 젊은이들의 실업 문제가 정권 안정에 어떤 영향을 끼치는지 이미 2011년에 발발한 아랍의 봄을 통해 간접 체험한 바 있다.

오일 시대 개막이 걸프 여성에게 의미하는 것

• 여성에게 독이 된 오일 머니

걸프 지역 오일 시대의 개막은 여성에게 오히려 독이 되었다. 값싼 외국인 노동력 유입으로 여성이 오히려 노동 분야에서 배제되었기 때문이다. 석유 경제가 걸프 여성의 사회적 지위에 부정적으로 작용했다는 것은 로

스(Ross, 2008)의 '석유의 저주(The Oil Curse)' 이론에서도 잘 드러난다. 로스는 자원에 대한 의존도가 높은 아랍, 특히 걸프 국가의 경제구조는 가부장제를 더욱 공고히 만드는 근본적인 원인으로 작용한다고 주장한다. 그는 이슬람 지역에서 여성의 지위가 낮은 원인을 이슬람이라는 종교가 아닌 석유라는 자원에서 찾고 있다. 그의 이론에 따르면 일반적인 경제성장 모델에서 여성의 노동시장 참여는 남녀평등을 실현하는 데 도움이 된다. 그러나 자원에 의지한 경제성장은 오히려 남녀평등을 저해하는 요소로 작용한다는 것이다. 걸프 왕정에게는 통치 가문의 지배권 강화와 안정적인 유지를 위해 국민의 충성심이 필요했다. 그래서 각 걸프 정부는 국민에게 복지의 이름으로 석유 수입을 분배해 정권에 대한 충성심을 확보했다. 이러한 정치 경제 구조의 특징을 지대 추구 국가 혹은 렌티어 스테이트라고 명명한다는 것은 이미 앞 장에서 언급한 바 있다. 그런데 남성 중심의 걸프 사회에서 복지 혜택은 주로 자국민 남성을 중심으로 이루어졌다. 부족과 집단주의 문화권인 걸프 사회에서 사회를 구성하는 가장 작은 단위는 가족이며, 가부장제에서 남성이 가족을 대표하기 때문이다.

과거 바다에 나가 고기잡이나 진주 채취를 하던 남성들은 이제는 공무원이나 공공 부문에 고용되어 높은 임금과 복지 혜택을 보장받으며 안정적인 수입원을 확보할 수 있었다. 생계가 안정되자 남성은 더는 여성의 수입에 의존할 필요가 없었다. 게다가 자국민 여성 인력은 싼 값의 외국인 노동력으로 대체되었다. 걸프 여성은 고단한 노동으로부터 해방되었으나 그 대가로 이슬람의 이상적인 여성상을 유지할 것을 요구받았다. 걸프 여성은 본연의 장소로 여겨지는 가정으로 돌아가야 했으며, 이제는 명예의 수호자일 뿐만 아니라 이슬람 문화와 전통의 담지자가 되었다. 여성에 대한 사회 인식 패러다임 변화는 결과적으로 공적 공간에서 걸프 여성의 활동 제한으로 이어졌다. 또한 남성 중심의 지대 추구 정치 경제 구조 속에서 걸프 여성은 자연스럽게 권력을 행사하는 국가와 그 대리인인 남성에게 의존하며 복종하게 되었다. 주지할 점은 공적 공간에서 여성의 활동은 계층에 따라 다르게 나타난다는 것이다. 다음에 소개될 쿠웨이트 사례는 상류층 여성보다 저소득층과 중산층 여성이 이슬람화의 패러다임에 더 많은 영향을 받는 것을 보여준다.

● 쿠웨이트 사례로 본 계층에 따라 다른 걸프 여성의 삶

걸프 지역에서 민주주의와 여성운동이 가장 먼저 발아한 국가는 쿠웨이트이다. 아랍 세계에서 계몽운동이 발아한 19세기 후반과 20세기 초반에 여성에 대한 교육은 근대화의 시작으로 인식되었다. 이는 쿠웨이트도 마찬가지였다. 여성 교육을 국가 발전의 시발점으로 본 쿠웨이트 지식인들은 자녀를 당시 문화 선진국이던 이집트나 서구에 보내 공부시켰다. 해외에서 선진 문물을 접한 상류층 자녀들이 귀국했을 시기인 1960년대 이미 사회는 오일 머니의 수혜로 변화하기 시작했다. 상류층 여성은 사회에서 명예로운 일자리로 간주되는 전문 직종인 교수, 의사, 공무원으로 일을 했으며, 가사와 육아 노동은 외국인 메이드에게 맡겼다. 외국인 노동자들은 고용하기도 편했으며, 비용도 저렴했다. 그리고 고용주에게 고분고분했기 때문에 다루기도 쉬웠다. 외국인 메이드가 상류층 여성의 가사일과 육아일을 도맡게 되자 과거 이 일을 했던 자국민 저소득층 여성의 일은 점차 사라지게 되었다. 즉, 과거 저소득층 여성이 주로 맡았던 가사와 육아일은 외국인 노동자에게, 그리고 산파역은 전문가인 병원의 의사들이 하게 되었다. 게다가 저소득층 여성은 교육을 제대로 받지 못했기 때문에 취업 기회도 제한되었다. 비록 국가가 문맹 퇴치를 위해 전 국민을 대상으로 의무교육을 실시했으나 저소득층 여성은 자신의 역할을 아내와 어머니에만 한정했고, 교육은 이들 계층 여성에게 중요하지 않았다. 또한 쿠웨이트의 저소득층 남성 역시 자신에게 안정적인 수입이 주어지자 더는 자신의 아내나 딸이 바깥에서 일하는 것을 선호하지 않았다. 그 결과 쿠웨이트 여성은 계층에 따라 삶의 방식이 점차 달라지게 되었다. 상류층 여성의 경우 고등 교육을 받고, 외부와 지속적으로 교류하며, 자신을 개발하는 자유를 누리는 동안 저소득층 여성은 오히려 전통과 종교의 이름으로 활동과 역할에 제한을 받게 되었다. 그리고 외부 활동이 제한되면서 여성 노동력은 유휴 인력이 되었다. 이는 결국 여성의 경제적 영향력 약화로 귀결되었을 뿐만 아니라 남성에 대한 여성의 의존도를 높이고 가부장 사회의 가치가 더욱 확고히 정착되는 계기가 되었다.

이러한 현상은 오만에서도 나타났다. 윌로바이(Willoughby, 2008)는 걸프 지역 여성의 노동시장 참여에 대한 가부장 문화의 상관관계를 사회계층의 관점에서 분석했다. 그의 분석에 따르면 걸프 사회에서는 여성 교육이 가문의 수준과 명예를 판단하는 기준으로 작용한다. 따라서 엘리트 계층에서는 자기 가문에 속한 여성을 교육시키는 데 적극적이었다. 게다가 이들은 성향 면에서도 개방적이었기 때문에 일찍이 자녀를 해외로 보내 교육시켰다. 선진 학문을 배워온 이들 상류층 엘리트 여성은 귀국 후 사회에서 선망받는 직업군에 근무하거나 비교적 남녀 성 분리가 잘된 공공 분야에 근무할 수 있었다. 반면에 교육을 덜 받은 저소득층 여성의 경우 상류층 여성과는 달리 전문직에 종사할 기회는 제한적이었으며, 근무 환경도 남녀 성 분리가 제대로 되지 않은 민간 부문이었다. 결국, 상류층 여성은 가족의 후원하에 전문직으로 노동시장에 진입할 수 있었던 반면에, 저소득층 여성은 집안에 머물며 이슬람 사회에 부응하는 여성의 역할을 수행하게 되었다. 즉, 계층에 따른 여성의 교육 수준은 오만 사회에서 '전문 직종의 여성화 현상'을 야기했으며, 이는 아이러니하게도 남성과 여성의 활동 영역 분리라는 이슬람의 가치를 실현하고, 가부장제를 더욱 강화하는 결과로 이어졌다.

숫자로 본 걸프 여성과 젠더 격차, 경제와 정치 분야에서 가장 심각

세계 경제 포럼(World Economic Forum)에서는 매년 「세계 성 격차 보고서 (Gender Gap Report)」를 출간한다. 이 보고서에 따르면 2016년 걸프 지역 남녀 간 성 격차 지수는 대체적으로 낮으며, 조사국 144개국 중 하위권에 머무르고 있다. 유럽 의회에서 2014년 출간한 자료는 그에 대한 원인으로 오일 머니에 대한 의존과 민주화의 부재 등을 지적하고 있다(European Parliament, 2014). 〈표 2-3〉에서 볼 수 있는 것처럼 걸프 지역 남녀 간 성 격차는 정부가 지속적으로 투자하는 교육 부분에서는 그 격차가 적었지만, 정치와 경제 참여에서는 그 격차가 많이 난다는 것을 알 수 있다. 경제에서 여성의 노동시장 참여가 저조한 데에는 여성의 일에 대한 부정적인 사회 문화적 인식과 일과 삶의 균형을 뒷받침할 수 있는 제도적 지원이 부족한 것이 가장 큰 원인이다. 이 보고서에 따르면 남녀 간 임금격차를 줄이는 데 드는 시간은 전 세계 평균 약 170년, 걸프 지역을 포함한 중동 지역은 약 356년이 걸릴 것이라고 한다. 전 세계 남녀의 평균 임금격차가 2008년 세계 금융 위기 이후 가장 많

표 2-3 2016년 남녀 간 성 격차 지수 및 각 분야별 순위

국가명	지수	순위/144	경제	교육	보건 의료	정치
바레인	0.615	131	127	84	132	137
오만	0.612	133	126	97	99	142
카타르	0.643	119	97	92	136	144
쿠웨이트	0.624	128	125	47	136	140
아랍에미리트	0.639	124	130	32	132	83
사우디아라비아	0.583	141	142	105	128	121
한국	0.649	116	123	102	76	92

자료: World Economic Forum Report(2016), "The Global Gender Gap Report 2016." http://reports. weforum.org/global-gender-gap-report-2016/
※ WEF는 2006년부터 정치·경제·교육·보건 등 4개 분야에서 성별 격차를 매기고 있다. 2016년에는 144개 국을 대상으로 조사했다. 2017년도 오만은 지수 평가에서 제외되었으며, 바레인 126위, 카타르 130위, 쿠웨이트 129위, 아랍에미리트 120위, 사우디아라비아 138위, 그리고 한국은 118위를 기록했다.

그림 2-1 **걸프 각 국가별 그래프(2016년 기준)**

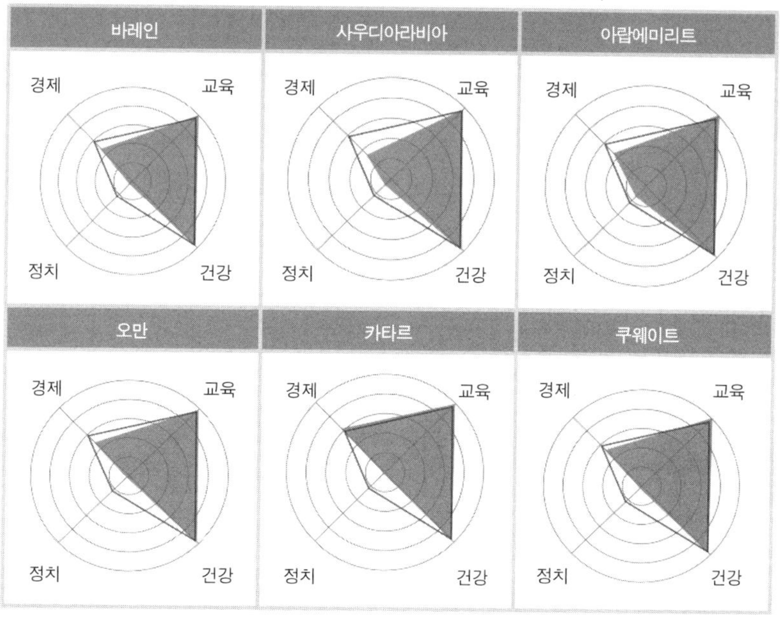

이 벌어졌으며, 2016년 「세계 성 격차 보고서」에 따르면 여성의 평균 수입이 남성의 59%인 것으로 조사됐다(≪중앙일보≫, 2016.10.26).

한편 정치 분야에서 남녀 간 격차는 더욱 크게 벌어진다. 걸프 지역 여성에게 참정권이 부여된 지 그리 오래되지 않았다는 것이 이를 방증한다. 걸프 국가에서 여성 참정권은 오만이 1994년, 카타르 1999년, 바레인 2002년, 쿠웨이트 2005년, 아랍에미리트 2006년, 사우디아라비아 2015년에 부여되었다.

● **걸프 여성의 노동시장 진출 현황**

비록 걸프 지역에 대한 WEF의 남녀 간 성 격차 지수는 좋지 않지만, 현재 걸프 정부는 노동력의 자국민화 정책하에 여성의 경제 참여를 유도하고 있다. 석유 의존 경제구조를 타파하고 지식 기반 경제 모델을 추구하는 걸프 정부는 자국민 여성을 외국인 노동력을 대체하고 미래 걸프 국가의 경제성장을 이끌 수 있는 주역으로 보기 때문이다. 그 결과 1980년과 2000년 사이에 여성의 경제 참여는 사우디아라비아, 카타르, 쿠웨이트, 바레인에서 2배로 상승했으며, 아랍에미리트와 오만에서는 3배 증가했다.

걸프 지역 여성 대다수는 공공 부문의 취업을 선호한다. 정부 부문이 여성의 취업에 관대한 편이며, 근무시간도 짧고, 육아 휴직과 어린이 돌봄 서비스를 포함한 복지 혜택이 잘 갖추어져 있기 때문이다. 여성이 노동시장에 참여하자 여성의 재정적 지원에 의존하는 가족도 증가하게 되었다. 그리고 가정 내 여성의 권한도 확대되었다. 특히 외국인 노동력에 대한 의존도를 줄이려는 정부 정책 시행은 저소득층 여성의 노동시장 진출을 확대하는 결과로 이어지게 되었다(European Parliament, 2014: 22). 현재 걸프 지역 각 국가별 여성의 노동시장 참여율은 카타르 51%, 아랍에미리트 47%, 쿠웨이트 44%, 오만 29%, 사우디아라비아가 20%이다(Al Masah Capital Management, 2015.3). 숫자상으로는 걸프 지역 여성의 노동시장 참여율이 매우 높게 나타난다. 그러나 여기에는 걸프 지역에 거주하는 외국인 여성도 포함된 것으로, 자국민 여성으로 그 수를 제한했을 경우 여성의 노동시장 참여율은 현저히 떨어진다는 것을 염두에 두어야 한다.

• 걸프 여성의 노동시장 진출의 걸림돌

자국민 여성의 노동시장 진출이 저조한 주요인으로는 앞서 언급한 것처럼 여성의 이상적인 역할을 돌봄과 가사에 한정하는 이 지역 문화적 가치와 일하는 여성이 가정과 직장 간 균형을 찾을 수 있는 제도적 지원이 (특히 민간 부문에서) 부족하기 때문이다. 이는 여성의 짧은 근무 기간 패턴에서도 드러난다. 교육받은 여성이 취업에 성공한다 하더라도 일단 출산과 육아를 시작하게 되면 일을 그만두는 확률이 높아진다. 따라서 여성 고용은 늘었으나 근무 기간은 단기간에 그치고 있다. 그 결과 높은 지위에 오르는 여성 비율도 현저히 낮다. 게다가 공공장소에서 남녀 분리를 엄격히 적용하는 이 지역 관습과 대중교통 수단 부족으로 인한 출퇴근의 어려움 등도 실질적으로 여성의 노동시장 진출에 장애가 되고 있다. 특히 사우디아라비아 여성의 경우 여성 운전 금지 관습으로 등하교나 출퇴근, 심지어는 병원 왕래에도 많은 어려움을 겪었다(Bq magazine, 2015.11.24). 그러나 사우디아라비아는 2018년 6월부터 여성 운전을 허용하는 왕의 칙령을 발표했으며, 이를 계기로 여성의 사회 활동이 더욱 활발해질 것으로 기대되고 있다.

걸프 지역 여성의 노동시장 진출에 부정적인 영향을 미치는 또 다른 요소로는 위에 언급된 문화적 가치 외에도 취업 정보 부족을 들 수 있다. 사우디아라비아 등은 정부 차원에서 자국민 여성의 노동력 활용을 위해 대학 내 구직자 교육 및 취업 박람회 등을 개최하고 있다. 그러나 걸프 지역에서는 아직 구직 시 광고보다는 집안의 인맥, 즉 '와스타(Wasta)'를 이용하는 경향이 있으며, 이를 가장 효과적이고 안정적인 구직 방식으로 인식하고 있다(Bq magazine, 2015.11.24). 또한 설령 여성 구직자가 일자리 정보를 접했다 하더라도 실질적인 구직 기술인 인터뷰 요령 및 이력서 작성에 대한 '노하우'가 없어 많은 한계에 직면하고 있다.

● 아랍에미리트 여성을 통해 본 일하는 여성에 대한 사회적 인식과 문화적 딜레마

아랍에미리트는 1971년 개국과 함께 자국민 여성에 대한 개혁을 '위로부터 아래로' 진행했다. '새로운 국가' 건설의 관점에서 여성 교육은 아랍에미리트 국민의 생활수준 향상, 자국민 인적 자원의 활용, 차세대 국민 양성에서 매우 중요한 과제였다(Pinto, 2012). 그러나 1970년대 아랍에미리트의 정서는 교육을 통한 자국민 여성의 현대화에 전적으로 낙관적인 입장을 취할 수만은 없는 상황이었다. 오일 머니 유입과 함께 부를 축적한

아랍에미리트인의 삶의 패턴은 급속도로 서구화되었으며, 갑작스럽게 늘어난 외국인 노동자들은 아랍에미리트인의 삶에 많은 영향을 끼쳤다. 급속한 사회 변화의 소용돌이 속에서 아랍에미리트인은 자신들의 '순수한' 정체성 상실에 대한 두려움을 느꼈으며, 이는 전통에 대한 집착이라는 반작용으로 나타나게 되었다. 아랍에미리트인의 사회 변화에 대한 두려움과 거부감은 전통적인 여성상 강화라는 부메랑으로 돌아왔다. 게다가 1979년 이란의 이슬람 혁명 성공으로 아랍에미리트인의 이슬람과 전통문화 회귀에 대한 믿음은 더욱 확고해졌다. 1980년대 아랍에미리트인의 '문화적 순수성(Cultural Authenticity)'을 복원하려는 움직임은 오늘날까지 지속되고 있으며, 이 과정에서 가족은 사회의 가장 중심이 되는 가치로 자리매김하게 되었다. 결국 아랍에미리트에서 여성은 국가의 정체성을 보존하고 유지하는 필수적인 존재가 된 것이다.

가족이 사회의 핵심 가치로 간주되는 상황에서 아랍에미리트 자국민 여성의 역할은 '생물학적이고 헌신적인 모성(biological and dedicated motherhood)'을 바탕으로 '진정한' 국민을 길러내는 것으로 귀결되었다(Pinto, 2012). 다시 말해 외국인 유입이 많아진 상황에서 진정한 아랍에미리트 국민은 외국인 엄마가 아닌 자국민 여성에 의해 양육되는 것이며, 동시에 아랍에미리트 엄마의 헌신성을 기반으로 '순수한' 자국 문화를 익힌 세대를 의미한다. 아랍에미리트의 사회적 인식에 따르면 여성은 외부의 '불순한' 가치 유입에 대항하는 방패막이이자 아랍에미리트인의 전통과 정체성을 보존하고 이슬람의 가치를 수호하는 존재인 것이다. 결과적으로 일하는 엄마에 대한 사회적 인식이 부정적인 상황에서 여성은 이를 극복하기 위해 일과 가정을 돌봐야 하는 이중의 부담감을 안게 되었다. 그러나 최근 느리지만 서서히 여성의 일에 대한 인식 변화도 감지되고 있다. 에이티 커니(AT Kearney)의 한 보고서에 따르면 걸프 여성들은 일에 열정적이며, 자신의 직업에 대한 가치를 중시 여기고 있다고 한다(*News of Bahrain*, 2016.3.13). 현재 걸프 여성들은 이제 막 사회 진출을 시작하면서 아랍에미리트 여성들의 사례처럼 전통 수호와 자아실현 사이 문화적 딜레마로 갈등하고 있으나 점차 자신의 꿈과 가치를 실현하기 위해 고군분투하는 능동적인 주체로 부상하고 있음을 알 수 있다. 아랍에미리트 여성의 교육과 노동시장 진출로 야기되는 여성의 내면 변화는 뒷부분에서 다시 언급하도록 한다.

음지에서 양지로,

걸프 국가의 여성 노동력

걸프 사회 변화에 시동 거는 걸프 여성, '아랍의 봄'과 걸프 지역 여성 운동

● '아랍의 봄'의 가장 큰 수혜자, 사우디아라비아 여성

2011년 발발한 아랍의 봄은 여성의 삶에도 많은 변화를 야기했다. 남성뿐만 아니라 여성까지도 전면에 나서 사회 개혁과 부패 척결을 외쳤기 때문이다. 그러나 아랍의 봄이 여성에 미친 영향에 대한 평가는 상반된다. 일부는 아랍의 봄 결과 등장한 이슬람 정부의 출현으로 여성의 권리가 더욱 열악해졌다고 평가하고 있다. BBC는 "아랍의 봄의 예상치 않았던 10대 결과(Arab Spring: 10 unpredicted outcomes)"(BBC, 2013.12.13)에서 아랍 여성을 혁명의 피해자로 지목하고 있다. 또한, 2013년 행해진 톰슨 로이터 재단(Thomson Reuters Foundation, 2013)의 연구에서는 아랍의 봄을 겪은 아랍 지역 여성의 지위는 더욱 크게 하락한 것으로 조사되었으며, 혁명 결과를 부정적으로 해석하고 있다. 특히, 혁명 당시 여성의 참여가 가장 적극적이었던 이집트 여성의 경우 아랍 지역 여성 인권에서 최하위인 22위를 기록했다. 이집트 여성은 (남성들과 함께 사회 변화 운동에 적극적으로 참여했음에도 불구하고) 혁명 후 공권력에 의해 '처녀성 검사'라는 모욕을 감수해야 했고, 99.3%는 길거리 성추행과 성희롱에 노

출되었다. 그러나 이와 같은 부정적인 평가와는 상반되게 일부는 아랍의 봄이 여성에게 정치적인 힘을 실어줬다는 평가를 내리기도 한다. 그동안 무력한 존재로 인식되던 아랍 여성이 사회 개혁을 요구하는 민주화 운동의 중심에서 남성들과 함께 목소리를 낼 수 있었기 때문이다. 민주화 운동 참여 결과아랍 여성은 정치와 종교, 전통의 이름으로 소외되어왔던 자신들의 권익을적극적으로 관철시켜야 한다는 필요성을 인식했고 자신감도 느끼게 되었다.

아랍 여성 중에서도 아랍의 봄의 가장 큰 수혜자는 사우디아라비아 여성으로 평가되고 있다(CNN, 2013.1.23; *The Daily Beast*, 2011.9.26; *Muslim Media Watch*, 2013.5.1). 사우디아라비아 여성은 아랍의 봄 이후 정치에서는 2015년시행된 지방 선거에서 참정권을 부여받았으며, 사우디아라비아의 최고 의사 결정 기관인 슈라 위원회 150명 위원 중 20%인 30명을 구성할 수 있게되었다. 물론 사우디아라비아에서 일어난 일련의 여성 관련 정책이 전적으로 아랍의 봄의 결과만은 아니다. 사우디아라비아는 이미 2005년 압둘라국왕의 등극과 함께 사회 개혁을 위한 다양한 프로그램을 정부 주도로 추진해왔으며, 그 안에는 여성에 대한 개혁 정책도 다수 포함되었기 때문이다. 예컨대 사우디아라비아 여성은 노동력의 자국민화 정책이 강력하게 시행된 결과 제한적으로나마 경제활동에도 참여할 수 있게 되었으며, 정부장학금을 받아 국내외에서 학위 수여도 가능해졌다. 또한 정부 지원을 받아 1인 기업도 설립할 수 있었으며, 그 결과 사우디아라비아 여성은 기존에'보이지(invisible) 않던' 존재에서 '보이는(visible)' 존재로 부상하고 있다.

사우디아라비아를 포함한 걸프 지역의 여성 정책은 지금까지 여성 자신들의 목소리는 배제된 채 '위에서 아래(Top Down)'로 향하는 일방적인 국가정책에 의해 좌우되어왔다. 즉, 여성 문제는 국가 차원에서 논의되는 (그러나 남성 중심의 가부장적 정부 정책은 여전히 유지하는) '국가 페미니즘(State Feminism)'형태를 띠었다. 따라서 걸프 여성은 남성 중심의 사회제도와 규율, 경제와정치 참여 기회 박탈과 같은 기본적인 인권 침해에도 침묵하며 따라왔다.

그도 그럴 것이 대다수 걸프 국가에서 정부의 허락 없이 그 어떤 조직이나 단체의 구성이 불가능하며, 설령 조직되더라도 단체 활동은 정부의 철저한 감시하에 있으므로 여성의 권익을 대변하는 단체를 결성하는 일은 사실상 불가능했다. 게다가 남성 중심의 관습과 전통은 이슬람이라는 종교로 포장되어 일상생활에서 강요되었기 때문에 여성의 권리를 주장하는 것은 서구를 추종하고 이슬람을 거부하는 것처럼 받아들여졌다. 그러나 아랍의 봄을 겪으면서 걸프 여성들도 자신의 권익을 위해 목소리를 낼 수 있다는 사회적 공감대가 형성되었다. 또한 정부 차원에서 여성 노동력 활용에 대한 필요성이 절실해지면서 여성의 사회적 지위도 서서히 변화하고 있다는 것은 주목할 만하다(엄익란, 2014에서 재인용).

● 걸프 각 국가별 여성운동과 관심사

유럽 의회(European Parliament)에서 조사한 자료를 토대로 걸프 지역 각 국가별 여성운동은 다음과 같이 요약할 수 있다(European Parliament, 2014: 37~43). 바레인은 걸프 국가 중에서 이슬람을 해석하고 적용하는 데 가장 개방적이다. 여성 교육은 일찌감치 국가의 현대화 틀에서 진행되었으며, 준정부 기관인 여성 최고 위원회(Supreme Council for Women)에서 바레인 여성의 권리 보호와 인식 향상을 위해 노력해왔다. 그러나 여성 최고 위원회는 정부 기관이기 때문에 정부 정책에 대한 반대나 비난은 하지 못한다. 바레인의 모든 NGO 활동이나 단체 활동은 사회 발전부(Ministry of Social Development)에서 감시되며, 이는 여성운동에도 마찬가지로 적용된다. 바레인 여성 단체의 가장 큰 관심사와 활동 분야는 성희롱 및 여성에 대한 가정 폭력 근절, 그리고 그에 피해를 입은 바레인 자국민 여성과 이주민 여성에 대한 피난처 제공 등이다.

사우디아라비아는 시민사회 조직의 자유가 없다. 연설과 언론의 자유, 종교의 자유, 집회의 자유가 없으며, 정당이나 노동조합 형성, 파업은 기본법 39조에 적시된 '장애와 분열로 이어지는 행위(acts leading to disorder and division)'에 근거해 불법으로 간주된다. 1999년부터 사우디아라비아 정부는 엄격한 검열을 조건으로 인터넷을 대중에 보급했으며, 이를 계기로 사우디아라비아 여성을 주제로 다루는 블로그도 증가했다. 그리고 아랍의 봄을 계기로 사우디아라비아 여성의 사회적 지위 개선을 호소하는 캠페인 등이 온라인을 중심으로 벌어지고 있다. 그리고 이러한 활동들이 오늘날 사우디아라비아 여성운동의 모태가 되었다. 사우디아라비아 여성의 주요 관심사로는 여성 운전 허용, 보호자법 폐지, 샤리아 법원에서 여성 법조인 지정, 조혼 방지, 가정 폭력 근절 등이 있다. 이 중 여성 운전 금지 관습은 2017년에 폐지되었으며, 2018년 6월 24일부터 여성 운전이 허용되었다.

아랍에미리트에는 1975년 아랍에미리트 전 대통령 부인 셰이카 파티마 빈트 무바라크(Sheikha Fatima bint Mubarak)가 1975년 설립한 아랍에미리트 여성 연합(United Arab Emirates Women's Federation)에서 여성 문제를 포괄적으로 다루어왔다. 아랍에미리트는 걸프 지역에서는 가장 개방적인 국가로 남녀 모두 양성평등에 긍정적이다. 아랍에미리트 여성운동의 주요 주제로는 여성의 사회적 지위 향상을 위한 현행법의 개정안 및 새로운 법률 제시, 이주 노동자의 권리 개선, 공공 근로와 사회복지를 좀 더 효과적으로 통합하기 위한 수단 개발, 인신매매, 가정 폭력과 차별 문제 해결 등이 포함된다.

오만에는 독립적인 여성운동 기구는 없다. 그 대신 정부 차원에서 여권 향상에 관심을 갖고 논의하고 있으며, NGO가 좀 더 넓은 틀에서 여성 관련 문제를 다루고 있다. 오만 NGO는 여성에게 전문교육 제공, 기업가 정신 배양을 위한 워크숍 개최 및 해외 장학금 정보 제공, 이주민 여성을 위한 사회 문화 활동 마련에 관심을 갖고 활동하고 있다.

카타르 역시 타 걸프 국가처럼 독립적인 여성운동 기관이나 온라인 운동이 없다. 그 대신 국가 발전 전략 2011~2016(National Development Strategy 2011~2016)에서 여성의 지위 향상에 대해 포괄적으로 다루고 있다. 카타르는 정부 차원에서 여성의 권리에 대한 인식 제고, 이혼율 감소를 위한 상담 제공, 여성과 어린이 인신매매 방지, 가족 지원 프로그램 및 직업훈련 등에 관심을 두고 있다.

쿠웨이트는 걸프 지역 중에서 가장 민주적 형태의 여성운동이 형성되어 있다. 교육받은 엘리트 여성을 중심으로 여성 단체가 풀뿌리 조직 형태로 존재하고, 여성의 교육 기회 확대뿐만 아니라 국가 정책에도 영향을 미치고 있다. 쿠웨이트 여성운동은 이슬람교와 전통의 수호라는 틀에서 진행되며, 주요 관심사는 여성의 권리 향상과 보호, 이주민 여성의 인권 보호 등이다.

인적 자원 개발을 위한 교육 투자, 걸프 워머노믹스의 출발점

지금까지 걸프 국가들은 오일 머니가 있었기 때문에 여성의 경제 참여나 노동시장에서의 양성평등 문제에는 무관심했다. 자원에 기반을 둔 국가 경제 발전 탓에 여성 노동력이 굳이 필요치 않았기 때문이다. 이 국가들은 자국민 여성에게는 그저 성 역할에 대한 전통적인 규범과 종교 이념 유지만을 강조해왔다. 그러나 이제 걸프 국가들도 포스트 오일 시대에 대비하고 불안정하고 유동적인 유가에 대응하기 위해 석유 의존 경제에서 탈피해야 할 시점에 도달했다. 다시 말해 이제는 자원이 아닌 인적 자원 개발을 통해 산업 다변화를 시도하고 있는 것이다. 이 과정에서 여성 인력의 노동시장 진출은 필수가 되었다. 걸프 국가는 자국민 인적 자원 개발을 위해 교육 사업에 국가 예산을 우선적으로 투입하고 있으며, 노동력의 자국민화 정책을 위해 그동안 사적 영역에 고립시켰던 여성 인력 활용 정책을 시행하고 있다. 그 결과 걸프 여성의 문자 해독률은 높아졌으며, 고등 교육 진학률도 남성을 앞지르고 있다. 월드뱅크(World Bank) 자료에 따르면

그림 2-2 GCC 국가와 타 국가의 식자율 비교 및 GCC 국가 교육기관 진학률

카타르	97%
쿠웨이트	96%
바레인	95%
사우디아라비아	94%
GCC 평균	93%
아랍에미리트	90%
오만	87%

미국	100%
영국	100%
러시아	100%
중국	95%
아프리카 남부	94%
브라질	91%
인도	63%

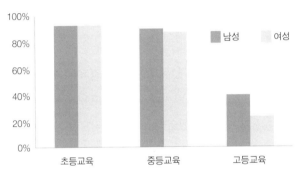

자료: Al Masah Capital(2015: 5~6).

걸프 국가의 식자율은 93%(남성 94%, 여성 91%)로 이는 10년 전 87%보다 상
승했다. 걸프 국가 중에서도 카타르의 식자율이 97%로 가장 높고, 그다음
으로 쿠웨이트 96%, 바레인 95%, 사우디아라비아 94%, 오만 87% 순서다
(Al Masah Capital, 2015: 4).

　현재 걸프 지역에서 교육에 가장 많은 투자를 하는 국가는 사우디아라비
아이다. 사실 사우디아라비아의 경우 고등교육은 외부의 압력으로 시작되
었고, 그 배경에는 2001년 9·11 사태가 있다. 9·11 사태 당시 대다수 테러
가담자들이 사우디아라비아 출신이라는 것을 알게 된 미국은 전 세계에서
가장 보수적이고 폐쇄적인 사우디아라비아에서 여성 교육을 통해 점진적
으로 사회 개방을 유도하고자 했다. 미국은 '미래의 어머니'를 교육함으로
써 사우디아라비아 젊은이들이 극단적인 테러리스트가 되는 것을 미연에

방지하는 '필터링' 효과를 기대했던 것이다. 비록 외부 요인으로 여성 교육이 시작되긴 했으나 이는 걸프 지역 중 가장 보수적이며 폐쇄적인 사우디아라비아에서 여성의 권리에 대한 인식을 일깨우는 데 많은 공헌을 했다.

유가 하락으로 더욱 절실해진 여성 노동력

● 2014년 유가 하락이 걸프 산유국에 미친 경제적 영향

걸프 산유국들은 2014년 중반까지 지속된 고유가 덕에 바레인을 제외하고 재정 흑자를 유지할 수 있었다. 석유 수익으로 발생한 잉여 자금은 사회 공공 기반 시설 건립, 국방 예산 증가, 무상교육 기회 확대, 공공 분야 임금 인상, 보조금 지급 등에 할애되었다. 사우디아라비아의 경우 고(故) 압둘라 국왕은 전 세계에서 가장 높은 킹덤 타워(Kingdom Tower, 12억 달러 규모)를 포함해 사막에 1000억 달러 규모에 달하는 거대 도시를 건립할 것을 명했다. 쿠웨이트는 자국민의 90% 이상을 지속적으로 공공 부문에 고용했다. 또한, 예멘 사태 및 IS 출현 등 주변국 정세 악화로 걸프 역내 안보 문제가 불거지자 걸프 정부는 2014년 군사 장비 마련에 1130억 달러를 지출했으며(사우디아라비아만 810억 달러), 2011년 튀니지에서 '아랍의 봄'이 발발할 당시에는 그 영향력이 걸프 지역까지 도달하지 못하도록 막기 위해 복지 제도 강화와 추가 보조금 지급에 약 1500억 달러를 지출했다(Brookings, 2016.2.18).

그러나 2014년 중반기 이후 유가는 지속적으로 하락했으며, IMF 보고서에 따르면 2014년 하반기 유가 하락으로 걸프 산유국의 손실액은 2015년 한 해 동안 3600억 달러에 달한다고 한다(이는 전체 손실액의 20% 규모). 그리고 향후 5년간 걸프 산유국의 재정 적자는 1조 달러에 달할 것으로 예측했었다. 또한, 이 보고서는 2015년 걸프 산유국의 GDP 성장률이 3.25%에서 2016년 2.75%로 하락했으며, 재정 적자는 GDP의 13%에 달할 것으로 추정했다. 사우디아라비아의 경우 2016년 재정 적자는 19.4%에 이르렀고, 재정 적자를 메우기 위해 해외 자산 매각이나 전 세계적으로 가장 가치 있는 아람코의 민영화를 추진했었다(*Financial Times*, 2015.10.21). 2014년 유가 하락으로 위기감을 느낀 걸프 국가는 비록 현재 유가가 상승하고 안정세를 보이긴 하지만, 최근에는 유가 하락에 따른 재정 압박에 대한 교훈을 바탕으로 정부 보조금 삭감, 국가 예산 삭감이나 각종 세금 도입 등 경제구조 개편을 단행하고 있다.

● **유가 하락에 따른 걸프 산유국의 정책 추진 방향**

유가 하락에 따른 재정 적자를 메우기 위한 걸프 정부의 정책은 정부 지출 감소, 세금 도입, 정부 수입 다변화로 자국민 일자리 창출로 요약된다.

우선 걸프 산유국들은 유가 하락세가 지난 2년간 장기화되자 공공 부문 임금 지출과 국방 예산 감축, 에너지 분야 보조금 삭감을 통해 정부 예산 지출을 감소시키는 데 주력했었다. 사우디아라비아 정부는 2015년에 연료 보조금 개혁을 단행해 휘발유 가격이 50%가량 인상되었으며, 아랍에미리트 역시 연료 보조금을 삭감하고, 가격을 시장에 맡겼다. 걸프 지역 내에서 연료에 대한 보조금은 사우디아라비아가 GDP의 13%를 차지해 걸프 국가 중에서는 가장 크다. 그리고 바레인 11%, 오만 9%, 쿠웨이트 8%, 아랍에미리트와 카타르가 7%를 차지하고 있다(Melnick, 2016). 아부다비는 지난 2015년 11월부터 전기세와 수도세를 부과하기 시작했으며, 카타르는 국가가 국민에게 모든 것을 제공해줄 수 없다고 선포한 바 있다. 걸프 국가 정부들의 보조금 삭감은 실질적인 생활 물가의 상승과 인플레이션 현상으로 이어지고 있으며, 이는 소비 감소에 따른 내수 경기 둔화로 이어지고 있다. 일례로 아랍에미리트 소비자들은 경제 상황 악화로 명품 소비와 생필품 소비를 줄여나가고 있으며, 외식 및 사교에 드는 비용을 줄이는 한편 집에서 식사하는 횟수를 늘리고 있다(*The National*, 2016.4.6).

'허리띠 졸라매기' 정책 외에도 걸프 산유국들은 재정 확보를 위해 각종 세금을 부과하고 있다. 2018년부터는 사우디아라비아와 아랍에미리트에 5%에 해당하는 부가가치세와 기업세가 도입되었다. IMF에 따르면 걸프 국가가 부가가치세를 도입하면 GDP의 1~2% 상승효과가 있다고 한다. 그러나 보조금 삭감과 함께 세금 도입은 걸프 왕정의 리더십에 부정적인 여파를 미치고 있다. 지대 추구 국가의 특성상 걸프 왕정은 국민에게 세금 징수 대신 석유 수익 분배를 통해 왕권의 정당성과 충성심을 유지해왔다. 즉, 걸프 왕정과 국민의 관계는 자본의 분배를 통한 '보호자와 피보호자' 관계로 유지되어왔으며, 세금 징수는 이러한 사회적 계약을 파괴하는 결과를 초래하는 것이다. 5%에 해당하는 부가가치세 도입으로 정부는 GDP 상승효과를 기대할 수 있으나, 대신 걸프 국가 국민은 이제 정부 정책을 일방적으로 지지하며 추종하거나 방관자적 입장에서 벗어나 감시자와 관리자의 입장으로 전환될 것이기 때문이다.

마지막으로 걸프 산유국들은 지난 수십 년간 석유 의존도를 줄이는 한편 국가 경쟁력을 확보하고 미래 산업을 육성하기 위해 경제 다변화, 민영화, 노동력의 자국민화를 추진하고 있다(*The Conversation*, 2015.1.6). 경제 다변화는 시대에 따라 그 추진 배경이 달라진다. 해빗(Havit, 2013)에 따르면 1970년대에는 석유 고갈에 대한 두려움에서 경제 다변화 정책이 추진되었다면, 1980년대와 1990년대에는 유가 변동성에 대비하기 위해, 그리고 현재는 앞의 두 가지 이유와 함께 증가하는 자국민 노동력 흡수 전략 차원에서 추진되고 있다. IMF에 따르면 아랍에미리트를 제외하고 2020년까지 약 200만 명의 신규 노동자가 걸프 지역 노동시장에 진입할 것으로 예측된다. 만일 걸프 국가가 현재와 같은 석유산업 중심의 경제구조를 유지할 경우 역내 실업률은 12.75%에서 16%까지 증가할 것이라고 전망하고 있다. 석유

산업은 자본 집약적 분야로 이미 고용 창출에서 한계에 봉착했으며, 이제
는 산업 다변화와 민영화 없이 노동시장에서 자국민 노동자를 흡수할 방법
은 없다. 걸프 지역 젊은이들의 실업 문제는 정권 안정 문제와 직결된다.
따라서 걸프 정부는 노동력의 자국민화와 경제 다변화 정책을 통해 젊은이
들의 실업 문제 해결에 주력하고 있다. 특히 지금까지 유휴 인력으로 간주
되던 자국민 여성을 미래의 가치 있는 자산으로 간주하고 있다.

● 걸프 여성이 노동시장에 참여할 경우

매킨지 연구소(McKinsey Global Institute)의 양성평등지수(Gender Parity Score)
에 따르면 걸프 지역을 포함한 중동 지역의 양성평등지수는 0.48로, 0.74를
기록한 북미와 오세아니아와 비교하면 현저히 낮다. 양성평등지수를 측정
하는 기준에는 일에서의 남녀평등(임금 격차, 리더십 지위, 남녀의 고용 비율), 기본
적인 사회 서비스 접근과 경제 참여 기회(육아 휴직, 교육, 금융 서비스와 인터넷 접
근), 법의 보호와 정치 참여, 육체적 안전과 독립(여성 폭력) 등이 포함된다.
중동 여성이 남성과 동등한 경제적 기회를 누릴 경우 이 지역 경제성장은
2025년까지 약 2조 7000억(연간 4%씩 성장) 달러까지 증가할 것으로 전망된
다. 지난 2011년 이래 중동 지역 경제성장은 약 3%대에 머물렀으며, 그
원인을 여성의 저조한 일자리 참여, 남녀의 불평등한 급여 차, 여성의 더
딘 승진, 제한된 산모 휴가와 보육 시설로 보고 있다. 결국, 이는 여성 인
력의 심각한 낭비로 이어지고 있다. IMF 역시 비슷한 연구 결과를 내놓았
다. IMF 보고서에 따르면 중동과 아프리카 지역 여성의 경제 참여가 실현
될 경우 향후 10년 동안 1조 달러에 달하는 경제성장을 예측하고 있다. 또
한, 여성의 경제 참여가 OECD(60%) 수준까지로 높아져도 사우디아라비아
의 GDP는 2020년까지 8~9% 성장할 것으로 기대되고 있다. 이보고서들
은 여성 차별이 실질적으로 경제성장에도 반영된다는 것을 수치를 통해
입증했다는 점에서 의의가 있다. 즉, 사회의 성 평등지수가 높으면 노동시

장에서도 성 평등지수가 높게 나타나며, 이는 경제성장으로 이어진다는 것이다. 경제성장은 남녀 간 격차를 좁히는 선순환 구조로 작용하기 때문에 성 평등이 윤리나 사회적 이슈 이상으로 경제적 측면과 직접적으로 연계된다는 것을 방증하고 있다. 이를 반대로 해석하면 여성 차별이 심하면 그만큼 경제 발전도 요원하다는 것이다.

걸프 여성의 고등교육과 노동시장 참여로 부각되는 사회문제, 만혼과 이혼율 상승

• 아랍에미리트 사례로 본 여성의 노동시장 진출이 결혼과 이혼 패턴에 미치는 영향

아랍에미리트 여성의 교육 확대와 인적 자원 활용 문제가 자국민 결혼 패턴에 미치는 가장 큰 영향으로는 만혼과 이혼율 상승을 꼽을 수 있다. 고등교육 확대로 인한 교육 기간 연장으로 여성의 결혼 적령기는 자연스럽게 연기되었으며, 이는 여성의 노동시장 진출로 더욱 늦어지게 되었다. 그 결과 아랍에미리트에서는 30세를 넘어서도 결혼하지 않은 자국민 젊은 인구 문제가 새로운 사회문제로 대두되고 있다. 또한 외국인 유입이 증가하고 자국민의 해외 진출이 잦아지는 상황에서 외국인과 혼인하는 자국민 젊은이들 수가 점차 증가하고 있으며, 이는 아랍에미리트가 고수하는 '순수한' 혈통과 정체성 유지에 심각한 위협이 되고 있다.

아랍에미리트의 만혼의 배경은 에미레티제이션 결과 노동시장에서 임금노동자로 전환된 여성들의 결혼관 변화 측면에서 분석될 수 있다. 과거 자국민 여성들은 안정적인 가족 형성과 부족의 혈통 유지 차원에서 결혼을 인생에서 가장 중대한 일로 간주했다. 그러나 젊은이들은 더 이상 결혼을 사회의 진정한 구성원이 되기 위한 수단으로 보지 않는다. 왜냐하면 과거에는 가족이나 부족에 대한 배경이 한 개인을 평가하는 주요한 지표가 되었던 반면에 도시화 현대화 과정에서 가문이나 부족에 대한 소속감과 연대감은 과거보다 약화되었고, 그 결과 교육이나 직업, 경제력 등이 한 개인을 평가하는 중요한 척도가 되었기 때문이다(El-Haddad, 2003: 8). 또한 고등교육을 받은 젊은 여성들이 임금노동자로 전환되면서 경제력을 구축하기 시작했다. 이는 여성의 자신감 형성과 독립된 자아 정체성 확립으로 이어지고 있다. 그 결과 아랍에미리트 여성들 사이에서도 부족에 대한 소속감이나 연대 의식 이상으로 개인을 중시하는 성향이 강해졌으며, 이는 때로 결혼보다 중요하게 여겨지기도 한다.

아랍에미리트 여성의 만혼 사유와 달리 자국민 남성의 만혼 배경은 경제문제와 직결된다. 치솟는 결혼 비용이 아랍에미리트 남성의 만혼 현상에 가장 큰 원인으로 작용하고 있다. 우리 돈으로 환산할 경우 1억 원이 훌쩍 넘는 예식 비용 외에도 일반적으로 신랑 측이 감당해야 하는 주거 임대 비용과 평균 10만~20만 AED(3000만 원에서 6000만 원가량) 수준에 달하는 신부 대금을 포함하면 아랍에미리트 젊은이가 감당해야 하는 결혼 비용은 사회 초년생이 부담하기에는 역부족이다.

결혼에 드는 비용 부담으로 아랍에미리트에서는 자국민 대 외국인과의 결혼 비율이 높아지고 있으며, 동시에 이혼 건수도 높아지고 있다. 아랍에미리트 내 이혼율은 걸프 국가 중에서도 가장 빠르게 증가하고 있다. 걸프 국가 이혼율은 아랍에미리트가 46%, 카타르가 38%, 쿠웨이트가 35%, 바레인이 34%를 보인다. 아랍에미리트의 이혼의 특징은, 첫째 결혼 초반의 이혼율이 높다는 점과, 둘째 외국인과 자국민 사이 이혼 건수가 27.2%(2010년 기준)로 높다는 점이다. 그 중 에미리트 남성과 외국인 여성 간 이혼이 32.4%에 해당하며, 외국인 남성과 자국민 여성의 이혼은 15.1%에 해당한다. 자국민과 외국인의 이혼 원인은 문화와 종교, 언어 차이, 아랍에미리트 자국민 남성의 가부장적 태도 등 다양하다(Gulf News, 2012.4.5). 아랍에미리트의 만혼과 이혼 문제는 전체 인구의 약 20%도 채 안 되는 아랍에미리트 자국민의 낮은 출산율의 한 원인으로 작용하고 있다. 월드뱅크에 따르면 아랍에미리트의 출산율은 1960년대 6.9명에서 2015년 1.8명으로 감소했다. 따라서 걸프 국가에서 이혼 문제는 안정적인 가족 문화 형성을 기반으로 건전한 사회 건설을 최우선 과제로 여기는 정부에 고심거리로 등장하고 있다.

● 사우디아라비아 사례로 본 육아, 가사, 노동의 삼중고를 겪는 '슈퍼 우먼'

여성의 노동시장 진출이 증가하는 상황에서 일부 사우디아라비아 여성은 남편을 대신해 가정 경제를 책임지는 사례도 늘어나고 있다. 여성의 노동시장 참여 이유로는 배우자의 건강 상태, 실직 문제뿐만 아니라 가정에 대한 배우자의 단순한 책임 회피도 있다(*Arab News*, 2014.5.23). 오일 머니의 환상 속에 가려져 보이지 않지만 실제 수많은 사우디아라비아 여성은 가난과 궁핍을 모면하기 위해 생업에 종사하고 있다. 그러나 실직 상태인 남편은 '가사는 곧 여성의 일'이라는 전통적 관념 때문에 집안일을 돌보지 않는 경향이 있으며, 그 결과 일하는 사우디아라비아 여성은 '육아·가사·노동'의 삼중고를 떠안기도 한다. 또한 사우디아라비아 내 생활수준 향상과 높아진 삶의 질에 대한 기대치로 더 이상 외벌이로는 생활비 감당이 어려운 실정이 되어가고 있다. 결국 여성의 임금이 이제는 가정 경제에 선택이 아닌 필수가 되어가는 상황에서 사우디아라비아 여성도 점차 일자리를 찾아 사적 영역인 가정을 넘어 공적 영역인 노동시장으로 진출하고 있다(*Al Arabiya*, 2015.2.10). 사우디아라비아의 자국민 의무 고용 할당제인 니타카트 제도가 엄격히 적용되면서, 그리고 사우디아라비아 정부가 여성의 노동시장 진출을 점차 허용하면서 사우디아라비아 사회도 점차 일하는 여성을 받아들이는 분위기로 바뀌고 있다(엄익란, 2015b에서 재인용).

사우디아라비아 여성의 일에 대한 남성의 태도 및 인식 조사에서도 사우디아라비아 사회의 변화 가능성을 제시하고 있다. 엘 아민과 오마르(Elamin and Omar, 2010)의 연구에 따르면 대다수 사우디아라비아 남성은 여전히 여성의 전통적인 역할을 지지한다. 부득이하게 여성이 노동시장에 진출할 경우 아내는 우선적으로 가족에 대한 돌봄 의무를 완수해야 하며, 직종도 여성의 본질에 적합하고 사우디아라비아 사회의 관습과 전통에 부합될 때만 가능하다는 입장이다. 그러나 응답자들은 젊은 세대일수록, 교육 수준이 높을수록 여성의 일에 대해 개방적인 태도를 취하고 있다. 또한 남성이 실업 상태인 경우 여성의 일에 대해 더욱 긍정적인 입장을 취했다. 결국 이 연구는 여성의 노동시장 참여로 인한 사우디아라비아 사회의 변화를 시사하고 있다. 그러나 한 가지 염두에 두어야 하는 것은 사우디아라비아 여성의 노동시장 참여 분야는 주로 비전문직을 중심으로 이루어지고 있다는 점이다. 니타카트 제도 도입으로 인해 여성들의 일자리는 늘어났으나 현재 사우디아라비아 여성의 노동시장 진출은 특별한 기술을 요구하지 않는 판매직과 서비스직에 한정되며, 이 분야는 주로 외국인 노동자들이 고용되었던 분야이다. 다시 말해 아직까지 사우디아라비아 사회의 여성 노동 인력은 외국인 노동자를 대체하는 인력으로만 간주되고 있다는 것이다. 이는 여성 노동력의 질적 개선 및 여성의 일에 대한 사회적 인식 개선의 필요성을 보여주는 대목이다.

작지만 큰 걸음, 사회적 인식을 바꾸는 걸프 여성의 사례

● 아랍식 전통 커피 추출 기계를 개발한 사우디아라비아 여성

사우디아라비아 출신 라티파 알왈란(Lateefa Alwaalan)은 아라비아커피의 복잡한 추출 방식을 간편화한 아랍식 전통 커피 추출기를 최초로 개발해 상용화에 성공했다. 야투크(Yatooq)로 불리는 이 기계를 이용하면 누구든 30분 이내로 아라비아커피를 추출할 수 있다고 한다. 라티파는 미국 워싱턴대학에서 수학했으며, 사우디아라비아 정부가 지원하는 기술 기반 비즈니스 지원 사업인 바디르(Badir) 프로그램을 이용해 이 기계를 발명할 수 있었다. 바디르 지원 사업은 젊은 층 실업을 해결하기 위해 정부가 마련한 정책이다. 바디르 지원 사업을 통해 창업에 성공한 여성의 수는 2017년까지 약 44명에 달하며, 이들은 통신, 소프트웨어, 전자 상거래, 스마트폰 응용 분야에서 혁신적인 아이디어로 일자리를 창출할 수 있었다(*Arab News*, 2018.3.5). 라티파가 개발한 아라비아커피 추출 기계는 'Made in Saudi Arabia' 로고와 함께 사우디아라비아 전역에 독점적으로 납품되며, 다른 걸프 지역에도 수출될 예정이다. 라티파는 비즈니스 분야에서 금남의 벽을 깨고 사우디아라비아 소수 여성 사업가 반열에 올라서게 되었다(*Arabian Business*, 2013.11.24).

● 아랍에미리트, 최초의 여성 전용 세탁소 개장

이슬람의 남녀 분리 문화 코드에 따라 걸프 여성은 가족을 제외하고 모르는 외간 남성과 되도록 교류를 피해야 한다. 그러나 실제로는 모르는 외간 남성과의 접촉은 일상생활에서 빈번히 발생한다. 대표적인 경우가 세탁을 맡기거나 세탁이 완성된 옷을 찾는 일이다. 세탁은 아주 사적이고 사소한 일이지만 남녀 구분이 엄격한 이슬람 사회에서 이 일은 공적인 일이면서도 민감한 문제가 된다. 세탁물을 수거하고, 처리하고, 배달하는 일이 주로 외국인 남성 노동자의 몫이기 때문이다. 여성은 종종 속옷과 같은 사적인 물품들을 맡길 때 불편을 느낀다. 그러나 한 아랍에미리트 여성이 동부 지역 코르 파칸(Khor Fakkan)에 여성 전용 세탁소를 개장하면서 여성들의 고민거리가 해결되고 있다. 이 세탁소는 수거·세탁·배달 전 과정을 모두 여성이 맡고 있다. 특히 이 세탁소는 아랍인들이 즐겨 쓰는 향을 옷에 입혀주기도 한다. 이 세탁소가 개장되자 아랍에미리트의 동부 지역뿐만 아니라 두바이와 알아인에서도 여성 고객들이 몰려들고 있다고 한다. 여성 고객의 호응이 좋자 다른 지역으로 세탁 서비스도 확대되고 있다(*Khaleej Times*, 2013.9.19).

• 사우디아라비아 여성, 애견 케어 서비스 시작

최근 사우디아라비아에서 최초로 사우디 여성들이 애견 관리를 위한 모바일 서비스를 시작했다. 이 사업은 동네 애견숍의 형편없는 서비스에 대한 여성들의 불만에서 시작되었다. 심지어 서비스를 받은 애완견들이 아프기까지 했다. 이 여성들은 영국에서 애견 관리 훈련을 받았다. 애견 관리 서비스에는 목욕, 발톱 관리, 털깎기 등이 포함되며 사우디아라비아 정부의 허가도 받았다. 아랍 지역에서는 과거 애완견을 키우는 것에 부정적이었다. 그러나 현재는 자국 내 외국인 유입과 자국민의 해외 이주 등으로 애완견에 대한 인식도 점차로 개선되고 있다(*The Siasat Daily*, 2016.3.30). 향후 사우디아라비아 여성의 창업 활동은 더욱 다양한 부문에서 왕성하게 이루어질 것으로 예상된다. 지금까지 사우디아라비아 여성은 창업 시 남성 후견인의 허락을 반드시 받아야 했으나 2018년부터 남성 후견인 없이도 창업이 가능해졌기 때문이다.

• 여성을 위한 틈새시장, 속옷 전자 상거래 시장

걸프 지역은 여성 의상에서 상당히 보수적이라는 것은 이미 잘 알려져 있다. 그러나 동시에 인터넷 매체의 발달, 경제성장과 중산층의 확산으로 글로벌 패션에도 관심이 높다. 여성이 관심 갖는 패션 분야는 보이는 곳을 치장하는 겉옷뿐만 아니라 보이지 않는 부분을 보완하는 란제리도 포함된다. 여성 패션의 틈새시장을 개척한 것이 바로 아무라닷컴(Amourah.com)이라는 회사이다. 아무라닷컴은 중동 지역 최초의 속옷 쇼핑 블로그로, 설립

시점부터 중동 여성들을 주 소비자 대상으로 삼았다. 설립자 알렉산드라 토흠(Alexandra Tohme)은 1980년생으로 레바논에서 태어났지만, 내전이 발발하자 곧 사우디아라비아로 이주해 어린 시절을 사우디아라비아의 보수적인 문화에서 보냈다. 2012년 사우디아라비아 정부가 자국 여성에게 판매직 근무를 허용하기 전까지 속옷 매장 판매 직원은 대다수가 외국인 남성이었다. 따라서 여성이 속옷을 사는 일은 매우 곤란한 일이었다. 가려진 부분에 대해 공적으로 이야기하는 것은 터부시되며, 게다가 신체 치수는 외국인 남성 판매원과 이야기하기에는 부적절한 주제이기 때문이다. 이러한 문화적 특성 때문에 여성들이 자신의 신체에 맞는 속옷을 찾기란 쉽지 않았다. 아무라닷컴의 설립자는 문화적 민감성 때문에 여성의 관심 밖으로 밀려난 속옷 시장이 틈새시장으로 매우 큰 가치가 있다고 판단하고 여성 전용 속옷 회사를 설립했다(*Daily Life*, 2013.8.20). 아직은 시작 단계이지만 이제 걸프 여성의 속옷도 단순히 가리는 기능보다는 편안함을 추구하고 몸을 보정할 수 있게 변화할 것으로 기대된다.

오늘날의

걸프 여성

걸프 여성에 대한 연구

　전 세계에서 가장 보수적인 걸프 지역 여성에 관한 연구는 그리 오래되지 않았다. 시칼리(Shikaly, 1998)에 따르면 걸프 여성에 관한 연구는 1980년 이후에야 본격적으로 시작되었다고 한다. 지금까지는 걸프 국가 중 쿠웨이트와 사우디아라비아 여성에 관한 것이 가장 많다. 전자는 걸프 지역에서 가장 잘 조직된 여성운동의 사례 국가로, 후자는 종교와 정치의 영향으로 여성에 대해 전 세계에서 가장 폐쇄적인 정책을 유지해온 사례 국가로 가장 많이 언급되고 있다. 그리고 최근에는 2016년 사우디아라비아 사회 개혁 프로그램인 '사우디 비전 2030' 선포로 여성 운전이 허용되고 남녀 분리 정책이 완화되면서 급격한 변화를 겪고 있는 변화의 주역으로 조명받고 있다. 아랍에미리트 여성에 대한 연구도 활발한데, 아랍에미리트의 경우 정부가 주도적으로 성 격차를 해소하고 여성에 우호적인 정책을 시행하면서 걸프 지역 성 평등 모델과 개혁 사례로 연구되고 있다. 바레인은 소수 통치 가문 출신인 수니파와 일반 시민인 다수 시아파의 갈등 속에서 이중 차별을 겪고 있는 자국민 시아파 여성 문제 혹은 이주민 여성에 관한 연구가 진행되었다. 카타르나 오만 여성에 관한 연구는 아직은 미미하므로 여기에서는 걸프 국가 중 이 4개국의 여성을 소개하도록 한다.

바레인 여성

● 바레인 여성에 관한 연구

걸프 국가 중에서도 바레인 여성에 관한 연구는 다음 두 가지 이유에서 미미하다. 우선 바레인은 걸프 지역에서는 최초로 석유가 발견되어 가장 먼저 현대화를 추진했으나 소규모의 석유 매장량 때문에 현재는 오일 머니의 혜택을 거의 받지 못하고 있어 경제적인 관점에서 타 지역에 비해 연구 가치가 떨어진다. 게다가 걸프 지역뿐만 아니라 전 중동 지역에서 영토가 가장 작고 인구수도 적은 섬나라이다. 이러한 한계를 극복하고자 바레인은 일찌감치 사우디아라비아의 원조를 받아 홍콩과 같은 국제 금융 허브를 목표로 경제 자유화를 추진했다. 그러나 그마저도 1990년 걸프전 발발로 지역 경제가 불안해지자 물거품이 되었다.

바레인 여성에 관한 연구가 활발하지 않은 두 번째 이유는 바레인 왕가의 설립 배경에서 찾을 수 있다. 바레인의 알칼리파 왕가는 (앞 장에서 설명한 것처럼) 아라바이반도 내륙에서 쿠웨이트와 카타르를 거쳐 오늘날의 바레인으로 이주한 가문이다. 알칼리파 가문은 18세기에 바레인 지역을 지배하던 페르시아를 몰아내고 새로운 국가를 건설했다. 따라서 바레인 왕가는 자신의 정통성의 뿌리를 바레인 현지 거주민과 그 문화에서 찾기보다 아라비아반도 내륙 문화에서 찾고 있으며, 정치적·경제적·외교적으로 사우디아라비아에 많이 의존하고 있다. 결국, 바레인에 관한 연구는 타 국가에 비해 특색이 없다고 여겨져 왔으며, 바레인 여성에 관한 연구도 그리 활발히 진행되지 않았다. 그러나 바레인은 걸프 지역에서 가장 개방적인 국가이고, 바레인 정부는 1973년 헌법에서 남녀 성인에게 투표권을 부여하는 등 걸프 지역에서는 여성 문제에 가장 개혁적인 입장을 취했다. 바레인 사회 변화에 따른 여성 지위 변화는 1950년대에서 1970년대까지 오일 머니 유입으로 인한 경제 발전기의 개방화된 여성, 1980년대 이후 이란 혁명으로 인한 걸프 지역 정세의 불안정기와 경제 침체기의 보수화된 여성, 세계화 시대 정보 혁명으로 인해 다시 개방적인 사회로 선회하는 오늘날의 여성으로 나뉠 수 있다.

● 1950년대부터 1970년대까지 개방기의 바레인 여성

1950년대부터 1970년대까지 바레인에는 막대한 오일 머니가 유입되었다. 친서구 개방 정책을 펼친 바레인 사회의 가장 큰 변화는 바레인 여성의 적극적인 사회참여이다. 이는 정부의 현대화된 교육제도 도입 때문에 가능했다. 바레인은 국가의 현대화라는 슬로건하에 서구식 교육제도를 일찌감치 도입했고, 여기에 자국민의 참여를 권장했다. 비록 바레인에서 대학교는 1986년에 정식으로 개교했으나 바레인 고등교육의 역사는 바레인 남녀 교사가 1960년대에 설립한 고등 전문 학교로 거슬러 올라간다. 바레인 내 고등교육기관 설립 이전에는 해외 유학이 가능했던 부유층 수니 무슬림 자녀만 고등교육을 받을 수 있었으나 이후 고등교육 기회는 중산층 및 저소득층 시아 무슬림 자녀에게까지 확대되었다. 교육받은 여성은 적극적으로 일자리를 찾아 노동시장에 진출했으며, 각종 여성 단체와 NGO 활동에 참여했고, 정치와 사회 문제를 다루는 전문 단체도 조직했다. 특히 1950년대부터 이집트를 중심으로 전 아랍 세계에 전파되었던 아랍 민족주의 정치 이념은 걸프 지역에까지 영향력을 미쳤고, 바레인 국민의 정치 참여 의식을 고양시켜 결과적으로 좌파 정치 기구를 탄생시켰다. 당시 바레인에 아랍 민족주의 영향을 미쳤던 사건으로는 1956년 나세르 민족주의, 1954년부터 1962년까지의 알제리의 대프랑스 독립운동, 1963년 예멘의 대영 독립운동, 1967년 이스라엘과 아랍 간 전쟁 등이 있었고, 이는 여성의 정치 참여를 자극했다.

1970년대 초반 개방적인 사회 분위기와 여성의 사회참여에 대한 열망은 여성의 의상에서도 확연히 반영되어 나타났다. 개방기의 바레인 여성은 전통 의상이자 무지함을 상징했던 아바야와 히잡(Hijab)을 벗었고, 대신 계몽과 현대화를 상징하는 서구식 옷차림을 하기 시작했다. 교육받은 여성의 사회참여 열망과 개방적인 사회 분위기가 서로 시너지 효과를 내면서 여성의 사회 활동 영역도 점차 넓어졌다. 여성의 사회참여로 바레인 사회를 전통적으로 지배하던 남녀 간 공간 분리 문화도 점차 약해졌다. 여성은 남성과 활발하게 교류할 수 있었고, 다양한 클럽 활동에도 참여할 수 있었다. 이처럼 바레인 여성의 활동이 사회 각 분야에서 두드러졌음에도 불구하고 여성의 법적 권리와 지위는 이슬람교와 가부장제의 영향으로 여전히 낮았다. 불행히도 바레인 여성의 사회참여를 옹호하던 지식인 남성 개혁가들조차 여성의 지위 향상과 관련된 문제에는 소극적인 자세를 취했으며, 오늘날까지도 혼인, 이혼, 자녀 양육권과 관련된 바레인의 가족법은 현대법보다 이슬람법 샤리아를 따르고 있다.

- ● 1980년대 이래 보수기와 오늘날의 바레인 여성

바레인의 개방적이던 사회 분위기는 1980년대 이슬람 부흥 운동으로 인해 보수적으로 바뀌기 시작했다. 이슬람 부흥 운동의 가장 큰 원인에는 1979년에 발발한 이란 혁명이 있다. 바레인 사회는 (특히 이란의 영향을 받은 바레인 시아 무슬림 사이에서는) 현대화와 함께 유입된 서구의 가치를 타락하고 부패한 문화로 인식했으며, 이슬람 부흥 운동에서 내세우는 근본주의와 반서구 운동에 동조하는 움직임이 있었다. 일부는 사회 각 분야에 만연한 불평등을 개혁하자는 목소리도 내었다. 특히 이러한 요구는 저소득층 시아파 무슬림들 사이에서 고조되었다. 수니 정권하에서 국민의 다수를 차지

하는 시아 무슬림이 정책적 차별을 받고 있었기 때문이다. 그들의 삶은 오일 머니의 혜택을 받은 소수의 수니 무슬림에 비해 팍팍했다. 계층과 종파에 따라 소비에서도 양극화가 대조적으로 나타났다. 왕족을 포함한 수니파 기득권층과 정부 정책을 지지하는 소수의 시아파 신흥 부유층을 포함한 중·상류층은 오일 머니의 혜택으로 서구 문화의 주 소비 계층으로 등장했다. 이는 다수의 시아파로 구성된 저소득층 국민들에게 상대적 박탈감을 안겨주었다. 바레인의 소외된 다수의 시아 무슬림은 불평등하고 불공정한 현실을 타개하기 위해 이슬람으로 귀의함으로써 위안을 얻었고, 그 결과 바레인 사회는 보수적으로 변했다. 이러한 상황에서 이란의 시아 혁명 정부가 바레인 시아 무슬림에게 정치적 영향력을 미치면서 수니 지도층은 국내 정치에 더욱 불안감을 느꼈고, 바레인 내 정치 운동은 전면적으로 금지되었다.

보수화된 사회 분위기에서 여성의 사회 진출은 이전 세대와 비교해 어려워졌다. 바레인 여성에게는 일하는 여성보다는 아내와 딸의 역할이 강조되었고, 일상생활에서는 전형적인 이슬람교의 보수적인 여성 이미지가 요구되었다. 바레인 여성의 옷차림 변화는 보수적으로 선회한 바레인 사회의 당시 상황을 잘 보여준다. 바레인 여성은 이슬람과 전통으로의 귀의를 표현하기 위해 히잡과 아바야를 다시 착용하기 시작했다. 또한 바레인 여성 지식인 중에는 시아 무슬림을 차별하는 정부 정책에 대한 반감과 부패한 서구 문화의 유입에 대한 저항의 의미로 히잡과 아바야를 쓰는 사람도 있었다. 바레인 시아 무슬림 여성은 수니 무슬림 여성에 비해 시아파라는 종교적 차별과 여성이라는 성적 차별을 받는 이중고에 시달렸기 때문이다. 여성의 반정부 저항 의식은 1994년 바레인에서 일어난 반정부 저항 운동 참여로 표면화되었다. 1994년의 바레인 반정부 저항운동에는 시아 무슬림 여성뿐만 아니라 수니 무슬림 여성도 함께 참여했다. 1994년 10월에 제기된 첫 청원서에는 약 2만 5000명이 참여했고, 이 중 여성 수는 약

25%에 이른다. 이들의 요구 사항에는 영국 안보 요원의 철수, 외국인 노동자 수 감소, 바레인 국민의 고용 기회 확대, 평등한 법 제도 적용, 바레인 정부의 민주화 등을 포함한 바레인 사회의 정치 개혁이 포함되었다. 주지할 점은 반정부 저항운동에 여성이 동참하며 사회 변화와 정치 개혁을 부르짖었으나 정작 청원서에는 여성 문제가 언급되지 않았다는 것이다. 이는 사회 개혁 세력이 여성 문제에는 무관심했음을 보여준다. 그러나 왕은 국민들의 청원을 전면적으로 거절했다(Shikaly, 1998: 169).

1999년 셰이크 이사 빈 하마드 알칼리파(Shaikh Isa bin Hamad Al-Khalifa)의 서거로 왕위를 승계한 셰이크 하마드 빈 이사 알칼리파는 바레인의 민주개혁을 서둘러 단행했다. 셰이크 하마드는 자신의 칭호를 아미르에서 왕으로 바꾸고, 국가안보법을 철폐했다. 그리고 2002년 2월에는 정치체제를 입헌군주제로 바꿨다. 그리고 2002년에는 그동안 중단되어왔던 지방선거를 실시했고, 의회도 재구성했다. 셰이크 하마드 국왕의 정치 개혁은 여성의 정치 참여에도 긍정적인 영향을 미쳤다. 1990년대에 일어난 바레인 사회의 민주화 운동 이후 2000년에는 바레인 여성이 처음으로 정부 주도하에 정계에 진출하기 시작했다. 당시 셰이크 하마드 국왕은 네 명의 여성을 국가 자문 회의 위원으로 임명했으며, 2002년 신헌법에서 여성에게 선거권과 피선거권을 모두 부여했다. 그러나 2002년 지방선거와 의회 선거에서 여성은 단 한 명도 당선되지 않았다. 비록 선거에서는 패배했으나 바레인 정부는 2004년에 처음으로 보건부에 여성 장관을 임명했으며, 2005년에는 내각에 첫 여성 각료를 임명해 여성에 대한 진보적인 정책을 보여주었다. 이후 바레인 여성은 2011년 '아랍의 봄' 때 남성과 함께 사회 개혁을 부르짖으며 반정부 시위에 동참하기도 했다.

사우디아라비아 여성

● 사우디아라비아 여성에 대한 인식의 기반, 와하비즘

사우디아라비아는 1932년 건국과 함께 와하비즘을 건국 이념으로 채택해 부족 단위 중심의 파편화된 지역 세력을 통합하고, 보수적인 이슬람의 기치하에 사우드 가문의 정통성을 유지하려고 노력해왔다. 와하비즘은 압둘이 18세기 창시한 이슬람의 종교 이데올로기이다. 와하비즘은 7세기 이슬람을 가장 이상적으로 여기며, 경전을 문자 그대로 해석하기 때문에 매우 보수적이다. 이러한 배경에서 사우디아라비아는 여성 문제에 대해서도 전 세계에서 유례없이 폐쇄적이고 보수적인 입장을 취해왔다. 와하비즘이라는 이념적 틀 외에도 사우디아라비아의 여성 문제는 다양한 층위에서 조명되어야 한다. 오늘날 사우디아라비아의 여성 문제를 결정짓는 요소로는 사우디아라비아 종교 민족주의, 사우디아라비아 왕가와 종교 권위자들 간 세력 다툼, 부족주의에 기반을 둔 전통적인 가부장제와 사우디아라비아 국민의 여성에 대한 문화적 인식, 여성 인적 자원을 무력화하는 지나친 석유 의존 경제구조 등이 있다(이미 앞서 오일 머니가 여성의 지위에 미치는 영향과 관련해 로스의 '석유의 저주' 부분에서 언급했으므로 여기에서는 생략한다). 하나씩 풀어 설명하면 다음과 같다.

현재 사우디아라비아 여성의 60%가 대학 졸업자이며, 이 중 6.1% 미만이 노동시장에 진출해 있다(*Arab News*, 2013.3.25). 사우디아라비아 가부장 사회를 연구한 알라시드(Al-Rasheed)는 사우디아라비아 내 여성의 사회 진출이 원천적으로 차단된 원인을 국가 탄생 배경에서 찾고 있다. 알라시드는 서구의 식민 지배하에 있던 타 아랍 국가의 경우 서구라는 '공공의 적'에 대항해 독립운동을 펼치며, 새로운 국가 건립을 위해 민족주의라는 정치 이데올로기를 이용하면서 국민들을 하나로 통합할 수 있는 구심점을 찾을 수 있었다. 반면에 서구라는 외부의 적이 없던 아라비아반도 거주민들은 하나로 통합된 국가의 정체성보다 부족, 가족, 오아시스, 도시를 중심으로 지역적 정체성을 강하게 유지하고 있었다. 특히 메카의 경우 순례 후 정착한 이주민의 영향으로 코즈모폴리턴 도시 색채를 유지했다(Al-Rasheed, 2013: 9~12). 내륙의 경쟁 세력인 라시드 가문과 서부 해안 지역의 지배 세력인 하심 가문을 몰아내고 아라비아반도에서 패권을 장악한 사우드 가문은 지역적 다양성을 하나로 통합할 구심점을 민족에서 찾기보다 와하비즘에서 찾았다. 그리고 이슬람을 문자 그대로 가장 엄격하게 해석하는 보수적인 와하비즘 때문에 사우디아라비아 여성의 권리는 타 무슬림 국가에 비해 훨씬 뒤처지게 되었다. 이와 관련해 알라시드는 사우디아라비아에서는 식민주의에 대항한 세속적 민족주의 대신 '종교적 민족주의(Religious Nationalism)'가 여성의 역할을 규정하는 주요 틀로 작용해왔다고 주장하고 있다.

와하비즘 이외에도 개혁을 추진하는 정부 정책과 보수적인 종교 권위자들의 의견 충돌 역시 사우디아라비아 여성의 열악한 지위에 일조하고 있다. 일례로 파이살 국왕(1964~1975년)이 1960년대에 여성 교육을 허용하자 종교계에서는 여성의 도덕성 타락과 무슬림 가족의 기반을 파괴한다는 명분으로 반대한 바 있다. 그러나 정부는 이슬람교의 경전인 코란과 사도 무함마드의 언행록인 하디스를 인용해 이슬람이 여성 교육을 반대하지 않았다며 반대하는 보수파를 설득했고, 이후 여성 교육은 '더 좋은 무슬림 엄마'를 양성하기 위한 목적으로 분리된 공간에서만 실시되기 시작했다. 이는 사우디아라비아의 여성 문제가 정치 세력과 종교 세력 간 패권 다툼의 장으로 이용된다는 것을 시사한다.

현대화 과정에서 공적 영역으로 확대된 가부장제와 사우디아라비아 국민의 문화적 인식 또한 사우디아라비아 여성의 열악한 지위와 관련이 있다. 실비아 월비(Sylvia Walby)는『가부장제 이론』(1990)에서 가부장제를 크게 사적과 공적 두 가지 형태로 구분하고 있다. 사적 가부장제는 여성 억압의 주된 장소를 가정의 차원에서 찾는 반면에, 공적 가부장제는 고용 및 국가 정책처럼 공적 차원에서 찾고 있다. 월비는 사적 영역에서 행해지는 여성에 대한 남성의 통제와 배제가 공적 영역에서는 제도를 통해 강화되고 유지된다고 주장했다(월비, 1990: 47). 국가 차원에서 행해지는 공적 가부장제의 예로는 노동시장에서의 여성 배제와 임금 차별, 여성 폭력에 대한 국가의 개입 거부, 여성의 정치 분야 진출의 한계 등이 있다. 사우디아라비아 여성도 비록 현대화 과정을 거치면서 교육과 보건 등 국가가 제공하는 복지 정책의 수혜자이긴 하지만 이러한 혜택은 여전히 남성의 허락을 통해서만 수혜가 가능하다. 또한, 정치와 경제에서 여성이 참여할 수 있는 환경은 점진적으로 좋아지고는 있으나 여전히 공적 가부장제 안에서 많은 제재와 억압을 받고 있다.

● 사우디아라비아 여성의 인권 문제를 야기하는 보호자법

사우디아라비아인들에게 여성이란 전통문화와 순수한 이슬람의 가치를 수호하고, 이를 후세에 교육하는 전달자이다. 따라서 사우디아라비아에서는 타 문화로부터의 '오염'을 막기 위해 여성에 대해 보수적인 보호 정책을 시행해왔다. 그러나 과도한 '보호'는 오히려 '차별'이라는 문제를 낳았으며, 사우디아라비아 사회에서 여성은 여전히 경제적·정치적·사회적 독립체로 인정받지 못하고 있다. 여성에 대한 종속적 의식이 반영된 것이 바로 보호자법이다. 이 법에 따르면 모든 연령의 여성은 '마흐람(Mahram)'이라고 부르는 남성 보호자의 허락 없이 여행이나 교육, 일을 할 수 없다. 사우디아라비아 내 전자 정부가 본격적으로 가동되면서 여성의 이동에 대한 감시는 한층 더 강화되었다. 2012년부터 피보호자가 사우디아라비아 국경을 넘는 순간 보호자에게 이 사실이 문자로 자동적으로 통보되고 있기 때문이다. 보호자법은 여성의 인권 문제와 관련해 많은 논란이 되고 있다. 그러나 이제 여성을 규제하던 보호자법은 폐지될 것으로 예상된다. 여성 운전 허용 이후 사우디 여성 운동가 사이에서 보호자법 제도 폐지를 주장하고 있으며, 정부 또한 온건한 이슬람을 선포하면서 각종 규제를 완화화고 있기 때문이다. 가령 2018년부터 여성은 남성 보호자의 허락 없이도 창업할 수 있게 되었으며, 여성은 이제 남성 없이도 가까운 걸프 지역 내에서는 여행도 가능해졌다. 비록 논란은 일고 있으나 현재 사우디아라비아에서는 여성끼리 여행하는 것이 새로운 트렌드가 되었다고 한다. 과거에 여성은 남성이 주도하는 여행을 따라다니던 수동적인 객체였으나 교육 수준과 여성의 경제적 자립도가 높아지면서 이제 여성만의 여행이 늘어나고 있는 것이다(≪연합뉴스≫, 2018.2.4).

● **사우디아라비아의 여성 문제 개혁의 시작, 고 압둘라 왕의 '국가 페미니즘'**

사우디아라비아는 2005년 고(故) 압둘라 국왕이 통치하면서 여성에 대해 온건 정책을 펼치기 시작했다. 압둘라 국왕의 온건 정책 추진 배경에는 2001년 발발한 9·11 사태가 있다는 점은 이미 앞서 언급한 바 있다. 사우디아라비아는 9·11 사태 이후 내부적으로는 자국 내에서 활동하는 이슬람 극단주의 추종자들의 영향력을 차단하고, 정치적 안정과 왕권의 리더십을 공고히 할 필요성을 인식하고 있었다(Al-Heis, 2011: 2~3). 그리고 외부적으로는 9·11 사태의 배후 세력으로 사우디아라비아 출신의 광신적인 이슬람주의자들이 지목되면서 사우디아라비아 사회의 개혁에 대한 국제사회의 압력이 더욱 거세졌다. 특히 사우디아라비아의 여성 문제가 국제사회에서 주목받았다. 사우디아라비아는 '자의 반 타의 반'으로 자국 여성에 대해 온건한 개혁 정책을 펼치기 시작했다. 여기에 외국인 노동력에 대한 의존도를 줄이고 노동력의 자국민화를 추진하는 정부 정책으로 여성 인력 활용 문제는 국가 미래 비전의 핵심 과제로 부각되었다.

이러한 배경에서 사우디아라비아 여성은 2005년부터 시행된 킹 압둘라 장학금(King Abdullah Scholarship)의 혜택을 받아 이제 해외에서도 유학할 수 있는 환경이 마련되었다. 2010년부터 사우디아라비아 보건 복지부와 노동부는 여성의 노동시장 참여율을 높이기 위해 그동안 교육과 의료 분야에만 한정되었던 자국민 여성의 진출 분야를 확대했다. 그 결과 여성은 숙박업 직원, 사진작가, 영양사, 계산원 등으로 좀 더 다양한 분야에서 일할 수 있게 되었다. 또한, 사우디아라비아 정부는 여성의 노동시장 참여 동기를 높이고, 여성 친화적인 근무 환경을 조성하기 위해 2008년 최초로 리야드에 여성 전용 호텔을 개장했으며, 모든 직원을 여성으로 고용했다. 사우디아라비아의 여성에 대한 개혁 정책은 교육 분야에도 영향을 미쳤다. 2009년 9월 남녀 공학인 사우디아라비아 과학기술대학(KAUST)을 개교해 남녀가 한 공간에서 수업을 받을 수 있게 되었다.

사우디아라비아의 여성에 대한 온건 정책은 2011년 아랍의 봄을 계기로 더욱 가속화되었다. 북아프리카 국가의 독재 정권을 혁명을 통해 몰아냈던 아랍의 민주화 운동 여파가 자국민에게도 미칠까 염려했던 사우디아라비아 정부는 50만 호 주거 시설 확충과 의료 지원 확대 등 자국민 복지 정책에 힘썼다. 정치에서 압둘라 국왕은 2011년에 여성 참정권과 의원직을 허용했으며, 이러한 변화가 상징적인 행위에만 그치지 않도록 국가 인권 위원회와 무역 및 산업부 장관, 엔지니어와 언론인 연합, 교육부 차관과 사우디아라비아 여성 대학의 이사직을 포함해 주요 요직에 여성을 임명했다. 그리고 2011년에는 자국민 여성을 란제리 상점 직원으로 채용할 것을 의무화했고, 2012년에는 알후푸프 지역에 여성 5000명을 고용할 수 있는 여성 전용 산업 도시를 건설하기도 했다. 여성의 체육 활동을 허용해 2012년 런던 올림픽에는 여성 선수도 출전할 수 있었다. 2013년 1월에는 사우디아라비아 국왕이 직접 임명하는 국가 최고 자문 기구인 슈라 위원회의 위원 150명 중 30명을 여성으로 임명하기도 했다(Al-Shihri, 2013). 또한, 여성 의원의 활동을 보고할 여성 기자와 변호사도 등장했다. 그리고 2014년에는 공공장소에서 여성이 자전거를 탈 수 있도록 허용되었다.

● **개혁은 내부에서, 사우디아라비아 여성의 여성 문제에 대한 자각**

사우디아라비아에서는 자선단체를 제외하고는 그 어떤 단체를 구성하는 것도 불법으로 간주된다. 따라서 열악한 여성의 지위를 대변할 공식적인 여성 단체는 전무하다. 현재 사우디아라비아에는 약 470여 개의 자선단체가 설립되어 있고, 이 중 40개는 왕의 칙령으로 설립된 것이다. 이 자선단체들의 활동에는 사우디아라비아인이 반드시 포함되어야 하며, 단체의 활동 시에는 사전에 의무적으로 내무부에 신고를 해야 하고, 활동에 대해서는 엄격한 감시도 받는다(ICNL, 2014). 이러한 상황에서 여성운동은커녕 거리 행진이나 시위는 모두 불법으로 간주된다.

사우디아라비아에서 여성운동에 부정적인 이유는 여성 권익을 옹호하고 남녀 차별을 철폐하자는 주장이 태생적으로 서구의 산물로 간주되기 때문이다. 이는 사우디아라비아 사회의 문화적 맥락에서 이해할 수 있다. 사우디아라비아 사회는 가족 중심의 공동체 문화를 중시한다. 사우디아라비아인은 공동체보다 개인의 권리와 가치를 중시하는 서구 사상이 근본적으로는 사우디아라비아 사회의 가치와 전통을 와해할 것이라고 우려하고 있다. 특히 서구 페미니즘에 대해서는 극도의 혐오감을 보인다. 페미니즘을 가족보다 개인을 중시하는 이기적인 이념으로 간주하고, 이혼을 조장해 궁극적으로는 사우디아라비아 사회의 기반이 되는 가족을 붕괴할 것이라 생각하기 때문이다. 심지어 여성 권리를 주장하는 목소리는 사우디아라비아 사회를 와해시키는 서구의 스파이로 보는 시각도 존재한다(Coleman, 2011). 이러한 배경에서 와하비즘을 지지하는 일부 여성들은 보호자법, 여성 운전 금지, 성 분리문화를 옹호하는 입장을 취하기도 한다(Al-Rasheed, 2013: 32~33). 가령, 이 여성들은 2009년 사우디아라비아 내 보호자법 철폐를 주장하는 개혁파 여성들의 목소리를 우려하면서 "나의 보호자가 나를 가장 잘 안다(My Guardian Knows What's Best for Me)" 캠페인을 벌이기도 했다. 집회의 자유가 없으며, 표현의 자유도 제한적인 사우디아라비아 사회의 보수적인 환경에서 사우디아라비아 내 여성운동은 풀뿌리 조직의 페미니즘이 발아하기 힘든 상황이라는 것을 짐작할 수 있다(Wagner, 2011). 또한, 여성 내부의 종속적 의식도 풀뿌리 여성운동 조직을 방해하고 있다. 여성은 남성에게 복종하도록 교육받아 왔기에 자신의 목소리를 내는 방법에 대해 무지하거나 서툴다.

여성운동이 발아하기 열악한 상황이지만 1990년대 후반부터 도입된 인터넷의 발달과 아랍의 봄을 계기로 사우디아라비아에서도 여성운동에 대한 각성이 일고 있다. 발단은 여성 운전 허용을 요구하는 캠페인인 'Women2drive'에서 비롯되었다. 물론 그 이전인 1990년, 2007년과 2008년에 걸쳐 사우디아라비아에서는 간헐적으로 여성 운전 허용을 요구하는 시위와 캠페인이 벌어지긴 했으나 최근에 행해진 캠페인은 온라인과 오프라인, 국내와 국외, 여성과 남성이 함께 전방위적으로 연대해 참여했다는 점에서 더욱 의미가 있다. 특히 여성 운전 허용을 위한 남성의 사회적 공감대가 형성되었다는 것은 주목할 만하다. 2013년 4월에는 사우디 왕자 알왈리드(Al-Waleed)가 여성 운전을 지지하는 발언을 해 화제를 모으기도 했다. 같은 해 사우디아라비아의 코미디언이자 인권 운동가인 히샴 파기(Hisham Fageeh)는 여성 운전 금지에 대한 저항을 표현하기 위해 서구의 노래를 조소적으로 편곡한 〈No Women, No Drive〉라는 노래를 유튜브에 올렸고, 2014년 초반까지 700만이 방문할 정도로 대중의 관심을 받기도 했다.

이제 사우디아라비아 여성도 전통과 구습에 얽매이는 수동적인 이미지에서 탈피해 적극적으로 자신들의 목소리를 내기 시작했음을 알 수 있다.

아랍의 봄이 사우디아라비아 사회에서 여성의 역할에 대한 인식 전환의 계기를 마련했다는 점은 부인할 수 없다. 아랍의 봄을 통해 남성과 함께 민주화 운동에 참여한 여성은 자신들도 권익을 위해 목소리를 낼 수 있다는 자신감을 갖게 되었으며, 이웃 아랍 여성들의 민주화 운동 정신은 사우디아라비아 여성에게도 계승되었다. 또한, 사우디아라비아의 여성 문제 해결에 남성이 함께 참여하면서 여성 문제가 여성만의 일이 아니라는 사회적 공감대를 형성할 수 있었던 것도 사우디아라비아 여성이 아랍의 봄을 통해 얻은 가장 큰 수확 중 하나이다. 이는 향후 남성 중심 사회의 전통과 관습을 변화시킬 새로운 가치 형성과 젠더 간 권력관계 패러다임의 변화를 예고하고 있다. 그리고 그 변화는 '사우디 비전 2030'과 함께 시작되고 있다.

● 사우디 비전 2030과 여성

사우디 비전 2030으로 가장 큰 변혁을 겪게 될 대상은 바로 사우디아라비아 여성이다. 사우디 비전 2030은 여성의 노동시장 참여율을 22%에서 30%로 확대하고, 실업률을 12.7%에서 7%로 감축하는 것을 목표로 하고 있다. 사우디아라비아 여성의 대학교 졸업생 수는 2016년 10만 5494명으로 남성 9만 8210명보다 많다. 그러나 여성의 교육률은 실제 고용으로 연계되지 않는 상황이다. 그 원인으로는 공적 공간의 남녀 분리 문화와 보호자법, 여성 운전 금지, 여성의 근무시간 제한, 근무 업종 제한, 여성의 노동시장 진출에 대한 사우디아라비아 사회의 심리적 장벽 등이 있다. 그럼에도 불구하고 2011년에 란제리 상점 직원을 사우디아라비아 여성으로 한정한 정부의 결정이 영향을 미치기 시작해 소매점에서는 자국민 여성 판매원이 등장하기 시작했다. 일자리에서 여성의 참여를 유도하기 위해 정부도 남녀 분리를 더 이상 요구하지 않고 있다. 정부는 여성의 노동시장 진출을 확대하기 위해 일터에서 남녀 분리를 엄격하게 적용하기보다 남녀 간 분리된 화장실, 여성 전용 휴게실 등이 제공될 경우 여직원 고용을 허용하고 있다. 그 성과로 (2016년 사우디아라비아 사회 보장 기관 집계에 기반을 둔) 사우디아라비아 민간 부문 고용 여성 노동자 수는 49만 6800명으로, 2012년 20만 3088명보다 144.62% 증가했다(KOTRA, 2017.10.30). 사우디 비전 2030이 제시하는 개혁 정책을 통해 이제 여성은 '보이지 않는 존재'에서 '보이는 존재'로 부상할 수 있게 되었다.

특히 여성 운전 허용은 사우디 비전 2030이 추진하는 사회 개혁을 상징적으로 보여준다. 사우디 비전 2030에서 여성의 노동시장 참여 확대를 목표로 하는 가운데 여성 운전 금지는 앞서 언급한 바처럼 여성의 노동시장 참여를 가로막는 방해 요소로 작용하고 있다. 그러나 2017년 9월 왕의 칙령으로 여성 운전 금지 정책이 해제되면서 사우디아라비아 여성은, 1990년 여성 운전 허용을 요구하며 시위를 벌인 이후 30년 만인 2018년 6월부터 특정 시간(30세 이상, 도시 지역 한정, 토요일에서 수요일은 07시에서 20시까지, 목요일에서 금요일은 12시에서 20시까지)에 운전이 가능케 되었다(KOTRA, 2017.10.30).

여성 운전 허용을 추진한 배경에는 사우디아라비아 내 여성 권리 향상과 양성평등 실현뿐만 아니라 경제적인 이유도 찾아볼 수 있다. 여성 운전 허용 시 경제에도 긍정적인 영향을 미칠 것이라는 전망이 대세이다. 외국인 운전자 고용에 드는 비용이 고스란히 소비로 이어질 것으로 예상되기 때문이다. 사우디아라비아 통계청에 따르면 2017년 1분기 외국인 운전자 수는 137만 6096명이며, 이 중 여성을 운송하는 운전자는 약 80만 명으로 추정된다. 이들을 고용하는 데에는 취업 비자 수수료 7억 5000만 달러, 체류증 수수료 2억 2400만 달러, 주택 및 보험료 등 5억 3000만 달러, 초청 항공비 6억 7000만 달러, 채용 경비 29억 달러가 소요된다. 이를 가구당 비용으로 환산하면 월 1105달러가 소요된다(월평균 급여 530달러, 거주비 및 식비 520달러, 연간 비자 발급비 및 체류 중 갱신비 667달러 등)(KOTRA, 2017.10.30). 외국인 운전자의 임금은 대부분 해외로 송출되기 때문에 사우디아라비아 국부 유출 문제를 야기해왔다. 그러나 여성이 직접 운전할 경우 외국인 운전자 고용 비용은 자동차를 구매하고 유지하는 데 들어갈 것이며, 따라서 사우디아라비아 경제의 소비를 진작시키는 효과를 볼 수 있다. 특히 운전자 고용에 부담을 느끼던 중산층 및 중

하층 여성의 경우 운전 허용과 함께 일터에 대한 접근성이 높아질 것으로 기대되어 여성의 노동시장 참여는 더욱 증가할 것으로 예측된다. 사우디아라비아의 여성 운전과 관련한 보고서에 따르면 2020년까지 여성의 20%(19세 이상 사우디아라비아 여성은 외국인 제외하고 700만 명)가 운전을 할 것으로 예상된다. 그리고 여성 운전자가 증가하면서 자동차 판매량은 매년 9%씩 증가할 것으로 예상되며, 자동차 제조와 판매, 보험과 운전 교육 등 파생적인 경제 효과도 발생할 것으로 기대된다(≪연합뉴스≫, 2018.3.8).

사우디아라비아의 여성 운전 허용 정책은 경제적 혜택뿐만 아니라 사회적 효용성 증대로도 이어질 것으로 전망된다. 생활 편의 시설에 대한 여성의 접근성이 좋아질 것이며, 아이들 등하교길 동행 및 응급 상황 발생 시 신속한 병원 이동도 가능해질 것이기 때문이다. 동시에 집안 여성의 이동에 대한 의무와 책임을 져왔던 남성의 부담이 줄어들 것이기 때문에 불필요한 사회적 에너지 소모도 경감될 것으로 예측된다.

● 사우디 비전 2030과 무함마드 빈 살만 왕세자의 지지자로 부상한 여성

사우디아라비아는 건국 이래 지금까지 오일 머니를 기반으로 강력한 왕권을 유지하고 보수적인 와하비즘의 종교적 이념을 실천할 수 있었다. 사우디아라비아의 일반 국민들은 복지 제도를 통한 오일 머니 분배 때문에 왕가의 비민주적인 통치 방식을 묵인해왔다. 즉, 사우디아라비아 왕가는 오일 머니 덕에 경제 번영과 정치 안정을 유지할 수 있었다. 그러나 이제 유가 하락, 대체 에너지 개발, 셰일 가스 혁명을 포함한 글로벌 에너지 패러다임 변화로 기존에 석유를 기반으로 한 안정적인 정치 경제 구조는 더 이상 유효하지 않게 되었다. 석유 수입의 감소는 정부 보조금 삭감, 세금 부과, 복지 혜택 감소를 의미하며, 이는 곧 침묵하던 시민들의 불만 유출과 그에 따른 정권 불안정으로 이어질 수 있다. 그리고 궁극적으로는 왕권과 시민 간 석유 수입을 둘러싸고 맺어졌던 전통적인 '사회계약' 파기도 야기될 수 있다는 점은 앞에서 여러 차례 강조했다. 따라서 2015년 살만 왕의 왕위 승계와 함께 새로운 권력으로 등장한 무함마드 빈 살만 왕세자는 오일 머니의 혜택에 젖어 있던 왕권의 전통적 지지 세력인 기성세대 대신 지금까지 사회의 최대 약자로 인식되던 젊은 층과 여성을 권력의 새로운 지지 기반 세력으로 끌어안고 있다. 그리고 석유 수입에 기반을 둔 사회계약이 파기될 위기에 처하자 이들에게 더 많은 자유를 부여하면서 사회 변화를 호소하고 있다. 그에 따라 석유 수입에 기반을 둔 기존의 사회계약 패러다임은 개방과 자유를 기반으로 새롭게 전환되고 있다. 사우디아라비아 내 여가청 신설을 통한 젊은이들의 즐길 권리 부여와 여성 운전 허용이 대표적인 예이다. 이와 같은 무함마드 빈 살만의 개혁 정책은 사우디아라비아 사회에 큰 반향을 불러일으키고 있다. 사우디아라비아 사회의 관습과 전통에 도전하는 그의 행보에 대해 비록 종교계는 비난하고 있으나 큰 틀에서는 승인하는 입장을 취하고 있기 때문에 (Dorsey 2017), 향후 사우디아라비아의 개방과 개혁 정책은 지속적으로 유지될 것으로 보인다. 그리고 이는 곧 대중, 특히 젊은이들과 여성이 정부의 권력 행사를 수동적으로 수용하던 객체에서 권력을 행사하는 주체로 부상할 수 있음을 암시한다.

젊은이들과 여성들도 무함마드 왕세자의 개혁 정책에 긍정적이다. 사우디아라비아 정부의 여론조사 센터가 실시한 여론조사에 따르면 사우디아라비아 국민의 85%는 정치 문제에 대해서는 종교계보다는 정부를 지지한다는 입장이 대세였다. 또한 조사 대상자의 77%가 사우디 비전을 지지했다. 비록 세대 간 변수를 독립적으로 파악하지는 않았으나 30대 이하 젊은이들이 사우디아라비아 자국민의 약 70%를 차지한다는 점을 감안할 때 젊은 세대가 기성세대보다 무함마드 빈 살만 왕세자의 사회 개혁 정책에 더 호의적이라는 것을 추정할 수 있다(Freer, 2017). 이는 곧 사우디 비전 2030의 개혁과 개방 정책이 젊은 계층의 '인정(Recognition)'과 '합의(Consensus)'를 성공적으로 이끌어내고 있음을 반영한다. 그러나 간과할 수 없는 점은 사우디 비전 2030의 추진이 유가 하락에 따른 석유 의존 경제구조 변화에서 시작되었기 때문에 사우디아라비아의 사회계약 패러다임 전환에 대한 비판적 목소리도 존재한다는 것이다. 사우디 비전 2030에 따른 사우디아라비아 사회의 개혁과 개방 정책은 "재정난 극복을 위한 것이지 본질적으로 사회 진화를 위한 것이 아니다(not social evolution but fiscal challenge)"(Liou and Musgave, 2016)라는 비판은 사우디아라비아 개혁 정책의 본질적 한계를 반영하고 있다. 그리고 여성 운전이 허용되기 한 달 전인 2018년 5월 외국 세력과 음모해 사우디 안보를 해쳤다는 죄목으로 사우디 여성 운동가 10여 명을 체포한 사건과 그 여파로 캐나다와 외교 문제를 겪고 있는 것은(캐나다 외교부는 사우디 출신 자국 여성이 체포되자 석방하라는 의견을 SNS에 올렸고, 사우디아라비아는 이를 내정간섭으로 규정하고 사우디아라비아 내 캐나다 대사관 철수 및 무역 거래 중단을 공표한 바 있다) 사우디아라비아 개혁의 본질과 한계를 보여주고 있다.

여성 정책에 가장 호의적인 아랍에미리트 정부

● 개혁의 시작은 '위에서 아래로'

아랍에미리트는 석유 발견 이후 지금까지 '전통 수호'와 '현대화'라는 상반된 이념을 모두 품으며 발전해왔다. 아랍에미리트 사회를 지탱하고 움직이는 '전통'과 '현대'라는 양립 불가한 두 패러다임의 협상 자리에는 항상 자국민 여성이 자리하고 있다. 아랍에미리트에서 자국민 여성은 한편으로는 변화를 거부하며 순수한 정체성과 전통 유지라는 불변의 상징 코드로, 다른 한편으로는 현대화 과정에서 자신의 꿈과 열정을 사회 활동을 통해 실현하는 개혁과 변화의 상징 코드로 이용되어왔다. 그리고 이 두 가지 이미지는 때때로 충돌하기 때문에 아랍에미리트 여성에게는 딜레마가 되기도 한다.

여섯 개 걸프 산유국 중 여성에게 가장 호의적인 정책을 펼치는 국가는 바로 아랍에미리트이다. 이는 아랍에미리트 지도층의 든든한 지원이 있었기에 가능했다. 아랍에미리트는 2016년 내각 개편을 통해 29명의 내각 관료 중 9명을 여성으로 임명했다. 특히 새로 임명된 장관 8명 중 5명은 여성으로 임명했으며, 내각의 30% 이상이 여성으로 구성되었다는 것은 지금까지 정치 분야에서 여성을 철저히 배제해온 이슬람 지역 정서를 고려하면 매우 획기적이다. 그 밖에 아랍에미리트 정부의 남녀 격차 해소를 위한 노력은 2016년 UAE 성균형위원회(UAE Gender Balance Council) 신설에서도 엿보인다. 아랍에미리트 비전 2021의 일환으로 설립된 성균형위원회의 역할은 남녀 간 불평등을 해소하고 여성의 국가 발전 참여를 독려하기 위한 것이다. 아랍에미리트는 2021년까지 남녀평등에서 상위 25개국 진출을 목표로 하고 있다(*Gulf news*, 2016.5.2).

● 걸프 지역 개혁의 상징, 아랍에미리트 여성

걸프 국가 중 아랍에미리트는 바레인과 함께 개방적인 국가로 손꼽히고 있다. 아랍에미리트는 전통과 현대 문명, 서구와 이슬람 문명, 보수와 개방적인 문화의 접점지에 있기 때문이다. 따라서 아랍에미리트는 좁게는 걸프 지역, 넓게는 아랍 이슬람 국가의 여성 정책과 그 향방을 예측할 수 있는 지표를 제시할 수 있는 국가라 할 수 있다. 지금까지 아랍에미리트는 서구와 이슬람, 개방과 보수, 종교와 세속의 정책 사이에서 적절한 줄타기를 성공적으로 해왔으며, 그 결과 아랍 국가의 모델 역할을 제시할 수 있는 위치로 부상했다. 유한 자원으로서 석유의 한계를 인지한 아랍에미리트는 그 대비책으로 1990년대부터 외국인 노동 인력에 대한 의존도를 줄이고, 경제 다변화를 꾀하기 위해 노동력의 자국민화 정책인 '에미레티제이션'을 시행해왔다.

아랍에미리트가 노동력의 자국민화 정책을 시행하는 데 가장 공을 들이는 부분이 바로 여성의 노동시장 진출이다. 아랍에미리트는 노동력의 자

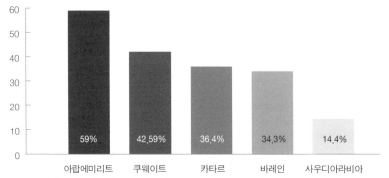

그림 2-3 GCC 국가 여성 노동시장 참여율

아랍에미리트 59%
쿠웨이트 42.59%
카타르 36.4%
바레인 34.3%
사우디아라비아 14.4%

자료: Booz & Company (2010), "Divorce in Gulf Cooperation Council Countries: Risks and Implications."
http://www.booz.com

국민화 정책 성공 여부를 여성 인력의 활용으로 간주하고 있기 때문이다. 따라서 아랍에미리트는 여성 교육에 힘써왔으며 글로벌 수준에 부합하도록 교육의 질에도 신경을 써왔다. 자국민 여성 인력을 활용하기 위한 아랍에미리트 정부의 노력 외에도 타 걸프 국가에 비해 좀 더 자유롭고 개방적인 아랍에미리트의 사회 분위기, 잘 갖춰진 사회 기반 시설 또한 아랍에미리트 여성의 노동시장 진출에 긍정적인 영향을 미쳤다.

여성 인적 자원을 개발하려는 정부의 이러한 노력들은 여성의 노동시장 진출률에서도 나타난다. 글로벌 컨설팅 기업인 부즈앤드컴퍼니(Booz & Company) 보고서(2010년)에 따르면 아랍에미리트는 최근 노동력의 자국민화 정책, 일명 '에미레티제이션'을 적극적으로 추진한 결과 현재 걸프 국가 중 여성의 노동시장 진출에서 가장 앞서고 있다. 아랍에미리트 여성의 노동시장 참여율은 59%, 쿠웨이트는 42.59%, 카타르는 36.4%, 바레인은 34.3%, 사우디아라비아는 14.4%이다. 그러나 이 통계는 외국인 여성 노동 인력도 모두 포함된 것으로 아랍에미리트 경제부(Ministry of Economy)의 발표에 따르면 외국인 여성 인력을 제외한 자국민 여성의 고용률은 13.9% 수준까지 떨어진다. 그럼에도 여성의 노동시장 참여율은 자국민 여성에 대한 교육 혜택 이후 꾸준히 상승하고 있다는 점에서 긍정적이다.

아랍에미리트 여성의 노동시장 참여율은 1985년 9.6%에서 1995년 11.7%, 2005년 13.5%, 2007년 13.6%, 2009년 13.9%로 꾸준히 상승하고 있다(*Emirates 247*, 2010.5.20). 이는 여성 인력 활용을 최우선의 과제로 추진 해온 아랍에미리트 정부 정책의 가시적인 성과를 의미한다. 자국민 여성은 그동안 남성의 영역으로 간주되었던 엔지니어링, 과학, 컴퓨터, 법 분야에도 진출하고 있다. 여성의 노동시장 진출과 관련된 조사에 따르면 비록 자국민 여성의 노동시장 진출은 더디긴 하지만 노동력의 자국민화 정책 덕에 여성은 과거에 비해 남녀평등과 경제적 독립을 이룩할 수 있었다 (*The National*, 2013.4.29). 또한 기업체를 운영하는 여성 리더도 증가세에 있어 1만 4000명의 아랍에미리트 여성이 자국 내 2만 개의 회사를 운영하고 있다. 그 밖에 아랍에미리트 여성은 오늘날 금융시장, 부동산 시장, 무역 분야에 150억 AED(약 4조 1280억 원) 규모를 투자하는 자국 경제의 '큰 손' 역할을 하고 있다(United Arab Emirates Ministry of State and Federal National Council Affairs, 2007).

쿠웨이트 여성

● 여성 계몽을 이끈 쿠웨이트의 상인 엘리트 계층

타 걸프 지역 여성의 운명과 마찬가지로 석유 발견과 함께 쿠웨이트 여성의 삶은 서서히 변화하기 시작했다. 초기 쿠웨이트 여성의 삶의 변화를 주도한 사람들은 신교육을 받은 엘리트 계층으로 대다수가 부유한 상인 계층 출신이다. 이들은 당시 아랍 민족주의의 메카로 불리던 카이로에서 수학했다. 쿠웨이트 엘리트 남성들은 카이로에서 아랍 지역의 다양한 지식민들의 서적을 접하게 되면서 이집트의 문화 혁명인 '나흐다(Nahda)'(문화적 르네상스 혹은 자각을 의미) 운동을 접하게 되었다. 그리고 이를 통해 쿠웨이트 사회의 개혁을 시도했다. 쿠웨이트의 나흐다 운동의 목표는 서구를 모델로 삼아 자국의 후진적인 전통과 관습으로부터 벗어나 국가의 현대화를 추진하는 것이었다. 그리고 나흐다 운동의 중심에는 여성 계몽이 있었다. 나흐다 운동을 추진하던 쿠웨이트 엘리트 남성들은 현존하는 전통과 관습을 해체하지 않고서는 사회가 발전할 수 없다고 여겼고, 여성 계몽 없이는 나흐다 운동이 불가능하다고 믿었다. 그러나 여성 계몽은 전적으로 현대 사회 건설과 발전을 위해 남성에 보조를 맞추는 선까지만 허용된 것이었다. 즉, 쿠웨이트 남성이 원하는 나흐다 운동은 외국인이 전적으로 감당하던 교육 분야와 의료 분야를 자국민 여성이 대체하는 정도였다.

쿠웨이트 여성의 계몽 과정은 바레인 사례처럼 이슬람 여성의 전통 의상인 베일의 착·탈 현상과 그 맥을 같이한다. 당시 전통을 낡은 것, 후진적인 것으로 인식하던 쿠웨이트 엘리트 계층에게 여성의 전통 복장인 아바야와 베일은 여성의 현대화와 계몽의 장애물로 간주되었다. 따라서 일부 부유한 상인 계층 남성들은 1960년부터 여성의 탈아바야를 지지했다. 그리고 중등 교육 이상을 받은 여성과 해외에서 고등교육을 받은 상류층 여성은 탈베일을 위한 캠페인을 벌이기도 했다. 특히 해외에서 베일 없이 생활하는 데 익숙했던 여성들은 귀국 후에도 베일을 쓰지 않았고, 가족도 이를 자연스럽게 받아들였다. 그러나 아직 쿠웨이트 사회 분위기는 이러한 변화를 받아들일 준비가 안 되었다. 상류층 여성의 탈베일 캠페인은 정부와 사회의 비난을 샀으며, 1950년대 후반 정부는 여성들의 탈베일 움직임을 차단하기 위해 베일을 학교의 유니폼으로 지정하기도 했다. 이후 쿠웨이트 정부는 여성들의 권리를 인정해 1961년에는 베일 없이 공공장소에서 일하는 것을 허용했다.

서구에서 교육받은 상류층 여성들은 사적 공간에만 머물렀던 기존 상류층 여성들과는 다른 삶을 추구했다. 해외에서 고등교육을 받고 귀국한 이들 여성은 일자리에 관심을 가졌다. 교육부가 여성에게 적합한 일자리를 남녀 분리가 대체적으로 잘 이루어지는 의료, 교육, 노동부에만 한정하자 상인 계층 엘리트 여성들은 이에 공식적으로 저항하기도 했다. 1962년 교육부는 이 결정을 철회했고, 여성은 방송과 외무부에도 고용되었다. 격리된 삶을 살던 여성들이 유급 직장인이 되면서 여성의 삶은 급속하게 변화하기 시작했다. 여성은 출퇴근을 위해 운전을 시작했고, 결혼 후에는 부모와 한집에서 사는 대신 독립해 살기 시작했다. 핵가족화로 개인 생활이 보장되자 신세대 여성들은 결혼과 함께 새로운 자유를 누렸다. 여성은 자신의 동료들과 파티를 기획하기도 했고, 남녀가 함께 입장할 수 있는 클럽도 왕래하기 시작했다. 그리고 직장 일을 마친 후 클럽에서 자신의 동료나 친구들과 커피를 마시며 시간을 보냈다.

• 여전히 전통적 이데올로기에 갇혀 지내는 서민층 여성의 삶

서구에서 교육받은 쿠웨이트의 상류층 여성들이 비교적 자유로운 삶을 누린 반면에, 중산층 여성과 저소득층 여성의 삶은 여전히 전통적인 가치에 갇혀 있었다. 이들은 주로 상인 계층을 위해 항해사로 고용되었거나 진주를 채취하던 사람들의 자녀들로 1966년에 쿠웨이트 대학이 설립될 때까지 쿠웨이트 내에서는 고등교육의 기회를 얻지 못했다. 중산층이나 저소득층 여성이 쿠웨이트 내에서 받을 수 있었던 교육 수준은 중등교육까지였고, 전문 직종에서 일하는 상류층 여성에 비해 이들이 일할 수 있는 분야는 안내인, 사무직, 초등교육 교사 등으로 한정되었다. 중산층과 저소득층 여성의 제한된 고용 기회는 이들의 삶에도 영향을 미쳤다. 교육을 받지 못한 중산층 남성은 국가에서 제공하는 일자리인 석유 분야, 군대와 수호대 등에 고용되었다. 중산층 남성은 직업이 안정되자 더 이상 여성의 수입에 의존할 필요가 없었다. 이는 결과적으로 여성의 공적 활동에도 많은 제한이 되었다. 그리고 외국인 노동력의 유입으로 저소득층 여성이 밖에서 일을 할 수 있는 기회는 더욱더 사라지게 되었다. 게다가 이들 여성의 교육 수준은 그리 높지 않았기 때문에 공공 부문에서의 고용 기회도 점차 축소되었다. 비록 국가가 문맹 퇴치를 위해 전 국민을 대상으로 의무교육을 실시하기는 했으나 저소득층 여성의 삶에는 큰 영향을 미치지 못했다. 따라서 여성의 삶은 계층에 따라 차이가 점차 커지기 시작했다. 상류층 여성이 서구 사회와 지속적으로 교류를 하며 자유를 향유 하는 반면에 저소득층 여성은 오히려 전통적인 여성의 삶 속에서 자신의 역 할을 규제받게 되었다.

오일 머니는 여성의 삶을 통제하는 데 중요하게 작용했다. 보건, 출생, 교육, 유급 노동 등 여성에게 직접적으로 영향을 미치는 분야는 모두 법과 정책을 통해 정부의 통제하에 들어갔다. 정부 정책은 국민의 삶을 재단하 는 데 영향을 미쳤을 뿐만 아니라 더 나아가 의도적으로 남성성과 여성성 에 대한 젠더 이데올로기를 주입하기도 했다. 비록 정부는 헌법을 통해 남 성과 여성에게 평등한 권리를 보장하긴 했으나 현실에서는 남성과 여성의 평등 개념이 실현되지 않았다. 일례로 여성에게는 남성과 동등한 참정권 이 허용되지 않았다. 또한 정부는 여성에게 남성과 동등한 교육 기회를 제 공하긴 하지만 여성의 교육과 고용의 기회는 '여성의 본질에 적당하다고 여겨지는 분야'로만 한정되었다. 여성은 병원이나 특별한 상황이 아니면 야근이 허용되지 않았고, 산업 분야나 위험한 직종, 특히 여성의 건강을 해치는 직종에서의 고용은 금지되었다. 이러한 정부 정책은 여성이 남성 보다 본질적으로 약하고 보호받아야 한다는 전제하에 만들어진 것이다.

정부는 또한 쿠웨이트의 가족제도를 더욱 공고히 하기 위해 말리키 (Maliki) 학파의 이슬람 법 해석에 기초해 결혼, 이혼, 상속에 대한 가족법 을 제정했다. 이에 따르면 남성은 가족을 부양하고, 여성은 남성에게 복종 해야 한다. 이혼권은 남성만이 제기할 수 있고, 어떤 여성도 자신의 보호 자인 아버지의 동의 없이 결혼 관계를 끝낼 수 없다. 국가는 복지 혜택을 남성을 통해서만 제공했으며, 따라서 여성은 항상 남편이나 아버지에게 의존해야 했다. 이는 곧 여성은 자신을 보호해줄 남성이나 가족이 없을 경우 사회적 혜택을 받을 수 없다는 것을 의미한다. 또한 국가가 여성을 주체적인 존재로 인정하기보다 의존적인 가족의 일원으로만 인정한다는 것을 알 수 있다. 가령 쿠웨이트의 주택 정책은 정부 차원에서 시행되는 가부장적 정책을 여실히 보여주는 사례이다. 국가는 남성만 가장으로 인정하기 때문에 이혼 여성은 임대 보조금을 받을 수 없을 뿐만 아니라 국가의 주택 정책의 혜택을 전혀 받을 수 없다. 현대화 추진 정책으로 여성은 교육이나 고용 부문에서 많은 혜택을 받고 있기는 하지만 여전히 국가의 가부장적 정책하에서 차별을 받고 있다. 그럼에도 불구하고 쿠웨이트 여성은 자신들의 권리를 찾기 위해 수동적이기보다 능동적으로 대처해왔다. 쿠웨이트 여성의 적극적인 활동은 걸프전 동안 더욱 두드러졌다.

● 걸프전에서 재현된 고대 아라비아의 '승리의 여성'

부족 간 치열하게 벌어지던 전장에서 적극적으로 자신의 부족을 수호하고 남성들을 응원하던 고대 아라비아 여성의 모습은 먼 훗날 20세기 쿠웨이트 여성의 모습에서 다시 엿볼 수 있다. 1990년 이라크의 쿠웨이트 침공으로 빚어진 걸프전은 (비록 전쟁이라는 가슴 아픈 현실 속이지만) 쿠웨이트 여성에 대한 사회 인식의 변화를 야기한 중대한 사건이었다.

1990년 8월 2일 이라크는 쿠웨이트를 침공하고 쿠웨이트를 이라크의 19번째 주로 선포했다. 그러자 쿠웨이트 왕족을 포함해 여력이 있는 사람들은 쿠웨이트를 떠나 타 국가로 피난을 갔다. 이라크는 쿠웨이트 국민을 복속시키기 위해 철권 통제를 했다. 이에 대항해 잔류한 쿠웨이트 국민은 독립운동을 조직했다. 특히 이라크 군인들의 수색과 감시 대상이었던 남성보다 여성이 독립운동에 적극적으로 참여했다. 여성들은 국기와 왕가의 사진을 손에 들고 거리에서 공개적으로 독립운동을 펼치거나 음지에서 비밀스럽게 지하신문을 발행하며 저항운동을 펼쳤다. 점령 기간에 여성은 남성과 사회로부터 보호받는 대상이 아니었다. 이라크의 침략 기간에 본질적으로 사회적 약자이자 보호의 대상으로 인식되던 여성이 오히려 남성보다 적극적으로 독립 투쟁에 가담했다.

당시 여성들은 국가의 현대화 과정에서 버렸던 아바야를 다시 입고 독립운동에 참여했다. 한때 무지와 미개의 상징으로 인식되어 여성들로부터 버려졌던 아바야는 이라크의 점령 동안 저항과 도전의 상징으로 부활한 것이다. 아바야 덕분에 여성은 공공장소에서 자유롭게 이동할 수 있었다. 아바야를 입은 여성은 옷 속에 의약품과 음식물, 돈이나 중요 문서를 전달하는 메신저의 임무를 수행할 수 있었다. 이는 길거리마다 배치된 이라크 병사들의 삼엄한 감시 때문에 집에만 머물던 남성의 상황과 대조적이었다. 이라크의 침략 동안 이라크 군인들의 감시를 피해야 했던 쿠웨이트 남성들의 활동은 줄어든 반면에 여성들의 활동은 눈에 띄게 늘어났다. 걸프전과 여성의 역할을 연구한 바드란(Badran)은 걸프전 당시 쿠웨이트 여성에 대한 평가를 다음과 같이 하고 있다. "쿠웨이트 여성의 저항운동은 새로운 공적 여성과 사적 남성의 등장을 의미한다. 공적 공간에서 여성의 활동이 눈에 띄기 시작한 반면에, 남성의 활동은 사라지기 시작했다. 여성은 보호하고, 남성은 보호를 받았다. 저항 기간에 젠더 역할과 공간의 이용은 반대가 되었다"(Badran, 1998: 194).

걸프전 당시 다시 등장하기 시작한 아바야의 효과는 실로 강력했다. 쿠웨이트에서 아바야의 의미는 이라크 병사들의 강간을 피하기 위해, 무기와 정보를 전달하기 위해 사용되었다. 그리고 동시에 쿠웨이트의 다양한 사회계층과 부족, 시아와 수니의 종교적 차이를 희석하고 국민을 하나로 화합시키는 역할을 했다. 또한, 아바야는 쿠웨이트 사회의 전통적인 젠더 역할과 이미지를 바꾸는 데 적극적으로 이용되었다. 그러나 불행히도 해방 후 쿠웨이트 정부는 독립에 기여한 여성에 대한 보상에는 인색했다. 쿠웨이트에 있는 다양한 여성 단체들은 자신들의 권리 향상을 위한 캠페인을 펼쳤으나 여성의 지위는 오히려 전쟁 이후 더욱 열악해졌다.

전후 여성의 지위 하락의 가장 큰 원인은 쿠웨이트 사회의 '이슬람화'이다. 전쟁의 충격에서 벗어나기 위해 쿠웨이트인들은 종교에 의지하기 시작했다. 게다가 전쟁을 오만하고 낭비벽이 심한 쿠웨이트인들에 대한 알라의 벌로 여기는 사람들도 있었다. 이러한 틈을 타 이슬람주의자들은 정치권에 진출해 세력을 확장했다. 이슬람주의는 쿠웨이트 내 존재하는 부족주의와 연대했고, 전후 여성은 다시 전통의 틀에 갇히게 되었다. 여성의 역할은 이슬람 전통에 따라 어머니, 딸, 아내로 한정되었고, 참정권 및 이동의 자유는 제한되었다. 또한 남성과 여성 간 엄격하게 분리된 젠더 영역의 개념이 다시 등장했다. 1996년에 이슬람주의자들은 쿠웨이트 대학 건물의 남성과 여성 공간을 분리시키는 법을 통과시켰고, 그 결과 쿠웨이트 대학의 식당, 카페테리아, 도서관 등 공공장소에서 남성과 여성의 공간은 엄격히 분리되었다. 비록 이라크의 침략 동안 여성은 조국을 해방시키기 위해 많은 노력을 기울였으나 여성의 지위는 해방 후에도 여전히 2등 국민으로 남게 되었다. 그러나 쿠웨이트 여성들은 포기하지 않았다. 쿠웨이트의 중상류층 여성들은 독립적인 여성운동을 조직했으며, 많은 여성이 여성의 참정권 획득을 위한 운동에 참여했다. 그 결과 쿠웨이트 여성은 2005년에 참정권을 획득하는 쾌거를 이루었다.

03

걸프인의 문화 DNA, 걸프 마인드와 여성

쉽게 변화하지 않는,
한 지역의 문화적 특성

문화 DNA, 문화적 문법, 정신의 소프트웨어

우리는 한 사회를 연구할 때 '변화'의 측면에만 집중하는 경향이 있다. 연구의 차별성을 강조해야 하기 때문이다. 따라서 연구 가설은 종종 변화에서 출발한다. 그래서 실상 변화하지 않는 측면에 대해서는 무관심한 경향이 있다. 새로운 것이 항상 가치 있고 주목받기 때문이다. 그러나 '문화 DNA'를 언급한 바인즈(Bains, 2015), '문화 코드'(한 지역에 사는 사람들이 일정 대상에 무의식적으로 부여하는 의미)를 정의한 라파이유(2007), '문화적 문법'을 정의한 정수복(2007), '문화의 정신적 소프트웨어'를 증명한 호프스테더(Hofstede, Hofstede and Minkov, 2014)와 같은 문화 연구가들에 따르면 사실 문화는 변화하는 측면보다 변화하지 않는 측면이 더 많다는 것을 알 수 있다.

우선 DNA라는 단어가 암시하듯 문화 DNA는 문화의 깊숙한 측면으로, 수많은 세대를 거쳐 지속적으로 반복되고 유지되는 사회 구성원의 습성을 의미한다. 바인즈는 문화 DNA를 "각기 다른 사회에서 문화의 가치를 구성하는 근본적인 심리를 구성하는 요소들(fundamental psychological building blocks that eventually formed that cultural norms of different societies)"이라고 정의하고 있다(Bains, 2015: xxv~xxvi). 바인즈에 따르면 문화 DNA는 사람들이 세상을 보는 방식을 형성하고 새로운 도전이나 변화에 대응하는 길잡이 역할을 한다.

바인즈의 문화 DNA는 사회 구성원의 저변에 깔린 문화의 근본적 차원, 또는 사회 구성원의 행위의 밑바닥을 가로지르는 공통의 사고방식으로 지칭한 '문화 코드(Cultural Code)'(라파이유, 2007) 혹은 '문화적 문법(Cultural Grammar)'(정수복, 2007)과 일맥상통한다. 문화 코드 혹은 문화적 문법은 사회제도 안에서 인간 행위에 방향을 제시하거나 규제하는 문화 요소, 즉 가치, 규범, 관습, 사고방식, 행위 양식, 의식구조 등 수많은 단어와 교차되어 사용된다. 문화적 문법은 가정과 학교 교육을 통해 내면화되며, 자유로운 사고와 행위를 구속하고, 독자적으로 생각하고 행위하는 것을 막는 구속력이 있으며, 사회 구성원 간 소속감과 일체감을 강화하는 힘으로 작용한다. 또한, 사회 구성원들은 문화적 문법 때문에 문화를 거의 의식하지 않고 '당연한 것'으로 받아들이며, 그것이 가치이든 규범이든 관습이든 간에 권력을 향유하는 기득권층이 현상 유지를 통해 가장 큰 혜택을 보기 때문에 쉽게 변화하지 않는 성향이 있다(정수복, 2007: 47).

문화 DNA, 문화적 문법과 같은 개념이 바로 이 장에서 다루게 될 호프스테더의 '정신적 프로그램(Mental Program)'이다. 호프스테더는 문화를 컴퓨터에 프로그램을 입력하는 것에 비유하고, 문화를 '정신적 프로그램'으로 정의하고 있다. 한 사람의 정신적 프로그램은 그가 자라고 생활한 경험을 축적한 사회 환경 속에 뿌리를 두고 있으며, 프로그램 주입은 가족에서 시작해 성장하면서 이웃, 학교, 서클, 직장, 지역사회에서 일어난다. 문화는 집단적인 현상이기 때문에 정신적 프로그램을 습득한 사회 환경이 다르면 프로그램도 달라진다. 따라서 집단적 정신의 프로그램은 한 집단 또는 한 범주를 구성하는 사람들을 다른 집단 또는 다른 범주를 구성하는 사람들과 구별하게 한다(Hofstede, Hofstede and Minkov, 2014: 25~26).

쉽게 변하지 않는 한 지역의 문화

바인즈, 정수복, 호프스테더와 같은 문화 연구가들이 공통으로 주장하는 것은 한 사회를 구성하는 문화의 본질은 좀처럼 변하지 않는다는 것이다. 정수복은 문화적 문법에서 땅의 기저층이 쉽게 바뀔 수 없듯이 "오랜 전통 속에 각인되어 의식의 표면에 떠오르지 않는 문화적 문법은 지속성을 특징"으로 한다고 강조하고 있다. 즉, 오랜 세월을 거쳐 축적되어 퇴적한 문화적 문법은 세월의 흐름과 시대적 상황의 변화에 둔감하므로 단기간의 노력으로 변화하기 힘들다(정수복, 2007: 50~51). 호프스테더 역시 변화하는 관행과 변화하지 않는 가치를 구분하면서, 관행은 문화의 가시적인 부분으로 다른 층에 비해 빨리 변화하는 데 반해 가치는 양파의 핵과 같아 그 변화는 상당히 느리며, 사회의 주요 가치는 전쟁과 같은 지각변동이 있기 전까지는 안정적으로 유지된다고 주장하고 있다. 즉, 호프스테더도 문화의 항상성을 주장하고 있다(Hofstede, Hofstede and Minkov, 2014: 31).

세월의 흐름에도 불구하고 문화가 지속적으로 유지되는 원인과 관련해 역사학자인 유발 하라리(Yuval Harari)는 진화심리학의 관점에서 다음과 같이 설명하고 있다. 현대인의 사회심리적 특성 중 많은 부분이 농경을 시작하기 전 기나긴 시대에 형성되었으며, 이러한 습성들은 오늘날에도 우리의 무의식에 남아 있다는 것이다. 예컨대 그는 현대 인류가 달콤하고 기름기 많은 음식을 탐하는 이유는 먹을 것이 부족했던 시대에 살았던 인류의 DNA가 아직까지 작용한 결과라고 설명하고 있다. 즉, 진화심리학의 관점에서 보면 인간의 현대사는 한 지역의 문화적 지형, 문화 DNA, 문화적 문법을 변화시키기에 그 역사가 너무 짧다는 것이다(하라리, 2015: 70~71).

외부인의 시선에서 본

걸프인의 문화 DNA

서구인이 보는 걸프인과 중동인의 문화 DNA

세계화 시대 글로벌 조직 문화를 연구한 바인즈(Bainz, 2015)도 다른 연구
가들처럼 한 지역 사람들의 문화 DNA는 쉽게 변하지 않는다는 것을 강조
하고 있다. 그는 "왜 사람들의 문화적 습성은 더디게 변화하는가"라는 의
문으로부터 기업의 조직 문화 연구를 시작했다. 연구 결과 그는 각기 다른
지역에 사는 사람들의 문화적 특성은 그들이 처한 자연환경에 절대적으로
영향을 받는다고 주장하면서 전 세계인들의 문화적 특성을 "변화를 선도
하는 미국인, 애매하고 불확실한 중동인(바인즈는 중동인과 중동 문화로 포괄해 설
명했으나 베두인을 언급한 문맥상 걸프인에 대한 묘사에 가깝다), 조화를 추구하는 중국
인, 평등한 사회를 지향하는 유럽인" 등과 같이 정의하고 있다. 중동의 문
화 DNA와 관련해 그는 사막 문화, 그리고 그와 상반되는 문명 문화를 이
지역의 문화 DNA를 견인하는 두 축으로 보고 있다. 그리고 이 두 문화적
요소로부터 중동인의 집단주의 문화, 변화를 싫어하지만 유동적인 관계
문화, 명예 문화가 파생했다고 설명하고 있다.

• 척박한 사막 환경으로 형성된 집단주의 문화와 보수성

바인즈는 사람이 거주하기 척박한 이 지역의 사막 환경을 집단주의 문화 형성의 배경으로 지목하고 있다. 베두인은 척박한 사막에서 물과 식량을 찾아 항상 이동해야 했다. 비록 필요에 의해서라지만 그들에게는 이동의 자유가 주어졌다. 그러나 그들은 인간에게 비호의적인 환경에서 살아남기 위해 자신이 속한 부족의 규칙을 엄격하게 지켜야 했다. 사막 사람들은 물과 식량을 찾아 마치 하나의 유기체처럼 행동해야 했다. 따라서 사막 한가운데서 살아남기 위해서는 개인보다는 집단을 중심으로 행동했고, 이때 지도자의 강력한 리더십과 그에 대한 사람들의 복종은 생존에 필수 사항이었다. 반대로 개인주의, 부족장에 대한 반항, 부족의 규칙을 어기는 것은 부족의 내분과 해체로 이어지기 때문에 금기시되었다. 만일 금기를 어겼을 경우 집단은 개인을 추방해 집단으로부터 제명했다. 집단 내 구성원들은 결혼을 통해 다른 집단으로 이동하지 않는 한 평생토록 같은 집단에 묶여 있어야 했기 때문에 집단에 대한 소속감은 강력했다. 한 지역에 정착하지 않는 유목민은 자신이 소유한 것을 가지고 이동해야 했으며, 유목민들의 최고의 재산과 투자 대상은 가축이었다. 따라서 가축은 마치 가족 구성원처럼 조심스럽게 다뤄졌다(Bainz, 2015: 124~127).

집단에서 리더십의 권위는 매우 중요했다. 힘의 행사라는 강제적 성격의 권력과 달리 권위는 다른 사람을 통솔해 자발적으로 따르게 하는 힘, 즉 아래로부터 인정을 받는 사람에게 주어진다. 강제적으로 힘을 행사하는 것보다 사람들의 자발적인 복종을 유도하는 것이 사막인에게는 집단의 균열과 멸망을 방지하는 최고의 리더십이었다. 사막의 가부장제가 도시보다 더욱 공고하게 유지되는 이유도 바로 이러한 환경적 요소 때문이다. 멕시코 사막 사회를 연구한 재닛 베니온(Janet Bennion)은 그 사회적 특징을 남성 중심의 완고한 사회적 가치가 유지되며, 현대화되고 글로벌한 문화에 대해 거부감을 보이고, 여성에 대한 통제가 심하며, 개인의 자유는 자발적으로 타인에게 양도하는 경향이 있다고 요약하고 있다. 그리고 이를 '사막 가부장제(Desert Patriarchy)'라고 명명하고 있다(Bainz, 2015: 129). 이슬람교가 사막으로 들어갈수록 더욱 보수적인 성격을 띠는 것도 사막 가부장제의 특성과 일맥상통한다. 가령 사우디아라비아의 수도 리야드가 속한 나즈드 지역은 내륙 지역으로 사람들의 접근이 용이하지 못해 보수적이고 폐쇄적이다(심지어 1970년대까지 리야드에 외국인 거주는 금지되었다). 반면에 메카와 메디나가 위치한 서부의 히자즈 지역은 해안가에 위치해 외부인의 왕래가 잦았으며, 게다가 이슬람교의 성지라는 특성 때문에 외국인 순례객들의 출입이 잦아 다양한 문화가 서로 섞여 공존하는 코즈모폴리턴 문화적 성격을 유지하고 있다. 그리고 아랍에미리트의 해안가에 위치해 무역업으로 성장한 두바이 토후국이 개방적인 것과는 달리 내륙 지역에서 발원한 아부다비 토후국의 문화는 다소 보수적이라는 점, 오만 내륙 지역의 보수적인 이맘국과 해안 지역의 개방적인 술탄국 간의 갈등은 앞서 국가의 형성 과정과 역사에서 소개한 바 있다.

● 변화를 싫어하지만 유동적인 관계 문화

사막의 유목 부족은 물이나 식량을 찾아 지속해서 이주하거나 그렇지 않을 때는 다른 부족을 습격해 가축과 식량을 빼앗아 삶을 연명했다. 즉, 습격은 베두인이 이어가는 삶의 한 방식이다. 대체로 타 부족에 대한 습격은 기습적으로 그리고 단시간에 해결해야 했다. 그래서 종종 기습 공격을 성공시키기 위해 심지어는 지나가는 다른 부족과 일시적으로 동맹을 맺기도 했다. 그리고 이들의 관계는 서로 간 목적이 달성되면 곧바로 해체되었다. 타 부족에 대한 공격은 미리 계획되기보다 즉흥적이었고, 관계는 유동적이며 피상적이었다. 이는 곧 현재의 파트너가 미래의 적이 될 수 있다는 것을 말해준다. 표면적인 단결은 안으로는 관계에 대한 지속적인 의심과 배반에 대한 두려움을 제기하게 마련이다. 이러한 배경 때문에 내부인을 철저히 단속할 필요가 있었다. 즉, 항상 변할 수 있는 외부인과의 유동적인 관계에 대응하기 위해 내부인에게는 강력한 부족 소속감과 내면에 깊이 뿌리박힌 부족민 간 연대감이 매우 중요하게 된 것이다.

● 베두인의 문화 코드, 명예

유목민들의 행동 규범을 규정짓는 가장 중요한 가치는 명예이다. 명예는 아랍어로 '샤라프'라고 불린다. 스튜어트(Stewart, 1994)는 이집트에 거주하는 베두인을 대상으로 사막 문화에 형성된 명예의 속성을 분석한 바 있다. 그가 분석한 이집트 베두인의 문화적 속성은 같은 환경에 사는 걸프 베두인에게도 그대로 적용될 수 있다. 스튜어트에 따르면 베두인의 명예의 성격은, 첫째 외향적이며 외면적(Outer)이다. 사막 문화에서는 부족민 간 관계 문화를 중요하게 여긴다. 따라서 자신에 대한 평가 기준은 내면의 잣대가 아닌 사회의 시선이다. 즉, 이들은 자신의 내면의 가치와 내실을 중시하는 것보다 남으로부터 판단되는 평가에 많은 비중을 두는 경향이 있다. 이 때문에 체면을 중시하는 문화가 발달했는데, 사람들은 이웃과 대중에게 좋은 이미지를 유지하고, 항상 자신의 체면과 명성을 지키려고 노력한다. 같은 맥락에서 지중해 지역 명예의 속성을 연구한 피트 리버스(Pitt-Rivers, 1977)에 따르면 명예란 자신이 스스로를 평가하는 가치일 뿐만 아니라 사회가 한 개인을 판단하는 눈, 즉 사회가 평가하는 개인의 가치를 의미한다. 외면적인 속성을 지닌 베두인의 명예 문화에서 명예를 판단하는 데에는 사회의 평가, 즉 남의 평가가 더 중요하며, 때로 명예는 목숨보다 더 중요하게 여겨진다(엄익란, 2009: 165에서 재인용). 둘째, 명예와 수치는 개인적인 일에 한정된 것이 아니라 집단적(Collective)이다. 한 개인의 명예스럽거나 수치스러운 일은 개인의 차원을 넘어 가문 혹은 부족 전체의 명예와 관련된다. 중동 이슬람 문화권에서 사회를 구성하는 최소 단위는 개인이 아니라 가족이기 때문이다. 따라서 개인의 행동은 가족과 부족에 의해 규제받는 경향이 있다. 셋째, 명예는 수직적(Vertical)이다. 명예에도 위계질서가 있어 대체로 사회에서 명망 있는 자나 연장자가 자신의 아랫사람에게 권력을 행사하고, 이들에게 명령하며 아랫사람은 이에 복종한다. 반항이나 불복종은 서로의 명예에 타격을 입힌다. 넷째, 명예의 속성은 경쟁적이어서(Competitive) 사람들은 자신이 다른 사람보다 우위에 있다는 것을 보여주고 싶어 한다. 경쟁적 속성의 명예 문화는 특히 베두인의 손님 환대 문화와 소비문화에서 확연히 드러난다. 가령 걸프인들이 손님을 극진히 대접하기 위해 필요한 양 이상의 음식을 준비하는 것, 또는 이들 사이에 명품 소비가 경쟁적으로 이루어지는 것도 이와 같은 명예 문화 때문이다(엄익란, 2009: 69~70에서 재인용). 걸프인들의 명품 소비문화는 뒤에서 다시 소개하겠다.

스튜어트가 분석한 베두인의 네 가지 명예 문화의 속성 외에도 '과장'이라는 요소도 추가할 수 있다. 과장이 베두인 명예 문화의 속성이 된 배경에는 유목 생활이라는 환경적 요소가 자리하고 있다. 유목 생활에서 소유물은 반드시 가지고 이동할 수 있는 동산이어야 한다. 그러나 동산은 정주민의 부동산과 비교하면 항상 약탈에 노출되어 있다. 따라서 사람들은 자신의 소유물을 빼앗기지 않기 위해 항상 자신의 힘을 능력 이상으로 더 많이 과장하고 이를 표현해야 했다. 또한, 남성의 경우 자신과 가족을 보호하기 위해 필요 이상으로 남성성을 과시해야 했다. 바인즈에 따르면 중동인들이 불같이 화를 내는 것 혹은 허세를 부리거나 과시하는 것은 바로 자신의 힘을 과장해서 보여주기 위한 본능의 표현이다. 바인즈는 이러한 문화 코드가 전쟁에서도 종종 구현된다고 언급하고 있다. 아랍과 이스라엘 사이에서 벌어진 몇 차례 전쟁에서 아랍 연합군은 전쟁 시작 전에는 항상 전쟁에서 승리할 수 있다고 (비록 사기 진작 차원에서 전쟁 전부터 패전을 언급하는 경우는 드물지만) 호언장담했다. 그러나 실제로 전쟁이 벌어지면 불과 얼마 지나지 않아 패배하는 굴욕을 여러 차례 반복했다(Bainz, 2015: 143~147). 물론 패전의 원인으로 아랍 연합군의 내분과 미국 및 서구의 이스라엘 지지 등 여러 가지 요인이 있으나, 바인즈는 그 원인을 명예 문화 코드에서 비롯된 과장의 기술에서 해석했다는 것이 흥미롭다. 그리고 뒤에서 다시 한 번 설명하겠지만 과장이라는 명예 문화의 속성을 고려할 때 걸프인들의 명품 소비문화에서 보이는 화려한 겉모습과 그들의 실제 경제적 능력 사이에는 상당한 차이가 있다는 것 또한 염두에 두어야 할 사항이다.

내부인이 본

걸프인의 문화적 습성

내부인이 본 아랍인의 문화적 속성

비교 문화 관점에서 걸프인을 포함한 아랍인의 속성에 관한 연구는 외부인뿐만 아니라 내부인, 즉 아랍인에 의해 진행되기도 했다. 가장 오래된 연구는 사회의 형성 과정과 변화를 역사학의 관점에서 고찰하고, 문화의 근본 문제를 파헤쳐 분석한 중세 학자 이븐 칼둔(Ibn Khaldun, 1332~1406년)이 있다. 이븐 칼둔은 그의 저서 『무카디마(Muqaddimah)』(한국어 번역서는 『역사서설』)에서 도시 정주민과 사막 유목민의 특징을 나누었으며, 아랍인의 성격을 집단주의와 부족주의 차원에서 분석했다. 여기에서 아랍인에는 아랍 문화를 기반으로 아랍어를 모국어로 사용하는 걸프인도 포함된다. 그리고 공동체적 결속과 내집단을 강조하는 사회적 연대를 뜻하는 '아사비야(Asabiyyah)'라는 용어를 학문적으로 정착시켰다. 아사비야는 아랍어 '아삽', 즉 '신경'을 뜻한다. 신경은 인간의 모든 신체 기관에 연결되어 몸을 통제하고 조절하는 기능을 한다. 즉, 아사비야는 신체 구조의 신경처럼 아랍 세계를 구성하는 가장 기본적인 조직이자, 아랍 세계를 움직이는 원동력이다.

현대에서는 레바논 출신 사회인류학자이자 철학자인 사니아 하마디(Sania Hamadi)가 『아랍인의 행동원리』(1980)란 저서에서 아랍인의 성격을 수치와 명예 문화권, 집단 중심주의, 모든 것은 알라가 정한다는 운명론 추종 문화 및 이질 문화에 대해 거부 반응을 보이는 폐쇄적인 문화로 묘사하고 있다. 이런 성격은 앞서 아랍인의 문화적 특성을 규명했던 외부인의 인식과 중복된다.

비교적 최근에 진행된 연구로는 알오마리(Al-Omari)와 나즘(Najm)의 연구가 있다. 이 연구들은 서구의 연구 이론을 기반으로 아랍인들의 문화적 습성을 분석했기 때문에 연구 결과가 유사하지만, 내부인의 시선으로 자신의 문화적 속성을 파악했다는 점에서 그 의미를 찾을 수 있다. 알오마리는 인류학자인 에드워드 홀(Edward T. Hall), 문화 차원 이론을 개발한 헤이르트 호프스테더(Geert Hofstede), 네덜란드와 프랑스 출신 조직 이론가인 폰스 트롬페나스(Fons Trompenaars), 다문화 커뮤니케이션 전문가인 낸시 아들러(Nancy Adler)의 이론에 근거해 아랍인의 문화적 습성을 집단주의, 사람들 간 권력의 불평등성을 수용하는(즉, 모든 사람이 동등하게 권력을 행사할 수 있는 것이 아니라, 누군가는 권력을 더 많이 행사할 수 있고 누군가는 권력 행사를 덜하는 상황을 받아들이는) 정도에 따라 고권력 거리 문화, 의사소통에서 언어 외에 비언어적 요소가 많이 개입되는 고맥락 문화, 계획보다는 시기를 중요하게 여기며 시간 활용 방식이 다차원적인 다원적 시간 문화 등 네 가지 문화로 요약했다(Al-Omari, 2008: 31~55). 집단주의와 고권력 거리 문화는 뒤에서 상세히 언급되기 때문에 여기에서는 고맥락 문화와 다원적 시간 문화의 특성을 간략하게 소개한다.

고맥락 문화는 비교 문화 연구가 에드워드 홀이 문화 차원에서 정의한 개념이다. 고맥락 문화에서 언어는 사람들이 실제로 의사소통을 나누는 여러 수단, 즉 행동, 말투, 억양, 표정, 몸짓 언어 중 하나로 간주된다. 따라서 사람들은 상대의 의도를 파악하기 위해 말뿐만 아니라 몸짓 언어와 비언어적 표현 등도 고려한다. 비언어적 표현, 가령 사람들의 말투나 억양, 표정 등에는 말하는 사람의 의도가 층층이 숨겨져 있기 때문이다. 그리고 언어는 때때로 비언어적 표현과 상반되는 정보를 전달하기도 한다. 즉, 말로는 "그래"라고 상대의 의견에 수긍하고 동의했더라도 실제로 상대의 의도는 언어와 불일치하는 경우가 있다(여기에서 '그래'의 의미는 '알았어'의 의미보다는 '이해했어'에 가깝다). 즉, 상대의 진심은 언어가 아닌 어투와 표정, 행동 등에 숨어 있는 것이다. 따라서 고맥락 문화에서 대화 체계는 겉으로 드러나지 않고 밑바닥에 흐르는 의미를 파악해야 하므로 매우 복잡하고 정교하다. 대체적으로 집단주의 문화권은 고맥락 문화권에 속한다. 관계 문화 중심의 집단주의 문화권에서는 사람들이 체면을 유지하기 위해 의사를 똑 부러지고 분명하게 전달하기보다는 암묵적으로 전달한다. 즉, 상황과 맥락이 의사를 전달하는 것이다. 고맥락 문화의 반대는 저맥락 문화이다. 저맥락 문화권에서는 언어적 요소가 가장 중요한 의사 전달 수단이다. 따라서 상대의 의사를 파악하는 과정은 의사 전달 시 동반되는 비언어적 요소를 고려하지 않아도 되며, 대화 체계는 고맥락 문화보다 단순하다. 고맥락 문화권에 속한 사람들은 저맥락 문화에 속한 사람들을 인간미 없고 참을성 없으며 무례하다고 생각하는 반면에, 저맥락 문화권에 속한 사람들은 고맥락 문화권의 사람들을 둘러대고, 막연하고, 느리다고 여긴다(엄익란, 2014b: 203에서 재인용).

다원적 시간 문화권의 특성은 시간을 하나의 연속선상에서 보지 않는다는 것이다. 이 문화권의 사람들은 시간을 다선형의 관점에서 이해하기 때문에 한 가지 일이 끝나면 다음 일을 순차적으로 진행하지 않고 순환적으로 관리한다. 따라서 과거에 마무리한 일이 다시 대화의 주제가 되는 경우가 다반사이다. 그리고 일처리에서는 여러 가지 일들을 한꺼번에 동시 다발적으로 하는 데 익숙하다. 다원적 시간 문화권에서는 시계가 의미하는 시간은 별 의미가 없다. 그 대신 시기 혹은 '타이밍'이 중요하다. 다시 말해

타이밍을 결정하는 것은 미리 짜놓은 계획 혹은 시계가 결정하는 것이 아니라 상황과 환경, 즉 시기이다. 그리고 적절한 타이밍은 관계에 의해 결정되는 경향이 있기 때문에 사람들 간 관계를 중시한다. 다원적 시간 문화권의 특성 또한 사막 문화와 관련이 있다. 마실 물과 목초지가 있는 오아시스를 찾아 사막을 이동해야 하는 베두인에게는 시간을 세분화하고 미래를 계획하는 것이 그리 중요하지 않았다. 그들은 그저 시간이 흐르는 대로 자신을 맡기면서 먹을 것을 찾아 이동하고 또 이동한다. 시간은 그저 과거에서 현재로, 현재에서 미래로 흐를 뿐이다. 과거 선조들이 이동했던 길을 따라 이동하다 보면 언젠가 다시 예전의 오아시스로 돌아오는 일을 되풀이하게 된다. 이러한 시간의 흐름에서 오아시스는 계획에 따라 찾아지는 것이 아니라 찾게 되는 시기가 되면 나타나게 된다. 이와 같은 베두인의 삶의 패턴은 다원적 시간 문화뿐만 아니라 조상이 갔던 길을 중요하게 여기는 전통에 대한 고집, 인간이 해결할 수 없는 문제를 신에게 떠맡기는 운명론의 배경이 되고 있다(엄익란, 2014b: 204에서 재인용). 이슬람법 샤리아가 '길'을 의미하는 것도 이러한 차원에서 해석할 수 있다. 조상들이 만들어 놓은 관습과 법을 지키는 것이 바로 현세대와 차세대가 따라야 할 올바른 '길'이며, 이를 통해 나와 가족, 부족, 국가가 생존할 수 있는 것이다.

나즘은 아랍인의 문화적 속성을 파악하기 위해 다양한 학자의 이론을 적용했다. 에드워드 홀의 분석 모델을 빌려 아랍인의 문화적 속성을 고맥락 문화, 사람들 간 친밀감을 느끼는 공간 거리가 짧은 문화, 다원적 시간 문화, 관계 중심 문화권 등으로 소개하고 있다. 그리고 글로브 프로젝트(Globe Project, 문화, 리더십 및 조직 효율성 전문 연구 기관)의 분석 모델을 빌려 가족과 부족 중심 집단주의 문화권, 남녀 차별 문화, 과거 지향주의 문화, 고권력 거리 문화로 아랍인의 문화적 특성을 규정했다. 또한 미국 심리학자인 샬롬 슈워츠(Shalom H. Schwartz)의 분석 모델에 따라 위계질서와 조화를 중시하고 관계 중심적이며, 강한 파벌주의, 대화 중심주의, 감정 중심주

문화라고 정의하고 있다(Najm, 2015). 그리고 1980년대 호프스테더가 분석한 문화 차원과 2008년, 2010년, 2013년에 걸쳐 호프스테더와 민코프가 분석한 문화 차원에 대해서도 언급했으나 이는 다음 장에서 자세히 다룰 것이기 때문에 여기에서는 생략한다. 알오마리와 나즘은 서구의 연구틀을 활용해 아랍인의 문화적 속성을 분석했기 때문에 이 속성들은 서구 학자들의 연구와 상당 부분 중복된다. 그럼에도 불구하고 내부인의 관점에서 아랍인의 문화적 속성을 파악하려고 시도했다는 점에서 언급할 가치는 충분하다.

걸프 마인드 이해의 출발점,
부족 문화 코드

현대 걸프 국가의 등장과 진화된 부족주의

걸프 마인드의 근본적인 문화적 배경을 이해하기 위해서는 부족주의에
대해 알아야 한다. 부족은 다음의 단위로 분류된다. 5대까지의 가계가 포
함되는 확대된 가족을 의미하는 캄스(Khams, 아랍어로 캄스는 숫자 5를 의미), 가
문을 지칭하는 바이트(Bait, 아랍어로 집을 의미), 부족 간의 연합체 또는 확대
부족으로 해석되는 카빌라(Qabila)가 있다. 부족을 지칭하는 단위 중에서
카빌라(부족 연합)가 우리말의 '부족'에 가까운 개념이다(정상률, 2006: 100).

부족주의는 걸프 지역뿐만 아니라 아랍인의 문화 DNA 가장 밑바닥, 즉
기저에 깔린 정서로, 집단 정체성의 중심축을 형성하고 있다. 부족주의는
1400년 전 등장한 이슬람교의 역사보다 오래되었다. 그래서 부족 정체성
과 부족에 대한 충성심은 국가 출현 이후에도 민족주의보다 우선시되기도
한다. 이슬람도 부족주의 사회제도에 지대한 영향을 받아 탄생한 결과물
이다. 이슬람교의 창시자 예언자 무함마드가 등장하기 이전 아라비아반도
에는 다양한 부족이 존재했으며, 이들은 서로 오아시스와 영토, 가축, 명
예를 놓고 갈등과 충돌을 벌였다. 부족들은 생존을 목적으로 다른 부족의

자원(오아시스, 즉 물, 식량과 가축)을 정복했으며, 선전포고 없이 상대 부족이 예상치 못한 상황에서 급습하는 '가주(Ghaju)'라는 형태의 전투를 수시로 벌여왔다. 부족 사회의 갈등과 무질서를 해결하고자 예언자 무함마드는 연대감이 강한 종교·정치 공동체인 움마(Ummah) 창설의 필요성을 강조했다. 이후 급습 형태로 벌어지던 부족 간의 전쟁은 이슬람 정복 사업이라는 대의 차원에서 진행되었다. 그러나 이슬람 등장 이후에도 부족주의는 완전히 사라지지 않았다(서정민, 2012: 114). 오히려 부족주의는 현대 국가의 탄생에도 불구하고 여전히 굳건하게 살아남아 일상생활에서 아랍인의 행동 규범을 지배하고 있다. 쿡은 이를 '현대화된 부족주의(Tribal Modern)'로 명명하고 있다(Cooke, 2014). 쿡은 걸프 지역의 부족주의는 현대사회에도 존재하고 있으며, 그 작동 원리는 원시적인 형태가 아니라 현대에 맞게 진화하면서 탄생과 재탄생을 거듭한다는 것을 강조하고 있다.

부족에 대한 인식과 부족주의 작동 원리

부족에 대한 아라비아 사람들의 의식은 그들의 시선집인 『무알라카트 (Muallaqat)』에 잘 드러난다. '무알라카트'는 아랍어로 '걸려진'을 의미한다. 이는 시장이나 신전과 같이 많은 사람들이 자주 드나드는 곳에 걸릴 만큼 좋은 작품으로 평가되는 시를 의미한다. 6세기에서 7세기에 씌어진 『무알라카트』를 통해 고대 아라비아 사람들의 부족주의 연대 의식에 대한 단서를 찾을 수 있다. 『무알라카트』에는 부족 전체를 중시하는 집단주의 의식이 부족주의를 유지하는 핵심 개념으로 표현되어 있다. 각각의 부족원에게는 부족에 대한 충성, 부족민을 위한 배려, 자기희생이 살아가는 이유이자 목적이다. 아라비아 사람들은 부족이 있을 때 자신도 존재함을 알기에 항상 부족의 존속과 번영을 기원했다. 따라서 부족에 대한 소속감과 구성원들과의 연대 의식은 아랍 부족의 삶을 유지하는 근간이 되었다. 반대로 부족의 통합과 연대 의식에 반하는 행동을 한 부족원은 구성원 자격을 박탈하고 추방했다. 사막 환경에서 추방은 곧 죽음을 의미했다. 부족으로부터 추방당한 자는 사막을 떠돌며 방황하게 되며, 다른 부족이 받아들이지 않으면 보호자 없이 죽음을 맞이하기 때문이다. 추방은 부족의 이익을 해하는 개인주의를 철저하게 억제하는 수단이 되었다. 개인주의는 부족 전체를 와해하고 분열시키는 위험한 요소로 간주되기 때문이다. 따라서 부족원들은 집단으로부터 신뢰를 잃지 않기 위해 안간힘을 썼고, 집단에 대한 충성심을 지속적으로 보여줘야 했다(김능우, 2013: 56~59). 그리고 부족의 영속을 위해 개인은 윗사람에게 존경을 표했고, 자신을 낮추는 겸손이 미덕으로 간주되었다.

부족장과 부족원의 관계는 아버지와 아들처럼 권위주의에 기반을 둔 보호와 피보호, 지배와 복종의 관계로 얽혀 있다. 이러한 관계는 유목 문화의 특징에서 비롯된다. 그와 관련해 서정민은 "유목민들은 정착 문명과는 달리 생사를 결정하는 우물 혹은 오아시스를 보호하기 위해 무장을 해야 했다. 남성이 칼을 지니는 것은 당연했고, 유사시에는 우물과 재산을 지키기 위해 모두가 나가 싸워야 했다. 전투를 위한 명령 체계까지 갖춘 강력한 권위주의적 리더십이 필요한 사회였다. 가장 강한 가문 혹은 집안의 남자 어른에게 모든 지도력과 권력이 주어졌다"고 언급하면서 부족주의 문화 코드를 물리력에 기반을 둔 권위주의로 해석했다(서정민, 2012: 117~118). 즉, 사막의 기후 환경과 제한된 자원 환경 때문에 부족원은 생존을 위해 부족장의 명령과 권위에 절대적으로 복종해야 했다. 지도자는 '아버지'와 같은 권위를 가졌다. 아버지에게 도전하는 것은 터부시됐으며, 반항은 곧 부족의 와해와 죽음을 의미한다. 서정민은 이러한 전통이 아랍인의 부족명에도 반영된다고 설명하고 있다. 아랍의 부족을 일컬을 때 '바누(Banu)'

혹은 '바니(Bani)'가 부족장 이름과 같이 쓰이는 경우가 있다. 이때 바니 혹은 바누는 아랍어로 여러 아들 혹은 후손을 지칭하는 단어이다. 부족명에 나타나는 것처럼 유목 사회를 지탱하는 가장 중요한 문화 코드는 남성 중심의 가부장제이다. 쿠웨이트와 바레인의 뿌리인 바니 우뚭 부족은 바로 '우뚭의 후손' 혹은 '우뚭 부족의 후손'을 지칭하는 단어이다. 그리고 사우디아라비아의 나즈드 내륙 지역에 그 뿌리를 두고 있는 이 가문들은 현재까지도 사우디아라비아와 우호적인 관계를 유지하고 있다.

부족의 문화 코드를 강력한 물리력에 기반을 둔 권위주의로 해석한 서정민과 달리 금상문은 경제적 관점에서 부족주의가 지탱되는 원동력을 해석하고 있다. 금상문은 부족 내 권력, 부, 생산수단에서 계층 구조가 형성되어 있으며, 위화감과 불평등이 만연했다고 설명하고 있다. 유목민은 가축을 기르면서 목축을 할 수 있는 영토와 오아시스를 공동으로 소유한다. 부족원이 생산한 물품이나 다른 부족을 공격해 얻은 전리품은 부족 내 남성과 여성, 부족장과 부족원들에게 성별과 지위 고하에 따라 차등적으로 분배된다. 즉, 부족 문화는 본질적으로 권력에 기반을 둔 불평등한 문화였던 것이다(이는 뒷부분 고권력 거리 문화에서 다시 설명한다). 부족원들은 물이나 음식물 등 생존에 필요한 기본적인 물자가 부족했기 때문에 항상 쪼들렸으며, 음식이나 가축 도난 사고로 부족 내 갈등도 잦았다. 이러한 상황에서 리더십은 절대 권력이 아닌 부족원들의 합의에 기반했다. 즉, 사람들이 부족장인 셰이크를 따르는 것은 셰이크의 정치적 권위주의가 아닌 그의 분배력 때문이다. 따라서 연장자와 상의해 모든 부족민들이 수용할 수 있는 최선과 최고의 결정을 내리는 셰이크는 오랫동안 그 직책을 유지할 수 있었다(금상문, 2006: 64-67). 이처럼 개인이 아닌 집단을 중시하고, 권력이나 지위 고하에 따라 불평등한 자원 배분을 허용하는 부족의 문화 코드는 오늘날까지도 그들의 DNA 속에 각인되어 이어지고 있다. 이는 현재 걸프 산유국 통치자의 오일 머니 분배 방식에도 적용되고 있다. 아랍에미리트의 셰이크 샤크부트가 석유 수입을 부족민에게 제대로 분배하지 못하자 부족민의 불만이 제기되었고, 그 결과 그의 동생 자이드에게 셰이크 자리를 이양했던 사례는 앞서 언급한 바 있다.

걸프 지역의 부족들

현재 걸프 지역의 대표 부족은 아니자, 샴마르(Shammar), 하르브(Harb), 무스타이르, 아즈만, 다피르(Dhafir), 바니 칼리드, 카흐탄(Qahtan), 우타이바(Utaiba), 바니 야스, 알카와심, 바누 타밈 족 등이 있다(서정민, 2016: 5~6). 이 부족들 간에는 서열이 존재한다. 약한 부족은 강한 부족과 연대를 맺어 경제 원조와 군사적 보호를 받고, 강한 부족은 약한 부족을 규합해 자신의 정치 세력을 확장한다. 강한 부족과 약한 부족 간 동맹의 형태에는 크게 세 가지 유형이 있다. 첫째, 정략결혼을 통해 인위적으로 혈연관계를 형성하는 연대의 형태, 둘째, 사우디아라비아 사례처럼 유목 부족이 국가의 군사 조직에 편입되는 방식으로 후원 관계를 형성하는 연대의 형태, 마지막으로 상위 부족 지도자가 하위 부족 지도자에 선물(오늘날에는 보조금)을 줌으로써 명목적인 동맹 관계를 유지하는 연대의 형태가 있다(서정민, 2012: 115~116). 이러한 부족 간 동맹은 목적 지향적이어서 일단 목적이 달성되면 쉽게 와해되곤 한다. 이는 앞서 언급된 것처럼 급습을 위해 임의로 동맹을 맺고, 목적이 달성되면 곧바로 해체되는 부족 간 유동적인 연맹의 성격을 고스란히 반영한다. 따라서 이 세 가지 유형의 동맹 형태에서 결혼과 자녀 출산을 통해 혈연관계를 형성하는 것이 가장 강력한 형태의 동맹이다. 이와 관련해 쿡은 "남성은 여성을 통해 결속된다"(Cooke, 2014: 39)라고 언급한 바 있다. 이는 결혼을 통한 부족 간 네트워크 형성이 가장 강력한 연대의 형태임을 강조하는 것이다. 부족 정체성은 사람들의 언행 방식과 옷 입는 스타일 등을 통해 드러나기도 한다. 각 부족의 구성원들은 현대사회처럼 복잡한 사회에서도 행동이나 말투, 의상 스타일을 통해 상대방이 어떤 부족 출신인지 구별할 수 있다고 한다.

부족 간 결혼에는 특정한 규칙이 있다. 일반적으로 여성은 자신이 속한 부족보다 상위 부족과는 결혼해도 자신보다 지위가 낮은 부족과는 결혼하지 않는다. '순수한 혈통과 근본'을 중시하는 부족 문화에서 여성은 자신보다 지위가 낮은 부족과 결혼할 경우 자녀의 혈통이 나빠질 것이라 여긴다. 따라서 여성은 자신보다 지위가 높은 혈통의 남성을 남편감으로 선호했으며, 이는 고귀한 혈통을 보존하기 위한 전략이었다. 이러한 결혼 패턴은 갑작스러운 오일 머니의 유입으로 부족 간 서열이 경제적으로 변동된 후에도 크게 바뀌지 않았다(카타르 부분에서 자세히 언급했다). 이들은 부족의 명성이 돈보다 중요하다고 여기기 때문이다. 한마디로 부족주의 문화 코드에 따르면 걸프인들은 뼈대 있는 혈통이 돈보다 중요하다고 여기고 있는 것이다.

걸프인의 정신적 소프트웨어

호프스테더의 문화 차원

　호프스테더는 1980년대에 50여 개국에 진출한 IBM 직원을 대상으로 각 국가의 문화 차원과 국가 정체성을 분석했다. 그 결과 각 국가 국민의 성격을 규명할 수 있는 문화 차원 모델을 만들었다. 호프스테더가 만든 초기 모델에 포함된 4가지 문화 차원에는 권력의 불평등성에 대한 구성원들의 수용 정도에 따라 높은 권력 거리와 낮은 권력 거리(또는 고권력 거리와 저권력 거리, High Power Distance vs. Low Power Distance), 사회 구성원 간 구속력 정도에 따라 개인주의와 집단주의(Individualism vs. Collectivism), 성공, 돈, 물질 추구를 중시하는 남성적(Masculinity) 문화 차원과 다른 사람에 대한 보호와 삶의 질을 중시하는 여성적(Femininity) 문화 차원, 마지막으로 애매하고 불확실한 상황에 대한 수용 정도에 따라 불확실성 회피(Uncertainty Avoidance)와 불확실성 수용(Uncertainty Acceptance) 문화 차원이 포함되었다. 이후 그는 중국인의 가치 조사를 바탕으로 사회 구성원의 시간관념에 해당하는 장기 지향(Long Term Orientation)과 단기 지향(Short Term Orientation) 문화 차원, 불가리아 출신 학자 미카엘 민코프(Michael Minkov)의 세계 가치

조사에 기반을 둔 인간의 자연스러운 욕구 충족을 인정하고 삶을 즐기는 자적(Indulgence) 문화 차원과 이를 사회적 규범으로 금지하는 자제(Restraint) 문화 차원을 추가했다.

호프스테더의 국가 차원 모델은 시대 변화에 따른 구성원들의 가치 변화를 반영하지 못한다는 점, 국가를 분석틀로 삼아 한 국가의 지리적인 경계를 문화적 경계로 한정한 점, 글로벌 기업에 종사하는 사람들을 대상으로 조사해 한 국가에 대한 문화 정체성을 대표하는 표본으로 삼았다는 점, 한 국가에 대한 고정관념을 심어준다는 이유에서 비판을 받기도 했다. 그럼에도 불구하고 호프스테더의 문화 차원 모델은 아직까지 한 국가 국민들의 성향을 큰 틀에서 이해하는 데 유용할 뿐만 아니라 후속 연구를 유도한다는 점에서 의미가 있다. 『세계의 문화와 조직』(Hofstede, Hofstede and Minkov, 2014)에 서술된 각 문화 차원별 특징을 요약해보면 다음과 같다.

● 권력 거리 문화 차원

호프스테더의 문화 차원에서 권력 거리란 한 사회의 구성원들이 권력의 불평등한 분포를 수용하는 정도를 의미한다(Hofstede, Hofstede and Minkov, 2014: 81). 권력 거리가 낮은 사회에서 권력은 분산되는 특징이 있으며, 구성원들 사이에서 특권은 환영받지 못한다. 아랫사람(부하 직원 혹은 연하)이 윗사람(상사 혹은 연장자)에 의존하는 정도는 약하며, 이들 간 대화는 협의적 의사 결정 방식에 따라 진행된다. 반면에 권력 거리가 높은 집단에서 조직 내 권력은 특정인에게 편중되는 경향이 있으며, 구성원들은 권력자들이 특권을 누리는 것을 당연한 것으로 받아들인다. 대화 체계는 상명하복 방식이며, 윗사람은 아랫사람의 의견보다는 규정을 따르고, 아랫사람은 윗사람의 독단적이고 가부장적인 결정을 선호한다. 그렇지 않은 경우 아랫사람은 반대로 윗사람의 의견을 전적으로 거부하기도 하는데, 이는 종종 반란이나 혁명으로 표출되기도 한다. 즉, 권력 거리가 높은 집단에서는 윗

사람에게 전적으로 의존하거나 전혀 의존하지 않는 극화 현상이 공존한다는 것을 알 수 있다. 권력 거리에 따라 부패에 대응하는 방식도 다르게 나타난다. 권력 거리가 낮은 국가에서 사람들의 권력 행사는 합법적이고 선악 기준에 따르기 때문에 권력자가 부정행위에 연루된 경우 그의 정치 이력은 끝나게 된다. 반면에 권력 거리가 높은 문화권에서 권력자는 정당성보다는 힘을 앞세우며, 권력자가 부정행위에 연루된 경우에는 대개 은폐되는 경향이 있다. 권력 거리는 가족 문화에도 깊이 뿌리박혀 있다. 권력 거리가 낮은 사회에서 부모와 아이는 동등한 존재이며, 상호 독립적이다. 부모에게 반박이 허용되며, 거절의 권리에 대해서도 배운다. 그리고 타인과의 관계에서 연령이나 지위에 구속받지 않는다. 반면에 권력 거리가 높은 사회에서 자녀는 부모에게, 나이 어린 사람은 연장자에게 복종할 것을 요구받는다. 이러한 서열은 어린이들끼리도 존재하며, 대체적으로 연하의 아이는 연상의 아이에게 양보해야 한다. 호프스테더는 사회의 가장 작은 단위인 가족에서 형성된 권력 거리는 사회로 확대 적용되며, 가족 안에서 형성된 문화의 정신적 프로그램을 바꾸기는 어렵다고 주장하고 있다(Hofstede, Hofstede and Minkov, 2014: 94).

● 개인주의와 집단주의 문화 차원

개인주의란 개인 간의 구속력이 느슨한 사회를 말한다. 개인주의 사회의 궁극적인 목표는 개인의 자아실현과 행복 추구이다. 그리고 결정의 중심에는 항상 개인 자신이 존재한다. 반대로 집단주의에서 한 개인은 태어날 때부터 강력하고 단결이 잘된 내집단에 통합되어 있다. 개인은 내집단에 평생 충성하는 대가로 보호를 받는다. 집단주의의 궁극적인 목표는 사회의 화합과 합의이다(Hofstede, Hofstede and Minkov, 2014: 118). 개인주의 문화권에서는 독립적인 자아를 형성하는 반면에 집단주의 문화권에서는 의존적인 자아를 형성한다. 개인주의 문화권에 속한 어린이는 가정에서 '나'라는 개별적이고 독립적인 정체성 안에서 생각하는 법을 배우지만, 집단주의 문화권에서는 '우리'의 틀 안에서 생각하는 법을 배운다. 권력 거리와 개인주의 및 집단주의 문화는 상호 연관된다. 권력 거리 지수가 높은 국가는 대체로 개인주의 지수가 낮으며, 반대로 권력 거리 지수가 낮은 국가는 개인주의 지수가 높게 나온다.

앞서 알오마리가 소개한 것처럼 집단주의 문화권은 체면 중심 문화권에 속하기 때문에 고맥락 화법을 주로 사용한다. 집단주의 문화권에서는 직접적인 대화법보다 간접적이고 암묵적인 대화법이 발달했으며, 구성원 간 조화와 합의가 중요한 덕목으로 간주된다. 즉, 개인주의 문화권에서는 자신의 생각을 솔직하게 있는 그대로 말하도록 훈련받지만, 집단주의 문화권에서는 구성원 간 조화나 화합이 유지되어야 하기 때문에 구성원 간에 직접적인 대립은 피하는 경향이 있다. 집단주의 문화권에서는 개인의 의견은 존재하지 않으며, 오히려 집단에 의해 미리 결정되는 경향이 있다. 개인주의 문화권에서는 미디어가 주요 정보원이지만, 집단주의 문화권에서는 사회적 네트워크가 주요 정보원이다. 따라서 사람들은 물건 구매 결정 시 뉴스나 광고보다는 주변인의 추천을 우선시하는 경향이 있다.

● 남성성과 여성성의 문화 차원

호프스테더는 사회적으로 구성되는 성성에 기반해 문화 차원을 남성적 문화와 여성적 문화로 나누었다. 남성적 문화권에서는 도전, 소득, 표창, 승진 등이 중요한 규범으로 간주되지만, 반면에 여성적 문화권에서는 삶의 질과 타인과의 관계가 중요한 덕목으로 여겨진다. 감정적인 면에서도 남성적 문화권에서는 남녀 차이가 명확하게 구별된다. 남성적 문화권에서 남성들은 자기주장이 강하고, 거칠고, 단호하며, 물질적 성공에 집중한다. 반면에 여성들은 겸손하고, 부드러우며, 삶의 질에 관심을 둔다. 반대로 여성적 문화권에서는 남성성과 여성성에 대한 뚜렷한 구분 없이 남성과 여성 모두 겸손하고 부드러우며, 삶의 질에 관심이 많다(Hofstede, Hofstede and Minkov, 2014: 168). 가정의 차원에서 남성적 문화권일수록 아버지와 어머니의 역할 구분이 뚜렷해지는데 아버지는 가구의 경제적 생계를 책임지고 어머니는 가사를 돌본다. 반면에 여성적 문화권에서는 아버지나 어머니 모두 돈벌이와 양육을 같이 수행한다. 대화 방식에서 남성적 문화권에 속한 남성은 정보를 전달하는 '보고형' 대화를 주로 하고, 여성은 관계 형성과 감정 교환을 위주로 하는 '친교형' 대화를 더 많이 한다.

성과 관련해서 남성적 문화권은 여자와 남자에게 각기 다른 기준을 적용한다. 즉, 남성은 주체이고 여성은 객체라는 이중 잣대가 있는 반면에, 여성적 문화권에서는 남성과 여성 모두 주체이고 단일 잣대가 적용된다. 가령, 남성적 문화권에서는 성에 대해 터놓고 말하는 것은 금시기되며, 그 결과 관능에 대한 암시적 상징주의가 심하다. 반면에 여성적 문화권에서는 성에 대해 터놓고 자유롭게 말할 수 있기 때문에 관능에 대한 암시적 상징주의가 덜하다. 동성애의 경우 남성적 문화권에서는 남성적 규범을 위협하는 것으로 간주되어 거부되는 경향이 있다. 여성운동에 대해서도 두 문화권의 입장은 상반된다. 남성적 문화권에서 여성운동은 남성이 점유한 자리에 여성이 들어가는 것을 의미하며, 여성은 남성이 가진 것만큼 평등한 권리와 기회를 누려야 한다고 주장한다. 반면에 여성적 문화권의 여성운동은 남자와 여자가 집과 일터에서 공정성을 확보하는 데 목표를 둔다. 이 문화권에서는 여성해방뿐만 아니라 남성 해방도 요구하고 있으며, 공평한 사회를 위해 남성과 여성 모두 사회를 변화시키고 싶어 한다.

교육에서도 남성적 문화와 여성적 문화의 차이는 나타난다. 남성적 문화에서는 가장 우수한 학생이 규범이 되는 반면에 여성적 문화에서는 평범한 학생이 규범이 된다. 남성적 문화에서 학생들은 학급에서 눈에 띠려고 노력하며 서로 공개적으로 경쟁한다. 따라서 남성적 문화에서는 학교에서 낙제는 비극이며, 시험에 실패하면 자살하는 사례도 종종 목격된다.

반면에 여성적 문화에서는 자기주장이 강한 행동과 남보다 우수해지려는 시도는 비웃음을 사기 쉽기 때문에 드러내지 않는다.

● 불확실성 회피 문화와 수용 문화

불확실성 회피 혹은 수용 문화는 예측 불가능한 일에 대해 참는 정도, 또는 한 문화의 구성원들이 불확실한 상황이나 미지의 상황으로 인해 위협을 느끼는 정도를 의미한다. 어느 사회든 구성원들은 불안을 완화하는 방법을 개발해 대응해왔으며, 여기에는 과학기술, 법률, 종교가 포함된다. 과학기술은 가장 원시적인 사회에서 가장 진보된 사회에 이르기까지 자연에 의해 생겨나는 불확실성을 피하는 데 도움이 되었고, 법률과 규칙은 타인의 행동에서 나타나는 불확실성을 예방했으며, 종교는 개인의 미래를 통제하는 초월적인 힘과의 관계를 다루었다(Hofstede, Hofstede and Minkov, 2014: 219). 불확실성 회피 문화권에서는 생활 속에 내재하는 불확실성은 극복되어야 하는 지속적인 위협 요소로 간주되어 사람들 간 스트레스 지수와 불안감이 높다. '다름'을 위협으로 여기는 경향이 있기 때문에 외국인에 대한 편견과 혐오증이 있다. 그리고 권위 있는 전문가를 신뢰하는 경향이 있다. 반면에 불확실성 수용 문화권에서는 불확실성은 생활의 일부로 간주되어, 그대로 받아들이며, 스트레스와 불안감이 작은 편이다. '다름'에 대한 호기심이 있기 때문에 다른 민족에 대한 포용력이 있으며, 외국인에 대해 긍정적이다. 불확실성 회피 문화권에서는 규칙과 규율이 많은 반면에 불확실성 수용 문화권에서는 최소한의 규칙과 규율만이 있다.

● 장기 지향과 단기 지향 문화 차원

장기 지향과 단기 지향은 사회에서 시간을 인식하는 범위를 설명하는 개념이다. 구체적으로는 사회 구성원들이 현재와 미래의 도전에 대처하면서 과거와 어떤 연관성을 유지해야 하는지를 설명하는 문화 차원으로, 중국인의 가치 조사에 근거해 만들어졌다. 호프스테더의 정의에 따르면 장기 지향적인 문화권은 미래에 더 많은 중요성을 부여한다. 따라서 사회 구성원들은 미래를 위해 인내, 지속, 절약 등을 중시하며, 결과를 위해 꾸준히 노력을 기울인다. 반면에 단기 지향 문화권의 사람들은 절약보다는 소비에 관심을 가지며, 빠른 결과를 내려고 노력한다. 장기 지향 문화권에서는 향후 10년의 이익이 중요하지만 단기 지향 문화권에서는 금년의 이익이 중요하다.

• 자적과 자제 문화 차원

자적 문화에 속하는 국가의 특성은 생활을 즐기고, 재미있게 지내며, 인간의 기본적인 욕망 충족에 비교적 관대하다. 반면에 자제적인 국가에서는 욕망에 대해 사회적 규범으로 금지하는 부분이 많고, 여유로운 행동과 지출 등을 제한하는 경향이 있다. 자적 사회는 느슨한 사회이며, 행복을 느끼는 사람의 비율이 비교적 높고, 삶에 대한 태도도 긍정적이며, 낙관주의자가 많다. 반면에 자제 문화에서의 사람들의 삶은 빠듯하고, 행복을 느끼는 사람의 비율이 낮고, 도덕적으로 절제를 많이 하며, 비관주의자들이 많다. 자적 사회에서는 외국 음악과 영화의 인기가 높고, 남녀 간 역할 구분이 약하며, 가사 분담이 잘 이루어질 뿐만 아니라 성 규범은 엄격하지 않다. 또한 표현의 자유가 중요하게 간주되고, 국가 질서 유지는 우선적 가치가 아니다. 반면에 자제 사회에서는 외국 음악이나 영화의 인기가 적고, 남녀 역할 구분이 강해 불평등한 가사 분담은 문제가 되지 않으며, 성 규범은 엄격하다. 표현의 자유보다는 국가 질서 유지를 우선 가치로 여긴다.

호프스테더의 문화 차원에서 본 걸프 마인드

호프스테더는 1983년에 아랍인과 그들의 문화 정체성에 대해 처음으로 연구를 행했다. 당시 이 연구에 포함된 국가는 이집트, 레바논, 리비아, 사우디아라비아, 이라크, 쿠웨이트, 아랍에미리트 등 아랍 7개국이다. 연구 결과 아랍인의 문화 차원은 고권력 거리, 불확실성 회피 문화, 집단주의 문화, 보통 수준의 남성적 문화로 규명되었다. 그러나 당시 연구는 북아프리카, 레반트, 걸프 지역 몇 나라를 분석 대상으로 삼아 이를 전체 아랍인들의 문화 차원으로 확대해석했다는 점에서 한계가 있다. 그에 대한 후속 연구로 알와이즈리와 알무하이자(Al-Waijri and Al-Muhaiza, 1996)는 걸프 지역을 중심으로 걸프 마인드를 분석했다. 그들은 아랍 지역의 문화적 다양성을 간과하고 북아프리카, 레반트, 걸프 지역을 하나의 분석 단위로 묶어 아랍인의 성격을 정의한 호프스테더의 분석틀에 대한 한계를 지적하고 이를 보완했다. 그러나 이 연구에서는 연구 대상이 되는 걸프 거주민에 대해 명확하게 규정하지 않았다는 점에서 연구의 타당성이 다소 떨어진다. 앞서 언급한 바처럼 걸프 지역 거주민의 70%가량은 외국인 노동자이며, 이 주민에는 타 아랍 국가, 동남아인, 아프리카인, 아시아인 등이 포함되기 때문이다.

〈그림 3-1〉은 호프스테더가 연구한 아랍인의 문화 차원과 이후 알와이즈리와 알무하이자가 호프스테더 문화 차원 모델을 차용해 후속 연구로 진행한 걸프 지역 아랍인들의 문화 차원을 비교한 것이다. 〈그림 3-1〉에 '호프스테더'라고 적힌 부분은 호프스테더가 아랍 지역 7개국을 대상으로 조사한 것이며, '걸프'라고 적힌 부분은 알와이즈리와 알무하이자가 각 걸프 국가를 대상으로 분석한 문화 차원의 평균값을 나타낸다. 그리고 나머지는 바레인, 사우디아라비아, 오만, 카타르, 쿠웨이트 순서로 각 국가별

그림 3-1 **호프스테더 아랍 문화 차원과 걸프 각 국가별 문화 차원 비교**

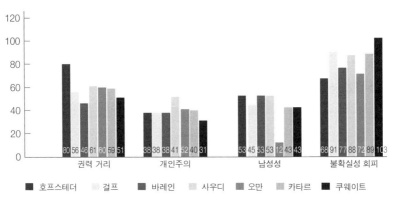

자료: Al-Waijri and Al-Muhaiza(1996)에서 나타난 수치를 재구성.

지수를 나타낸 것이다(이 연구에서 아랍에미리트는 자료 수집의 어려움으로 제외됨).

분석 결과 각 걸프 국가의 문화 차원은 개인주의 지수를 제외하고 호프스테더가 측정한 아랍인의 문화 차원과 다소 차이가 있음을 알 수 있다. 주지할 점은 걸프 지역 각 국가 간에도 문화 차원 지수가 상이하다는 것이다. 이는 각 국가별 상황과 역사적 경험에 따라 문화 차원이 다르게 형성될 수 있음을 보여준다. 즉, 유사한 정치·경제 제도와 문화적 공통성을 띠는 걸프 국가라 하더라도 개별 국가 단위별로 문화 코드가 다르다. 걸프 국가별 문화 차원에 대한 구체적인 설명은 다음과 같다.

● 고권력 거리와 부족주의 문화

아랍 지역의 권력 거리 지수는 호프스테더의 문화 차원 모델에 대입하면 80에 해당한다. 아랍 지역은 꽤 높은 권력 거리 문화권에 속한다. 풀어 설명하면, 아랍 지역 사람들은 사회적 지위에 따라 권력을 불평등하게 행사하며, 특정인에게 권력이 집중되는 상황을 대체로 수용한다는 것이다. 특히 가부장제와 부족주의가 중심인 걸프 지역에서 권력은 가족 차원에서는 아버지에게, 부족 차원에서는 셰이크에게, 국가 차원에서는 통치 가문에게 집중되는 경향이 있다. 즉, 권력의 핵에 해당하는 원의 중심부엔 통치 가문이 있으며, 그 주변부엔 종교 엘리트 가문이나 상인 가문, 그리고 통치 가문과 다양한 목적으로 연합된 가문이 자리하고 있다. 이들 간의 관계는 서로 필요에 의한 의존관계로 유지되었으며, 결혼을 통해 동맹 관계는 더욱 강화되었다.

호프스테더의 문화 차원 지수와 비교할 때 알와이즈리와 알무하이자의 연구에서는 걸프 지역 평균 권력 거리 지수가 56으로 다소 낮게 나왔다. 알와이즈리와 알무하이자는 이와 같은 지수 간 차이의 원인을 오일 머니 유입으로 인한 사회 가치 변화 때문이라고 지적하고 있다. 이들의 연구에 따르면 걸프인은 서구화로 인한 개인주의 유입, 외국인 노동자 유입, 자국민의 해외여행과 유학 경험 등으로 평등 의식을 자각하기 시작했으며, 이는 권력 행사에 대한 인식 변화에도 영향을 미쳤다는 것이다. 이러한 요소 외에도 걸프인들 사이에 여전히 부족주의가 영향을 미친다는 점을 감안할 때, 이 연구 결과에는 외국인도 포함된 것으로 추정된다. 이들의 연구에 따르면 걸프 국가 중 쿠웨이트의 권력 지수는 51, 바레인의 권력 지수는 46으로, 사우디아라비아 61과 오만 60에 비해 낮게 나왔다. 이에 대해 알와이즈리와 알무하이자는 쿠웨이트와 바레인은 과거 석유 발견 이전부터 오랫동안 무역의 중심지였고 이문화와 접촉할 기회가 많았으므로 사막 가부장제가 공고히 유지되기 어려웠기 때문인 것으로 해석하고 있다.

부족주의 성격 변화와 관련해 쿡은 석유 시대 도래 이후 통치 가문을 중심으로 한 부족주의 정치권력이 강화되었다고 주장하고 있다. 석유 시대 이전에 통치 가문은 상인 가문의 자금력에 의존해 통치력과 정당성을 확보하려고 권력을 분배했다. 그러나 오일 머니의 유입으로 통치 가문은 더 이상 상인 가문에 의존할 필요가 없게 되었으며, 앞서 언급했던 쿠웨이트 사례처럼 상인 가문은 통치 가문에 행사하던 영향력을 점차 상실했다. 또한 통치 가문은 일반 국민에게 정부의 각종 복지 혜택을 보장하며 부족주의 시스템을 와해하려 노력해왔다. 따라서 부족민의 충성심은 부족장에서 이제는 국가로 전환되기 시작했으며, 석유 시대 이후 통치 가문을 중심으로 권력 집중 현상이 공고해졌다는 것이다. 결국, 걸프 지역 부족주의 정치 시스템은 새로운 국가 수립과 함께 국가 차원에서 재탄생했으며, 부족주의는 여전히 존재하지만 이전보다는 약화되었다고 주장하고 있다(Cooke, 2014: 51~52).

같은 맥락에서 2011년에 발발한 아랍의 봄은 젊은 세대를 중심으로 전통적인 부족주의가 약화되는 현상을 잘 보여준다. 정보 매체가 발달하기 전에는 부족의 젊은이들은 정보력을 쥐고 있던 부족장이나 기성세대의 의사 결정을 따라야 했다. 정보력을 중심으로 이들 간에는 자연스럽게 위계질서가 형성되었으며, 명령과 복종의 시스템이 구축되었다. 그러나 정보 혁명으로 일반인들도 (특히 정보와 권력 획득 과정에서 소외된 젊은이들을 중심으로) 언론과 SNS를 통해 다양한 정보를 얻을 수 있게 되었고, 심지어 정보 생산도 가능해지면서 이제 권력은 새로운 매체를 좀 더 잘 다룰 수 있는 젊은이들에게로 점차 이동되는 현상이 목격되고 있다. 이를 가장 잘 보여주는 사건이 바로 SNS 혁명으로 일컬어지는 '아랍의 봄'이었다. 아랍의 봄 당시 젊은이들은 기성세대의 만류를 뿌리치고 거리로 나섰으며, 사회 개혁을 요구했었다. 튀니지, 리비아, 이집트에서는 해묵은 독재 정권이 바뀌었다. 아랍의 정치 변동과 부족주의와의 관계를 연구한 서정민은 젊은 세대가 주축이 되어 기성세대에게 변혁을 요구했던 아랍의 민주주의 운동으로 인해 부족주의에 기반을 둔 가부장적 권위주의 심리가 바뀌고 있다고 소개하고 있다. 즉, 아랍의 봄은 젊은 세대에게 가부장적 권위에 순종하는 심리 구조에서 벗어나 사회 개혁을 위해서라면 집단적 저항도 가능하다는 새로운 인식을 불어넣어 준 계기가 된 것이다(서정민, 2012: 116~119). 또한, 사회적 약자가 항상 권력을 수용하는 종착점이 아닌 권력을 행사하는 시작점이 될 수 있다는 것도 보여준다.

● 집단주의 문화

대다수 걸프 국가에서 개인주의 지수는 오만이 52인 것을 제외하고 상당히 낮게 나왔다. 개인주의 지수가 낮다는 것은 걸프 지역이 집단주의 문화권에 속하며, 개인보다는 그가 속한 집단을 중시한다는 것을 보여준다. 걸프 지역에서 집단에 대한 충성심과 책임감이 그 어떤 가치보다 우선한다는 것은 앞서 부족주의 부분에서 설명했다. 알와이즈리와 알무하이자는 부족주의 전통 외에도 형제애와 움마 공동체를 강조하는 이슬람의 통합 사상을 걸프 지역 집단주의 문화를 더욱 강화시키는 원인으로 꼽고 있다. 형제애를 강조하는 이슬람교에서는 신자들에게 서로 보살필 것을 가르치고 있으며, 그에 대한 보상도 언급하고 있다. 또한, 이슬람 공동체인 움마의 형성을 가장 이상적인 사회 모델로 추구하고 있다. 그 밖에 외국인 이주민 유입도 걸프인들의 공고한 집단주의 문화를 강화시키는 또 다른 원인으로 작용하고 있다. 외국인 노동자가 걸프 지역에 지속적으로 유입되자 아랍에미리트와 카타르와 같은 국가에서 자국민은 이미 소수 민족으로 전락했다. 전체 인구의 10% 미만을 차지하는 소수 자국민은 안으로 더욱 강력한 연대 의식을 형성하고 있다.

집단주의 문화권인 걸프 지역에서 결혼 문제는 개인의 일이 아닌 가족 전체 혹은 부족의 일로 간주되어 매우 중요하게 여겨진다. 결혼은 때로 집단 전체의 운명과 관련되기 때문이다. 과거 젊은 신랑이나 신부는 자신의 배우자 선택에 대한 발언권이 없었다. 결혼에 대한 결정은 어른들의 일로 여겨졌으며, 젊은이들은 그들의 결정에 따라야 했다. 따라서 배우자 간 사랑보다는 집안의 배경, 나이, 학력, 직업 등 기타 요인들이 결혼 결정에 영향을 미쳤다. 걸프 지역에서는 부족 간 동맹을 위한 결혼이나 사촌혼이 빈번하게 일어났는데, 전자는 부족의 정치적·경제적 이익을 극대화하기 위한 목적에서, 후자는 부족의 권력이나 부의 유출을 막기 위한 전략으로 주로 행해졌다.

● 남성적 문화와 여성적 문화가 공존하는 걸프 지역

남성적 문화 차원과 여성적 문화 차원에 대한 호프스테더의 연구에서는 걸프 지역의 남성성 지수가 53으로 평가된 반면에 알와이즈리와 알무하이자 연구에서는 걸프 지역 남성성 지수가 45로 나왔다. 걸프 지역에 대한 두 연구의 상반성은 이 지역에 남성적 문화와 여성적 문화의 성격이 모두 공존하고 있다는 것을 보여준다. 걸프 지역 여성적 문화 차원의 속성은 이슬람의 통합 정신과 형제애, 공동체를 중심으로 한 교리가 작용한 결과로 해석될 수 있다. 반면에 걸프 지역 남성적 문화 차원의 속성은 여성과 남성의 성성과 역할을 이분법적으로 명확하게 구분하는 이 지역의 문화적 특성과 관련지을 수 있다. 주지할 점은 오만의 경우 남성성 지수가 타 걸프 국가보다 현격히 낮은 12로 측정되었다는 것이다. 이는 타 문화에 관용을 베풀고 이문화에 관대한 오만의 이바디즘(Ibadism) 전통에서 찾아볼 수 있다.

이 연구는 남성적 혹은 여성적 문화 차원에 대한 사회 구성원의 속성을 제시한 것으로 현실에서 드러나는 여성에 대한 걸프 사회의 사회적 인식이나 여성의 사회적 지위와는 또 다른 부분이다. 즉, 사회적 성향이 남성적인지 혹은 여성적인지, 그 사회가 여성 문제를 어떻게 바라보는지는 서로 다른 차원의 질문이기 때문에 분리되어야 한다. 부족주의와 가부장제에 기반을 둔 걸프 사회는 남성과 여성의 성성 및 역할을 이분법적으로 분명하게 구분하기 때문에 여성 문제와 관련해서는 남성적 사회로 규정할 수 있겠다. 이는 뒤따르는 '호프스테더의 문화 차원에서 본 걸프 여성'에서 좀 더 자세히 다루도록 하겠다.

● 불확실성 회피 지수가 높은 걸프 지역

알와이즈리와 알무하이자의 연구에서는 걸프 지역의 불확실성 회피 지수는 91로, 호프스테더가 분석한 아랍 지역의 불확실성 회피 지수 68과는 다소 격차가 있다. 〈그림 3-1〉에서는 걸프 국가의 불확실성 지수가 다른 지수에 비해 확연히 높음을 한눈에 확인할 수 있다. 걸프 국가 중 쿠웨이트의 불확실성 회피 지수가 103으로 가장 높고, 오만의 지수는 72로 가장 낮다. 알와이즈리와 알무하이자는 걸프 지역의 불확실성 회피 지수가 높은 원인으로 석유 자원에 의존적인 걸프 국가의 경제 시스템을 들고 있다. 이들 국가는 석유로 갑작스럽게 부국이 되었으나 유한적인 석유 자원의 특성상 언제 그 부를 잃게 될지 모르는 두려움에 쌓여 있다고 한다. 또한 석유 자원은 항상 국제 유가 변동에 민감하며, 국가 재정과 경제 계획에 영향을 미친다. 앞서 2014년 중반부터 유가가 하락해 석유 수입이 줄어들자 걸프 정부가 재정 적자를 메우기 위해 경제 다변화 정책을 추진하고, 각종 보조금 감소 및 세금 도입을 서두르고 있다는 것은 이미 언급한 바 있다. 따라서 사람들은 미래를 안정적으로 보기보다는 항상 유동적이며 불안하게 보는 경향이 있다. 미래를 불안하게 보는 걸프인들의 심리는 사실 석유 시대 그 이전에도 존재했다. 과거 석유 자원 발굴 이전 걸프 지역 거주민들은 항상 다른 부족의 침입을 걱정해야 했고, 수입은 어업이나 진주 채취 등 자연 자원에 의존해야 했다. 내륙 지역의 사막 유목민은 오아시스를 찾아 항상 이동해야 했고, 해안 지역 거주민들은 물질을 하다 언제 닥칠지 모르는 상어 공격에 항상 불안에 떨었다. 이러한 측면에서 보았을 때 시대에 따라 불안감을 일으키는 요소는 변하지만, 미래를 불안하게 보는 불확실성은 걸프인의 마음속에 지속적으로 존재해왔음을 알 수 있다.

걸프 국가 중 바레인의 불확실성 회피 지수는 77로 오만 다음으로 낮다. 알와이즈리와 알무하이자는 그 배경을 고대부터 발달했던 바레인의 무역로에서 찾고 있다. 바레인은 사막 생활이 아닌 바다를 중심으로 무역이나 상업 활동을 해왔으며, 위험에 대한 노출이 많았다. 따라서 위험 요소에 대한 대비와 대응 능력이 발달했으며, 불확실한 미래에 대한 스트레스도 상대적으로 적었다고 설명하고 있다. 반면 알와이즈리와 알무하이자는 쿠웨이트 국민의 미래에 대한 불확실성 회피 지수가 확연히 높은 원인을 걸프전의 트라우마에서 찾고 있다. 1990년 예상치 못한 상황에서 이라크로부터 갑작스럽게 침공당한 쿠웨이트는 (그것도 같은 아랍의 수니 정부로부터) 불확실한 미래에 대한 불안감이 더욱 높을 수밖에 없었다. 한편 불확실성 회피 지수가 높은 사회에서는 민족주의가 강하고, 외국인에 대한 포용력이 약하다고 소개한 바 있다. 그들에게는 이질적인 것이 불확실성을 더욱 높이는 요소로 작용하기 때문이다. 이는 물과 기름처럼 서로 섞이지 않는 내국인과 외국인 간에 분절된 사회를 형성하는 걸프 사회의 단면을 설명하기도 한다.

호프스테더는 흥미롭게도 불확실성 회피 지수가 높은 사회에서 왜 유일신 사상이 발전했는지를 설명하고 있다. 호프스테더는 유대교, 기독교, 이슬람교와 같이 유일신교의 탄생지는 모두 중동 지역이며, 계시종교라는 공통점에 주목하고 있다. 이 종교들은 모두 자신들이 추구하는 절대 진리만을 인정하며, 다른 진리는 배척한다. 이들의 신념은 "진리는 단지 하나일 뿐이며, 우리는 그것을 가지고 있다. 다른 것들은 모두 거짓이다. 이러한 진리를 소유하는 것이 구원에 이르는 유일한 길이며, 인생의 주요 목적"이라고 여긴다. 호프스테더는 다른 것들은 모두 거짓이라고 믿는 이들의 종교적 신념 때문에 이교도는 개종의 대상이 되고, 이를 따르지 않으면 반대로 제거의 대상이 된다고 주장하고 있다(Hofstede, Hofstede and Minkov, 2014: 260). 그는 불확실성 회피 성향이 높은 국가에서는 이러한 종교적 성향이 정치 이데올로기에도 반영되는 경향이 있으며, 결과적으로 다른 생각과 이념을 포용하지 않는 편협한 정치 이데올로기가 발전했다고 덧붙였다.

● 호프스테더 연구의 한계

알와이즈리와 알무하이자 외에도 나즘(Najm, 2015)은 아랍 마인드 측정을 위한 새로운 모델을 제시하고 있다. 그는 호프스테더 모델에는 종교적 변수가 누락되었다는 것을 지적하고 있다. 또한, 걸프인을 포함한 아랍인의 문화 정체성 형성에 근간이 되는 이슬람에 대한 분석 누락은 아랍인의 문화 차원 측정에 한계를 드러낸 것이라고 비판하고 있다. 다행히도 이 부분은 앞서 진행된 알와이즈리와 알무하이자의 연구에서 많은 부분이 보완되었다. 비록 호프스테더의 문화 차원 모델은 한 국가의 문화 코드를 이해하는 데 많은 한계를 드러냄에도 불구하고 이처럼 후속 연구에 적용되어 각 지역의 문화 차원을 분석하고 그들의 마인드를 이해하는 데 많은 도움을 주고 있다.

호프스테더의 문화 차원에서 본

걸프 여성

집단주의 문화에서 명예의 상징, 걸프 여성

집단주의 문화권에서는 명예와 체면 문화가 발달했다는 것은 앞서 이미 언급했다. 집단주의 문화권인 걸프 사회에서는 한 개인의 명예는 내면의 잣대인 죄책감보다 사회의 시선에서 판단된다. 즉, 명예를 판단하는 기준은 스스로가 내리는 평가가 아닌 남이 하는 평판이다. 개인의 명예는 자신만의 문제로 끝나지 않고, 가족 혹은 부족 전체에 영향을 미치기 때문에 걸프 사회에서는 항상 이웃의 말에 신경을 쓰고 귀를 기울인다. 그리고 때때로 전문가보다는 주변인들의 말을 더 신뢰하는 경향도 있다. 사회의 시선과 평판이 중요하기 때문에 사람들과 항상 좋은 관계를 유지하며, 인적 네트워크를 중시한다.

걸프 사회에서 남성과 여성의 명예는 이분법적으로 이해되어왔다. 남성의 명예는 남성으로서의 의무를 지킬 때 완성된다. 가령 남성이 자신의 고귀함과 위엄을 지키고, 여성을 보호하며 용맹스러운 행동을 했을 때 그는 이웃으로부터 칭송을 받으며, 명예로운 남성으로 간주된다. 반면에 여성의 명예는 주로 여성의 몸이나 품행과 관련되며, 정숙과 순결을 지킬 때

완성된다. 그러나 여성의 명예는 몸과 직접적으로 관련되기 때문에 한번 실추되면 다시는 회복될 수 없다. 만일 결혼 전 여성이 이성과의 관계를 의심받으면 그 여성의 명예는 영원히 손상된다. 그리고 한번 여성의 명예가 손상되면 다시 돌이킬 수 없으며, 이는 그 여성을 보호해야 하는 남성 그리고 가족 전체의 불명예가 된다. 이처럼 남성과 여성에게 부여된 명예의 성격은 다르다. 남성이 적극적이고 능동적으로 명예를 획득할 수 있는 반면에 여성은 소극적이고 수동적으로 이를 지키며 유지한다. 아랍 사회 남성과 여성의 명예의 속성을 연구한 아부 자이드(Abou-Zeid)에 따르면 아랍어로 남성과 여성의 명예를 지칭하는 용어조차 다르다고 한다. 남성의 명예는 '샤라프(Sharaf)'로 표현된 반면에, 여성의 명예는 '이르드(Ird)'로 표현된다. 샤라프는 올바른 행동으로 성취할 수 있는 속성인 반면에 이르드는 여성의 행실과 관련되며 지켜야 하는 속성이다. 결국 남성의 명예는 적극적으로 쟁취할 수 있지만 여성의 명예는 수동적으로 보호되어야 하는 속성으로 남녀 명예의 성격은 근본적으로 다르다는 것을 알 수 있다(엄익란, 2009: 166에서 재인용).

명예와 수치에 대한 걸프 사회의 이분법적 시각은 가부장제의 섹슈얼리티에 대한 인식에서 그 원인을 찾을 수 있다. 가부장제의 틀 안에서 여성의 명예와 수치에 대한 판단은 성성에 국한되어왔다. 여성의 성은 남성 중심 사회에 잠재적인 위협으로 인식되었다. 따라서 걸프 지역뿐만 아니라 중동 이슬람 문화권의 여성은 순결을 지키기 위해 소극적인 방법에 의존해왔다. 그 예로 과거 여성들은 관습과 전통에 따라 공적 공간에서 분리된 여성들만의 사적 공간인 하렘(Harem)에 거주했다. 만일 불가피하게 외출을 해야 할 때 여성은 사적 공간의 경계를 넘어서는 순간부터 자신과 가족의 명예를 보호하기 위해 베일을 두르거나 보호자를 동반했다. 이를 지키지 않을 경우 여성은 도덕성을 의심받게 되며 '헤픈 여성'이라는 비난을 받는다. 불명예를 씻기 위해 일부 가족들은 딸이나 여동생에게 명예 살인을 저지르기도 한다. 명예의 속성이 집단적인 이 지역 문화권에서 가문의 명예를 회복할 수 있는 길은 가문을 더럽힌 여성을 제거하는 것이다(엄익란, 2009: 166에서 재인용). 가족의 명예를 살리기 위해 명예를 더럽힌 여성을 죽이는 전통은 지금까지도 '명예 살인'의 이름으로 남아 일부 지역에서 자행되고 있다.

단기 지향 문화에서 전통의 상징, 걸프 여성

호프스테더에 따르면 장기 지향 문화권보다 단기 지향 문화권에서 전통 문화에 대한 집착이 심하다고 한다. 즉, 실용적인 자세로 변화를 받아들이기보다 오래전의 전통과 규범을 유지하는 것을 선호한다는 것이다. 전통을 고수하는 이 문화권들의 특징은 여성을 바라보는 시각에도 반영된다. 걸프 사회에서 공통적으로 여성은 전통문화의 '담지자(擔持者)'이자 이슬람의 종교적 가치를 후세에 교육하는 '전달자'로 인식되어왔다. 따라서 노동력의 자국민화 정책을 시행해 집안에 머물던 여성을 밖으로 불러내기 전까지 타 문화로부터 '오염'을 막기 위해 보수적인 여성 보호 정책을 시행해왔다. 그러나 앞서 언급한 것처럼 여성에 대한 과도한 '보호'는 오히려 '차별과 억압'이라는 새로운 문제를 낳았다. 걸프 지역에서 여성 차별과 억압을 보여주는 단적인 예는 보호자법으로 불리는 후견인 제도이다. 이 관습에 따르면 여성은 남성 보호자의 허락 없이 여행이나 교육, 일을 할 수 없다. 2012년부터는 사우디아라비아 내 전자 정부가 본격적으로 가동되면서 여성의 이동에 대한 감시는 더욱 강화되었다. 피보호자가 사우디아라비아 국경을 넘는 순간 보호자에게 문자로 자동적으로 통보되고 있으며, 그로 인해 여성 인권 문제에 대한 논란이 가중되고 있다.

또한 사우디아라비아의 여성에 대한 사회적 인식은 신분증에도 반영된다. 과거에 여성은 주체로 인정받지 못하기 때문에 신분증은 '비타카트 알우스라(Bitaqat Al-Usra)'로 불리는 가족 카드 형태로 발급되었다. 즉, 여성 존재는 가족 중 남성 일원에 의해 규정되었다. 그러나 2001년 보호자의 허락하에 여성도 자신의 신분증 발급이 가능해졌다. 이로써 여성은 상속 및 재산 분쟁에서 제한적이나마 자신의 권리를 행사할 수 있게 되었다.

남성적 문화 차원에서 제한적인 여성의 역할

부족주의에 기반을 둔 걸프 사회는 남성적 문화권에 속한다. 이는 남성과 여성의 성성과 성 역할이 분명하게 구분됨을 의미한다. 이슬람 사회에서 이상적인 남성성은 적극적이고, 자발적이며, 책임감으로 대표되며, 특히 경제적 역할이 중시된다. 반면에 이상적인 여성성은 수동적이고, 부드러우며, 겸손하고, 순수한 것으로 특징지어지며, 여성의 도덕적 성품도 매우 중요하다. 남성과 여성에 대한 이분법적 시각은 가족 부양자로서의 남성의 역할과 가족 돌보미로서의 여성의 역할로 구분된다.

성성과 성 역할에 대한 사회적 인식은 남녀 간 분리된 공간 활용으로 확대된다. 즉, 남성은 공식적이고 공적인 공간에 배치되는 반면에, 여성은 비공식적이고 사적인 공간에 배치된다. 모로코와 레바논 사회의 젠더와 공간 개념을 연구한 파티마 메르니시(Fatima Mernissi)와 마이클 길스넌(Michael Gilsenan)에 따르면 성에 부합하지 않는 사회적 공간을 넘나드는 것은 사회 질서를 파괴하는 행위로 규정된다. 이는 특히 명예의 속성이 추상적인 개념에 머물지 않고 구체적 형태인 몸으로 구현되는 여성에게 더욱 강한 구속력을 발휘한다. 앞서 여성의 명예는 품행과 관련되며, 정숙과 순결을 지킬 때 완성된다고 언급한 바 있다. 이에 따라 여성은 남성의 공간으로 규정되는 공공장소에 들어설 때 정숙한 여성임을 드러내기 위해 베일을 쓰거나 보호자를 동반하며, 남성은 여성을 '마치 없는 사람(as if person)'으로 취급한다(Mernissi, 1975: 138; Gilsenan, 1982: 188). 공적 공간에서의 여성의 활동에 부정적인 아랍 지역의 문화 특성상 지금까지 아랍 여성은 '보이지 않는' 존재로 여겨져 왔다. 아랍 사회의 전통적인 가치에 따라 여성의 이상적인 자리는 '가정'으로 여겨져 왔으며, 여성의 이상적인 역할은 육아와 가사로 한정되어왔다. 여성의 취업 분야는 (최근에는 TV 앵커, 법의학자, 인터넷 운영자, 의사와 여성 승객만을 전문으로 상대하는 택시 기사 등으로 확장되긴 했으나) 여전히 여성의 본질에 적합하다고 인식되는 교육과와 의료 분야가 선호된다.

높은 권력 거리 문화에서 걸프 여성과 정치 참여

걸프 사회에서 전통적으로 정치는 남성의 영역으로 간주되어왔다. 이는 '남성은 공적 영역', '여성은 사적 영역'이라는 성에 따른 사회 공간 분리 개념이 정치 분야로 확장된 결과이다. 게다가 이슬람 사회에서 여성은 감정적인 존재로 인식되고 있다. 따라서 남성 중심의 권력 구조를 지향하는 가부장제 사회에서 논리와 설득, 합의를 통해 권력을 쟁취하는 정치의 본질은 여성의 속성과 부합하지 않다고 판단되어왔다. 그 결과 걸프 여성의 참정권은 매우 늦게 부여되었다. 걸프 국가에서는 오만(1994년)을 시작으로 카타르(1999년), 바레인(2002년), 쿠웨이트(2005년), 아랍에미리트(2006년)순으로 허용되었으며, 사우디아라비아는 2015년에야 부여되었다.

참정권이라는 공식적인 여성의 정치 참여 방식 외에도 부족주의 역시 걸프 여성의 '주변화(Marginalization)'에 주요 원인으로 작용하고 있다. 부족주의는 걸프 지역에서 여전히 막강한 정치적 영향력을 미치고 있으며, 부족들은 정치 정당을 부족의 연장선으로 보고 있다. 남성 중심의 권력 구조를 공고히 하는 부족주의 정치 구조하에서 여성의 정치 참여는 부정적으로 인식되어왔다. 걸프 여성의 정치 참여가 실현되기 위해서는 여성에 비호의적인 부족 문화를 극복해야 할 뿐만 아니라 부족원들의 합의와 지지가 필수적이다(Dubai Women Establishment, 2009). 이러한 점 때문에 걸프 여성이 남성과 같은 수준으로 정치에 참여할 수 있는 길은 원천적으로 차단되어왔으며, 리더의 자리에 오르기 또한 쉽지 않았다. 간혹 리더의 자리에 오른 여성은 사회 개혁의 상징 코드로 이용되어왔다. 그나마 이러한 기회도 가족을 중시하는 걸프 지역의 문화 코드로 인해 여성의 주 임무인 아내와 어머니 역할을 완수한 사람에게만 주어진다. 따라서 걸프 지역의 여성 리더들은 전면에 나서 활동하기보다 후방에서 자녀나 남편의 지원군 역할을 선호하는 경향이 있다.

일례로 '아랍에미리트의 어머니'로 불리는 셰이카 파티마 빈트 무바라크는 아랍에미리트 국민의 사랑과 존경을 한 몸에 받고 있다. 아랍에미리트의 여성 문제를 앞장서 개선했기 때문이다. 셰이카 파티마는 1943년 아부다비의 내륙 지역인 알아인에서 외동딸로 태어나 아랍에미리트의 대통령이었던 셰이크 자이드 빈 술탄 나하얀과 1960년에 결혼해 아부다비로 이주했다. 1971년 아랍에미리트 국가 설립 이후 셰이카 파티마는 여성 교육과 문맹 퇴치, 사회복지 혜택 보급 등 아랍에미리트 여성을 위해 많은 공헌을 했으며, 1973년에는 여성 기구인 아부다비 여성 개발회(Abu Dhabi Women Development Society)를 개설하는 등 여성 개혁에 앞장섰다. 그러나 무엇보다 셰이카 파티마가 존경받는 이유는 자녀들[아부다비의 왕세제인 셰이크 무함마드 빈 자이드 알나하얀 및 우리에게 잘 알려진 셰이크 만수르 빈 자이드 알나하얀(Sheikh Mansour bin Zayed Al-Nahyan) 등]을 현재의 아랍에미리트 지도자로 훌륭하게 키워냈다는 점 때문이다. 셰이카 파티마는 아랍에미리트 국민으로부터 가정과 국가를 지키기 위해 자신의 출세보다 성공적인 자녀 양육에 더 힘을 썼으며, 아랍에미리트의 종교와 전통을 보존하면서 동시에 현대화를 추구한 여성으로 평가받고 있다. 이와 같이 걸프 사회는 남성과 자녀 뒤에 머무는 '배경적 존재'로서의 여성을 문화적으로 좀 더 긍정적인 평가를 해왔다(엄익란, 2014a에서 재인용). 그러나 현재 아랍에미리트에는 교육받은 자국민 여성이 증가하고, 자국민 여성의 사회활동이 점차 증가하는 상황에서 여성에 대한 인식도 배제된 주변인에서 점차 주체적인 존재로 변화하고 있다는 점은 주목할 만하다.

04

걸프 라이프 스타일

라이프 스타일이란

라이프 스타일 정의의 모호성과 연구 방법의 다양성

● 라이프 스타일, 어떻게 정의할 것인가

라이프 스타일에 관한 연구는 1960년대에 미국을 중심으로 발전했다. 일반적으로 라이프 스타일은 특정 사회, 특정 집단, 또는 개인의 독특한 삶의 방식으로 정의된다. 그러나 지금까지 라이프 스타일의 개념적 정의는 합의되지 않았으며, 따라서 연구 주제에 따라 달리 개념화되었다. 가령 라이프 스타일은 "개인 행동에 영향을 미치는 개인적 특성" 혹은 "한 개인의 생활 패턴으로서 개인의 행동, 관심, 의견 등을 표현하는 것" 등 개인 차원에서 정의되기도 하고, 때로는 "사람들이 살아가는 방식이라는 종합적 상징으로서의 특성"처럼 집단 차원에서 정의되기도 한다"(남승규, 2006: 436). 연구 영역 면에서 라이프 스타일은 생산보다는 소비의 차원에서 주로 다뤄져왔다. 소비 영역에서 라이프 스타일은 "개인의 삶의 방식을 반영한 소비 양식"으로 정의되기도 했으며(남승규, 2006), "개인의 생활 또는 시간과 돈을 소비하는 유형"으로 정의되기도 했다(유병우, 2004). 개인은 라이프 스타일과 관련된 소비를 통해 자신의 취향과 개성을 드러낼 수 있기 때문이다. 그러나 소비 역시 큰 틀에서 사회집단과 가족 등 준거집단의 영향을 받아 형성되므로 특정 사회, 특정 집단, 특정 문화권은 다른 집단 혹은 다른 문화권과 구별되는 독특한 라이프 스타일을 보유하는 특징이 있다는 것은 염두에 두어야 한다.

비록 연구자에 따라 라이프 스타일에 대한 개념적 정의와 연구 영역이 다르더라도 중요한 점은 라이프 스타일의 다양성과 유동성을 공통적으로 인정한다는 것이다. 풀어 설명하면, 라이프 스타일은 한 개인 혹은 집단이 속한 문화, 사회계층, 세대, 성별, 준거집단에 따라 다양하게 표현되며, 라이프 스타일의 표현 양식은 개인의 가치, 태도, 신념과 같은 내면의 변화 또는 한 사회의 경제적·정치적·사회적 환경 변화와 같은 외부의 변화에 따라 유동적이라는 것이다. 비록 라이프 스타일 연구가 연구 분야, 연구자의 관점, 연구 주제와 성격에 따라 각기 다르지만 한 지역의 문화적 가치를 파악하고 사회 변화를 연구하는 데에는 매우 유용하다(남승규, 2006: 437).

한편 소비와 마케팅 관점에서 라이프 스타일의 '문화 권력' 형성 과정은 매우 흥미롭다. 이영자(2010)는 라이프 스타일 연구에서 소비되는 상품의 사회적 소통 기능에 주목했다. 특정 상품에는 특정 의미가 담겨 있으며, 사람들은 그 상품에 담긴 의미를 소비하며, 상호 유대감과 공감대를 형성하고 소통한다. 그런데 라이프 스타일이 마케팅의 중요한 전략적 소재로 부상하면서 상품뿐만 아니라 라이프 스타일마저 상품화되었다. 즉, 라이프 스타일이 사람들의 생활양식에 의해 자연적으로 발생하는 것이 아니라 오히려 마케팅이 라이프 스타일을 임의적이고 작위적으로 범주화, 유형화, 세분화한다.

다시 말해, 마케팅의 발달로 상품 소비는 이제 소비자의 필요를 충족시켜주는 전통적 기능을 넘어 상품에 담긴 의미를 생산하고, 이를 전달하는 기능으로 확대되었다. 그와 함께 소비자는 상품에 담긴 의미를 통해 자신의 사회적 신분과 정체성, 생활양식, 즉 라이프 스타일을 표면적으로 드러낼 수 있게 되었다. 상품은 이제 소비재 이상의 의미로 발전해 소통의 기능을 수행하고 있으며, 그 영향력은 점차 확대되고 있다. 이때 마케팅은 상품 혹은 브랜드가 지향하는 삶의 방식을 소비자에게 설득하면서 사람들의 삶을 의도적으로 만들어가고, 상품은 그 자체가 소비재가 아닌 라이프 스타일의 상징체가 되었다.

그리고 사람들은 이제 상품 구매를 통해 소비재를 사는 것이 아니라 라이프 스타일을 구매하게 되었다. 가령 아파트, 휴대 전화, 운동화, 자동차 등의 광고를 보면 '편안한 삶', '고급스러운 삶', '현대화된 삶', '자연주의 삶', '스마트한 삶' 등 각 브랜드가 상품을 통해 소비자의 삶을 디자인하는 방식을 읽을 수 있다. 그리고 소비자는 상품 구매와 함께 편안함, 고급스러움, 현대화, 자연주의, 스마트함 등 그 상품 안에 담긴 라이프 스타일을 선택하게 되는 것이다.

이영자는 이러한 일련의 과정을 '라이프 스타일의 정치학'으로 규정했다. 결국, 특정 상품의 마케팅 과정에서 인위적이고 작위적으로 구성된 상품의 소비를 통해 소비자는 자신의 개인적 가치, 욕망, 개성, 정체성, 취향 등을 발산하게 되는 것이다. 그리고 특정 라이프 스타일의 소비 행태는 사회적으로나 경제적으로 유사한 여건에 있는 사람들을 범주화해 그들만의 새로운 '문화 권력'을 형성하게 된다(이영자, 2010: 101).

● 라이프 스타일 연구 방법

라이프 스타일을 연구하는 방법은 다양하다. 우선 관점에 따라 거시적 분석 방법(사회나 집단의 전체적인 라이프 스타일 동향 파악에 집중)과 미시적 분석 방법(특정 제품의 소유 및 사용 여부, 욕구 등 라이프 스타일 이해를 통해 사회를 세분화)이 있다. 거시적 분석의 목표는 특정 사회가 하나의 집단으로 갖는 특징을 알아보는 것이고, 미시적 분석은 그 사회를 구성하는 하부 집단들의 특징이 무엇인지를 알아보는 것이다. 소셜 트렌드(Social Trend) 접근 방법은 특정 라이프 스타일이 사회 상황의 변화에 따라 증감하고 변동한다는 사실에 주목하는 방법이고, 가치 분석 방법은 구체적인 라이프 스타일보다는 광범위하게 수용되며, 바람직한 것으로 믿고 있는 신념인 가치관을 소비자 행동과 관련지어 연구하는 것이다(남승규, 2006: 437~441). 가치 분석 방법은 문화권에 따라 다양하게 구분되며, 연구자에 따라 복잡한 단어로 표현되는 특징이 있다. 초기의 소비자 행동 연구학자들은 심리적 성격 측정에 기반을 둔 AIO[Attitude(태도), Interest(관심사), Opinion(의견)]라는 변인에 따라 소비자를 세분화했다. 그러나 이 분석 방식은 소비자의 구매 행동만을 설명했기 때문에 충분치 않았다. 1970년대와 1980년대에는 소비자 행동을 설명하는 데 시간이란 변수에 영향을 받지 않는 안정적인 변인들을 개발하기 위한 가치 조사를 시행했다. 스탠퍼드 연구소(SRI: Stanford Research Institute)는 밀턴 로키치(Milton Rokeach)의 가치 체계를 바탕으로 개발한 VALS (Values and Lifestyles) 프로그램을 통해 소비자 행동 분석에 대한 심리학적 접근을 시도했다. 이 연구는 소비자를 유형별로 최소의 자원을 지닌 투쟁자 대 실현자, 원칙 지향적 대 행동 지향적으로 구분했다.

한편 유럽에서는 미국의 연구 모형을 그대로 적용하기 힘들었다. 따라서 유럽의 사회 환경과 문화에 적합한 모형을 개별적으로 구축했다. 파리 사회 변화 국제 연구소(International Research Center for Social Change in Paris)의 이름을 딴 RISC는 변화에 대한 개방 대 저항, 사회적 대 개인적, 지구적 대 지역적으로 구분한 모델을, TNS 소프레(TNS SOFRES, 다국적 여론조사 전문업체)는 조화 대 갈등, 질서 대 자유, 의존성 대 독립성, 사회적 두려움 대 사회질서 등을 활용한 모델을 구축했다. 그 밖에 벨기에 시장조사 기관인 센시디엄(Censydiem) 과 갤럽(Gallup) 등도 소비자 행동과 가치를 연구하기 위해 각 지역에 부합한 분석 모델을 구축했다(드 무이, 2007: 498~502).

소비자 행동과 가치에 대한 모델이 이처럼 다양한 이유는 각 문화권에 속한 사람들의 가치관과 생활양식의 차이 때문이다. 드 무이는 한 문화권에 관한 가치 연구의 차원들은 특정 문화의 특성을 담고 있으므로 그 의미가 다른 문화권의 연구에 그대로 적용되기 힘들다고 주장했다. 또한, 각 모델의 차원을 묘사하는 단어 역시 연구자의 문화적 배경에 좌우되기 때문에 서구에서 개발된 모델로 전 세계 소비자들의 가치를 구분하는 것은 그리 유용하지 않다고 덧붙였다. 이는 중동 지역 라이프 스타일 연구를 위해 새로운 모형 구축이 필요함을 의미한다.

라이프 스타일 연구 동향

2000년대 이슬람 경제성장과 함께 시작된 무슬림 라이프 스타일 연구

라이프 스타일에 관한 연구가 서구에서는 1960년대부터 시작된 것과 달리 무슬림 라이프 스타일과 소비 행태에 관련된 연구는 2000년대 이후 이슬람 경제 부흥과 함께 비로소 진행되었다. 즉, 아랍, 중동, 이슬람과 관련된 라이프 스타일 연구는 이제 시작 단계인 것이다. 단, 지역 단위인 중동 라이프 스타일이나 민족 개념인 아랍인의 라이프 스타일은 아직 독자적으로 연구되지는 않고 있다. 다만 큰 틀에서 이슬람이라는 종교적 관점에서 '할랄(Halal) 경제' 혹은 '할랄 시장'으로 구분되어 무슬림 라이프 스타일이라는 주제하에 연구되고 있다. 여기에서 할랄은 이슬람 교리에 기반을 둔 '허용된' 것을 뜻하며, 할랄 경제 혹은 할랄 시장은 이슬람 교리가 비즈니스에 적용된 것을 의미한다. 그리고 무슬림 라이프 스타일은 무슬림의 종교적 신념과 가치, 규범에 기반을 둔 생활양식을 의미한다. 무슬림 라이프 스타일과 관련해서는 현재 두바이 정부 지원으로 이슬람 전문 조사 기관인 디나르 스탠더드(Dinar Standard)와 함께 진행하는 톰슨 로이터가 가장 권위 있고 신뢰할 만한 연구를 진행하고 있다.

● 톰슨 로이터의 할랄 경제와 무슬림 라이프 스타일 경제 규모 연구

톰슨 로이터는 2013년부터 매해 11월경 「세계 이슬람 경제 현황(The State of the Global Islamic Economy)」이라는 보고서를 출간해왔다. 2017과 2018년에 출간된 보고서에 따르면 무슬림의 라이프 스타일 소비 규모는 금융 분야(2조 2000억 달러)를 제외하고 2016년에 2조 달러(전 세계 시장의 11.9%)에 달했으며, 2022년까지 연평균 성장률 7.3%를 보이며 3조 달러 이상으로 성장할 것으로 예측되고 있다. 이 보고서는 무슬림의 라이프 스타일을 이슬람의 종교적 가치와 규범에 부합하는 할랄 식품, 할랄 패션, 할랄 관광, 할랄 화장품, 할랄 의약품, 할랄 미디어와 오락, 이슬람 금융 분야로 구분했으며, 2016년 각 분야별 무슬림 라이프 스타일 소비 규모를 할랄 식품 1조 2400억 달러, 할랄 패션 2540억 달러, 할랄 관광 1690억 달러, 할랄 화장품 570억 달러, 할랄 의약품 830억 달러, 할랄 미디어 1980억 달러로 추산했다.

할랄 경제가 지속해서 성장하는 배경에는 여러 가지가 있다. 젊은 무슬림 인구수 증가, 교육 수준의 향상으로 인한 무슬림 중산층 형성과 이슬람 가치가 반영된 소비 제품에 대한 구매 증가, 온라인 시장의 확대로 전 세계 무슬림 소비자의 이슬람 상품에 대한 편리성과 접근성 확대, 식품 산업으로부터 패션, 의료, 의약 및 화장품, 관광 등 타 분야로 파생되는 할랄 시장의 다변화와 다국적 기업의 잇따른 참여로 인한 할랄 시장의 활성화 등이 있다. 실제로 할랄 시장의 주 소비자 계층인 교육받은 중산층 이상의 무슬림 젊은이들은 이슬람이라는 종교에 대해 자부심을 느끼며, 글로벌 상품을 이슬람의 종교적 틀에서 재해석한 '이슬람화된 상품'(예: 바비 인형 대신 전통 의상을 착용한 인형, 할랄 관광 상품 등) 소비를 통해 종교성과 경건성을 동시에 확보하고 있다. 그리고 이들의 소비 규모가 커지면서 알리바바와 아마존과 같은 글로벌 온라인 상점에서는 식품, 화장품, 의약품을 포함해 할랄 제품 판매를 확대하고 있다.

가령 알리바바에서 영어 'halal'을 키워드로 입력할 경우 그에 부합하는

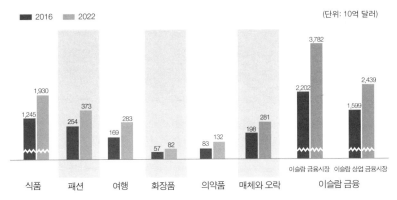

그림 4-1 **분야별 할랄 경제 규모**

2016　2022　　　　　　　　　　　　　　　　(단위: 10억 달러)

3,782

1,930

1,245　　254　373　　169　283　　57　82　　83　132　　198　281　　2,202　　1,599　2,439

식품　　패션　　여행　　화장품　　의약품　　매체와 오락　　이슬람 금융시장　이슬람 상업 금융시장

이슬람 금융

자료: Thomson Reuter(2017).

상품만 100만 개(2018년 1월 기준) 이상이 검색되고 있다. 이는 곧 글로벌 무슬림 소비자의 파워를 보여준다. 알리바바뿐만이 아니다. 한국을 방문하거나 한국에 거주하는 무슬림 인구수가 늘어나면서 쇼핑 사이트(가령, Daum)에 한국어로 '할랄'을 키워드로 검색하면 부합하는 상품만 약 500개 이상이 검색된다. 할랄 시장은 무슬림 소비자에게 글로벌 소비자와 같은 상품을 소비하면서 이슬람의 종교적 신념을 지킬 수 있다는 무슬림 라이프 스타일 가치를 판매하고 있으며, 무슬림 소비자의 구매력이 커지면서 글로벌 트렌드로 자리 잡고 있다.

● 무슬림 소비자 성향 분석에 따른 라이프 스타일 구분

무슬림 라이프 스타일과 관련된 글로벌 경제 규모 조사와는 다른 방식으로 무슬림의 성향 조사 연구도 진행된 바 있다. 시장조사 회사인 AMRB와 JWT는 지난 2009년에 중동 지역 10개국(알제리, 이집트, 요르단, 아랍에미리트, 사우디아라비아, 터키, 이란, 파키스탄, 말레이시아, 인도네시아)에 거주하는 무슬림 7500명을 대상으로 무슬림의 소비성향을 분석했다. 이 조사에서는 자아 개념, 젠더, 친구와 가족, 세대 차이, 개인적 선택, 전통과 문화, 꿈과 열망,

그림 4-2 **무슬림 소비자의 성향에 따른 분류**

방송과 광고, 생산과 서비스 항목을 중심으로 분석한 결과 무슬림의 특징을 가족 중심적이고, 전통을 중시하며, 교육열이 높고, 동시에 자신을 표현하려는 욕구가 강하며, 서구 브랜드에 대한 호감도가 높은 것으로 보았다. 그리고 이를 기반으로 무슬림의 소비성향을 종교적으로 '보수적인 무슬림(Conservatives Muslim)', '뉴에이지 무슬림(New Age Muslim)', '사회 순응주의 무슬림(Societal Conformist Muslim)', '실용주의 무슬림(Pragmatic Striver Muslim)', 마지막으로 '자유주의 무슬림(Liberal Muslim)'을 포함해 다섯 그룹으로 분류했다(Vohra, Bhalla, Chowdhury, 2009; 엄익란, 2014b에서 재인용). 각 그룹별 성향은 다음과 같이 요약된다.

첫 번째 그룹인 '보수적인 무슬림'은 이슬람 교리를 철저히 신봉하는 사람들로, 대체로 기성세대가 이 그룹에 해당한다. 이들은 이슬람의 창시자인 예언자 무함마드를 이상적인 모델로 간주해 일상생활에서도 그의 언행을 그대로 따르는 것을 목표하고 있다. 스스로 이슬람 교리를 솔선수범해 따를 뿐만 아니라 다른 사람에게도 이를 권한다. 이들의 보수적인 성향은 남녀 관계에서도 그대로 반영되어 나타난다. 이들은 일상생활에서도 이성 간 분리 문화를 철저히 실천하며, 모르는 이성과 함께 자리하지 않고, 히잡과 아바야를 착용하며, 심지어 악수와 같은 신체적 접촉도 피한다. 비록 이 연구에서는 각 그룹별 성향을 할랄 제품의 소비성향과 연관시키지는 않았으나 보수적인 무슬림은 일상생활에서 이슬람 교리를 엄격히 신봉하기 때문에 소비에서도 철저히 할랄 제품만을 소비할 것으로 추정된다.

두 번째 그룹은 '뉴에이지 무슬림'으로 종교적이긴 하지만 보수주의자들과는 달리 다른 사람들에게 자신의 종교적 신념을 강요하지는 않는다. 무슬림 여성의 지위 향상과 남녀평등에 관심이 많고, 신기술에 능하며, 인터넷의 장점을 적극적으로 수용하고 활용한다. 그러나 자녀 교육에서는 이슬람의 전통과 가치를 따르는 편이다. 주로 도시의 중상류 계층 여성이 이 그룹에 속하며, 이들은 종교적이면서도 동시에 패션과 같은 세속적인 면에도 관심이 많다. 할랄 소비와 관련해 이 그룹에 속한 사람들은 글로벌 상품을 이슬람식으로 재해석한 '할랄화된 제품', 가령 이슬람의 성지인 메카를 모티브로 한 메카 콜라, 바비 인형과 비슷하지만 히잡을 착용한 폴라 인형, 할리우드의 스파이더맨이나 슈퍼맨을 대신한 이슬람 히어로 〈The 99〉(알라의 99가지 속성을 능력으로 갖고 있는 무슬림 전사들의 이야기) 등을 소비하는 성향을 보인다.

세 번째 그룹은 '사회 순응주의 무슬림'으로 이들은 사회 주류 문화를 따르는 사람들이다. 주로 저소득층 남성이 이 그룹에 속하며, 이들은 대체로 다른 사람의 결정에 의존적이고, 이슬람의 사회적 가치는 고수되어야 한다고 믿는 사람들이다. 사회의 주류를 따르는 성향 때문에 이 그룹에 속한 소비자들은 할랄 경제의 성장과 함께 소비에서 이슬람의 가치가 강조되면서 할랄 제품에 대한 소비를 고수할 것으로 추정된다.

네 번째 '실용주의 무슬림' 그룹은 이슬람 전통은 지켜져야 한다고 생각하지만 그렇다고 전통에만 집착하지 않고 새로운 것에도 항상 마음이 열려 있는 그룹이다. 필요한 경우에는 종종 이슬람의 종교적 가치와 현실 간에 타협점을 찾기도 한다. 실용주의를 추구하는 이들은 되도록 할랄 제품을 소비하지만, 가격이나 상품의 질에서 기대치에 부합하지 않을 경우에는 실용주의 성향상 대체 상품으로 비할랄 제품도 구매할 것으로 추정된다.

그리고 마지막 그룹은 '자유주의 무슬림'으로, 주로 젊은 층으로 구성된다. 이 그룹에 속한 사람들의 성향은 포용적이고, 독립적이며, 개인주의를 중시한다. 전통과 종교를 이행하는 데 집착하지 않고, 해외여행과 유학 등으로 서구식 삶의 패턴에 익숙하며, 최신 유행에 민감하고, 글로벌 미디어를 즐기는 그룹이다. 소비에서는 굳이 할랄과 비할랄을 구분하지 않는다(엄익란, 2014b: 47~50에서 재인용).

이 연구 결과는 비록 오래전에 나오긴 했으나 무슬림 그룹별 성향과 이들의 다양한 라이프 스타일을 시사한다는 점에서 매우 중요하다. 비록 전 세계 무슬림이 이슬람이라는 하나의 종교로 서로 유대감과 동질감을 형성하며 그에 기반을 둔 이슬람식 소비를 하고 있으나, 그렇다고 하나의 단일화되고 동질적인 소비 취향을 공유하지는 않는다는 이 연구의 결과는 눈여겨볼 점이다.

걸프 지역 소비성향 분석 연구

걸프인을 대상으로 한 라이프 스타일 연구는 거의 없다. 그나마 명품 소비와 관련된 연구가 몇 편 있을 뿐이다. 2014년 중반 유가가 50% 이상 급락하기 전까지 걸프인들은 오일 머니의 유입으로 윤택한 삶을 누려왔다. 현재 걸프 지역 소비문화는 대체로 젊은 세대가 이끌고 있다. 이들이 인구의 다수를 차지하고 있고, 높은 구매력을 형성하고 있기 때문이다. 2012년 UN 통계에 따르면 걸프 지역 30세 미만 인구수는 전체 인구수 2600만 명 가운데 55%를 차지했다. 경제적으로 풍요로운 시대에 자랐던 이들 세대는 발 빠르게 변화하는 글로벌 소비문화를 선도하고, 현대적 소비문화를 창출하는 '몰'이라는 복합 소비 공간을 놀이터 삼아 자란 세대이다. 두바이에 본부를 둔 중동 지역 명품 전문 마케팅 회사 챌루브 그룹(Chalhoub Group)은 걸프 지역 소비자 1500명을 조사해 그들의 명품 소비와 관련된 라이프 스타일을 '가잘' 스타일, '말' 스타일, '매' 스타일로 구분한 바 있다. 세 동물 모두 아랍인이 귀하게 여기는 동물이다. 비록 챌루브 그룹의 조사는 걸프 지역 소비자의 명품 소비에만 한정된 것이지만, 지금까지 잘 알려지지 않은 걸프 지역 소비자가 어떤 방식으로 라이프 스타일을 구현하는지 그 일면을 보여준다는 점에서 의미가 있다. 챌루브 그룹의 조사에서 정의된 그룹별 소비문화의 특성은 다음과 같다.

우선 아랍인의 문화 코드에서 '가잘'은 우아함과 아름다움을 상징한다. 소비성향에서 가잘 스타일 소비자는 자신을 드러내고 표현하기 위해 소비하는 경향이 있다. 가잘 스타일의 소비자는 섬세함, 민첩함, 적응성을 추구한다. 이러한 성향을 지닌 사람들은 브랜드에 정통하고, 새로운 것에 대한 호기심이 강하며, 항상 최신과 최상의 제품을 탐색하는 소비자로 특징지어진다. 남들과 구별되기 위해 잘 알려진 브랜드에서는 독특함을 추구하고, 잘 알려지지 않은 디자이너의 브랜드를 구매하는 모험도 즐긴다.

두 번째로 '말'은 아랍인의 문화 코드에서 왕자의 특권을 상징한다. 아랍 전통에 따르면 베두인은 '아들을 낳았을 때', '유명한 시인이 나왔을 때', 그리고 '말이 태어났을 때'를 인생의 3대 경사로 여긴다고 한다. 아랍인에게 말은 신분을 상징하며, 소유한 차와 집, 자녀처럼 자신의 우월함을 타인에게 보여줄 수 있는 매개체이다. 즉, 말 스타일 소비자에게 명품이란 자신의 사회적 신분을 상징적으로 보여주고 지위를 인정받을 수 있는 수단이다. 따라서 소비 면에서 말 스타일 소비자는 가장 유명하고 비싼 브랜드를 선택하는 경향이 있다.

마지막으로 '매'는 아랍인의 문화 코드에서 마음의 평화를 의미한다고 한다. 이들은 상품 자체보다는 상품 소비로 파생되는 경험과 기쁨에 만족감을 누린다. 즉, 명품에 부여된 물질적인 차원의 가치보다는 상품을 중심으로 형성되는 관계, 다시 말해 상품의 사회적 기능에 더 많은 관심을 둔다. 따라서 브랜드 자체보다는 특정 상품을 중시하는 경향이 있다.

챌루브 그룹의 조사 보고서는 '가젤', '말', '매' 등 동물에 비유한 걸프인의 라이프 스타일 소비를 각각 '탐닉 추구형', '지위 과시형', '관계 유지형' 세 그룹으로 나누었다. 이 보고서에서 분류한 각 소비자 그룹의 특성과 문화적 뿌리는 다음과 같은 배경에서 설명할 수 있다.

● 걸프 지역 몰 산업이 부추기는 탐닉 추구형 소비자

첫 번째 말 스타일의 '탐닉 추구형' 소비자는 명품 소비에 많은 돈을 지출하는 부류이다. 챌루브 그룹에 따르면 이들은 화장품, 패션, 선물 구매에 매달 평균 2400달러 정도를 지출하고, 설문에 응한 74%는 비계획적인 충동구매를 한다고 한다. 이 부류에 속한 소비자 42%는 한두 달에 한 번씩 명품 의류를 구매하고, 41%가 명품 신발을 구매하며, 37%가 두세 달에 한 번씩 명품 가방을 구매한다. 78%는 신상품에 관한 관심이 높고, 최신 유행을 따라가고자 하는 욕구가 강하다. 이 중 76%는 실질적인 소비로 이어진다. 또한, 이들은 명품 분야의 '얼리 어답터(Early Adopter)' 소비자로 "가장 최신의 새롭고 독특하고 특별한(the latest, the newest, the most unique, the most exclusive)" 것을 추구한다. 한편, 일부 소비자들은 쇼핑을 통해 현실 도피를 꿈꾸기도 한다. 리야드인 63%는 우울감을 느낄 때 기분 전환을 위해 옷을 구매한다고 한다.

소비 시대가 본격화되면서 현대인의 소비 행태가 과거 필수품 위주에서 욕구 충족 소비로 전환되었다는 것을 고려하면 탐닉 추구형 소비 행태는 이해할 만하다. 아랍에미리트의 경우 자원 의존 경제에서 벗어나기 위해 산업 다변화를 추진하면서 몰 산업을 육성한 것이 탐닉 추구형 소비자 양산의 주원인이 되었다. 기후 탓에 야외 활동 문화가 발달하지 않은 아랍에미리트 사람들은 남녀노소 가릴 것 없이 여가, 오락, 사교, 문화 등 모든 활동을 거의 몰에서 해결한다. 사교와 여가 시간의 대부분을 몰에서 보내다 보니 몰 안에 들어선 전 세계 상품과 브랜드는 자연스럽게 아랍에미리트

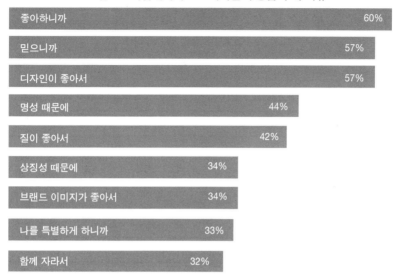

그림 4-3 **아랍에미리트 소비자들의 명품 구매 이유**

좋아하니까	60%
믿으니까	57%
디자인이 좋아서	57%
명성 때문에	44%
질이 좋아서	42%
상징성 때문에	34%
브랜드 이미지가 좋아서	34%
나를 특별하게 하니까	33%
함께 자라서	32%

자료: Chalhoub Group Consumer Research(2014).

소비자에게 각인되며, 어릴 때부터 글로벌 브랜드에 대한 충성심과 애착심을 보이게 된다. 국가별 브랜드 친밀도를 조사한 자료에 따르면 아랍에미리트인은 미국인보다 브랜드에 대한 충성도와 친밀도가 높다고 한다(*Gulf News*, 2015.10.23). 아랍에미리트 소비자들은 명품 소비의 이유로 "좋아하니까"(60%), "믿으니까"(57%), "상징성 때문에"(34%)와 더불어 "함께 성장해왔기 때문"(32%)이라고 답했다(<그림 4-3> 참조).

몰 산업의 활황세와 함께 아랍에미리트의 면세 정책도 자국민의 명품 소비 지출을 부추겼다. 그러나 2014년 이후 유가 하락세가 지속되면서 국가 경제의 건전성을 확보하고 유가 하락으로 인한 손실을 메우기 위해 아랍에미리트를 포함해 각 걸프 정부는 2018년부터 5%에 해당하는 부가가치세를 도입했다. 5% 수준인 부가가치세가 소비자에 미치는 여파는 아직은 미미하지만, 그 비율이 10%에 다다르면 소비자들은 지갑을 닫을 것이고, 그 여파는 식품 시장, 전자 기기 시장, 오락이나 명품 시장에 부정적 영향을 미칠 것으로 전망된다(*Gulf News*, 2015.10.19).

• 명예와 고권력 거리 문화에 뿌리를 둔 지위 과시형 소비자

두 번째 유형인 '과시형'은 한마디로 주목받기 위해 소비하는 사람들이다. 이들은 소비를 통해 자신만의 스타일을 창조하고, 남과 구분되는 자신의 사회적 지위와 소비 취향을 드러내며, 상대를 압도하고 싶어 한다. 과시형 소비자의 이러한 소비성향은 자신을 위한 소비에만 머무르지 않는다. 자신의 씀씀이와 경제력을 인상 깊게 남기려 종종 상대에게 고가의 선물을 주기도 한다. 챌루브 보고서에 따르면 걸프 지역 사람들 중 82%는 과도한 선물로 상대에게 깊은 인상을 주는 것을 중요하게 생각하며, 또한 이러한 선물 행위를 통해 자신의 후덕함과 관대함을 인정받고, 좋은 인상을 남기고 싶어 한다. 이러한 성향의 소비 패턴은 앞 장에서 언급했던 '자신의 힘을 과장해 표현하는 유목민의 문화적 DNA'와도 연관 지을 수 있다.

명품에 집착하는 걸프 지역 사람들의 소비 행태는 걸프 국가 거주민들의 고권력 거리 문화 차원에서도 설명이 가능하다. 호프스테더가 각 국가별 문화 차원 비교 이론에서 사회에 존재하는 권력의 불평등성을 수용하는 정도에 따라 권력 거리의 높고 낮음을 측정했다는 것은 이미 앞서 언급했다. 호프스테더의 문화 차원에 따르면 고권력 거리 문화권에 속하는 아랍 사람들은 특정인에게 권력과 부가 편중되는 불평등한 상황을 당연하게 받아들이는 경향이 있다. 고권력 거리 문화를 소비문화에 적용해보면 사회적 지위가 높은 사람일수록 값비싸고 인지도가 높은 명품을 소비할 것으로 기대된다. 또한 아랍인 사이에서 회자되는 '부자는 뿌려야 한다'는 속담처럼 경제력이 있는 사람이 사회적 시선과 기대에 부응하지 않는 소비를 할 경우 그 사람의 사회적 지위, 품위, 명예는 종종 실추되기도 한다. 따라서 사람들은 소비를 할 때 실속과 '가성비'(가격 대비 성능비)를 따지기보다 남의 눈을 의식하며 높은 가격과 인지도 있는 물품을 구매하는 경향이 있다.

● 집단주의와 부족주의에 기반을 둔 관계 유지형 소비자

마지막으로 매 스타일의 관계 유지형 소비자는 신뢰와 관계를 중요하게 여기는 사람들이다. 그리고 이들은 물품을 고를 때 소비 주체인 '나'보다 형제와 자매 혹은 친구들, 즉 주변인의 결정과 조언을 따르는 경향이 있다(<그림 4-4> 참조). 이는 곧 소비 행태에서 상품 구매를 통해 형성되고 유지되는 주변인과의 관계가 우선임을 시사한다.

이러한 소비 행태에 영향을 미치는 가장 큰 문화적 요인은 걸프 지역에서 여전히 지배적인 집단주의와 부족주의 사회구조에서 찾을 수 있다. 개인보다 집단의 생존이 우선시되고 부족을 중시하는 사회구조에서 사람들은 친밀하게 연계된 촘촘한 관계망을 중심으로 생활한다. 부족의 생존과 번영에 구성원 간 신뢰와 관계는 그 무엇보다 중요한 문화적 기제이다. 그래서 걸프 지역에서는 여전히 지인이 추천하는 '구두(口頭) 광고'가 가장 신뢰할 만한 광고

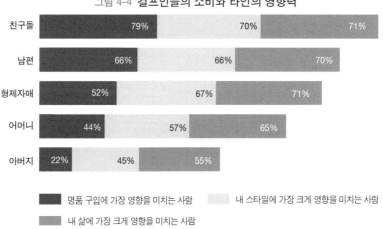

그림 4-4 **걸프인들의 소비와 타인의 영향력**

자료: Chalhoub Group Consumer Research(2014).

매체로 인식되고 있다. 관계를 중시하는 걸프 문화권 소비 행태는 디지털 사회의 발달과 함께 온라인으로 확대되었다. 걸프 지역 사람들의 90% 이상은 페이스북, 트위터, 유튜브 등을 활용해 상호 교류를 하고 있다. 그에 따라 소셜 미디어는 걸프 지역 소비자들의 구매 결정력에 가장 강력한 영향을 미치고 있으며, 소비자는 소셜 미디어를 통해 상품에 대한 피드백을 공유하고 있다(*Khaleej Times*, 2015.12.31). 실제 온라인 상품평이 소비자 구매에 미치는 영향은 상당하다. 상품 광고의 신뢰도에서 가족과 친구의 구두 광고 다음으로 온라인 소비자 의견이 신뢰성이 있는 것으로 조사된다(*Dubai Chronicle*, 2015.9.29).

챌루브 그룹 보고서는 명품을 중심으로 한 걸프인들의 소비 행태를 가잘 스타일의 탐닉 추구형, 말 스타일의 지위 과시형, 매 스타일의 관계 중심형으로 구분했다. 그러나 명품이 아닌 일상생활 용품에 대한 걸프인들의 소비 패턴이 조사된다면 걸프인의 소비와 라이프 스타일을 포괄적으로 이해할 수 있게 될 것이다. 향후 걸프 지역 라이프 스타일은 다양한 변수에 따라 변화할 것으로 추정된다. 걸프인들의 라이프 스타일을 형성하는 변인에는 유가 하락에 따른 정부 보조금 감소와 세금 도입, 인구의 절반을 차지하는 젊은 소비 세대의 소비력 향상, 교육 수준의 향상과 글로벌 문화에 대한 노출, 외국인 이주민을 포함해 전문 직종의 증가로 인한 중산층 형성, 이제 막 노동시장에 진입하기 시작한 여성 등이 있다. 각각의 변인은 다음 장에서 자세히 소개하도록 한다.

글로벌 여성의 라이프 스타일 연구, 그리고 걸프 여성

● 보스턴 컨설팅 그룹의 여성 라이프 스타일 유형 분류

보스턴 컨설팅 그룹(Boston Consulting Group)의 여성 소비 트렌드에 관한 보고서에 따르면 중국, 인도, 러시아, 미국, 스웨덴 등 전 세계 여성의 라이프 스타일은 문화권에 따라 다양한 방식으로 나타난다. 그러나 산업화, 도시화, 현대화, 세계화, 그리고 일하는 여성으로서 겪게 되는 공통의 경험 때문에 근본적으로는 동일한 어려움을 겪고 있다. 남성 중심 사회와 조직에서 일하는 여성은 할 일은 너무 많지만, 시간은 항상 부족해 '일과 생활의 균형점', 일명 요즘 직장인 사이에 신조어로 유행하는 '워라벨(Work and Life Balance)'을 찾기 위해 고군분투하고 있다. 전 세계 여성들이 겪고 있는 '할 일은 많은데 시간은 부족한'이라는 문제의 근본 원인은 여성의 전통적인 역할인 가사와 육아 의무 외에 임금노동자라는 새로운 역할 때문이다. 그런데 여성은 일상생활에서 누군가의 아내와 엄마로서 감당해야 하는 가정 노동과 임금노동자로서 감당해야 하는 직장 노동 간 우선순위의 충돌이 너무 많아 실제적으로는 이중고에 덧붙여 시간 부족이라는 삼중고까지 겪고 있다고 지적하고 있다(실버스타인·세이어, 2010).

보스턴 컨설팅 그룹은 이처럼 전 세계 여성이 동일한 문제에 직면해 있다는 전제하에 여성을 유형별로 다음과 같이 분류했다. '고학력과 경제력을 갖춘 엘리트형(Fast Tracker)', '늘 압박받는 스트레스형(Pressure Cooker)', '낙천적이고 개인주의적인 관계 지향형(Relationship Focused)', '근근이 먹고 사는 생계유지형(Fulfilled Empty Nesters)', '혼자서 모든 것을 이끌어가는 고군 분투형(Managing on Her Own)', '자녀들이 출가하고 부족함 없는 장년층 (Making Ends Meet)' 등 여섯 가지이다.

보스턴 컨설팅 그룹이 분류한 각 유형별 여성을 간단히 정리하면, 첫 번째 유형인 '고학력과 경제력을 갖춘 엘리트형'은 바쁘지만, 따로 시간을 내 쇼핑을 하고, 스스로를 세련되고 글로벌하다고 평가한다. 이들은 새로운 것을 배우는 것을 좋아하고, 새로운 제품을 구입할 때는 인터넷을 검색하거나 시장조사를 통해 선택하는 경향이 있다. 이들은 감성적인 제품을 좋아한다. 또한, 구매력이 높기 때문에 제품 가격보다는 제품이나 서비스의 질을 중시하는 경향이 있다. 유행에 민감하고, 제품에 대한 전문 정보가 있으며, 성공을 상징하는 물건 구매에 많은 시간과 돈을 투자한다. 두 번째 유형인 '늘 압박받는 스트레스형'은 중간 이상의 소득을 올리며, 막중한 가사 노동과 직장 생활을 병행한다. 이들은 해야 할 일은 너무 많지만, 시간은 부족해 항상 스트레스를 받는 유형이다. 일과 가사의 병행에 대한 스트레스가 많아 언제 터질지 모르는 '압력 밥솥'에 비유되기도 한다. 세 번째 유형은 '낙천적이고 개인주의적인 관계 지향형'으로, 중간 소득 계층에 해당하는 그룹이다. 교육 수준이 높지만, 직장보다는 가정의 행복이 중요 (일부 엘리트형 중 직장보다 가정을 우선시하는 사람들과 겹침)하고, 사람과의 관계를 중시하며, 일반적으로 삶에 만족하며 매우 낙관적이다. 그리고 물건이나 돈에 대한 욕심은 크지 않다. 네 번째 그룹은 '근근이 먹고사는 생계유지형'으로 저소득층 여성이 여기에 해당한다. 경제적 어려움 때문에 삶의 모든 면에서 어려움이 따르고, 생계유지를 위한 상품을 주로 소비하며, 할인 상품에 관심이 많다. 물건 구매 시에는 최대한의 가치를 얻고 싶어 하며, 따라서 돈이 적게 들면서도 삶의 질을 개선해주는 가성비 고효율 상품을 선호한다. 다섯 번째로 '혼자서 모든 것을 이끌어가는 고군분투형'은 이혼한 저소득층 여성으로, 경제 여건상 사치스럽지 않은 상품에 관심을 갖는다. 마지막으로 '자녀들이 출가하고 부족함 없는 장년층'에 속하는 여성은 은퇴한 50대 이상의 여성으로, 경제력이 뒷받침되며, 여가 시간이 많은 여성 그룹이다.

보스턴 컨설팅 그룹 보고서에 제시된 글로벌 여성의 삶의 패턴과 유형은 비록 여섯 가지로 분류되지만 각 유형에 따른 경계는 명확하지 않다. 나이가 들면서 자연스럽게 삶의 단계가 변화하거나 아니면 처한 환경이 갑작스럽게 변화하면서 삶의 유형은 어느 한 단계에서 다른 단계로 넘어갈 수 있기 때문이다. 즉, 많은 여성이 어느 한 유형에만 속하는 것이 아니라 두 가지 이상의 유형에 속하거나 두 가지 이상의 유형이 한 단계에 중복되어 나타나기도 한다.

• 걸프 여성 라이프 스타일과 유형 분류의 어려움

보스턴 컨설팅 그룹에서 분류한 글로벌 여성의 유형을 걸프 지역 여성의 라이프 스타일에 그대로 적용할 수는 없다. 걸프 여성의 경우 아직 여성의 노동시장 진출이 글로벌 여성과 비교할 때 평균에 훨씬 못 미치기 때문이다. 그리고 무엇보다 글로벌 여성 유형 분류 모델을 걸프 여성에 적용하기 어려운 이유는 아직 걸프 여성의 라이프 스타일 유형을 분류할 정도로 여성의 삶이 밖으로 노출되지 않았고, 그와 관련한 데이터도 없기 때문이다. 지금까지 걸프 여성은 주로 사적 공간에서만 활동했으며, 이제 막 노동시장에 진출하면서 공적 공간에 모습을 드러내기 시작했다. 다만 걸프 정부의 여성 인력 활용 정책으로 여성의 노동시장 진출이 점차 활발해지는 상황을 감안해 향후 라이프 스타일에 대한 예측만 가능할 뿐이다. 비록 여성의 전통적 역할을 중시하고, 가족과 부족 간 공동의 연대감이 강한 걸프 지역의 문화적 특성상 보스턴 컨설팅 그룹이 분류한 여섯 가지 유형의 라이프 스타일이 그대로 나타나지는 않더라도 상당 부분 겹쳐 나타날 것으로 예상된다.

이 보고서는 걸프 지역 여성을 포함해 중동 지역 여성에 대해 '낙관적'이라고 평가하고 있다(실버스타인·세이어, 2010: 354~355). 이에 따르면 중동 지역 여성들은 삶에 대부분 만족하고 있으며, 세계 다른 지역의 여성들보다 평균적으로 스트레스를 덜 받는다고 조사되었다. 중동 지역 여성들이 역할과 삶에서 추구하는 우선순위는 다른 지역 여성들과 다르게 나타난다. 이들 여성은 역할 면에서는 아내와 엄마 역할을 중시하며, 삶에서의 우선순위는 종교와 정치적 안정을 꼽았다. 한편 걸프 지역 여성의 경우 직장에서 일하는 시간이 다른 지역 여성들보다 짧은 편이다. 그리고 일할 수 있는 분야도 교사나 의사처럼 여성의 본질, 즉 돌봄과 양육에 부합하고, 도덕성이 훼손되지 않는 '적당한' 직종으로만 한정되었다. 그래서 여성의 야간 근무도 법적으로 금지되어 있고, 남녀가 공간적으로 분리되는 사업장에서만

일을 할 수 있다. 반면에 걸프 여성은 다른 지역 여성보다 집안일에 쏟아붓는 시간이 긴 편이다. 이는 사회적으로 여성의 주 활동 공간을 아직 직장보다는 가정에 두고 있으며, 여성의 주 역할을 양육자와 가정의 운영자로 보기 때문이다. 이러한 성 역할에 대한 문화적 인식 때문에 걸프 지역에서 성공한 여성에 대한 기준도 다르다. 걸프 지역에서는 자신의 전문성과 경력으로 사회에서 인정받는 여성보다는 전통적인 엄마와 아내의 역할을 충실히 한 여성이 가장 존경받는다는 것은 이미 앞 장에서 언급한 바 있다. 가정이 붕괴되었을 때 사회도 붕괴된다고 보기 때문이다. 그러나 걸프 여성의 교육 수준이 높아지고 노동시장 진출이 점차 활발해지는 상황에서 여성은 이제 자신의 역할을 가정에만 한정하지 않고 가정의 울타리 밖으로 확장해나가고 있으며, 이러한 추세가 지속될 때 걸프 여성의 라이프 스타일에 대한 유형 분류도 가능해질 것으로 기대된다.

유가 하락과 세금 도입에 따른

걸프 라이프 스타일 변화

저유가 시대 걸프 거주민 삶의 변화

● 포스트 오일 시대 국가별 경제 다변화 정책

걸프 산유국들은 2014년 중반까지 지속된 고유가 덕에 바레인을 제외하고 재정 흑자를 유지할 수 있었다. 유가는 점진적으로 안정세를 회복하고 있으나 걸프 산유국들은 유가 하락에 따른 국세 감소로 고전을 면치 못하고 있다. 이에 걸프 산유국들은 국가 경제 구조 개혁, 보조금 축소, 세금 도입, 공공 부문 임금 인상 유보 등 허리띠 졸라매기 작전에 돌입했다. 또한, 유가 불안정성을 극복하기 위해 걸프 각 국가는 지식 기반 경제 산업과 산업 다변화 정책을 골자로 하는 미래 비전 전략을 추진하고 있으며, 이 미래 비전들에는 공통적으로 자국민 인적 자원 양성, 노동력의 자국민화, 국가 수입 다변화 등이 포함되어 있다. 각 국가별 미래 비전 전략의 내용은 다음과 같다.

바레인은 경제개발을 통한 국민의 삶의 질 향상과 지식 기반 경제로의 이행을 위해 2008년 10월 '바레인 경제 비전 2030(Bahrain Economic Vision 2030)'을 발표했다. 지속 가능성, 경쟁력, 공정성 등 이 세 가지 항목을 추진 전략 주제로 선정해 자원 의존 경제구조를 탈피하고, 관광, 금융, 교육, ICT를 중심으로 경제 다변화를 목표로 하고 있다.

사우디아라비아는 2016년 4월에 국가 개혁 프로그램인 '사우디 비전 2030'을 발표했다. 사우디 비전 2030의 주요 내용은 '활기찬 사회', '번영하는 경제', '야심 찬 국가' 등 이 세 주제로 구성되며, 핵심 내용은 제도 개혁, 경제 전략 수립과 석유 의존도 감소 등이다(사우디 비전 2030의 자세한 내용은 앞에서 이미 언급했으므로 여기에서는 생략한다).

아부다비는 '아부다비 경제 비전 2030'을 추진해 연 6%의 경제성장을 달성하고 GDP 5배 증가를 목표로 하고 있다. 아부다비 경제 비전의 주요 내용은 경제 다변화, 기업 기반 확충, 외부 시장 확대, 경쟁력과 생산성 향상 추진, 청년 및 여성 노동력 확대, 해외 고급 인력 유치, 지방 발전 가속화, 정부 개입 축소 및 사업 투자 촉진, 개방적·효율적·효과적·국제화된 사업 환경 조성 등이다.

두바이는 '두바이 플랜 2021'에서 사람, 사회, 경험, 정부, 경제, 장소를 포함해 6개의 주제를 설정하고 국가 경제 발전을 추진하고 있다. 사람, 즉 인적 자원 분야에서는 교육, 문화, 건강 측면에서 우수하고 생산적이며 혁신적인 인력 양성을, 사회 분야에서는 활기차고 지속 가능하며 모두가 공정한 대우를 받는 다문화 사회 추진을, 경험 분야에서는 세계 수준의 주택, 교육, 헬스 케어 시스템, 문화 다양성, 안전 제공을, 정부 분야에서는 개인과 사회의 욕구 만족과 투명하고 신뢰할 수 있는 정부 구축을, 경제 분야에서는 지속적인 경제 발전, 국제사회 비즈니스 중심, 비즈니스 우호 환경 설립을, 장소 분야에서는 스마트, 안전, 청결, 건강을 모토로 한 도시 환경 조성 등이 포함된다.

카타르는 '카타르 비전 2030(Qatar Vision 2030)'에서 인적 자원 개발, 사회개발, 경제개발, 환경 개발 분야 등 4대 발전 분야를 설정하고, 이를 현대화와 전통 보존, 환경을 고려한 경제성장과 사회개발, 노동력 개발 및 노동시장 균형 유지, 현세대와 차세대 모두의 욕구 충족 등을 포함한 5대 과제에서 추진하고 있다.

'쿠웨이트 비전 2035'의 내용에는 자국민 인구수 34% 수준 유지, 노동 시장에서 자국민 비율 21% 확대 및 외국인 근로자 수 매년 10% 내외 감축, 민간 부문 고용 창출 강화 및 공공 부문 고용 창출 안정화, 민영화법, 부가가치세법, 상법, 금융 감독 기관 설립 관련법, 종합소득세법, 반부패법 등 제·개정, 자유 물류 지대 및 자유무역 지대 확대, 항만 개발, 도로·철도·지하철 건설, 통신 사업 현대화, 전기 생산량 확대 및 담수화 능력 확보 등이 포함된다.

오만은 '오만 비전 2020'을 통해 2020년까지 GDP의 비석유 분야 비중을 62.4%로 확대, 제조업 GDP 비중을 현재 11%에서 15%까지 확대, 제조업 육성을 위해 산업 단지·자유무역 지대·특별 경제 구역 개발, 관광산업의 GDP 비중을 현재 약 3%에서 2023년까지 5.5%로 확대, 2020년까지 관광객 1200만 명 유치(매년 약 100만~150만 명 수준)를 달성할 계획이다. 현재 오만 정부는 오만 비전 2020 후속 전략으로 오만 비전 2040을 구상하고 있다.

• 저유가로 팍팍해진 걸프 거주민의 삶

걸프 산유국들의 유가 하락은 고용 시장에도 부정적인 영향을 미쳤다. 2015년부터 걸프 국가는 대규모 건설 프로젝트를 연기하거나 아예 취소했으며, 이러한 현상이 건설 분야 노동자들의 임금 체불로 이어지기도 했다. 걸프 정부의 오일과 가스 분야 투자가 줄어들면서 외국인 노동자 사이에서는 정리해고가 증가했으며, 고용주는 비용 절감과 효율성 증대를 위해 신규 고용을 하지 않고 대신 대체 인력 고용을 선호하고 있다. 게다가 사우디아라비아와 쿠웨이트가 '노동력의 자국민화' 정책을 강력하게 추진하면서 자국민 의무 고용 분야를 확대하자 전반적으로 외국인의 고용 기회가 감소하는 상황이다. 그리고 자국민 노동자의 경우 이전에는 무관심했던 민간 기업 취업 시장에 몰리고 있다. 재정 적자로 정부와 공공 부문의 신규 채용이 감소함으로써 이제 자국민 구직자들은 자발적 실업 상태를 유지하면서 정부와 공공 부문에 원하는 일자리가 나올 때까지 기다리는 데에도 한계에 달했기 때문이다(Gulf Talent, 2016).

한편 걸프 국가의 보조금 삭감으로 걸프 지역 거주민들은 생활 물가의 상승을 겪고 있다. 그리고 이는 가처분소득의 감소로 이어지고 있다. 그 결과 소비 심리가 위축되어 걸프 지역 거주민들은 명품이나 생필품에 대한 소비를 줄여나가고 있다. 그리고 외식비와 사교비를 줄이면서 집에서 식사하는 횟수를 늘리고 있다. 한 조사에 따르면 응답자의 18%가 지난해보다 지출을 줄였으며, 66%는 외식보다 집에서 더 많이 식사한다고 답했다(*The National*, 2016.4.6). 그리고 2016년 8월에 발표된 닐슨(Nielsen) 연구에 따르면 사우디아라비아와 아랍에미리트의 음식, 식료품 및 개인 위생 용품에 대한 월평균 소비자 지출은 약 6% 감소한 것으로 나타났다(Alpen Capital, 2017).

걸프 젊은이들의 가장 큰 고민, 취업

걸프 지역 젊은 세대의 가장 큰 고민은 다른 지역 젊은이들처럼 취업이다. 2011년 부즈앤드컴퍼니에서 실시한 걸프 지역 인식 조사에 따르면 사우디아라비아·카타르·아랍에미리트의 젊은 세대의 고민거리는 높은 생활비 69%, 실업 59%, 경제 위기 42%, 거주 문제 40%, 전통적 가치 손실 23%, 중동 분쟁 23% 등으로 나타났다(Almunajjed and Sabbagh, 2011: 7). 그나마 걸프 지역 젊은이들의 상황은 타 중동 국가 젊은 세대에 비해 좋은 편

| 표 4-1 | 걸프 국가별 자국민 대 외국인 고용 비율 |

국가명	시기	고용된 인구수	자국민 고용 비율(%)	외국인 고용 비율(%)
바레인	2010년 4월경	703,207	25.2	74.8
사우디아라비아	2013년 6월경	10,729,123	44.0	56.0
아랍에미리트	2009년 5월경	3,137,000	7.1	92.9
오만	2012년 12월경	1,682,248	20.1	79.9
카타르	2013년 1분기	1,541,754	6.1	93.9
쿠웨이트	2013년 12월경	2,328,581	17.1	82.9
전체		20,121,913	29.6	70.4

자료: Gulf Research Center(2014).

이다. 중동 지역 전체 젊은이들을 대상으로 2017년에 이루어진 아스다 부르손 마스텔러 아랍 유스 서베이(Asda'a Burson-Marsteller's Arab Youth Survey, 2017)에서는 걸프 지역 젊은 세대를 제외하고 대다수 아랍 젊은이들이 미래를 부정적으로 보고 있는 것으로 나타났다. 이들은 정부가 올바른 방향으로 나아가지도 않고, 젊은 세대에게도 무관심하다고 인식하고 있는 것으로 나타났다.

　걸프 지역 젊은이들이 취업에 고민하는 가장 큰 이유는 걸프 지역 노동시장의 구조적 문제 때문이다. 앞서 이미 언급된 바처럼 걸프 지역 노동시장은 자국민 노동자보다 외국인 노동자의 고용률이 더 높다. 국가별 걸프 자국민 대 외국인 고용 비율은 사우디아라비아가 44% 대 56%, 아랍에미리트가 7% 대 93%, 오만이 23% 대 77%, 쿠웨이트가 17% 대 83%, 카타르가 6% 대 94%, 바레인이 25% 대 75%이다(<표 4-1> 참조)(Gulf Research Center, 2014). 걸프 국가 전반에서 외국인 노동인구 비율이 자국민 비율을 압도하기 때문에 이 국가들에서는 '노동력의 자국민화' 정책을 시행해 자국민의 노동시장 진출 비율 확대를 추진하고 있다. 그와 함께 각 걸프 국가는 과거에는 유휴 인력이었던 여성 인력을 외국인 노동력을 대체할 필수 인력으로 인식하면서 이제는 국가 미래를 위한 중요 자산으로 여기고 있다. 그러나 여성의 노동시장 진출로 취업 시장은 더욱 경쟁적이 될 것으로 예측된다.

젊은 세대와 가치 소비에 따른

걸프 라이프 스타일 변화

걸프 지역 젊은 세대의 부상

걸프 지역은 1970년대부터 1990년대까지 오랫동안 베이비붐 시대를 거쳤다. 글로벌 출산율 조사에 따르면 1970년대 아랍에미리트 자국민 가족은 평균 7명의 자녀를 두었으나, 지금은 2명에서 3명의 자녀만을 두고 있다. 출산율 감소의 원인은 여성의 교육과 노동시장 참여로 인한 만혼 증가, 2세 계획의 연기, 자녀 양육비·주거비·생활비 상승으로 인한 경제적 부담 상승, 가족계획에 대한 인식 증가, 핵가족화로 더욱 어려워진 자녀 양육, 국민 병으로 알려진 비만 증가로 인한 불임 등이다(*Khaleej Times*, 2016.1.25). 2008년 걸프 지역 15세 미만 인구는 전체 인구수의 29%를 차지했다. 국가별로 25세 미만 젊은 인구수는 사우디아라비아 50.8%, 아랍에미리트 31%, 쿠웨이트 43.9%, 오만 51.5%, 쿠웨이트 37.7%, 카타르 33.8%, 바레인 43.9%를 차지했다(Almunajjed and Sabbagh, 2011: 4). 25세 미만 인구만을 봤을 때 1999년 35%, 2004년 31.6%, 2020년 25%로 비록 청소년의 수는(세계 평균보다 여전히 높긴 하지만) 줄어들고는 있으나 노령화로 접어든 타 국가와 비교하면 걸프 국가는 아직 젊은 국가에 해당한다(*The*

Economist, 2009: 9).

걸프 지역 젊은이들은 세계에서 가장 부유한 국가에 살며(가령 카타르는 2016년 GDP 6만 733달러로 전 세계에서 여섯 번째로 부국이다), 나이에 비해 가처분소득이 높아 전 세계 또래 그룹과 비교하면 소비력이 높은 편이다. 가령 아랍에미리트와 사우디아라비아 젊은이들의 2019년 평균 수입 예상액은 각각 4만 달러와 1만 8000달러에 달할 것으로 추정된다(Chalhoub Group, 2017: 6~7). 즉, 걸프 지역 젊은이들은 경제적 풍요를 누리고 있으며, 이들이 세계 소비 시장을 이끌며 변화시킬 주역이라 해도 과언은 아니다. 비제이 마하잔은 걸프 지역을 포함해 아랍의 젊은 세대는 1990년 걸프전, 2001년 9·11 사태, 2011년 '아랍의 봄' 등 정치적·사회적·기술적 격동기에 성장했다고 언급했다. 그는 아랍 세계 인구의 절반을 차지하는 이들 젊은 세대가 바로 시대의 변화를 주도하는 원동력으로, 이들은 자신을 멋지게 보이고 싶어 하고, 최신 유행 패션 아이템과 최첨단 기기를 향유하는 세대라고 묘사하고 있다. 또한, 이들은 교육 수준이 높고 글로벌 미디어의 영향으로 어려서부터 다양한 문화를 접했기 때문에 개방적이다. 그러나 동시에 자신의 종교적 정체성과 전통을 중요하게 여기기 때문에 글로벌 브랜드와 이슬람 브랜드가 조우된 제품, 즉 글로벌 상품이 이슬람의 옷을 입고 재탄생한 제품을 선호한다(마하잔, 2013: 162~171).

젊은 세대와 가치 소비

오늘날 젊은 무슬림을 중심으로 이슬람의 종교적 가치에 부합하는 라이프 스타일 소비가 인기를 끌고 있다. 이는 이슬람 경제 혹은 할랄 경제의 부흥에서도 목격된다. 이슬람 경제 규모가 점차 커지면서 글로벌 기업은 무슬림 라이프 스타일을 반영한 상품을 속속 출시하고 있다. 그러나 반대로 이슬람교의 종교적 민감성을 이해하지 못하고 종교적 금기 사항을 건드려 이슬람 시장에서 신뢰를 잃고 고배를 마신 사례들도 종종 있다. 가장 대표적인 예로 덴마크 일간지 ≪윌란스 포스텐(Jyllands-Posten)≫의 무함마드 만평 사건을 들 수 있다.

2005년 9월 30일 덴마크 ≪윌란스 포스텐≫지는 만평에서 이슬람교의 창시자인 예언자 무함마드를 테러리스트로 묘사했다. 이 만평을 계기로 격노한 전 세계 무슬림은 2006년 1월부터 덴마크 상품에 대한 불매운동을 벌이기 시작했다. 보이콧을 계기로 아를라 푸드사(Arla Foods)는 매일 하루 160만 달러에 해당하는 손해 비용을 치러야 했다. 또한, 매년 4억 8000만 달러에 달하던 판매 실적은 곤두박질쳤으며, 2008년 95% 수준까지 회복될 때까지 고전을 면치 못했다고 한다(엄익란, 2014b: 96~97에서 재인용).

비슷한 경우는 회사 로고를 유대교의 상징인 다윗의 별로 오인해 중동 소비자에게 외면당했던 몽블랑, 유대인 회사라는 소문에 중동 지역 식당과 마트에서 완전히 자취를 감춘 코카콜라 사례에서도 찾아볼 수 있다. 이와 관련해 2016년에 아스다 부르손 마스텔러 아랍 유스 서베이에서는 흥미로운 조사를 진행했다. 이 조사에 따르면 아랍의 무슬림 젊은이들은 정치적 이유로 특정 상품에 대해 보이콧을 하는 경향이 높은 것으로 나타났다. 정치적 사건과 관련해 특정 상품에 대한 보이콧 여부를 묻는 질문에 보이콧을 "한다" 29%, "아마도" 39%, "모르겠다" 8%, "하지 않는다" 24%로 나왔다. 즉, 보이콧을 "하지 않는다"에 답한 응답자 24%를 제외하면 최악의 경우 76%에 해당하는 젊은이들이 정치적 사건과 관련해 보이콧에 참여할 가능성이 있다는 것을 알 수 있다. 걸프 지역, 북아프리카, 레반트 젊은이들을 비교했을 때 걸프 지역 젊은이들이 정치적 문제와 관련해 상품 보이콧 성향이 가장 높은 것으로 나타났다. 〈그림 4-5〉에 제시된 것처럼 걸프 지역 젊은이들의 38%는 정치적 이유에서 비롯된 경제적 보이콧

그림 4-5 중동 지역별 정치 문제가 아랍 젊은이들의 보이콧에 미치는 영향

정치적인 이유로 브랜드를 보이콧할 의향이 있습니까?

자료: *khaleej Times*, 2016.10.25.

에 긍정적이며, 13%는 부정적, 40%는 '아마도'라는 답을 했다. 레반트 지역의 경우 21%의 젊은이들이 정치적 이유로 보이콧에 긍정적이며, 북아프리카의 경우는 27%가 긍정적이다. 이 조사는 걸프 지역 젊은이들은 소비성향에서 상품의 질보다는 제품을 만드는 회사의 배경에 더욱 신경 쓰고 있으며, 따라서 이들을 상대할 때 정치적으로 그리고 종교·문화적으로 더욱 세심해야 함을 보여준다.

오늘날 한류로 걸프와 한국 간 거리감이 전례 없이 줄어들고 있다. 이러한 상황에서 앞의 조사는 우리도 이슬람의 종교 문화 코드를 중요하게 여기는 걸프 문화권의 가치를 존중해야 한다는 것을 보여준다. 2014년 방영되었던 KBS 개그콘서트의 〈억수르〉 코너는 그들의 민감한 문화 코드를 존중하려는 우리의 대응을 잘 보여준다. 당시 개그콘서트는 〈만수르〉라는 코너를 새로 선보여 중동 석유 부자들의 씀씀이를 희화했다. 〈만수르〉의 소재가 된 인물은 우리에게도 잘 알려진 아랍에미리트 아부다비의 왕족으로 국제 석유 투자 회사(IPIC)의 사장이자 아랍에미리트 부총리이다. 그는 또 자산가로도 널리 알려져 있다. 재산만 약 34조 원에 달한다고 추정된다. 그리고 그 코너에 등장했던 철부지 아들의 이름은 '무험하다도'로 이슬람의 예언자 무함마드를 연상케 하는 이름이었다. 그러자 한국석유공

사 측은 만수르가 실존 인물이기 때문에 외교적 결례가 우려되며, 실제로 이 프로그램을 본 아랍에미리트 인들의 반발을 고려해 제작진에게 코너명 변경을 요청했다. 방송사는 이후 〈만수르〉를 〈억수르〉로 바꿔 방영했다.

비슷한 사례는 2017년도 7월 방영된 드라마 〈죽어야 사는 남자〉에서도 찾아볼 수 있다. 〈죽어야 사는 남자〉는 1970년대 중동에 위치한 가상의 왕국인 '보두안티아국'에서 백작이 된 한국인의 이야기를 그리고 있다. 장수한 〈억수르〉와는 달리 〈죽어야 사는 남자〉는 방송 시작 불과 한 달 만에 종영해야 했다. 이 드라마에는 이슬람에서 가장 민감하게 여기며 금기시하는 술, 여성, 신성모독에 대한 내용이 모두 담겨 있었기 때문이다. 드라마를 보고 분노한 무슬림은 (비록 몇 명 안 되는 수준이었으나) 방송사 앞에서 항의했으며, 아랍 대사관 모임에서는 공식적으로 항의 의사를 표현하기도 했다. 드라마에 대한 반응이 심상치 않자 결국 MBC는 사과 성명을 내고 방송도 조기 종영했다. 실시간 한국 드라마가 아랍어로 더빙되어 인터넷을 통해 확산되는 상황에서 〈죽어야 사는 남자〉는 자칫 ≪월란스 포스텐≫지의 전철을 밟을 뻔했다.

중산층 성장에 따른
걸프 라이프 스타일 변화

걸프 지역 중산층과 정체성

● 글로벌 무슬림 중산층 확산

고등교육을 받은 무슬림 중산층이 증가하고, 이슬람에 기반을 둔 이들의 라이프 스타일이 확산되면서 글로벌 소비 시장의 판도도 바뀌고 있다. 가령, 프랑스에서는 중산층 무슬림의 할랄 소비 트렌드를 일컫는 '베르주아(Bergeois)'라는 단어가 등장한 지 오래다. 베르주아는 북아프리카에서 프랑스로 이주한 원주민 '베르베르족(Berbers)'과 그들이 속한 계층인 '부르주아(Bourgeois)'를 조합한 단어이다. 베르주아 무슬림은 20세기 초 단순 노무자로 프랑스로 이주해 프랑스 사회의 최하위 계층을 형성하던 무슬림 1세대와 달리 프랑스 공교육의 혜택으로 사무직과 전문직에 종사하며, 중산층으로 편입된 무슬림 3세대 혹은 4세대를 지칭한다. 이들은 이슬람 교리와 무슬림 정체성을 중요하게 여기기 때문에 할랄 상품의 주요 소비자이다. 여성은 이슬람교의 상징인 히잡을 착용한다. 무슬림 소비자의 종교적 가치에 기반을 둔 소비가 증가하면서 글로벌 소비 시장에서는 무슬림 중산층의 소비 트렌드를 반영하는 새로운 용어도 속속 등장하고 있다. 할랄 음식 식도락가를 의미하는 '할루디(Haloodie)', 히잡이라는 이슬람의 종교적 의미가 담긴 의상을 글로벌 패션과 어울리게 착용해 자신만의 독특한 패션을 선보이는 '히자비스타(Hijabista)' 혹은 '힙스타히자비(Hipsterhijabi)', 그리고 다른 나라를 여행할 때에도 이슬람 교리를 신봉하려는 목적에서 등장한 할랄 관광이 대표적인 예이다.

마하잔은 무슬림 중산층에 관해 연구한 발리 나세르(Vali Nasr)를 인용해 아랍 세계의 중산층을 글로벌 소비 시장을 재형성할 막강한 권력 계층으로 언급했다. 발리 나세르는 "아랍 세계 전역에 걸쳐 완전히 새로운 경제가 등장해 이 지역의 가치관과 급증하는 소비주의를 결합시키고, 글로벌 경제와 한층 더 풍부한 관계를 형성하고 있다. 이런 추세는 모든 면에서 근본주의의 위협만큼 막강하고 중요할 뿐만 아니라 그보다 더하다"고 언급한 바 있다(마하잔, 2013: 195). 즉, 할랄 소비는 종교적 믿음만큼 강력해졌으며, 그 결과 할랄 소비 트렌드는 글로벌 소비주의의 새로운 분야로 자리매김했음을 강조하고 있다. 이러한 추세에서 아랍 지역 및 비아랍 지역을 포함한 글로벌 무슬림 중산층의 라이프 스타일과 소비문화에 관련된 연구의 필요성도 증대되고 있다.

● 걸프 국가의 중산층

걸프 국가의 중산층에 관한 연구는 매우 희박하다. 그리고 그 정의도 분명하지 않다. 부족의 전통을 중시하는 사회에서 중산층에 대한 정의가 경제적 수준을 의미하는지, 아니면 과거의 혈통이나 집안 배경과 관계된 것인지 애매하기 때문이다. 바레인, 사우디아라비아, 아랍에미리트 지역 2400명을 대상으로 한 조사에 따르면 설문에 응한 사람들의 60% 이상은 자신이 중산층에 속한다고 답했다고 한다(Zogby, 2007). 그런데 이들의 소득 수준을 보면 월수입이 5000 AED(약 150만 원)에서 3만 AED(약 900만 원)까지 폭넓게 포진되어 있었다. 이 연구는 중산층에 대한 인식이 주관적임을 시

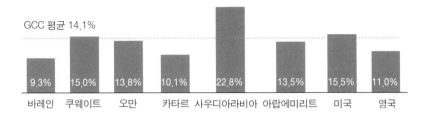

사한다. 계층 인식은 이와 같이 주관적인 잣대와 더불어 개인의 수입, 직업, 거주 지역, 부족의 혈통을 포함해 다양한 환경적 요소가 작용하고 있다. 직업군에서는 대체로 정부나 민간 부문에 근무하는 전문직, 사무직, 판매원, 교수, 교사, 의사 등이 자신을 중산층이라 인식하는 것으로 나타났다.

걸프 지역 중산층이 증가하는 이유는 걸프 정부의 교육 분야 투자 덕분이다. 각 걸프 국가는 자국민 수를 압도하는 외국인 노동력을 대체하기 위해 양질의 인적 자원을 개발하고, 외국인 중심의 노동시장 구조를 개선하기 위해 교육 분야에 많은 투자를 해왔다. 걸프 국가 중에서도 사우디아라비아는 2016년 기준 국가 예산의 22.8%를 교육에 투자해, 타 걸프 국가(쿠웨이트 2015년 기준 15%, 오만 2016년 기준 13.8%, 아랍에미리트 2016년 기준 13.5%, 카타르 2016년 기준 10.1%, 바레인 2015년 기준 9.3%)에 비해 국민들 교육에 많은 관심을 보이고 있음을 알 수 있다. 2015년에 타계한 압둘라 국왕 시절부터 '킹 압둘라 장학금 제도'를 운영해 자국 학생들을 해외에 파견하고 해외의 선진 학문을 수학하는 등 유능한 인재를 양성해왔다. 그리고 이들 젊은 세대는 이제 유학을 마치고 서서히 자국으로 돌아오고 있다. 외국에서 다양한 학문과 문화를 경험한 해외 유학파들은 향후 사우디아라비아 사회를 내부로부터 변화시킬 원동력이 될 것으로 전망된다.

한편 걸프 지역 중산층은 대체로 자신의 미래를 안정적·긍정적으로 보고 있으며, 자국에 대한 자부심도 강한 편이다. 그리고 스스로를 아랍인의 민족적 정체성이나 무슬림이라는 종교적 정체성보다는 '사우디아라비아' 혹은 '쿠웨이트'와 같이 한 국가에 소속된 국가 정체성 차원에서 규정하는 성향이 강한 것으로 나타났다(Zogby, 2007). 이는 걸프 각 정부가 국민의 관심과 충성심을 부족에서 국가로 전환한 노력의 결과로 해석된다.

남녀 공존과 사회적 인식 변화에 따른

걸프 라이프 스타일 변화

걸프 여성 변화의 상징, 사우디아라비아 여성, 그리고 남녀 공존 '이크틸라트' 시대 도래

걸프 국가는 인적 자원의 양성과 활용에서 지금까지 유휴 인력이던 여성 노동력 활용에 더욱 많은 관심을 보이고 있다. 걸프 여성의 사회 진출과 함께 여성은 '보이지 않던 존재'에서 '보이는 존재'로 부상하고 있다. 그리고 자연스럽게 남녀 분리를 이상적인 사회규범으로 간주하던 문화도 점차 사라지고 있다. 대표적인 예로 사우디아라비아의 변화를 들 수 있다. 사우디아라비아는 2016년 사회 개혁 프로그램인 '사우디 비전 2030'을 선포했으며, 그 일환으로 2017년에는 여성 운전 허용을 공표했다. 여성 운전 허용으로 공공장소에서 여성의 활동 영역이 더욱 넓어질 것으로 기대되는 가운데 이제는 1970년대부터 지금까지 금지되던 영화와 콘서트 관람까지 허용되어 남녀가 함께 공공장소에서 여가 문화를 즐기는 것도 가능해졌다. 즉, 사우디 비전 2030과 함께 사우디아라비아 정부는 '초보수적인 이슬람 사회'에서 '온건한 이슬람 사회'로 선회하고 있으며, 이제 공공장소에서의 남녀 공존을 묵인하고 있다.

와하비즘 이념하에 건설된 사우디아라비아는 이슬람을 보수적으로 해석해 남녀가 한 공간에서 섞이는 것을 관습적으로 엄격히 규제해왔다는 것은 앞서 언급한 바 있다. 남녀가 한 공간에 섞이게 될 경우 불미스러운 일이 벌어질 것이라는 염려 때문이다. 종교경찰은 남녀 분리 관습을 일상생활에서 감시해왔으며, 이를 어기면 체포했다. 이러한 관습과 규제에 따라 사우디아라비아 여성은 남성의 활동 공간이던 공적 공간에서 자연스럽게 배제되어왔으며, 이는 교육과 노동시장의 제한적 접근을 의미했다. 사우디아라비아 내 공간 분리에 대한 사회적 인식은 '이크릴라트' 금지 관습에 응축되어 있다.

'이크틸라트(Ikhtilat)'는 사우디아라비아 사회의 남녀 관계를 공간적인 차원에서 정의한 개념이다. 이크틸라트의 사전적 의미는 '섞임'을 뜻하며, 사회적인 맥락에서는 남녀가 학교, 쇼핑몰, 일터와 같은 공적 공간에서 서로 공존하는 것을 의미한다. 반면에 이크틸라트의 반대 개념인 남녀 분리를 지칭하는 정확한 용어는 없다. 사우디아라비아 사회에서 남녀 구분은 일반적인 사회규범으로 인식되어왔기 때문이다(van Geel, 2012: 64). 그리고 '이크틸라트'와 비교되는 개념인 '킬와(Khilwa)'는 직계가족이 아닌 모르는 남녀가 사적 공간에서 단둘이 있음을 의미하며, 이는 이슬람에서 엄격히 금지하는 것이다(Al-Rasheed, 2013: 159). 사우디아라비아 사회의 이크틸라트 관습을 연구한 반 길(van Geel, 2012)에 따르면 이크틸라트는 상황과 허용 정도에 따라 기준이 모호해 사우디아라비아 사회 내부에서도 많은 논란이 있다고 한다. 다시 말해, 반 길은 공적 공간에서 행해지는 '남녀 분리'나 '남녀 공존'은 개인의 가치나 가족의 신념에 따른 주관적인 개념이며, 따라서 이크틸라트에 대한 정의는 개인에 따라 다르다고 주장하고 있다. 이러한 주관성 때문에 이크틸라트는 변화 불가한 고정적인 관념이 아니라 한 시대의 정치와 경제 상황에 따라 유동적으로 변화한다는 것을 유추할 수 있다. 그리고 사우디아라비아 정부는 포괄적인 사회 개혁 프로그램인 사우디 비전 2030 추진과 함께 이크틸라트 금지 관습을 서서히 철폐하고 있다(엄익란, 2017b: 63~64에서 재인용).

사우디아라비아 여성의 노동시장 진입으로 경쟁 사회 도래

사우디 비전 2030으로 가장 큰 변혁을 겪게 될 대상은 바로 자국민 여성이다. 사우디 비전 2030은 여성의 노동시장 참여율을 22%에서 30%로 확대하고, 실업률을 12.7%에서 7%로 감축하는 것을 목표로 하고 있다. 사우디아라비아 여성의 대학교 졸업생 수는 2016년 10만 5494명으로 남성 9만 8210명보다 많다. 그러나 여성의 교육률은 실제 고용으로 연계되지 않고 있다. 그 원인으로는 공적 공간에서 남녀 분리 문화와 보호자법, 여성의 근무시간과 근무 업종 제한, 여성의 노동시장 진출을 부정적으로 여기는 사우디아라비아 사회의 심리적 장벽 등이 있다. 그럼에도 불구하고 2011년 란제리 상점 직원을 사우디아라비아 여성으로 한정했던 정부 정책으로 최근 소매점에서는 자국민 여성이 판매원으로 일하기 시작했다. 여성의 일자리 참여를 유도하기 위해 정부도 직장에서 남녀 분리에 대한 의무적 적용을 더 이상 요구하지 않고 있다. 그 대신 남녀가 분리된 화장실, 여성 전용 휴게실 등이 제공될 경우 여직원 고용을 허용하고 있다(*Financial Times*, 2017.9.1). 그에 대한 성과로 사우디아라비아 사회보장 기관 집계에 따르면 사우디아라비아 민간 부문에 고용된 여성 수는 2016년 49만 6800명으로 2012년 20만 3088명보다 144.62% 증가했다(KOTRA, 2017.10.30). 사우디 비전 2030이 제시하는 개혁 정책을 통해 이제 여성은 남성과 함께 사회 활동에 참여할 수 있게 되었으며, 공공장소에서 '보이는 존재'가 되었다. 사우디아라비아의 주요 교통수단인 '우버'나 '카림'과 같은 승차 공유 플랫폼을 제공하는 회사에서는 2018년 6월 사우디아라비아 내 여성 운전이 허용되는 시점부터 자동차를 운전할 수 있는 여성 운전사를 모집하고 있다. 이는 사우디아라비아 여성이 더 이상 유휴 인력이 아닌 생산력 있는 노동인구로 편입됨을 의미한다.

여성의 노동시장 진출로 사우디아라비아 사회는 경쟁 사회로 진입할 것으로 예측된다. 저유가로 인한 재정 악화로 사우디아라비아 정부는 공공 부문 고용을 확대할 수 없게 되었다. 따라서 신규 취업자를 민간 부문으로 유도하는 상황이다. 또한 유가 하락에 따른 재정 압박으로 정부가 보조금을 삭감하자 경제적 궁핍에 내몰리게 된 사우디아라비아 남성들은 이전에는 고려하지 않았던 직종인 상점 계산원, 택시 기사, 호텔의 서비스업 등에서 일자리를 찾기 시작했다. 즉, 공공 분야 고용을 통해 석유 수입을 분배하던 안정과 풍요의 시대는 경제구조 패러다임 변화로 지속될 수 없게 된 것이다. 그 대신 이제는 사우디아라비아의 민간 부문에서도 능력을 평가해 채용하는 경쟁 시대 도래가 임박했다. 따라서 과거 석유 수입 분배의 최대 수혜자였던 사우디아라비아 자국민 남성 입장에서 경쟁에 대한 압박은 더욱 크게 느껴질 것으로 예상된다. 공공 부문에서 취업 기회가 제한된 자국민 남성은 민간 부문에서 외국인 노동자뿐만 아니라 이제는 새롭게 노동시장에 유입된 여성과도 경쟁해야 하는 상황에 직면하게 되었기 때문이다. 게다가 2015년 타계한 고 압둘라 국왕의 정부 장학금 혜택으로 해외에서 실용 학문을 접했던 유학파들이 귀국하면서 민간 부문의 취업 경쟁은 더욱 가열되고 있다. 이는 사우디아라비아 젊은이들이 이전 세대보다 훨씬 경쟁이 심한 사회를 경험하게 될 것임을 의미한다(엄익란, 2017a: 81~84에서 재인용).

다가오는 걸프 워머노믹스 시대와 주목해야 할 여성 소비자

걸프 국가는 포스트 오일 시대에 대비하고 안정적으로 국가 발전을 추진하기 위해 여성 인적 자원 양성과 활용에 이제 막 시동을 걸었다. 그러나 아직 걸프 여성은 전 세계에서 가장 활용도가 낮은 인적 자원이다. 이는 여성의 사회참여에 대한 종교적·문화적·경제구조적 차별 때문이다. 그러나 앞서 소개한 바처럼 각 걸프 정부가 여성을 미래 비전의 주요 전략으로 내세우며 경제구조의 변화를 꾀하는 만큼 여성의 노동시장 참여는 향후 걸프 사회의 변동으로 이어질 것으로 예측된다. 임금노동자로서 걸프 여성의 신분 변화는 소비력 향상과 결정권 강화로 이어질 것이며, 이는 가부장 문화의 가치 변화로 이어질 것으로 예측되기 때문이다. 이러한 트렌드를 반영하듯 최근 언론에서도 걸프 여성의 소비 시장을 '금맥'으로 묘사하고 있다(≪조선일보≫, 2016.1.12; ≪중앙일보≫, 2016.1.16). 고용과 교육으로 여성의 사회 진출이 확대되면서 여성 역시 새로운 소비자로 부상했기 때문이다. 최근 여성의 교육 기회 증가, 외국인 노동력에 대한 의존도를 줄이기 위한 노동력의 자국민화 정책, 일하는 여성에 대한 문화적 인식 변화 등 걸프 정부의 적극적인 여성 정책으로 여성이 주도하는 중소기업(SME)은 2011년에서 2014년까지 4%에서 10%로 증가했으며, 운용 자산의 규모는 3850억 달러(약 1.4조 AED)까지 증가했다 (*Gulf News*, 2016.8.28).

부상하는 이슬람권 여성 소비 시장과 관련해 대한무역투자진흥공사(이하 KOTRA)는 무슬림 여성의 경제력 향상과 함께 이제는 가정주부의 역할에서 벗어나 핵심 구매층으로 성장했다고 언급했다(KOTRA, 2008). 비록 여성의 소득수준은 남성에 비해 여전히 낮지만, 남성이 부양의무를 지고 있기 때문에 여성은 자신의 수입과 남편의 수입을 운용하면서 경제력이 커지고, 실질적인 구매 결정자로 부상했다는 것이다. 특히 노동시장에 진출해 '보이지 않는 사적 영역'에서 '보이는 공적 영역'으로 부상한 여성들의 소비 분야는 자신을 가꾸기 위한 화장품 시장, 미용과 패션 시장, 가족을 위한 건강한 먹거리 시장 및 자녀를 위한 육아와 키즈 시장의 성장을 견인하고 있다. 동시에 교육과 소득 수준의 향상으로 가치 중시형 소비 패턴이 증가하고 있다. KOTRA의 이슬람 시장 조사에서는 세대별 무슬림 여성의 소비성향을 다음과 같이 요약하고 있다. 10대 여성 소비자는 다른 문화권 청소년들과 유사한 소비 패턴을 보인다. 이들은 영화와 음악과 같은 글로벌 엔터테인먼트 관련 상품을 소비하고, 유명 스포츠 브랜드를 선호한다. 또한 휴대용 전자 제품 수요가 높다. 20대와 30대 여성 소비자는 과거와는 달리 결혼보다 자신의 커리어를 더 중요하게 생각하고, 자신을 가꾸기 위한 옷과 화장품 등의 쇼핑을 즐기며, 여행에도 관심이 많다. 그리고 40대와 50대 여성 소비자는 노화 방지 제품에 관심이 많고, 결혼 후 비만율이 높기 때문에 다이어트 약품과 건강식품의 주 소비자이다. 그 밖에 사우디아라비아의 직장 여성 사이에서는 점심을 사내에서 해결할 수 있는 인스턴트 식품(네슬레의 'Soup Time')이 인기를 끌고 있다.

한류와 걸프,
작지만 큰 변화

한류에 빠진 걸프

2016년 국내 언론에서는 한류에 푹 빠진 사우디아라비아 여대생 2명이 부모의 허락도 없이 한국으로 가출한 사건을 전했다. 보호자법 때문에 사우디 여성은 여행할 때 반드시 보호자의 허락을 받아야 한다. 따라서 보호자를 동반하지 않고, 그것도 가족 몰래 국경을 넘는 가출 행위는 사우디아라비아 내에서는 범죄에 해당한다. 사우디아라비아 여성의 인권 문제는 차치하더라도 이 사건은 한류가 사우디아라비아 젊은이들에게 미치는 영향력을 전적으로 보여주고 있다(≪중앙일보≫, 2016.10.9). 이후 2018년 아랍뉴스에서는 사우디아라비아와 아랍에미리트의 한류 열풍으로 한국어와 한국 문화를 배우려는 젊은이들의 수가 증가한다는 소식을 전하기도 했다(*Arab News*, 2018.1.18). 현재 한류는 비록 걸프 지역 소수 젊은층, 특히 젊은 여성들 사이에서 인기를 얻고 있으나 이제는 하나의 하위문화 트렌드로 자리 잡았다.

글로벌 한류의 탄생

한류는 1990년대 후반 중국에서 시작되어 2000년대 들어 글로벌 현상이 되었다. '한류'라는 단어가 처음 사용된 계기는 1999년 중반 중국의 ≪베이징 청년보≫에서 "한국의 유행이 밀려온다"는 뜻으로 한류를 언급한 것이었다. 이후 중국 내 한국 문화 소비가 확산되면서 점차 한류라는 단어가 널리 사용되기 시작했다. 1990년대 후반 중국이 개방 개혁 정책을 추진하면서 중국 정부는 자국민이 미국, 홍콩, 대만의 대중문화에 심취하는 것을 경계했다. 이 과정에서 한국의 대중문화가 대안으로 부상하면서 중국 내 한국 문화에 대한 열풍이 일어나게 되었다. 중국인들은 한국의 대중문화가 아시아적 가치를 내포하면서 자국의 콘텐츠보다 세련되었기에 이를 선호했다. 또한, 한국이 과거 전쟁과 가난을 극복하고 단기간 내 현대화를 달성했기 때문에 중국 젊은이들은 한국을 선망의 대상으로 여겼다(박대한 재인용; 강규상, 2012). 즉, 중국은 한국을 자신들이 추구하는 경제 발전의 이상적 모델로 여겼으며, 이는 곧 동아시아발 한류가 시작된 원동력이 되었다(야은숙 재인용; 강규상, 2012).

한류의 발전 과정은 1990년대의 생성기, 2000년대의 심화기, 현재의 다양화 등 세 시기로 구분된다. 제1단계 생성기(1997년~2000년대 초반)는 중국, 대만, 베트남을 중심으로 한류가 부상한 시기이다. 제2단계 심화기(2000년대 초반~2000년대 중반)에는 일본과 동남아시아로 한류가 확산되었으며, 2000년대 중반 이후부터 현재까지 제3단계 다양화 시기에 한류는 아시아를 넘어 중앙아시아, 미국, 아프리카 등으로 확대되었다(고정민 재인용; 김수완, 2014). 초기에 드라마나 음악을 중심으로 시작된 한류는 이제 언어를 포함해 한국 문화와 제품의 소비까지 확산되었으며, 한류 콘텐츠는 글로벌 소비자의 재해석을 통해 각 지역에서 새롭게 탄생하고 있다. 가령 2012년

전 세계를 휩쓸었던 싸이의「강남스타일」은 다양한 지역의 문화적 특성을 반영하며 재해석된 버전이 지속적으로 업데이트되어 인기를 끌기도 했다. 이러한 현상은「아랍스타일」로 패러디되어 사우디아라비아나 이집트를 포함해 기타 다른 중동 국가에서도 나타났다.

중동과 걸프 지역 여성들에서의 한류

중동 지역에서 초기 한류는 드라마나 영화와 같은 영상 매체를 중심으로 TV나 영화관을 통해 전파되었다. 중동 지역에 처음 소개된 프로그램은 만화 영화〈귀여운 쪼꼬미〉로, 1998년에 요르단에서 가장 먼저 방영되었다. 중동 지역에 본격적인 한류가 시작된 것은 2007년〈주몽〉,〈커피프린스 1호점〉,〈겨울연가〉, 2008년〈대장금〉등 한국 드라마가 진출하면서이다. 중동 지역에서 한국 드라마가 인기 있었던 이유는 한류가 중동 지역의 문화 코드에 부합했기 때문이다(김수완, 2014: 45).

중동 지역 방송사에서는 자체 제작 콘텐츠가 부족했기 때문에 대부분의 콘텐츠를 서구에서 수입해왔다. 이러한 상황에서 서구와는 다른 콘텐츠를 선보인 한국 드라마는 신선했으며, 심지어 일부 여성에게는 '탈출구' 역할을 했다. 중동 지역 시청자들은 엄격한 이슬람 교리와 보수적인 사회 분위기에서 항상 자유와 개방을 열망했다. 그러나 성적 개방, 폭력, 음주, 마약 문화 등을 주제로 한 서구의 방송 콘텐츠는 이슬람의 문화 코드에서 수용하기는 부적합했다. 반면에 한국 드라마는 어른을 공경하고 가족 중심적인 동양 문화의 가치를 주로 다루었으며, 남녀의 사랑 이야기도 절제되어 묘사되었다. 또한, 역경을 딛고 일어나 해피엔딩으로 끝나는 결말 등은 미래에 대한 행복과 희망을 제시했다(김수완, 2014: 51). 즉, 중동 지역 시청자들은 서구와 동양, 현대와 전통, 개방과 보수의 경계를 오가는 한국 드라마의 콘텐츠에 흥미를 가졌다. 그리고 눈, 비, 꽃, 낙엽 등 중동에서는 생소한 자연환경이 세련된 영상미와 어우러져 한국에 대한 환상을 더욱 부추겼다(배정옥, 2016). 특히 2011년 '아랍의 봄' 이후 국가의 검열과 통제가 심해지면서 더욱 보수화된 콘텐츠는 자유와 개방을 추구하던 젊은이들의 욕구를 더 이상 충족시킬 수 없었다.

드라마와 K-POP에서 시작된 중동의 한류는 이제 한국 문화 소비로 확산되고 있다. 중동의 한류 팬들은 드라마에서 소개된 한국 상품을 소비하고 한국 문화를 체험하기 위해 한국을 방문하고 있다. 그리고 한류에 대한 관심은 중동 한류 팬들 사이에서 한국어 배우기 열풍으로 이어졌다. 아랍에미리트, 모로코, 알제리, 바레인에는 대학 내에 한국어 과정이 개설되었고, 이집트에서는 2005년에, 요르단에서는 2006년에 한국어과가 대학 내에 개설되었다. 또한, 대학 내 한류 팬들 중심으로 코리아 동아리가 생겼으며, 이는 한류 확산의 동력이 되었다. 중동 지역 한류 확산으로 2014년에는 이집트에, 2016년에는 아랍에미리트에 한국문화원이 개원했다(배정옥, 2016).

한편 한류 문화 소비가 여성을 중심으로 이루어지는 '한류의 여성화' 현상은 특히 주목할 만하다. 전 세계 한류 팬은 3000만 명 이상으로 추정되며, 이 중 70% 이상이 여성이다(White, 2016). 이는 중동 지역 한류에서 심각한 젠더 불균형 현상이 나타난다는 것을 보여준다. 성별, 계층별 한류 콘텐츠 선호도에서 남성보다 여성이 한류에 훨씬 관심이 높다. 한류의 주소비자층은 주로 10대와 20대 젊은 여성들로, 이들은 매일 한국 드라마를 시청하고, K-POP을 듣는다. 특히 걸프 여성들은 조직적으로 팬클럽을 운영하고, 용돈을 모아 한류 스타에게 꽃과 간식, 생일 케이크와 같은 선물을 보낸다고 한다. 한류에 대한 여성들의 열정과는 대조적으로 남성들은 한류에 그리 열광하지 않는다. 남성들의 한류 문화 콘텐츠 소비는 주로 사극에만 한정되고 있다(배정욱, 2016). 이는 곧 한류는 부상하는 '걸프 워머노믹스(Womanomics)'['Woman(위먼)'과 'Economics(이코노믹스)'의 합성어이다. 과거 워머노믹스는 원래 소득수준이 높아진 여성 소비자를 대상으로 한 상품과 서비스 시장을 뜻했다. 그러다 여성의 경제활동이 증가하면서 그 의미는 소비의 주체, 생산의 주체, 구매 결정권자로서 여성의 역할을 포괄하게 되었다. 워머노믹스는 '여성의, 여성에 의한, 여성을 위한' 경제, 즉 여성의 경제 참여와 함께 여성이 경제를 주도하는 현상을 의미한다]에 긍정적인 영향을 미칠 것이며, 또한 우리는 이를 적극 활용해야 할 필요가 있다.

05

걸프 여성의 라이프 스타일과 트렌드

일하는 여성에게 자유를!

걸프 여성의 라이프 스타일

걸프 워킹맘과 식품 분야에서의 라이프 스타일 변화

● 걸프 여성과 음식

전 세계 모든 여성에게도 그렇겠지만 걸프 여성에게 음식은 매우 특별하다. 남성과 여성의 역할이 명백하게 구분되는 이슬람 사회에서 음식 준비는 대부분 여성의 몫이기 때문이다. 가족을 위해 매일같이 반복되는 일상생활에서의 식사 준비, 그리고 가끔 손님을 초대할 때 대접해야 할 특별한 음식의 메뉴를 결정하는 일은 좋은 엄마로서, 좋은 아내로서 평가받는 과정이다. 그리고 아직 일하는 여성보다 일하지 않는 여성이 더 많은 걸프 지역에서 여성은 자신의 사회적 성공을 가늠하는 경력보다는 가정에서 여성의 역할에 충실했을 때 더 많은 인정과 찬사를 받는다. 특히 음식은 손님을 초대할 때 여성 본인뿐만 아니라 초대한 가족의 체면과 명예와 관련되기 때문에 무척 신경 쓰이고 부담되는 부분이다.

지금은 핵가족화로 결혼한 젊은 부부가 부모와 따로 사는 경우도 빈번하지만, 전통적으로 걸프 지역에서는 확대가족 구조가 일반적이었다. 결혼한 부부가 부모와 따로 살 경우에도 대부분 부모님 집 근처에 집을 얻어 살았다. 여러 세대의 여성이 한 공간에서 살았기 때문에 부엌일에도 위계 질서가 있었다. 나이 어린 여성은 힘들고 거친 일을 도맡았고, 나이 든 여성은 음식을 하거나 음식의 간을 보는 좀 더 섬세한 일을 맡았다. 부엌이라는 한 공간에서 여러 세대 여성이 음식을 중심으로 공존했기 때문에 한 집안의 요리법은 세대에서 세대로 전달될 수 있었다. 그러나 핵가족화가 진행되면서 세대 간 음식 조리법을 전달하는 일은 점차 어렵게 되었다. 여성의 고등교육 기회 확대와 취업으로 부엌에서 요리하는 시간이 더욱 줄어들게 되었고, 부모 세대의 전통 요리법을 전수받는 일은 더욱 어렵게 되었다. 게다가 걸프 지역으로 유입되는 외국인 노동력이 걸프인들의 부엌을 점령하면서 전통 요리법의 단절은 더욱 빨라졌다. 이들의 부엌에는 이제 자국민 여성을 대신해 저렴한 노동 인력인 인도, 파키스탄, 방글라데시, 필리핀 출신 메이드가 일상적인 음식 준비를 도맡아 하고 있다. 외국인 여성이 자국 여성을 대신해 일상생활의 식사를 준비하면서 걸프인들은 점차 전통적인 입맛을 잃어가고 있으며, 대신 남아시아나 동남아시아 입맛이 가미된 음식에 길들여지고 있다. 이는 곧 걸프 지역에서 전통 입맛의 상실로 이어지고 있으며, 걸프인들의 정체성에도 그 뿌리에서부터 영향을 미치고 있다.

● 걸프 여성의 일과 음식 문화 변화

각 걸프 정부는 여성의 교육을 강조하고 노동시장 참여를 적극 유도하고 있다. 그 결과 세계 평균에는 못 미치지만 1993년부터 2013년까지 지난 20년간 걸프 여성의 노동시장 참여율은 〈그림 5-1〉과 같이 상승했다.

걸프 지역 여성의 노동시장 참여율이 더욱 높아지면서 일상생활 속 음식 문화도 변화하고 있다. 여성의 노동시장 참여는 여성이 가정에서 보내는 시간이 줄어들었음을 의미한다. 그러나 동시에 음식 준비를 여성의 일로 간주하는 걸프 사회의 문화적 인식은 여전히 지배적이다. 따라서 여성

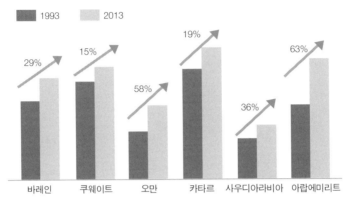

그림 5-1 1993년 대비 2013년 GCC 각 국가별 여성의 노동시장 참여율

■ 1993   □ 2013

| 바레인 | 쿠웨이트 | 오만 | 카타르 | 사우디아라비아 | 아랍에미리트 |

29% 15% 58% 19% 36% 63%

자료: AT Kerney 재인용, *Doha News* (2016.3.15), "Qatar home to highest proportion of employed women in the Gulf." https://dohanews.co/qatar-home-to-highest-proportion-of-employed-women-in-the-gulf/

이 현실에서 직면한 문제와 문화적 인식 사이의 딜레마를 해결하기 위해 식품 시장도 진화하고 있다. 이미 걸프 지역에서는 간편식, 포장식, 배달식, 외식이 증가하고 있으며, 최근에는 워킹맘을 중심으로 이유식 시장도 커지고 있다. 아직까지는 간편식과 조리식 구매는 메이드를 고용하지 않은 이주민 여성을 중심으로 이루어지고 있다. 그러나 이러한 구매 패턴은 이주민 노동력을 자국민 노동력으로 대체하려는 각 걸프 정부의 '노동력의 자국민화' 정책이 이행되면서 자국민 중산층으로 점차 확대될 것으로 예상된다.

한편 걸프 지역에서는 현대화된 삶으로 생활은 바쁘지만 건강에 대한 인식이 향상되면서 질 좋은 식품에 대한 소비가 증가하고 있다. 보스턴 컨설팅 보고서에 따르면 음식은 특히 여성에게 '트레이딩업(Trading Up, 상향 구매)'(명품 브랜드나 더 나은 제품에 돈을 추가 지출하는 경향) 1순위 품목이라고 한다(실버스타인·세이어, 2009). 즉, 돈을 더 주더라도 가족을 위해 좋은 음식을 구매할 의향이 가장 큰 부분이 바로 식품 분야이다. 음식이 여성의 기본적인 의무로 간주되기 때문이다. 비록 현대사회의 바쁜 생활 방식으로 여성이 직접 시장을 보고 음식을 준비할 시간이 없더라도 자녀를 둔 여성들은 성장에 도움이 되는 음식을 구매하며, 미혼 여성들은 맛과 영양을 충족하면서 동시에 살이 찌지 않는 음식을 원한다. 걸프 여성의 일과 라이프 스타일 변화로 이제 이 문제는 서구 여성에게만 국한되지 않고 걸프 여성에게도 해당되게 되었다.

건강식에 대한 관심은 걸프 지역 식품 시장에도 반영된다. 유기농에 대한 호응이 높아진 결과 걸프 지역 유기농 식품 시장은 2018년에는 15억 달러까지 성장할 것으로 전망되고 있다(Prwebme, 2016.12.5). 또한, 건강 유아식에 대한 인식도 고조되면서 우유, 분유, 건조식과 같은 유아식의 수요가 증가하고 있다. 아랍에미리트의 유아식 식품 판매량은 연간 5.8%의 성장률을 보이면서 2016년 511만 AED(약 139만 달러) 규모에서, 2021년 677만 AED(약 184만 달러) 규모에 이를 것으로 예상되고 있다. 라이프 스타일의 변화로 간편하면서 오랫동안 보존이 가능하고 가격도 저렴한 통조림 시장도 성장하고 있다. 이 시장의 규모는 2013년 4억 7000만 달러로 2018년까지 연평균 약 3% 성장이 전망된다. 그러나 통조림은 제품의 특성상 프리미엄 제품보다는 합리적인 가격의 제품이 선호되고 있다. 통조림의 주 소비자 계층은 외국인 노동자인데 가격이 저렴하면서도 영양을 보충할 수 있기 때문이다(KOTRA, 2014.5.29).

● 손님 초대 문화, 집에서 밖으로

걸프인들이 가장 중요하게 여기는 문화적 가치 중 하나는 자신의 가족 및 부족의 명예를 지키는 것이라는 점은 이미 앞 장에서 언급했다. 명예는 타인으로부터 존경받거나, 좋은 평판을 쌓거나, 가족의 체면을 유지하는 것으로 얻을 수 있다. 또한, 그 반대의 행위로 쉽게 잃을 수 있다. 따라서 사람들은 타인으로부터 인정받고 명예를 얻기 위해 항상 노력한다. 좋은 평판은 훌륭한 손님 접대에서 시작된다. 중동의 음식 문화를 연구한 피터

헤인(Peter Heine)은 가장 쉽게 명예를 지키는 길은 손님을 융숭하게 접대하는 것이며, 가장 쉽게 명예를 잃는 길은 인색하고 야박한 손님 접대라고 언급하고 있다(Heine, 2004: 4). 즉, 걸프인들이 가장 중요하게 생각하는 명예와 환대 문화의 중심에는 항상 음식이 자리하고 있음을 알 수 있다. 주인은 손님 접대를 통해 자신의 사회적 지위, 형편, 관대함을 드러내며, 초대된 남성 손님들은 식탁에 오른 음식을 통해 그 집안을 평가한다. 집단주의 문화권에서 개인의 명예는 자신만의 문제로 귀결되지 않고 가족 혹은 나아가 부족의 평판으로 확장되는 경향이 있으므로 일단 손님을 초대하면 안주인은 남편의 이름을 걸고, 남편은 가족의 이름을 걸고, 혹은 상황에 따라 부족의 명예를 걸고 손님을 극진히 대접한다. 따라서 겉으로 보이지는 않지만, 음식을 둘러싸고 주인과 손님 간에, 남성과 여성 간에 권력관계가 항상 존재해왔다는 것을 알 수 있다. 그리고 그 중심에는 여성이 있다. 남성의 공적인 공간에서 안주인의 모습은 보이지 않지만, 남성의 공식적인 환대 문화 뒤에는 항상 여성이 존재해왔다(엄익란, 2009: 145에서 재인용). 그러나 걸프 지역 사교 문화의 변화와 함께 과거 전통적인 초대 문화에도 변화가 감지되고 있다. 손님 초대의 공간이 집에서 이제는 집 밖으로 옮겨지고 있기 때문이다. 그 결과 외식산업도 급속도로 발전하고 있다.

걸프 지역 사회 변화에 따른 음식 소비 패턴 변화

● 다변화되는 걸프 지역 음식 문화

걸프 지역의 음식 문화는 1960년대 이후 오일 머니 유입으로 급변했다. 오일 머니 덕분에 삶이 윤택해진 걸프 지역 거주민들은 세계 각지로부터 수입된 다양한 식품을 맛볼 수 있게 되었다. 그리고 걸프인들은 경제적으로 풍요해지자 해외여행과 유학을 하면서 서구의 식문화를 직접 겪었으며, 이는 걸프 지역의 전통 음식 문화를 변화시키는 데 많은 영향을 끼쳤다. 서구의 신문화를 접한 걸프 지역 사람들은 본국으로 돌아올 때 자신이 외국에서 습득한 식생활과 조리법을 들여와 걸프인의 전통 식탁에 가미했다. 사람들은 아침 식사로 전통 빵보다 크루아상과 커피, 시리얼을 선호했으며, 서구식 아침 식사는 당시 엘리트 문화의 상징이 되었다.

이후 1990년대에 글로벌 프랜차이즈 기업이 걸프 지역에 들어오면서 음식 문화도 글로벌화되었다. 편리함과 신속함을 추구하는 패스트푸드는 걸프 지역 거주민의 음식 문화에 지대한 영향을 끼쳤다. 탄산음료, 감자, 팝콘, 초콜릿과 사탕, 피자, 햄버거, 닭튀김, 소시지 등이 전통적인 간식거리인 견과류 씨와 대추야자를 대신하게 되었다. 그러나 칼로리가 높은 가공식품 섭취와 사막 기후로 인한 운동 부족 때문에 걸프인들은 비만, 고혈압, 당뇨와 같은 만성질환에 시달리게 되었다. 국민 병 증가로 건강에 대한 인식이 확산하자 걸프인들은 이제 저칼로리와 저지방 식품 조리법과 유기농과 같은 신선한 재료를 선호하게 되었다. 또한, 동물성기름 대신 식물성기름을 사용하고, 양고기나 쇠고기와 같은 붉은 살 육류 대신 기름기가 적은 닭고기나 생선의 소비를 늘리고 있다(엄익란, 2011: 176~177에서 재인용).

현재 걸프 지역에는 다양한 국적과 민족의 이주민이 유입된 결과 음식 문화의 '에스닉(Ethnic)'화 현상이 강화되고 있다. 걸프 지역 식문화는 서구 음식이 대세이지만 이제는 다문화 사회가 되면서 점차 한국, 일본, 태국, 베트남을 포함한 아시아 음식점도 흔히 볼 수 있게 되었다. 일본 음식 문화는 건강에 좋고 살이 찌지 않는 고급 음식으로 인식되어 관심을 받고 있다. 반면에 한식은 한류를 좋아하는 소수의 걸프 여성을 중심으로 인기가 높다.

● 만성질환 증가와 건강에 대한 인식 확산으로 건강식 소비 증가

급속한 도시화와 현대화, 식문화의 서구화로 걸프 지역 거주민들 사이에
서 비만, 당뇨병 및 고혈압과 같은 만성질환이 증가하고 있다는 것은 앞서 언
급했다. 오만을 제외한 모든 GCC 회원국은 전 세계 비만 인구 상위 15위 안
에 속하며, 인구의 1/3 이상이 비만인 것으로 간주된다. 사우디아라비아, 쿠
웨이트, 카타르의 성인 인구 중 당뇨병 유병률은 20%에서 24%에 이르며, 이
는 세계 평균의 두 배 이상이다. 그에 따라 정부는 건강에 대한 캠페인을 벌
이고 있으며, 건강에 대한 사람들의 인식도 고조되고 있다(Alpen Capital,
2017). 그 결과 걸프 지역 거주민 간에는 유기농, 저지방, 글루텐프리(Gluten-
Free)를 포함한 건강식품에 대한 수요가 증가하고 있다. 비록 전체 시장의
15% 미만에 그치고 있으나 2010년에서 2015까지 이 시장은 약 12.2%가량
성장했다. 2014년 하반기에 실시된 닐슨의 글로벌 건강 및 웰니스 설문 조
사(Global Health & Wellness Survey)에 따르면 아랍에미리트의 경우 건강식에
프리미엄을 지불할 용의가 있다고 응답한 비율은 약 83%에 달한다(Alpen
Capital, 2017). 이 설문은 걸프 지역 소비자들의 식품 분야 '트레이딩업' 현상,
즉 상향 구매 의사를 잘 반영하고 있다.

신선 식품 부문에서 걸프 지역 소비자들은 '신토불이'를 선호한다. 한 연
구에 따르면 아랍에미리트 소비자들은 자국이나 역내에서 생산되는 물품
에 대해 20%까지 비용을 더 지급하고 살 의향이 있는 것으로 밝혀졌다
(*Khaleej Times*, 2017.2.23). 오만의 경우 1982년과 2001년 사이 태어난 젊은
세대, 일명 '밀레니엄' 세대 소비자들을 중심으로 현지 사육 육류와 해산
물, 현지 재배 신선식을 선호하는 것으로 나타났다. 이들 밀레니엄 세대는
합리적인 가격과 편리함을 추구하면서 동시에 윤리적인 소비도 중요하게
생각한다. 그래서 이들은 환경과 동물 복지에 관심을 보이며 유기농, 개방
사육, 동물 학대 반대, 현지 재배, 호르몬 프리 재배 등을 선호하는 것으로
나타났다(*Times of Oman*, 2014.9.20).

• 이슬람 경제의 부상으로 할랄 인증 식품 소비 증가

걸프인의 음식 문화에서 이슬람의 음식 규정인 할랄은 매우 중요하다. 음식과 관련해 이슬람교에서는 인간에게 허용된 음식과 금기된 음식을 명확하게 구분짓고 있다. 이슬람에서는 인간에게 허용되는 음식을 할랄 (Halal), 금기되는 음식을 하람(Haram), 권장되지 않은 음식을 마크루(Makru)라고 규정하고 있으며, 이를 준수하는 것이 무슬림의 의무 사항이다. 코란 제5장 4절에 따르면 무슬림에게 허락된 음식은 "좋은 것들"이라고 규정하고 있다. 이는 원칙적으로 깨끗한 사람, 즉 무슬림에 의해 준비된 '깨끗한 음식'을 의미한다. 정화된 음식을 통해 무슬림은 인간에 대한 신의 자비와 힘을 느낄 수 있기 때문이다. 이슬람의 관점에서 음식 섭취는 배고픔을 해결하려는 인간의 본능적 행위 이상의 의미를 담고 있다. 이슬람에서 "먹는다"의 의미는 알라의 뜻을 올바르게 이행하기 위해 에너지를 보충하는 것이며, 이는 곧 종교적 행위이다. 따라서 일상생활에서 무엇을 먹을지 혹은 먹지 말아야 할지는 무슬림에게 매우 중요한 문제이다(엄익란, 2011: 33~34). 이슬람교의 음식에 대한 규정이 식품 산업에도 적용되면서 오늘날에는 할랄 식품 시장도 함께 주목받고 있다.

걸프 지역 젊은 소비자들 사이에서 건강식과 윤리적 식품 소비가 증가하면서 할랄 인증 식품 소비도 증가하고 있다. 무슬림이 안심하고 섭취할 수 있는 할랄 식품은 인증이 매우 까다롭고, 안전과 위생, 신선함을 담보하고 있다. 그리고 식품의 안전과 위생은 무슬림 소비자가 추구하는 건강식, 즉 웰빙식 문화 코드와도 부합한다. 글로벌 할랄 산업 성장과 함께 현재 걸프 지역에서는 육류 및 가금류로 한정되던 할랄 인증이 이제 유제품, 간식, 과자류를 포함해 다양한 식품군으로 확대 적용되는 추세이다. 그에 따라 수출입 상품에 대한 할랄 인증 필요성도 증대되고 있다. 할랄 인증 식품에 대한 수요가 증가한 결과 전 세계적으로 할랄 인증 식품 시장 규모는 2015년에 4150억 달러 규모로 성장했으며, 이는 세계 식품 무역의

20%를 차지하는 규모이다(Alpen Capital, 2017).

● **이민자와 관광객 유입으로 빠르게 증가하는 간편식 시장**

걸프 지역 인구수는 전 세계에서 가장 빠른 증가세를 보이고 있다. 이 지역 인구 증가세는 미국의 4배, 중국의 7배, 유럽의 10배에 이른다(*Weetas*, 2015.6.29). 걸프 지역 인구수 증가의 가장 큰 원인은 첫째, 외국인 노동자 유입이다. 걸프 지역의 경제성장, 두바이 EXPO 2020과 2022 카타르 FIFA 월드컵과 같은 대형 국제 행사 유치에 따른 건설 경기 호황으로 외국인 노동자 유입이 점차 증가하고 있다. 외국인은 전체 걸프 지역 인구수의 약 51%를 차지하고 있으며, 국가별로는 아랍에미리트 89%, 카타르 86%, 쿠웨이트 70%, 바레인 53%, 오만 46%, 사우디아라비아 37%를 차지한다. 유입되는 인구가 증가하자 걸프 지역 식품 소비량은 연평균 4.2%의 성장세를 보이며, 2016년 4810만 톤에서 2021년에는 5920만 톤으로 증가할 것으로 전망된다. 이를 1인당 식품 소비량으로 환산하면 동기 대비 891.5kg에서 979.1kg으로 증가하는 것이다. 그러나 걸프 지역의 문제점은 식품 소비가 증가하는 데 반해 경작 가능한 토지와 물이 부족해 대부분의 식품을 수입에 의존하고 있다는 것이다(<표 5-1> 참조). 걸프 국가에서 식품 수입 규모는 인구수가 가장 많은 사우디아라비아와 아랍에미리트가 가장 크다. 식품에 대한 수입 의존도가 점진적으로 높아짐에 따라 안전한 식량 자원을 확보하는 것이 걸프 정부의 가장 중요한 사안이 되었다. 따라서 각 국가는 농업기술 확보에 기반을 둔 국내 식량 생산량 증가 및 공급 증대, 해외 농경지 개발로 안정적인 식량 안보 구축 등을 시도하고 있다. 아랍에미리트는 미국의 실리콘 밸리를 모델 삼아 자국 내 식품과학기술 개발 및 연구 단지인 '식품 밸리(Food Valley)' 설립을 계획하고 있다.

둘째, 관광객의 증가 또한 걸프 지역 식품 시장 성장의 주요인이 되고 있다. 걸프 각 국가의 산업 다변화 정책의 핵심 전략은 자국 내 관광산업 육성이다.

		2007	2008	2009	2010	2011	2012	2013	2014	2015	2016	2017	2018	2019	2020

표 5-1 2007~2020 GCC 각 국가별 식품 수입 규모 전망치

(단위: 10억 달러)

	2007	2008	2009	2010	2011	2012	2013	2014	2015	2016	2017	2018	2019	2020
바레인	0.5	0.7	0.7	0.7	0.8	0.8	0.9	1.0	1.1	1.2	1.0	1.4	1.5	1.6
사우디아라비아	12.0	16.7	15.9	16.8	17.9	19.0	20.3	21.7	24.5	27.2	29.0	30.9	33.0	35.2
아랍에미리트	2.6	3.8	3.4	3.6	3.8	4.1	4.4	5.1	5.5	6.1	6.6	7.2	7.8	8.4
오만	1.3	2.1	1.7	2.1	2.1	2.3	2.4	2.9	3.3	3.1	3.5	3.9	4.3	4.8
카타르	0.9	1.4	1.2	1.3	1.3	1.4	1.6	1.9	2.1	2.3	2.5	2.8	3.1	3.3
쿠웨이트	1.7	2.3	2.2	2.3	2.5	2.7	3	3.4	3.6	3.9	4.2	4.6	4.9	5.3
GCC 전체	18.1	25.7	24.1	25.8	27.5	27.2	29.5	33.7	36.3	39.6	42.6	45.9	49.3	53.1

자료: *The Economist* (2010), "The GCC in 2020: Resources for the future." http://graphics.eiu.com/upload/
eb/GCC_in_2020_Resources_WEB.pdf

그림 5-2 2010~2015년 GCC 국가로 유입되는 관광객 수

(단위: 100만 명)

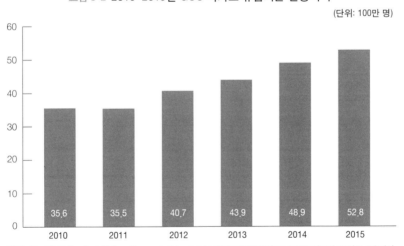

자료: *The Statistics Portal*, https://www.statista.com/statistics/673855/gcc-international-tourist-arrivals/

지난 2010년부터 2015년까지 걸프 국가로 유입되는 관광객 수는 지속적으로
증가하고 있다(<그림 5-2> 참조). 걸프 지역의 주 관광 유형은 종교 관광, 스포츠
이벤트, 쇼핑 페스티벌, 오락 시설, MICE 산업[Meeting(회의), Incentive Travel(포
상 관광), Convention(컨벤션), Exhibition(전시)을 합쳐놓은 용어] 등이 있다. 특히 2020년

두바이 EXPO와 2022년 카타르 FIFA 월드컵으로 인해 역내로 유입되는 관광객 수는 더욱 증가할 것으로 예측된다. 관광객 유입 증가로 가공식과 간편식을 중심으로 한 식음료 수입이 증가하고 있으며, 규모에서는 사우디아라비아와 아랍에미리트가 가장 크다. 이 두 국가에 유입되는 관광객 수는 연평균 2500만 명에 이른다(엄익란 외 2018: 145~147).

건강한 신체에 건강한 정신이,

스포츠와 걸프 여성의 라이프 스타일

걸프 사회의 급격한 변화와 걸프인의 정신 건강

● **걸프 사회의 급격한 변화와 걸프인이 겪는 정체성의 혼란**

지난 40년간 걸프 사회는 급격한 변화를 겪었다. 현대화와 글로벌화를 거치면서 사막의 가난한 오아시스 국가는 '전 세계 최초', '전 세계 최대', '전 세계 최고'를 모토로 겉모습을 화려하게 변신하고 있다. 그러나 안으로는 급작스러운 사회 변화를 따라가지 못하면서 병든 사회 모습도 나타나고 있다. 걸프 사회의 정신적 행복(Psychological Well-Being)을 연구한 토머스(Thomas, 2013)에 따르면 걸프 사회는 이슬람의 종교적 가치와 전통적인 가족 문화, 현대화와 글로벌화 과정에서 야기되는 삶의 간극 사이에서 균형을 찾기 위해 고군분투하고 있지만, 사회 변화에 적응하는 과정에서 긴장감과 갈등이 종종 표출된다고 진단하고 있다. 그는 걸프 사회의 급속한 변화에 따른 사회적 불안감 때문에 걸프인 중에는 섭식장애, 물질 관련 장애(마약, 알코올, 인터넷 중독 등), 감정조절장애(우울증, 조울증), 불안장애 등에 시달리는 사람들이 늘고 있으며, 이는 건강한 걸프 사회를 위협하는 심각한 사회문제가 되고 있다.

걸프 사회가 직면한 가장 큰 문제는 "나는 누구이고, 우리는 누구인가" 라는 걸프인들의 정체성과 관련된다. 걸프 사회는 산업화와 현대화 과정에서 외국인이 과도하게 유입되어 자국민 인구수를 초과하는 인구 불균형 상태에 이르렀다. 그 결과 자국민은 이제 주인이 아닌 객이 되었으며, 식당과 직장 등 일상생활에서도 이방인 취급을 받고 있다. 그러나 안을 들여다보면 실질적으로 걸프인들의 정체성 문제는 유아기부터 시작된다. 걸프 지역 아이들의 주 양육자가 엄마가 아닌 외국인 내니(Nanny)이기 때문이다. 걸프 지역 아이들은 가사와 육아를 담당하는 외국인 내니와 모국어가 아닌 영어로 대화를 해야 한다. 지식과 인적 자원 개발 당국(KHDA: A Knowledge and Human Development Authority)의 조사에 따르면 걸프 지역 3세 미만 영유아 58% 이상이 1주일에 30시간에서 70시간가량 외국인 내니의 보살핌을 받고 있으며, 이는 궁극적으로 국가 정체성 형성에 부정적인 영향을 끼친다고 한다(Thomas, 2013: 20). 주 양육자가 외국인이기 때문에 많은 걸프 지역 아이들은 아랍어보다 영어를 구사하는 것을 더 편하게 생각하며, 아랍어 대신 영어로 쓰고 읽는다. 따라서 모국어인 아랍어는 점차 일상생활에서 사라질 위기에 처했고, 이제 소수인의 언어가 되어버렸다. 학교 정규 과정에서 아랍어를 배우기는 하지만 대부분은 고전 아랍어이기 때문에 일상생활에서 사용하는 아랍어와는 다소 차이가 있다. 아랍에미리트에서는 일상생활에서 모국어가 점차 잊히자 이에 위기감을 느끼는 부모들이 자녀를 아랍어 사설 교육기관에 보내기도 한다(*Khaleej Times*, 2017.2.5). 아랍어는 걸프인의 정체성의 근간이며, 이를 잃게 되면 정체성의 뿌리가 흔들리는 혼란이 우려되기 때문이다.

걸프인의 정체성에 또 다른 영향을 미치는 문제는 바로 젊은이들의 비혼과 만혼의 결혼 패턴이다. 가족 문화를 중시하는 걸프 사회에서, 특히 외국인 유입으로 국가 정체성이 위협받는 상황에서 각 걸프 정부는 자국민의 결혼과 출산율을 높여 자국민 인구수를 늘리는 인구정책을 추진해왔다. 그러나 비혼과 만혼의 증가는 걸프 국가가 해결해야 할 새로운 사회문제가 되고 있다. 젊은이들의 만혼과 비혼의 원인으로는 자국민 여성의 고등교육 확대와 노동시장 진출, 결혼에 드는 비용 증가로 인한 부담감, 외국인과의 결혼 증가 등이 있다. 가령 사우디아라비아의 경우 한 해 국민이 결혼에 쓰는 비용만 20억 SAR(한화 5840억 원 규모)이 든다고 한다. 그리고 이 중 반 이상이 신부의 결혼 드레스와 보석 구매에 들어간다. 커플당 보석에 쓰는 비용만 평균 2만 5000달러에 달한다고 한다(*Emirates 247*, 2015.2.23). 결혼에 드는 비용에 부담을 느끼는 사우디아라비아 젊은이들은 이슬람의 전통적인 결혼보다는 '미스야르(Misyar)'와 같은 혼인을 선택한다. 미스야르 혼인은 본래 아라비아 상인들이 무역로를 따라 여행하면서 들르던 곳에 현지처를 두던 관습에서 비롯된 것이다. 단어도 '여행하다'라는 의미에서 파생된 것이다. 미스야르 혼인을 하면 남편은 아내와 한집에서 동거하지 않아도 되며, 가족 부양의 의무도 없다. 즉, 미스야르 혼인은 이슬람교에서 인정하는 정식 혼인이 아닌 임시혼의 한 형태로 볼 수 있다. 미스야르 혼인 외에도 글로벌화로 외국과 접촉이 많아지면서 외국인과 자국민 간 결혼 비율이 높아지고 있으며, 이러한 현상은 걸프인의 정체성, 즉 칼리지 정체성을 고수하려는 정부의 고민거리가 되고 있다.

걸프 사회의 라이프 스타일과 건강 문제

● 날씬한 몸에 대한 강박증과 거식증

걸프 지역 여성은 다른 지역 여성과 마찬가지로 날씬한 몸을 만드는 데 각별히 신경을 쓰고 있다. 그런데 날씬한 몸에 대한 갈망이 지나쳐 집착과 강박증이 되고 있으며, 심지어 일부 여성들 사이에서는 섭식장애도 나타나고 있다. 이는 몸을 성공과 경쟁력의 수단으로 보는 글로벌 트렌드와 남들에게 보여지는 이미지를 중시하는 걸프 지역의 체면 문화가 함께 조우된 결과로 해석된다. 특히 섭식장애는 10대 소녀들에게 나타나고 있으며, 이들은 말라 보이기 위해 음식 섭취를 꺼린다고 한다. 이와 관련한 한 연구에 따르면 사춘기를 지나거나 대학 생활을 하는 여학생 25%가 섭식장애를 겪고 있는 것으로 나타났다. 또한 아랍에미리트 토후국 중 하나인 샤르자에서 행해진 또 다른 연구에 따르면 15세에서 18세 사이의 여학생들 37.8%가 섭식장애를 겪고 있는 것으로 나타났다. 섭식장애 문제는 여학생에게만 한정된 것은 아니다. 사춘기의 남학생들도 역시 비슷한 문제를 겪고 있다고 한다. 두바이 인간관계 연구소 및 클리닉(Human Relations Institute & Clinics)의 조사에 따르면 청소년 사이에서 식욕 부진이나 혹은 반대로 과식증이 많이 나타나고 있으며, 이는 외모 강박증과 관련된 사회적·심리적 문제에서 비롯된 것이라고 한다(*Emirate 247*, 2015.4.12).

날씬하고자 하는 욕망은 비단 걸프 지역에 한정된 현상은 아니지만, 이 시점에서 그렇다면 걸프 여성들은 왜 날씬해지고 싶어 하는가라는 질문을 던지지 않을 수 없다. 가장 큰 원인은 글로벌 현상으로 비만을 병으로 보는 현대 의학과 이상적인 몸에 대한 사회적 인식의 변화 때문이다. 비만은 불과 100년 전만 해도 없던 병이다. 그러나 식품 산업의 성장과 함께 먹을 것이 풍부해지면서 현대사회에서 비만은 사회적 병이 되었다. 그리고 이는 이상적인 몸에 대한 사회적 인식도 바꿔놓았다. 이상적인 몸은 시대 상황에 따라 변화한다. 과거 음식이 풍부하지 않던 시대에는 살찐 몸을 과시하는 게 자신의 사회적 지위와 품위 유지에 중요했다. 살찐 몸은 건강과 물질적 풍요를 상징했고, 사회적 성공을 표시했기 때문이다. 그러나 음식이 풍요로운 오늘날의 현대사회에서는 과거와는 달리 살찐 몸은 가난하고 교육받지 못한 사람을 상징하게 되었다. 반면에 날씬한 몸은 부유하며, 교육받은 사람들로 인식되는 경향이 있다(바크, 2008; 141~145). 이제 몸 관리는 곧 라이프 스타일 관리로 인식되고, 몸은 사람의 사회계층을 외모를 통해 구분하는 잣대가 되었다. 이러한 현상은 걸프 지역에서도 동일하게 나타난다. 음식의 풍요 속에서 날씬한 몸은 아름다움, 성공, 자기 관리, 경쟁력을 상징하게 되었다. 그리고 시각이 중시되는 이미지 시대에 겉으로 드러나는 몸은 급기야 숭배의 대상이 되었다. 여성의 이상적인 몸에 대한 인식 변화는 전통 의상인 아바야의 형태 변화에도 반영되어 나타난다. 원래 아바야는 여성의 몸매를 드러내지 않도록 입어야 하지만 이제 여성의 잘록한 허리와 가녀린 팔을 강조하도록 디자인된 아바야도 등장해 사람들의 시선을 끌고 있다(걸프 지역의 문화적 특수성에서 발현되는 '초두 효과' 현상은 걸프 여성의 화장을 설명하는 장에서 보충하도록 한다).

● 비만으로 인한 불임 문제

비만을 혐오하고 날씬한 몸을 우상시하는 몸에 대한 강박관념으로부터 파생된 섭식장애 등은 걸프 지역에서 꾸준히 증가하는 불임 문제의 한 원인이 되고 있다. 최근 걸프 지역에서는 외국인 인구수 증가와 반비례해 자국민의 출산율은 지속적으로 감소세를 보이고 있다. 사우디아라비아의 경우 출산율은 2.67명, 아랍에미리트의 경우 출산율은 1.8명이다(Worldometers. info). 출산율 감소의 배경에는 여성의 교육 기간 연장과 취업으로 인한 만혼 증가, 가족계획에 대한 인식 고조, 생활비 증가로 인한 자녀 양육 부담 등이 있다. 그러나 여기에 젊은 부부의 난임과 불임 문제도 출산율 감소에 영향을 끼치고 있다. 아랍에미리트의 경우 최근 주목되는 사회문제 중 하나로 불임 부부의 증가를 들 수 있다. 아랍에미리트 부부 다섯 쌍 중 한 쌍은 불임 문제에 직면해 있는 것으로 나타났으며, 이는 세계 평균보다 높다(*Khaleej Times*, 2016.11.20). 불임은 다산을 중시하던 걸프 지역의 전통적인 여성성과 남성성에 반할 뿐만 아니라, 부부의 사회적 역할과 의무에 대한 불이행으로 간주되기 때문에 공개적으로 언급하기에는 터부시되는 주제이다.

현대 아랍에미리트의 불임 문제는 여성만의 문제를 넘어 남성의 문제가 되어가고 있다. 거의 50%에 달하는 불임 커플 중 남성이 원인인 경우도 상당수인 것으로 밝혀졌기 때문이다. 중동 지역 여성의 불임 원인에는 비타민 D 결핍, 비만, 고혈압 등이 있으며, 남성의 경우에는 그 외에도 흡연 등이 원인이 되고 있다. 만성질환 중 비만과 고혈압 등은 서구식 식생활의 유입과 운동 부족으로, 그리고 비타민 D 결핍은 야외 활동에 부적합한 기후와 머리에서 발끝까지 온몸을 감싸는 이 지역의 의상 스타일이 주요인이 되고 있다. 이러한 사실을 염두에 두고 비타민 D가 투과할 수 있는 아바야 개발도 시도되고 있다. 두바이 보건청(DHA: Dubai Health Authority)에 따르면 비타민 D 결핍은 아랍에미리트 인구 90% 이상이 겪고 있는 질환이다(*Gulf News*, 2017.10.26). 불임 인구 증가에 따라 아랍에미리트에는 인공수정 관련 시장 규모도 점차 커지고 있다. 한 연구에 따르면 아랍에미리트 IVF(In-Vitro Fertilization, 체외수정) 시장 규모는 2017년 10억 1000만 달러에 달했다고 한다(*Menafn*, 2017.2.20).

● 바깥 활동 제한에 따른 인터넷 중독 문제

여성의 바깥 활동을 선호하지 않는 이 지역 관습으로 여성들은 온라인에서 보내는 시간이 점차 많아지고 있다. 쿠웨이트, 아랍에미리트, 사우디아라비아 여성 800명을 대상으로 연구를 시행한 결과 걸프 여성들은 스마트폰과 기타 인터넷 장비로 현실보다 온라인에서 더 많은 시간을 소비하는 것으로 나타났다. 여성들이 하루 평균 온라인에 접속하는 시간은 6~7시간에 달한다. 이들 여성은 신문 읽기, TV 시청, 라디오 청취 대신 왓츠앱(WhatsApp)을 통해 친구들과 대화하며, 인터넷에서 패션, 화장품, 미용에 대한 최신 트렌드를 찾아 구매하면서 여가 시간을 즐긴다. 그러나 모르는 사람들과 함께 교류해야 하는 온라인 포럼에서는 가명을 사용해 종종 스포츠, 종교, 정치와 같은 민감하거나 금기된 주제 토론에 참여하기도 한다. 온라인에서 보내는 시간이 많아짐에 따라 휴대전화가 방전되면 공황에 빠지는 "아이폰 장애(iPhone Disorder)" 현상도 나타나고 있다(*Khaleej Times*, 2015.5.14). 그러나 과도한 인터넷 사용으로 인한 중독은 약물중독처럼 정신이나 신체에 치명적인 결과로 이어진다. 일부 아랍에미리트 젊은이들은 게임이나 인터넷 서핑 등으로 하루에 10시간 이상을 디지털 매체 사용에 소비하는 것으로 나타났다. 아부다비 국립 재활 센터(NRC: National Rehabilitation Centre)에 따르면 아랍에미리트 학생 중에 약 10~12%가 매일 게임에 10시간 이상을 소비하고 있으며, 게임 구매에 연간 6000달러를 지출하는 것으로 나타났다. 게임에 시간을 너무 많이 소비하는 이들 학생은 잠이 부족해 피로감을 느끼며, 종종 학교에 결석하거나 학교에 오더라도 졸기 때문에 수업에 제대로 집중하지 못하고 있다. 아랍에미리트의 경우 2002년부터 지금까지 게임 중독으로 3100여 명의 자국민 환자를 치료했으며, 이 중 여성 환자도 60명에 달했다(*Gulf News*, 2017.10.29).

금기의 문화 코드에서 해제된 걸프 여성과 스포츠

● 여성의 스포츠 활동을 터부시하던 사우디아라비아의 변화

걸프 여성들의 건강 문제는 매우 심각하다. 여성의 신체 활동을 금기시하는 문화적 인식, 여성을 위한 운동 시설 부족, 사막 기후와 모래바람으로 바깥 활동이 어려운 기후 조건, 집안에서 여성의 가사 노동을 도와주는 외국인 노동력 등으로 여성에게 운동 기회는 사회구조적으로 그리고 문화적으로 차단되어왔기 때문이다. 게다가 사우디아라비아에서는 2013년 초까지 여학생의 체육 활동이 학교교육 과정에 포함되지 않았으며, 운전도 금지되어 피트니스 센터 접근성도 떨어졌다. 그 결과 걸프 여성들은 비만,

당뇨병, 고혈압, 대사증후군을 포함해 심혈관 질환 위험에 노출되어 있다. 걸프 국가에서 여성 비만율이 가장 높은 국가[세계보건기구(WHO)가 비만을 정의하는 방식인 체질량 지수 30 이상]는 카타르 45.3%, 바레인 42%, 사우디아라비아 38.4%, 쿠웨이트 35.2%, 아랍에미리트 31.3%, 오만 29.2%순이다. 아랍에미리트의 연구에 따르면 여성의 56.7%가 하루에 20분 미만만 걷는다고 한다. 그리고 사우디아라비아 여성의 98.1%, 바레인 여성의 98.7%는 운동을 전혀 하지 않는 것으로 나타났다. 여성 흡연 또한 걸프 여성의 건강에 적신호가 되고 있다. 여성 흡연에 대한 부정적인 인식으로 실제 흡연자 측정에는 어려움이 있으나 국가별로 여성 흡연자는 카타르 11.6%, 바레인 9.2%, 사우디아라비아 9%, 오만 0.5%, 아랍에미리트 0.8%, 쿠웨이트 7.9%, 바레인은 20.7%로 추정되고 있다(*The National*, 2017.7.3).

여성의 체육 활동 제약으로 사회문제가 발생하자 걸프 정부도 공중 보건 정책의 일환에서 여성의 운동을 적극적으로 권하고 있다. 사우디아라비아는 사우디 비전 2030을 공식적으로 선포하면서 여성의 신체 활동에 대한 입장을 획기적으로 전환했다. 사우디 비전 2030의 주요 테마 중 하나인 '활기찬 사회'를 실현하기 위해 국민의 건강과 보건에 관심을 기울이면서 기존에는 터부시되던 여성의 신체 활동을 적극적으로 권장하고, 리야드, 제다, 담맘 지역에 여성 전용 스포츠 클럽을 개장했다. 그리고 스포츠청(General Authority of Sports)에서는 여성의 1주일 1회 운동 비율을 13%에서 40%로 확대하기 위해 여성 전용 체육관을 확대 개관하고 있다. 2017년에는 공립학교의 체육 수업을 허락했으며, 요가를 공식 스포츠 활동으로 승인하기도 했다. 2018년 3월에는 개방적인 동부의 알아사[Al-Ahsa 또는 알하사(Al-Hasa)] 지역에 여성들이 참가할 수 있는 3km 마라톤 대회가 열려 수백 명의 여성이 아바야를 입고 참가하기도 했다. 여성이 참가하는 운동 대회에 대한 반응이 긍정적이자 정부는 이슬람교의 성지인 메카에서도 여성이 참여하는 마라톤 대회를 준비 중이다.

● 여성의 스포츠 활동에 대한 무슬림의 인식

1992년 알제리 육상 선수 하시바 불메르카(Hassiba Boulmerka)는 바르셀로나 올림픽 여자 1500m 육상경기에 출전했다. 그녀는 일반 선수들처럼 민소매 상의와 짧은 하의를 입었다. 경기에 우승해 금메달을 획득했으나 그녀에게 돌아온 것은 알제리 무슬림 단체의 살해 위협이었다. 명분은 전세계 사람들이 쳐다보는 앞에서 '거의 벌거벗고' 경기에 출전해 이슬람교의 가치를 더럽혔다는 것이었다. 하시바는 승리에 대한 환영 대신 목숨이 위협받자 알제리로 귀국할 수 없게 되었다.

하시바 사례는 여성의 스포츠 활동과 관련한 무슬림의 부정적 인식을 보여준다. 이집트 출신 신학자 유수프 알카르다위(Yousuf Al-Qaradawi)는 여성의 스포츠 활동이 여성의 도덕성을 해치는 것이라 비난했고, 이란의 물라(Mullah)인 아야톨라 무함마드 에마미 카샤니(Ayatollah Muhammad Emami Kashani)는 한층 더 나아가 올림픽을 스포츠가 아닌 관음증 경쟁이라 설교하기도 했다(Shirazi, 2016: 178). 여성의 스포츠 활동에 가장 보수적인 입장을 고수해왔던 사우디아라비아는 2012년 런던 올림픽부터 여자 선수를 올림픽 경기에 출전시키기 시작했다. 당시 런던 올림픽에 출전했던 선수는 800m 계주 예선에 참여한 사라 아타르(Sarah Attar, 당시 19세)와 유도에 참여한 우잔 샤흐르카니(Wojdan Shaherkani, 당시 16세)이다. 이들은 사우디아라비아 역사 최초로 여성의 올림픽 출전이라는 점에서 상당한 상징성이 있었다. 사우디아라비아 여성 최초의 올림픽 출전은 런던과 국제사회에서는 환호를 받았으나 정작 자국에서는 선수와 가족들은 사우디아라비아의 전통과 관습을 파괴했다는 이름으로 비난과 모욕을 받아야 했다. 사우디아라비아의 보수파들은 앞으로 이 두 여성이 사우디아라비아에서 살지도 못할 것이고, 훈련도 하지 못할 것이라며 위협했다. 무슬림 여성 육상 선수 하시바의 사례 이후 30여 년 가까이 흘렀으나 여전히 여성의 스포츠 활동에 대한 무슬림의 인식은 거의 변하지 않았음을 보여준다.

무슬림 여성의 스포츠 활동은 국제사회에서 많은 논란이 되어왔다. 신체를 드러내는 체육 활동의 특성 때문에 보수적인 이슬람 국가에서는 여성에게 그리 권장되지 않았으나, 국제사회에서는 무슬림 여성도 다른 여성들과 마찬가지로 평등하게 스포츠에 참여해 즐겨야 한다고 강조하고 있다. 이러한 충돌은 국제사회뿐만 아니라 자국 내에서도 빚어졌다. 그러나 과거 침묵하던 여성들은 이제 보수적인 이슬람의 견해에 맞서 대항하고 있으며, 이러한 움직임은 점차 표면으로 떠오르고 있다. 무슬림 여성은 보수적인 이슬람의 종교적 견해와 이를 부정적으로 바라보는 국제사회의 긴장 속에서 타협점을 찾기 위해 히잡을 착용하고 스포츠 활동에 참여하기 시작했다. 1998년 모로코 여성 국가대표 축구팀 이후 터키, 쿠웨이트, 이란 등의 무슬림 여성 선수들이 히잡을 쓰고 경기에 참여했다. 2008년에는 히잡 태권도복이 등장하기도 했다. 무슬림 여성이 히잡을 착용하고 스포츠 경기에 참여하는 것에 대해 일부는 특정 종교를 옹호하며 평등성을 훼손한다는 점에서 반대하기도 했다. 그러나 2012년 6월 국제축구연맹(FIFA)이 무슬림 여성 선수의 히잡 착용이 선수들에게 위험을 초래하지 않다는 의료 위원회의 결정을 명목으로 무슬림 선수들의 히잡 착용을 허용하자 히잡 유니폼이 공식적으로 등장하기도 했다. 스포츠 히잡은 무슬림 여성의 수영복에도 영향을 끼쳤다. 무슬림 여성을 위해 전신을 가리는 수영복이 유럽과 아시아, 중동 등 다양한 국가에서 출시되고 있으며, 이 수영복은 '베일키니(Veilkini)'(Veil과 Vikini의 합성어), '부르키니(Burkini)'(Burqa와 Bikini의 합성어), '히주드(Hijood)'(Hijab과 Hood의 합성어), '모데스키니(Modeskini)'(Modest와 Bikini의 합성어) 등의 이름으로 불리고 있다.

• 무슬림 여성의 라이프 스타일을 디자인하는 나이키 프로 히잡

무슬림 여성이 스포츠 분야에서 활동하기 시작하자 무슬림 여성 소비자를 대상으로 스포츠 용품 회사들의 라이프 스타일 마케팅도 잇따르고 있다. 무슬림 여성을 위한 가장 혁신적인 라이프 스타일 마케팅으로는 2017년에 출시된 나이키 프로 히잡(Nike Pro Hijab)을 들 수 있다.

나이키 프로 히잡은 무슬림 여성의 신체 활동에 부정적인 이슬람 사회의 논란에 대응하는 방식을 상징적으로 보여준다. 무슬림 여성은 프로 히잡을 착용함으로써 터부시되던 공공장소에서의 체육 활동을 할 수 있게 되었고, 동시에 자신의 도덕적 이미지와 종교적 가치를 지킬 수 있게 되었다. 즉, 나이키는 무슬림 여성도 여느 여성처럼 스포츠 활동을 즐기면서 동시에 문화적 가치를 수호할 수 있다는 것을 보여주고 있다. 또한 글로벌하면서 동시에 로컬화된, 그리고 세속적이면서 동시에 종교적인 무슬림 여성의 라이프 스타일을 보여준다. 그리고 나이키의 전통적인 캐치프레이즈인 "저스트 두 잇(Just Do It)" 메시지를 통해 무슬림 여성이 수동적이 아니라 능동적임을, 의존적이 아니라 독립적임을, 주변인이 아닌 주인공임을 강력하게 전달하고 있다. 프로 히잡은 무슬림 여성이 스포츠 분야에 어울리지 않는다고 주장하는 이슬람 보수주의자뿐만 아니라 무슬림 여성의 지위 향상 수단으로 탈히잡을 종용하는 이슬람 배척주의자에게, 평등을 추구하며 타인에 대한 존중과 공명정대함을 추구하는 스포츠 정신과 함께 무슬림 여성이 소외되고 배제되지 않았다는 강력한 메시지를 전달한다.

'나'를 위한 소비 코드,

뷰티와 걸프 여성의 라이프 스타일

걸프 여성과 화장품

● 사회 변화의 상징, 여성의 메이크업

오늘날 화장품은 여성과 남성 모두에게 필수품이 되었다. 화장, 즉 메이크업(Make-Up)의 사전적 의미는 '완성하다, 보완하다'이다. 현재 우리가 메이크업이라 일컫는 미적 기능을 강조한 명칭은 미국 할리우드 전성 시대에서 기인했다(정은실·양혜정·김병화, 2013: 56). 메이크업을 통해 여성은 신체의 아름다운 부분을 돋보이게 했으며, 약점은 감추고 추한 부분은 수정했다.

화장의 역사는 네안데르탈인으로부터 시작되었다는 설이 있다. 5만 년 전부터 네안데르탈인은 조개껍데기에 화장용 색소를 담아 화장 도구로 이용했다고 한다. 고대의 화장은 종교적·의학적 목적으로 사용되었다. 고대 이집트인들은 눈 주위를 검은색이나 짙은 녹색으로 칠해 눈을 선명하게 만들었는데, 이는 눈병으로부터 눈을 보호하고 시력을 강화하기 위해서였다. 건조한 사막에서 눈 화장이 적당히 눈을 자극해 눈물을 흘리게 만들었기 때문이다. 이후 화장이 미용의 수단으로 사용된 것은 클레오파트라 7세부터라고 한다(구정은·장은교·남지원, 2016: 37). 과거에는 화장 재료가 희귀

했기 때문에 화장은 상류층 여성의 전유물이었다. 그러나 근대에 들어 대량생산과 유통수단이 발달하면서 화장품도 대중화되었고, 그 종류도 다양해졌다. 화장품의 대중화와 함께 이제 화장은 사회생활의 매너가 되었으며, 화장하지 않은 여성은 자기 관리를 하지 않는 게으른 여성으로 낙인찍히곤 한다.

화장의 트렌드는 시대의 사회상에 따라 달라진다. 고대 그리스와 로마 시대에는 피부를 하얗게 표현하는 화장을 선호했다. 하얀 피부는 밖에서 노동을 하지 않는 상류층을 상징했기 때문이다. 중세 여성들은 화려한 화장 대신 창백하게 보이는 것을 아름답다고 여겼다. 당시 종교 중심의 신본주의 사회에서 외모를 가꾸는 것은 정숙하지 않은 여성을 상징했기 때문이다. 따라서 중세 여성들은 눈 화장을 하지 않았고, 속눈썹도 모두 뽑았다고 한다. 르네상스 시대에 들어와서 화장 문화도 다시 번성했다. 흰 피부를 선호하는 여성들 사이에서는 심지어 백연가루, 은, 수은이 포함된 파운데이션도 사용되었다. 당시 여성들은 천연두나 피부병으로 인해 남은 상처 자국을 가릴 수 있도록 파운데이션으로 피부색이 보이지 않게 꼼꼼하게 칠했다. 당시 화장품의 질을 판단하는 기준은 지속성이었으며, 매일 세수를 해도 며칠 동안 지워지지 않는 화장품이 여성들 사이에서 인기가 있었다. 그러나 유해 성분 때문에 피부는 심각하게 훼손되었다(퐁타넬, 2004: 22~26). 이후 현대에 들어 화장은 자신을 표현하는 수단으로 발전했으며, 시대와 사회 분위기에 따라 메이크업 색깔은 진해지기도 하고 연해지기도 하면서 변화하고 있다.

● 걸프 여성과 화장 트렌드

걸프 지역의 경우 여성의 화장 스타일은 대체적으로 굵직한 이목구비를 강조하는 패턴으로 발전해왔다. 걸프 여성은 바깥 활동이 제한되고 긴 옷으로 전신을 가려야 하는 문화적 제약 때문에 패션과 스타일로 자신을 표현할 수 있는 기회가 없었다. 게다가 혼전 남녀 간 만남을 엄격히 규제하는 보수적인 사회 분위기에서 첫인상은 매우 중요했다. 혼전 서로의 얼굴을 확인하지 않고 결혼식을 올린 신랑이 결혼식 당일 신부의 얼굴을 보자마자 이혼을 선언한 사우디아라비아의 사례도 있다. 걸프 사회의 이와 같은 문화적 제약으로 걸프 여성들은 첫 만남에서 상대에게 강렬한 이미지를 남길 수 있는 화장 스타일을 선호하게 되었다. 일명 '초두 효과'를 노리는 것이다. 초두 효과란 먼저 제시된 정보가 추후 알게 된 정보보다 더욱 강력한 영향을 미치는 현상을 말한다. 우리 뇌는 0.1초도 안 되는 짧은 시간에 상대방에 대한 평가를 내리는데, 이때 얼굴이 목소리나 말보다 상대방을 평가하는 데 반 이상(시각 55, 청각 38, 언어 7의 비율)을 차지한다고 한다. 그리고 초두 효과로 처음 각인된 첫인상은 40회 이상을 만나야 바뀐다고 한다(양현석, 2018.1.8.). 걸프 지역처럼 남녀 간 만남이 제한적인 사회에서 여성들이 미래 배우자에게 호감을 사기 위해서는 초두 효과 이미지를 극대화해야 했다. 그리고 이제 걸프 여성의 노동시장 참여가 확대되고, 일상생활에서 타인을 접하는 기회가 늘어나면서 걸프 여성은 화장을 통해 공적 공간에서 '나'를 표현하고 있다.

흥미롭게도 여성들은 종종 보수적인 사회 분위기에 반항의 메시지로 화장을 짙게 하기도 한다. 이란은 1979년 이슬람 혁명을 겪으면서 급격하게 보수적인 이슬람 사회가 되었다. 여성들은 외출 시 차도르(Chador)를 착용해야 했으며, 메이크업은 금지되었다. 하루아침에 새로운 규율이 적용되자 여성들은 이 규율에 저항하고 반대하는 뜻으로 의도적으로 화장을 더욱 짙게 했다. 종교계의 반대와 비난에도 불구하고 이란 여성들은 고대 페르시아 문명에서 여성들의 화장법이 발달했다는 사실을 근거로 남성과 종교 세력에 저항했다. 종교계는 여성의 이러한 화장 저항 트렌드를 서구를 모방한 '페인트칠'이라며 여성들을 비난했으나 여성들은 여전히 뜻을 굽히지 않고 진한 화장을 선호하고 있다(Shirazi, 2016).

● 21세기 걸프 여성들의 트렌드로 자리 잡은 할랄 화장품

무슬림 젊은 소비자를 중심으로 이슬람 교리에 부합하는 종교 소비문화가 거대 트렌드로 자리 잡자 할랄 인증도 이제 식품 분야에서 타 영역으로 번지는 '스필오버(Spillover)' 현상이 나타나고 있다. 무슬림 소비자가 식품 다음으로 할랄 규정에 민감한 분야는 바로 화장품이다. 피부에 직접 닿아 몸에 흡수되기 때문이다. 할랄 화장품이란 이슬람에서 금기하는 알코올과 돼지의 콜라겐 성분을 포함하지 않은 것이다. 할랄 화장품 소비 현상은 동남아 지역에서 시작되어 현재는 중동 지역을 넘어 전 세계로 확대되고 있다. 무슬림 소비자의 구매력이 커지자 글로벌 화장품 회사들도 할랄 메이크업 제조에 뛰어들고 있다. 걸프 지역에서는 인구수가 가장 많은 사우디아라비아와 아랍에미리트가 화장품 소비 규모에서 가장 크다. 특히 할랄 화장품은 인증조건이 까다롭고, 친환경, 유기농, 식물성, 윤리적 소비와 동물 테스트 금지 등을 추구하기 때문에 이 부분을 중요하게 생각하는 비무슬림 소비자의 구매로도 이어지고 있다. 2025년까지 세계 할랄 화장품 시장 규모는 520억 2000만 달러에 달할 것으로 추정된다(*Business Wire*, 2017.4.12). 이 시장의 성장요인으로는 무슬림 인구수 증가와 종교적 가치를 중시하는 무슬림 소비자의 할랄 제품 선호 때문이다. 할랄 화장품을 출시하는 회사로는 말레이시아 허브 화장품 회사인 클라라 인터내셔널(Clara International), 영국 천연 화장품 제조 회사인 사프 스킨케어(Saaf Skincare)와 할랄 코스메틱스 컴퍼니(The Halal Cosmetics Company), 북미 지역의 아마라 할랄 코스메틱스(Amara Halal Cosmetics), 호주의 인카 오거닉 코스메틱스(INKA Organic Cosmetics) 등이 대표적이며, 그 외에도 다수가 있다.

할랄이면서 동시에 무슬림 여성의 라이프 스타일을 반영한 뷰티 제품도 인기를 끌고 있다. 대표적인 예로는 통기성 매니큐어를 들 수 있다. 무슬림은 하루에 다섯 번 기도를 행해야 하며, 기도 전에는 반드시 물로 몸을 깨끗하게 씻어내는 청결 의식인 우드(Wudu)를 행해야 한다. 기존 매니큐어는 물 흡수가 되지 않아 적절한 세정 방식의 문제점으로 지적되곤 했다. 폴란드 출신 과학자이자 잉글롯 코스메틱스(Inglot Cosmetics) 설립자 보이치에흐 잉글로트(Wojciech Inglot)는 4년간의 연구 끝에 공기와 물이 잘 통하는 매니큐어 개발에 성공했다. 잉글로트가 개발한 통기성 매니큐어는 이슬람 율법학자들로부터 적절하다는 법 해석이 내려졌고, 그의 발명품은 O2M의 이름으로 2013년부터 시장에서 무슬림 여성들에게 큰 호응을 일으키며 판매되었다(Shirazi, 2016: 116~117).

히잡 착용으로 두피와 모발이 약해진 무슬림 여성들을 대상으로 히자비(Hijabi) 헤어 케어 제품도 속속 출시되고 있다. 가령, 선실크(Sunsilk)와 유니레버(Unilever)와 같은 회사는 히잡 착용 무슬림 여성을 대상으로 탈모 방지, 두피 청결, 모발 강화 등의 기능을 강조하는 샴푸를 출시해 인기를 얻고 있다.

● 걸프 지역 남성 그루밍족

불과 얼마 전만 해도 메이크업은 여성 전유물로 생각되었다. 그러나 2000년대 이후 남성들도 점차 외모에 관심을 갖고 관리하기 시작하면서 '꽃미남', '메트로 섹슈얼', '초식남' 등의 단어도 등장했다. 기존의 전통적인 성에 대한 고정관념이 깨지면서 남성도 외모 치장에 관심을 보이고, 메이크업을 통해 자신의 개성을 더욱 잘 표현하게 되었다(정은실·양혜정·김병화, 2013). 한국의 경우 젊은 남성들도 파운데이션류를 사용해 피부 화장을 시작했으며, 일부는 이를 '외모도 실력'이라는 경쟁주의가 반영된 사회현상 때문이라고 해석하기도 한다.

남성이 자신의 외모를 가꾸는 현상은 비단 한국에만 국한된 것은 아니다. 2018년 제이 월터 톰슨 인텔리전스(J. Walter Thomson Intelligence)에서 발표한 세계 100대 트렌드에는 남성 그루밍족 등장에 주목하고 있다. 또한 구글은 2017년에 남성 스킨 케어를 올해의 최고 뷰티 트렌드로 선정했다. 미국 성형 외과 학회(AACSH: American Academy of Cosmetic Surgery Hospital) 조사에 따르면 남성도 자신의 외모를 가꾸는 데 점점 더 많은 관심을 보이는 것으로 나타났다. 피부 관리가 남성의 일상으로 자리 잡으면서 화장품 회사들도 남성의 새로운 수요에 부응하기 위해 남성 전용 스킨 제품을 경쟁적으로 출시하고 있다. 아랍에미리트의 경우 남성이 자신을 가꾸는 디톡스 관리에 적극적이라 한다. 이들이 선호하는 관리에는 장세척을 통한 디톡스 요법(21% 성장), 14일 디톡스 프로그램을 통한 독소 제거 요법(12% 성장), 영양 관리를 통한 독소 제거 요법(11% 성장) 등이 포함된다. 디톡스 관리를 위해 식품 선택도 변화하고 있다. "당신이 먹는 것이 바로 당신이다(You are, What you eat)"라는 말이 있듯이 점차 많은 아랍에미리트 남성들이 건강한 몸을 만들기 위해 건강한 음식을 섭취하려 노력하고 있다(GDN Online, 2016.1.18).

● 종교 교리보다는 젊어 보이려는 욕구로 증가하는 걸프 지역 성형수술

이슬람에서는 원칙적으로 성형을 금기시하고 있다. 성형은 "알라가 부여한 것에 대한 변형"(Shirazi, 2016: 131~132)이기 때문이다. 같은 이유에서 영구 화장이나 반영구 화장, 문신 등도 선호하지 않는다. 원래의 피부색을 바꾸는 것이기 때문이다. 걸프 지역과 인도 및 파키스탄 응답자 900명을 대상으로 한 조사에 따르면 응답자의 70%는 젊어 보이는 데 집착하는 것으로 나타났다. 이 응답에서 76%의 인도와 파키스탄, 74%의 걸프 국가 사람들이 "젊어 보이고 싶다"고 응답했다. 그러나 대다수 응답자는 성형수술, 보톡스, 필러 삽입과 같은 피부 시술에 대해서는 종교적 이유로 부정적이며, 대신 건강식 섭취나 운동과 같은 자연적인 방식의 노화 방지 요법을 선호한다. 실제 유고브(YouGov) 설문에 응한 67%의 응답자들은 성형수술에 부정적이었다고 한다(Gulf News, 2015.6.8).

비록 종교적으로는 성형에 대해 부정적이지만 실제로는 사람들이 성형

에 많은 관심을 보이고 있다. 특히 아랍에미리트는 정부의 산업 다변화 일환으로 추진되는 의료 관광 허브 전략으로 글로벌 성형수술의 중심지로 부상했다. 성형은 자국민뿐만 아니라 의료 관광 목적으로 아랍에미리트를 방문하는 해외 환자들 사이에서도 인기가 많다. 성형을 목적으로 아랍에미리트를 방문하는 의료 관광객 수는 지속적으로 증가하고 있다는 것이 이를 방증한다[2015년 한 해 동안 전년 대비 135% 증가, 평균 치료 비용은 2만 981디르함 (Dirham)] (*Emirates 247*, 2015.12.8). 두바이 보건청의 2015년 보고서에 따르면 두바이는 세계에서 성형외과 의사 비율이 가장 높다(*Emirates Women*, 2017.5.1). 성형 관광을 문의하는 사람들은 주로 영국(전년 대비 296% 증가)이나 타 걸프 국가 사람들로, 이들은 자국보다 저렴한 가격과 발달된 의료 기술 때문에 해외에서의 성형 관광을 선호하고 있다. 아랍에미리트에서 가장 많이 하는 성형수술로는 여성형 유방을 가진 남성의 가슴 축소 수술, 여성 유방 확대 수술과 처진 유방 수술, 비만을 해결하기 위한 지방 제거 수술, 레이저를 이용한 처녀막 재생 수술, 쌍꺼풀 시술과 엉덩이 지방 이식 수술, 주름 제거 수술 등이 있다.

외모가 경쟁력이 되면서 유가 하락으로 내국인들 사이에서 사치품 소비가 둔화하고 있으나 성형 시장은 오히려 지속적으로 성장하고 있다. 남녀노소를 불문하고 성형을 통해 좀 더 외모를 멋지게 꾸미면 상대에게 좋은 인상을 주며, 젊은이들은 특히 취업 시장에서 더 유리하다고 믿기 때문이다. 아랍에미리트 자국민 중에서는 10대 청소년들도 성형에 관심이 매우 높다. 젊은 남성들 사이에서는 조각 같은 몸매를 위한 지방 흡입술이나 남자다움을 상징하는 수염 이식술도 인기가 있다(*The National*, 2016.3.6). 결국, 이슬람의 종교적 교리와는 별개로 이제 외모가 경쟁력이 되었고, 외모를 가꾸는 과정에서 심리적인 '웰빙'도 발견하게 된 것이다.

뷰티 한류와 걸프 여성

• 점차 성장하는 걸프 지역 화장품 시장

톰슨 로이터의 「이슬람 경제 보고서(The State of the Global Islamic Economy Report 2017/2018)」에 따르면 2016년에 할랄 화장품 시장 규모는 글로벌 시장 규모의 7.3%에 해당하는 570억 달러를 차지했다. 이는 2016년 기준 미국과 일본(각각 850억 달러), 중국(650억 달러) 다음으로 큰 시장이다. 글로벌 할랄 화장품 시장에서 이슬람협력기구(OIC: Organization of Islamic Cooperation)가 차지하는 비율은 전체의 약 60%이며, 프랑스(20억 달러), 독일(9억 3400달러), 미국(8억 1400억 달러) 등이 주요 수출국이다. 향후 할랄 시장은 연평균 6.2%씩 성장할 것으로 예측되며, 2022년에는 820억 달러(글로벌 시장의 8.1%) 규모에 달할 것으로 추정된다.

한편 중동 지역 화장품 시장 규모는 2020년에 39조 1248억 원(2015년 19조 5624억 원)으로 성장할 것으로 예상된다. 중동 지역은 인구수는 증가하지만 화장품 제조 기반이 취약하기 때문에 해외 화장품 수입 규모가 점차 증가하고 있다. 중동 지역 화장품 시장 규모는 인구수가 가장 많은 이란이 가장 크고(전체 중동 시장의 25%를 차지), 그다음으로 사우디아라비아(15%), 이집트(16%), 아랍에미리트(9%), 터키(10%)가 뒤따르고 있다(유로모니터, ≪중앙일보≫, 2017.11.24에서 재인용). 걸프 지역의 아랍에미리트와 사우디아라비아 화장품 시장 성장세는 각각 12%와 5.8%에 달한다. 1인당 화장품 지출비는 아랍에미리트가 2015년 기준 295달러이며, 사우디아라비아는 168달러에서 2020년 273달러로 높아질 것으로 전망된다(*Gulf News*, 2016.4.19).

• 중국과 사드 문제 이후 한국의 주요 관심 시장이 된 걸프

지난 2017년 우리나라는 중국과 사드(THAAD) 문제로 갈등을 빚어 무역과 내수에 심각한 타격을 입었다. 사드 보복으로 중국인 관광객에 의존하던 국내 시장이 직격탄을 맞자 국내 화장품 업체들도 주요 소비국인 중국 중심 수출에서 벗어나 시장 다변화를 모색하고 있다. 그리고 인구 증가와 잠재적 경제성장이 기대되는 이슬람 지역을 신흥 시장으로 주목하고 있다. 할랄 화장품 시장이 전반적으로 성장세를 유지하는 가운데 우리 기업의 중동 화장품 시장 진출도 증가하고 있다. 국내 화장품 회사의 중동 시장 진출은 LG생활건강의 더페이스샵이 2006년 요르단에, 2007년 아랍에미리트에 진출한 이후 점차 확대하는 추세이다. 또한, 이마트 자체 상표인 센텐스, 아모레퍼시픽의 에뛰드하우스, 현대아이비티의 비타브리드 등이 걸프 시장 진출에 박차를 가하고 있다(≪중앙일보≫, 2017.11.24). KOTRA에 따르면 우리나라의 중동 화장품 시장 수출 순위는 프랑스, 독일, 미국에 이어 23위이다(KOTRA, 2017.7). 한류의 영향으로 한국 화장품의 중동 시장 진출이 확대되고 있으며, 그 규모는 꾸준히 증가하고 있다.

● 뷰티 한류, 걸프 지역 트렌드 변화에 주목하고, 트렌드를 리드할 시기

이제 화장품은 여성의 삶의 일부가 되었다. 이는 전신과 얼굴을 가린 걸프 여성도 마찬가지이다. 아름다워 보이고자 하는 여성들의 욕망이 커지면서 향후 5년간 걸프 지역 화장품 시장이 급성장할 것이라는 전망은 앞서 언급한 바 있다. 중요한 것은 여성과 소통하고 여성의 마음을 읽으며 변화하는 트렌드를 잘 분석해야 한다는 것이다. 걸프 지역 화장품 시장의 전통적인 트렌드는 전신을 아바야로 '가린 만큼 효과적으로 보여줘야 하는 심리'로 피부 화장보다는 색조 화장을 중시해왔다. 그러나 웰빙 문화의 확산과 이슬람에서 추구하는 '겸손과 소박'의 문화 코드가 패션 산업에 적용되면서 이제 여성의 관심은 색조에서 피부로 이어지고 있으며, 그 결과 주름이나 미백 관리와 같은 고급 제품에 대한 수요로 이어지고 있다. 따라서 점차 많은 여성이 요란하고 과장된 색조 화장보다는 젊고 아름다운 피부를 통해 자신의 미를 표현할 것으로 예상된다.

걸프 지역의 화장품 시장은 다양한 소비자로 인해 그 시장이 세분화되었다. 아랍에미리트만 하더라도 UN 가입국보다 많은 200여 개국 출신이 모여 살고 있으며(*Gulf News*, 2016.5.28), 다문화·다민족 국가로 분류된다. 소비자의 피부 색깔과 타입 외에도 걸프라는 특수한 기후 조건을 반영하는 새로운 화장품이 속속 출시되고 있다. 가령 사막의 모래바람을 타고 오는 오염 물질을 차단하는 화장품이나 작열하는 태양빛을 차단하는 제품이 인기가 많다. 여기에 계층적 변수도 고려해야 할 사항이다. 걸프 시장은 고가의 프리미엄 제품을 선호하는 소수의 부유층부터 저가의 상품을 선호하는 다수의 소비자 계층이 공존하기 때문이다. 게다가 걸프 국가의 50% 이상을 차지하는 수많은 외국인 스펙트럼은 다양한 소비로 이어지고 있다. 결국 걸프 지역 화장품 시장은 다양한 피부색과 피부 타입, 기후 조건을 반영한 기능성 화장품 개발뿐만 아니라 다양한 가격대의 제품 출시가 필요한 시장이다. 그렇지 않다면 소비자의 스펙트럼이 넓기 때문에 주요 소비자 계층을 집중해 공략하는 전략이 효과적이다.

최근 걸프 지역의 주목할 만한 뷰티 트렌드는 할랄이다. 이슬람 지역 경제성장과 함께 이슬람 율법에 부합하는 방식으로 상품화하는 할랄 시장도 규모가 커지고 있다. 말레이시아를 중심으로 할랄 산업이 발전하면서 유해 요소 유무와 안전성이 할랄 화장품의 기준으로 적용되고 있으며, 이슬람 지역 진출 시 할랄 인증은 점차 수출의 필수 조건이 되고 있다. 할랄 화장품 시장 성장 원인으로는 인체에 무해하다는 할랄 화장품에 대한 소비자의 인식이 높아지고 있다는 것과 높은 비용을 지출하더라도 질 좋은 화장품을 쓰고자 하는 소비 트렌드를 들 수 있다. 윤리적이고 건강한 소비에 대한 인식 증가로 유해 요소를 포함한 화장품이 외면받는 상황에서 할랄 화장품이 선전하고 있는 것이다. 할랄 화장품 소비자는 소비 취향에서 천연 화장품이나 유기농 화장품 소비자와 교집합을 형성하고 있다. 따라서 걸프 시장에 진출할 때 할랄 인증도 중요하지만, '몸에 좋은 소비'라는 점을 강조한다면 무슬림 소비자뿐만 아니라 다양한 소비자도 품을 수 있다.

라이프 스타일 마케팅은 물건이 아닌 라이프 스타일을 파는 것이라고 앞서 언급했다. 한류를 화장품 라이프 스타일 마케팅에 적극 활용한다면 긍정적인 효과를 볼 수 있을 것으로 예상된다. 걸프 지역에는 소수의 여성을 중심으로 이미 한류의 영향이 곳곳에 스며들었다. 걸프 여성들은 드라마와 영화를 통해 한국 커리어 우먼에 대해 세련되고 전문적인 이미지 또는 진취적이고 활동적인 이미지를 갖게 되었다. 이는 노동력의 자국민화를 추진하는 걸프 국가가 추구하는 여성상과 맞아떨어진다. 걸프 지역에서 가장 보수적인 사우디아라비아조차 사우디 비전 2030을 통해 고등교육을 받은 여성에게 사회 활동을 권고하고 있다. 이러한 상황에서 걸프 여성들을 대상으로 한국 여성의 진취적인 이미지와 현대화되면서 동시에 전통적인 가치를 중시하는 라이프 스타일을 화장품에 마케팅해볼 가치가 충분하다.

정숙의 문화 코드,
패션과 걸프 여성의 라이프 스타일

여성의 존재를 숨기는 문화 코드에서 드러내는 문화 코드로 진화한 아바야

이슬람 문화권에서는 여성이 공적 공간에서 활동하는 데 많은 제약을 둔다. 특히 보수적인 사우디아라비아와 같은 국가에서는(사우디아라비아의 '온건한 이슬람' 선포로 향후 변화가 있을 것으로 예상되고 있다) 남성과 여성이 한데 섞이지 않게 하려고 종교경찰이 학교와 쇼핑몰과 같은 공적 공간에서 남녀 분리 문화를 철저히 감시하고 규제해왔다. 이슬람의 남녀 분리 문화를 상징적으로 보여주는 걸프 지역의 문화 코드는 바로 여성의 전통 의상인 검은색 아바야와 '쉴라'라는 머리에 두르는 베일이다. 아바야를 두름으로써 공적 공간에서 여성의 존재는 사라지게 된다. 또한 사회적 시선도 아바야를 두른 여성을 '마치 없는 사람'으로 취급한다. 그러나 아바야와 베일로 여성의 존재를 '숨기는' 문화 코드는 이제 과거의 이야기가 되었다. 타를로(Tarlo, 2007)는 "서구에서(무슬림 여성의) 히잡의 가시적 측면은 충분히 연구되지 않았다. 왜냐하면, 히잡은 가시성보다는 (여성의 몸을 숨기는) 비가시성과 더 관련되기 때문이다. 히잡은 공공 영역에서 여성의 존재를 숨기고, 은폐하고, 소멸시키는 대중의 인식을 반영한다"(2007: 132)고 언급했다. 그리고 타를로는 이제 히잡을 착용한 여성의 '드러남'에 주목해야 한다는 것을 강조하고 있다.

특히 무슬림 여성의 존재가 할랄 경제성장에 따른 이슬람 소비주의 확산으로 '보이지 않는' 문화 코드에서 '보이는' 문화 코드로 패러다임이 전환되고 있다는 것에 주목해야 한다. 이슬람 소비주의 틀 내에서 무슬림 여성은 베일을 글로벌 패션 문화와 부합하도록 재해석해 새로운 스타일의 패션 아이템으로 창출하고 있다. 즉, 베일을 통해 젊은 여성들은 종교 문화와 세속 문화, 글로벌 문화와 지역 문화, 전통문화와 현대 문화, 보수적인 문화와 개방적인 문화 사이를 오가며 새로운 패션 문화를 선도하고 있다.

걸프 여성 패션 트렌드

'보이는 문화 코드'로 재부상한 무슬림 여성의 히잡 트렌드는 '힙스타 히자비(Hipster Hijabi)', '히자비스타(Hijabista)'(Hijab과 Fashionista의 합성어), '밉스타(Mipstar)'(Muslim과 Hipster의 합성어), '터버니스타(Turbanista)'라는 신조어에도 반영된다. 그리고 이러한 현상은 이슬람 교리를 중요하게 생각하면서 동시에 외모에 관심이 많은 젊은 여성들, 그리고 지속적으로 변화하는 패션 트렌드와 라이프 스타일에 민감한 여성들이 추구하는 교차점에 있다.

건축가이자 디지털 엔터테이너인 라일라 샤이클리(Layla Shaikley)는 이와 같은 새로운 유행의 선발 주자인데, 2014년에 영상을 통해 '밉스터즈(Mipsterz)'를 유행시켰다. 그녀는 영상에서 히잡을 쓴 여성이 스케이트보드와 모터바이크 등을 즐기며, 자신의 무슬림, 미국, 아랍, 캘리포니아의 코즈모폴리탄 정체성을 적극적으로 드러내고 있다. 무슬림 여성에 대한 전통적인 고정관념에 도전하는 이들 무슬림 여성을 비난하고 부정적으로 보는 견해도 있다. 밉스터즈 반대파들은 이슬람교의 신념을 소비주의로 희석시키고 있다고 주장한다. 그러나 한편으로 멋진 히잡 트렌드를 '재부상한 이슬람화(Re-Islamization)' 현상으로 보는 사람들도 있다(World Crunch, 2016.6.4). 1979년 이란 혁명을 계기로 1980년대부터 유행했던 검소한 스타일의 히잡은 반패션, 반소비주의, 반자본주의, 반서구화에 대한 표현이었다. 스타일도 그 시대의 문화 코드에 맞게 과거 이슬람으로의 귀환을 상징하며 검소함을 추구하는 고풍적인 스타일이 대세였다. 그러나 2000년 후반부터 등장한 히잡 패션은 다양하고 다채로운 글로벌 패션 시장에 부합하는 방식으로 지속적으로 변화하고 발전한다는 특징이 있다. 인터넷은 이러한 현상을 더욱 부채질했다. 무슬림 여성들은 유튜브나 인스타그램을 통해 자신만의 감각으로 다양한 히잡 패션을 재창조하고 있으며, 이러한 현상을 지지하는 여성들이 동참하면서 밉스터즈 현상이 유행하게 되었다.

걸프 여성 중에는 트렌디하면서 동시에 전통적이고 종교적인 아바야 스타일을 창조하기 위해 자신만의 브랜드를 창출해 패션 시장에 진출하는 여성 디자이너들도 점차 증가하고 있다. 사우디아라비아 동부 지역 알코바르(Al-Khobar)의 알자심(Al-Jassim)은 다르 브리삼 의상실(Dar Breesam Couture Establishment)을 운영하며 전통 의상인 아바야뿐만 아니라 이슬람 문화권에서 수용할 수 있는 디자인의 웨딩드레스를 제작하고 있다. 자국뿐만 아니라 유럽 패션 일번지인 파리나 런던에 진출해 성공한 걸프 여성도 있다. 카리마 사울리(Karima Saouli)는 파리에서 라 메종 사울리(La Maison Saouli)라는 의상실을 운영하며, 런던에는 타스님(Tasnim)이라는 디자이너가 히바 이슬람 의상실(Hibah's Couture Islamic Fashion)을 운영하고 있다. 무슬림 여성 패션 시장이 커지자 세계 굴지의 패션 기업인 DKNY, 타미힐피거, 망고, 유니클로, 돌체앤가바나 등은 2014년부터 이 시장에 합류해, 무슬림 여성들을 대상으로 한 다양한 패션을 출시하고 있다.

결국 이슬람 패션 산업은 종교와 현대성의 양립 가능성을 보여주고 있다. 또한 기존 세대의 보수적인 종교적 해석과 남성 중심 문화에 대응하는 의식 있는 젊은 여성들의 문화 운동으로 해석할 수도 있다. 패션 분야에서 무슬림 여성의 존재가 부각되면서 미국의 영화감독이자 코미디언인 아바스 라타니 (Abbas Rattani)는 이 시대를 무슬림 패션 시대를 일컫는 '밉스타 시대'로 부르기도 한다. 가장 힘없고 심지어 사회에서는 없던 존재로 취급받던 무슬림 여성들의 움직임이 시작된 것이다.

세계 여성의 전통 의상과 조우하는 걸프 아바야

때때로 패션 분야에서는 전혀 어울릴 것 같지 않은 두 문화가 조우하는 경우도 있다. 우리의 전통 의상인 한복이나 일본 기모노가 걸프 지역의 전통 의상인 아바야와 만나 창조된 퓨전 패션이 대표적인 예이다. 지난 2011년 10월 서울에서는 한복에 아바야의 디자인을 입힌 새로운 의상이 선을 보인 바 있다(*Hijab Style*, 2011.11.3). 이러한 현상은 문명 간 대화를 부추기며 교류를 증진하고 있다. 그리고 인도네시아의 유명 디자이너 이바 라티바(Iva Lativah)는 동남아 지역에서 인기를 얻고 있는 한류와 한복에서 영감을 얻어 이를 인도네시아 전통 의상인 바틱에 접목시킨 최신 무슬림 패션 컬렉션을 개최하기도 했다.

일본의 경우 도쿄의 디자이너 에리코 야마나시(Eriko Yamanashi)는 2016년 두바이 몰에서 런칭한 기모노 아바야 패션쇼에서 일본과 걸프의 보수적인 문화가 어떻게 조화를 이룰 수 있는지를 보여주었다. 에리코는 기본 검정색을 활용해 소매 끝단에는 연꽃과 이국적인 문양을 수놓았으며, 아바야의 직선을 차용하고 기모노의 긴 소매와 목선을 덧붙여 익숙하면서도 새로운 패션을 창조했다(*The National*, 2016.11.8).

경험이 가치가 된 시대,

걸프 여성의 라이프 스타일

경험과 가치를 중시하는 '욜로'족 시대

요즘 소비 트렌드의 대세는 '욜로(Yolo)'이다. 욜로는 "You Live Only Once", 즉 "인생은 한 번뿐"이라며 즐기는 삶을 강조하는 신조어이다. 욜로를 추구하는 사람들은 자신이 추구하는 가치와 경험을 중시한다. 경험의 총체인 여행은 욜로족의 삶을 함축적으로 보여준다. 이들은 기성세대의 소비 코드인 소유보다는 경험에 투자하며 행복을 느낀다. 이러한 소비 패턴은 걸프 지역 젊은 세대에게도 해당된다. 인터넷의 발달로 사람들 간 정보 공유가 늘어나면서 소비 트렌드도 점차 유사성을 띠기 때문이다. 이는 곧 나이, 성별, 지역, 수입, 계층 등 전통적인 인구학에 기반을 둔 소비자를 분류하던 과거의 소비자 구분 기준이 더 이상 유효하지 않음을 의미한다.

글로벌 무슬림 관광객 규모

톰슨 로이터의 「이슬람 경제 보고서」에 따르면 무슬림 관광 시장은 종

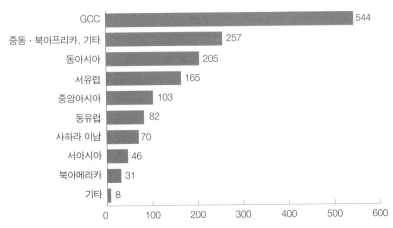

그림 5-3 **지역별 여행 지출액 비교**

(단위: 억 달러)

지역	금액
GCC	544
중동·북아프리카, 기타	257
동아시아	205
서유럽	165
중앙아시아	103
동유럽	82
사하라 이남	70
서아시아	46
북아메리카	31
기타	8

자료: The State of Global Islamic Economy 2016/2017 Report(2016: 83).

교적인 관광(사우디아라비아 순례 여행)을 제외하고 2015년에 전년 대비 4.9%
(글로벌 관광업계 성장 비율은 3%) 성장해 1510억 달러 규모에 달했다. 이는 전
체 글로벌 관광 시장의 11.2%에 해당하는 규모이다. 이 보고서에 따르면
무슬림이 관광에 지출하는 비용은 매해 8.2%씩 증가해 2021년에는 2430억
달러에 달할 것으로 전망된다. 그리고 2015년 한 해 동안 호텔, 항공, 관광
을 포함한 무슬림 친화 관광 부문의 규모는 240억 달러에 이르렀던 것으
로 추정된다. 이슬람 국가 중 글로벌 여행 상품 지출액이 가장 큰 지역은
중동과 북아프리카를 포함하는 MENA(Middle East and North Africa) 지역이
며, 이 중 걸프 산유국인 GCC 국가의 관광 부문 지출액은 544억 달러에
달해 그 규모가 가장 컸다(<그림 5-3> 참조).

국가별 2015년 기준 관광비 지출은 사우디아라비아(192억 달러), 아랍에
미리트(151억 달러), 카타르(117억 달러), 쿠웨이트(90억 달러), 인도네시아(91억 달
러), 이란(72억 달러), 말레이시아(67억 달러)순이다. 걸프 국가는 인구수에서는
전체 글로벌 무슬림의 3%에 지나지 않지만 관광비 지출에서는 전체 무슬

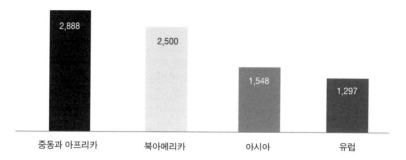

그림 5-4 글로벌 밀레니엄 세대의 여행당 지출 비용 비교

(단위: 달러)

2,888

2,500

1,548

1,297

중동과 아프리카　　　　북아메리카　　　　아시아　　　　유럽

자료: VISA(2016: 8).

림 관광 시장의 36%에 해당하며, 글로벌 관광 시장의 주요 소비자 그룹이라 할 수 있다. 무슬림 관광 시스템이 가장 잘 갖춰진 세계 5위 국가는 아랍에미리트, 말레이시아, 터키, 싱가포르, 요르단이다. 이 자료 외에도 2017년도 「UN세계관광기구(UNWTO) 보고서」, 「마스터카드(Master Card)와 크레센트 레이팅(Crescent Rating)의 공동 연구 보고서」(2016)에 따르면 무슬림 관광산업은 향후 지속적으로 성장할 것으로 예측된다. 그리고 이 시장을 선도하는 주인공은 바로 걸프 지역 젊은 세대이다. 1980년대 초반부터 2000년대 초반까지 출생한 글로벌 밀레니엄 세대의 여행당 지출 비용을 비교한 결과 걸프 지역 젊은 세대가 주도하는 중동 시장은 2888달러, 북미 지역 2500달러, 아시아 1548달러, 유럽 1297달러에 해당한다(VISA, 2016). 글로벌 관광업계에서는 이 시장의 성장 잠재력 때문에 무슬림 관광객을 대상으로 이들의 종교 교리와 가치를 반영하는 여행 상품을 속속 개발하고 있다(엄익란, 2017a: 106~109에서 재인용).

글로벌 무슬림 관광객 증가 배경

무슬림 관광 시장이 이처럼 지속적으로 성장한 이유는, 첫째 메나(MENA) 지역에 두텁게 형성된 중산층과 무슬림 소비자의 이슬람 편의 시설에 대한 니즈(Needs) 증가, 둘째 SNS를 통한 여행 정보의 증가, 마지막으로 젊은 인구수 증가(35세가 전체 인구의 2/3) 등이 있다. 구매력 평가(PPP: Purchasing Power Parity)를 기준으로 세계 GDP는 2016년에서 2022년 사이에 5.8% 성장해 168조 달러에 달할 것으로 예상되는 가운데 이슬람협력기구에 가입한 57개 국가는 같은 기간 6.2% 성장할 것으로 예상되고 있다(2016년 PPP 기준으로 18.3조 달러, 세계 경제의 15.3%를 차지). 즉, 이슬람 국가의 경제성장률은 세계 평균보다 빠르게 높아지고 있으며, 이들 국가의 경제성장으로 중산층이 두껍게 형성되고 있다(Thomson Reuter, 2017: 12).

이와 관련해 비자(VISA)는 메나 지역에서의 중산층 형성이 글로벌 관광 시장에 미치는 영향과 관련한 조사를 진행한 바 있다. 이 조사 결과에 따르면 2025년까지 글로벌 해외여행의 규모는 1조 1000억 달러에서 1조 5000억 달러로 증가할 것이며, 연간 2만 달러 이상의 수입을 올리는 가구가 전체 해외여행객의 90%를 차지한다. 비자 보고서에 따르면 메나 지역의 3700만 가구가 2025년까지 이 범주에 들어갈 것이며, 이들은 적어도 연간 1회 이상 해외여행을 할 것으로 추정된다. 이에 따라 메나 지역에서 해외로 여행을 떠나는 사람은 현재 4200만 명에서 2025년 6500만 명으로 증가할 것이며, 이들의 지출 비용은 매년 3.6%씩 성장해 그 규모는 770억 달러에서 1110억 달러까지 확대될 것으로 전망되고 있다. 경제성장과 함께 메나 지역 관광객은 점차 고급형 가족 여행을 선호하는 것으로 나타났다. 메나 지역 거주민들이 가장 많이 방문하는 곳은 아랍에미리트(14%), 이탈리아(10%), 터키(5%)순이며, 72%의 메나 관광객은 고급 호텔의 가족형

패키지를 예약하고, 20%는 1등석이나 비즈니스 석을 예약하고 있다(*Trade Arabia*, 2015.3.23). 그 밖에 SNS 발달로 여행 정보에 대한 공유가 많아져 점차 온라인 예약도 증가하고 있다(엄익란, 2017a: 106~109에서 재인용).

● 익숙한 서구에서 탈피해 새로운 여행지를 찾는 무슬림 관광객

주목할 점은 젊은 무슬림을 중심으로 여행지 선택의 패러다임이 변화하고 있다는 것이다. 무슬림 관광객은 기존에는 유럽과 미국을 주 여행지로 삼았으나 이제는 서구 중심 관광에서 탈피해 이전에는 주목받지 못했던 새로운 지역을 관광지로 선택하고 있다. 가령, 아랍에미리트에서 인기 있는 관광 에이전트인 홀리데이 보스니아(Holiday Bosnia)는 보스니아를 전문으로 한 관광 상품을 취급하고 있으며, 아드리아데이(Adriaday) 관광업체는 크로아티아를 전문으로 한 관광 상품을 취급하고 있다(Thomson Reuter, 2017). 무슬림 관광을 전문으로 취급하는 이 에이전트들의 부상은 서구 중심이던 무슬림 관광 시장의 다변화 현상을 반영한다.

최근 무슬림 여행객은 동유럽과 함께 한국이나 일본과 같은 동아시아 지역을 새로운 관광지로 주목하기 시작했다. 동아시아 관광에 대한 관심 증가는 새로운 관광지에 대한 탐구심과 호기심뿐만 아니라 테러와 국제 정세의 변화에도 영향을 받은 것이다. IS 출몰 이후 유럽에서 '일상화된' 테러와 2017년 미국 트럼프 행정부의 무슬림 7개국(이라크, 시리아, 이란, 리비아, 소말리아, 수단, 예멘)에 대한 '반이민 행정명령' 시행 결과 무슬림 관광객은 자신에게 차별적인 서구 대신 더 안전하고 더 호의적인 아시아에 매력을 느꼈기 때문이다. 실질적으로 9·11 사태와 함께 강화된 서구의 반무슬림 정서로 무슬림 관광객의 아시아 여행이 급증한 바 있다. 탈서구라는 무슬림의 관광 트렌드 변화와 함께 한국과 일본에는 무슬림 관광객이 지속적으로 증가하고 있으며, 그 결과 양국은 비무슬림 국가임에도 불구하고 무슬림 관광산업의 기반 시설을 확충하는 상황이다. 2017년 출간된 「UNWTO 보고서」도 비무슬림 국가인 호주,

일본, 한국의 무슬림 친화 관광 상품 및 서비스 개발 현황에 주목하고 있다.

무슬림 환대 산업 성장과 이슬람 관광 개념

전 세계적으로 무슬림 관광객 규모가 증가하면서 글로벌 관광 시장은 무슬림의 종교적 니즈에 부합하는 관광 상품 개발에 관심을 보인다. 그리고 이러한 상품은 '이슬람 관광(Islamic Tourism)', '할랄 관광(Halal Tourism)' 혹은 '무슬림 친화 관광(Muslim-Friendly Tourism)'이라고 불리고 있다. 이 여행 상품들은 공통적으로 할랄 음식 제공, 관광지에 기도 시설 마련, 숙박 시설에 기도 방향 안내, 기도 매트와 코란 비치 등 무슬림 편의 시설을 제공한다. 또한, 가족 외 남녀 분리와 같은 이슬람의 종교적 규율과 관습을 준수하고, 금기 사항을 철저히 배제하는 것을 목적으로 한다. 그러나 무슬림의 종교적 니즈를 반영한 무슬림 환대 산업은 2000년 들어 새롭게 부상한 분야로, 아직 각 용어에 대한 개념적 정의는 확립되지 않았고, 실질적으로 현장에서는 혼용되어 사용되고 있다. 그래서 학계를 시작으로 무슬림 환대 산업에 대한 정의를 시도하고 있으며, 대략적인 개념은 다음과 같다(엄익란, 2017a: 117~122에서 재인용).

우선 이슬람 관광은 성지순례와 같이 종교적 의미가 내포된 관광을 의미한다. 이슬람 관광에서는 여행의 정신적 측면과 종교적 측면이 모두 강조된다. 따라서 관광 상품의 서비스 제공자나 이용자 모두 이슬람에 대한 이해가 깊은 무슬림이며, 관광지도 이슬람의 종교적 의미가 부여된 곳으로 한정할 수 있다. 이슬람 관광에서 관광객의 여행 동기 및 의도의 중심에는 '알라'가 자리하고 있다. 즉, 여행의 동기나 목적이 알라의 뜻에 부합해야 한다. 그리고 무슬림 관광 상품 제공자는 종교 부금 납부를 포함해 이슬람의 의무 사항을 엄격히 준수해야 하며, 이슬람법에 부합하는 서비스를 제공하고, 상품 운영에 조달하는 비용도 모두 이슬람 금융에서 충당해야 한다.

반면에 할랄 관광은 이슬람법 샤리아에 부합하는 상품과 서비스를 모두 포괄한다. 할랄 관광 상품 및 서비스 제공자와 사용자 모두 반드시 무슬림일 필요는 없으나 이슬람교 교리에 부합하는 적절한 서비스를 제공해야 하므로 이슬람교에 대한 이해가 선행되어야 한다. 할랄 관광 여행지는 이슬람 지역뿐만 아니라 비이슬람 국가도 포함된다. 그리고 이슬람의 교리와 가치에 부합하는 한 무슬림 관광객은 비무슬림 관광객과 동일한 경험과 활동을 할 수 있다. 최근 할랄이라는 용어가 이슬람 경제 부흥과 함께 무슬림의 생활양식을 규정하던 종교적 개념에서 마케팅 수단으로 활용되어 브랜드화되고 있다. 그러나 할랄이라는 단어 그 자체는 이슬람의 교리에 부합해야 한다는 전제조건을 수반하고 있다는 점에서 본질적으로 종교성을 내포한다. 따라서 일부 무슬림들은 관광업, 식품업, 패션 산업 등 다양한 분야에서 상품화되고 브랜드화되어 사용되는 '할랄'이라는 단어 사용에 거부감을 보이기도 한다.

마지막으로 무슬림 친화 관광은 이슬람 관광이나 할랄 관광의 개념보다는 느슨한 형태의 관광으로 무슬림 편의 시설을 제공하는 모든 종류의 관광을 포괄한다. 최근 이슬람 관광과 할랄 관광이라는 용어의 개념적 정의에 대한 모호성과 거부감으로 무슬림 친화 관광이라는 용어가 대안으로 부상했다. 무슬림 친화 관광에서는 상품과 서비스 개발자와 이용자 모두 무슬림과 비무슬림을 포괄하며, 관광지도 이슬람 국가와 비이슬람 국가를 포함한다. 종교적인 면에서 무슬림 친화 관광은 무슬림 편의 시설을 제공하는 모든 상품과 서비스를 포괄하기 때문에 샤리아법 준수 여부에 대한 논쟁으로부터 자유로우며, 무슬림 관광객을 유치하려는 비이슬람 국가에 가장 적합한 형태로 간주된다. 관광업 분야에서 무슬림 친화 관광이라는 용어 사용의 타당성과 관련해 2015년 뉴질랜드에서 개최된 한 관광 심포

지엄에서는 할랄 관광이란 용어 대신 무슬림 친화 관광이라는 용어가 무슬림 사용자의 입장에서도 더 친근하다고 논의되기도 했다.

비록 무슬림 관광에 대한 개념적 정의가 위와 같이 시도되긴 했으나 무슬림 환대 산업이 새롭게 등장한 분야인 만큼 개념 정의에 대한 합의가 도출되기 전까지 향후에도 논쟁은 지속될 것으로 보인다. 가장 큰 이유는 무슬림 관광 상품에 대한 가치 평가 기준이 일반적인 관광 상품의 평가 기준과는 달리 종교성에 기반을 둔다는 점이다. 일반적인 관광 상품에 대한 관광객의 평가는 서비스를 이용하는 소비자의 정서적 만족, 합리적 가격, 품질 등에 따라 이루어지지만, 무슬림 관광에 대한 가치 평가는 이슬람의 종교적 교리에 부합하는 정도가 서비스 만족의 핵심 요소이기 때문이다. 무슬림 관광객은 이슬람이라는 하나의 종교적 신념을 공유하고 공통의 정체성은 형성하지만, 일상생활에서 이슬람교의 믿음과 신념을 실천하는 방식은 개인의 종교성에 따라 각기 다르다. 따라서 이슬람, 할랄, 무슬림 친화 관광에 대한 정의는 서비스 이용자에 따라 매우 주관적이며, 요구 기준도 제각각이다. 즉, 어떤 무슬림 관광객에게는 종교적으로 중요한 사항이 다른 관광객에는 그다지 중요하지 않은 사항이 될 수 있다. 이는 이슬람의 종교적 규범이 지역과 관습에 따라 다르게 발전해왔기 때문이다. 이러한 문제 때문에 이슬람 관광, 할랄 관광, 무슬림 친화 관광에 대한 글로벌 규격화와 표준화는 요원할 것으로 보인다. 이슬람의 지역적 다양성 문제와 함께 글로벌 표준화 문제는 "어떤 이슬람"(가령 수니 이슬람이 기준인가 혹은 시아 이슬람이 기준인가, 또는 이슬람교가 태동한 사우디아라비아 이슬람이 기준인가 아니면 21세기 할랄 산업을 선도하는 말레이시아 이슬람이 기준인가)의 관점에서 규격화가 이루어질 것인가에 대한 문제이며, 이는 이슬람교의 정통성을 정하는 문제로 귀결될 것이기 때문에 매우 예민한 사항이다(엄익란, 2017a: 117~124에서 재인용).

관광 한류로 통하는 한국과 걸프

한국관광공사에서 출간한 「2016년 방한 무슬림 관광 실태 조사」 보고
서에 따르면 한국을 찾은 무슬림 관광객 수는 꾸준히 증가하고 있다. 방한
한 무슬림 관광객 수는 2012년 54만 명(방한한 전체 관광객 1114만 명의 4.8%),
2013년 64만 명(방한한 전체 관광객 1218만 명의 5.2%), 2014년 75만 명(방한한 전
체 관광객 1420만 명의 5.3%), 2015년 74만 명(방한한 전체 관광객 1323만 명의 5.6%)
이었으며, 2016년 98만 명으로 전년 대비 33%가량 증가했다. 이 중 동남
아 무슬림 관광객 규모가 74만 명으로 가장 크고, 중동 무슬림 관광객은
16만 명, 유럽·미주·아프리카 지역 출신 무슬림 관광객은 8만 명에 이른
다. 규모에서 아시아 출신 무슬림 관광객 수가 중동 출신 무슬림 관광객
수를 압도하지만 소비 지출액에서는 중동 무슬림(평균 1951.7달러 지출)이 아
시아 무슬림(평균 1234.7달러 지출)보다는 더 많다. 방한한 무슬림 관광객 규
모가 지속적으로 커지는 데에는 한류와 의료 관광이 있다. 한국을 방문하
는 중동 지역 출신 무슬림 관광객은 경제력 있는 걸프 국가 출신이 주를
이루며, 2015년 '메르스(MERS, 중동호흡기증후군)' 사태로 인한 관광객 감소
기간을 제외하고 그 수는 지속적으로 증가했다.

지속적으로 증가하는 방한 무슬림 관광객의 종교적 민감성을 의식하고
그들의 니즈를 반영하기 위해 국내에서도 이슬람 관광, 할랄 관광, 무슬림
친화 관광이라는 이름으로 무슬림 편의 시설을 도입하고 있다. 비무슬림
국가이면서 무슬림이 금기시하는 돼지고기와 알코올 소비가 많은 우리나
라의 경우에는 이슬람 관광이나 할랄 관광이라는 표현 대신에 무슬림 친
화 관광이라는 용어가 가장 적합하다. 무슬림 관광객을 맞이하기 위해 한
국 정부와 민간에서는 할랄 식당 안내도 제작, 관광지 기도 시설 확충, 할
랄앱 서비스 제공 등을 포함해 다각도로 노력하고 있다. 2017년에 정부는

한국의 사드 배치에 대한 중국의 경제 보복 상황에서 중국인 중심 관광객 유치 구조에서 벗어나 관광 시장의 다변화를 추진하고 있으며, 한국관광공사를 중심으로 무슬림 관광객 유치를 위한 시설을 더욱 확충하고 있다. 한국관광공사는 무슬림 친화 식당 분류제에 참여하는 음식점 수를 170여 개로 확대하고(2018년 9월 현재 237개로 증가), 2016년부터 시작된 무슬림 친화 식당 이벤트인 '할랄 레스토랑 위크'를 확대 개최하며, 관광지와 지방의 공항 및 항만 시설, 지자체 안내 센터 등 공공시설에 무슬림 기도실 건립을 계획하고 있다(≪스포츠 조선≫, 2017.4.12; ≪조선일보≫, 2017.3.21).

여행지 결정권자로 부상한 젊은이와 걸프 여성

걸프 지역 사람들은 주로 가족 여행을 선호한다. 〈그림 5-5〉 프로스트 앤드설리번(Frost & Sullivan) 2014년 조사에서 나타나는 것처럼 대다수 걸프 지역 사람들은 70% 이상이 자신의 가족이나 친구들과 여행하는 것을 선호한다. 이는 걸프 지역의 가족 중심 문화와 여성이 여행할 때 반드시 보호자를 동반해야 하는 보호자법의 영향이기도 하다.

그러나 걸프 지역의 가족 중심 여행 패턴도 젊은이들을 중심으로 점차 변화하고 있으며, 글로벌 여행업계는 걸프 지역 젊은이들을 글로벌 관광 산업을 견인하는 소비자로 보고 있다. 기성세대는 일 년에 한 번 정도 대가족을 동반해 여행하지만 20세에서 36세까지의 젊은 무슬림들은 일 년 동안 여러 번 여행한다. 그리고 여행지 선정에서도 젊은 세대는 부모 세대보다 먼 지역으로 여행하고 이국적인 경험을 추구하는 경향이 있다. 이들 젊은 세대 무슬림 여행객들은 경제적 여력이 충분하지 않아 한 번 여행 시 1인당 여행 경비는 기성세대보다 적지만, 1년 동안 여행하는 빈도수는 높

그림 5-5 **걸프 지역 가족과 친구 동반 여행 선호도**

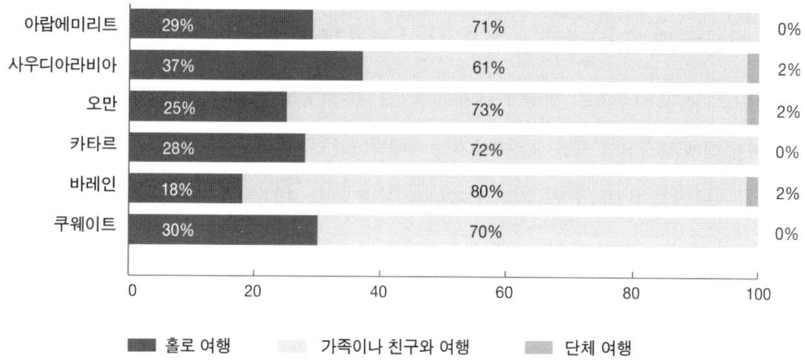

	홀로 여행	가족이나 친구와 여행	단체 여행
아랍에미리트	29%	71%	0%
사우디아라비아	37%	61%	2%
오만	25%	73%	2%
카타르	28%	72%	0%
바레인	18%	80%	2%
쿠웨이트	30%	70%	0%

자료: Frost & Sullivan(2014: 13).

기 때문에 전체 여행비 지출액은 더 많다. 2016년에 무슬림 젊은 세대의 여행비 지출은 550억 달러였으며, 전체 무슬림 여행비 지출액 1억 5600억 의 1/3에 못 미치지만 이들은 향후 5년에서 10년 내에 글로벌 여행업계의 주요 소비자로 부상할 것으로 예상된다(*The Malay Mail Online*, 2017.10.27).

걸프 지역 여행 패턴의 변화를 야기하는 또 다른 변수는 바로 여성이다. 최근 걸프 여성의 결정권이 늘어가면서 여행지 선택에도 여성의 영향력이 미치고 있기 때문이다. 특히 걸프 지역 여성들을 중심으로 한류팬들이 늘 어나면서 젊은 여성들이 한국을 가족 여행지로 결정하는 추세는 주목할 만 하다. 중동 지역 한류의 특징을 연구한 노수인은 2008년에 한국 드라마가 중동 지역에 번역된 시점을 시작으로 아랍 한류가 등장했으며, 여성들이 한류의 주 소비자가 되면서 '아랍 한류의 여성화(Feminized Nature of Arabic Hallyu) 현상'이 나타나 한류 관광으로 연계된다고 언급했다(Noh, 2011: 333). 노수인은 가부장 문화권인 중동 지역에서 일반적으로 가정 내 결정권은 남 성에게 주어졌으나 한류 관광 분야만큼은 젠더의 역할이 전도되고 있음을 강조하고 있다. 여성의 활동이 증대되면서 사우디아라비아에서는 여성들끼리 여행하는 것도 트렌드가 되고 있다고 한다(≪연합뉴스≫, 2018.2.4). 이전에는 여행을 준비하는 과정은 모두 남성의 몫이었다. 그리고 보호자법 때문에 여성이 혼자 여행하는 것은 사실 불가능했다. 그러나 교육 수준이 높아지고 여성들이 직장 생활을 하면서 경제력이 향상되자 이제 (물론 여성들만의 여행에 대해 부정적인 시선이 아직까지는 지배적이긴 하지만) 걸프 여성들은 점차 남성들이 쳐놓은 울타리 밖으로 나와 독립적으로 세상을 탐험하고 있다.

여행은 서로를 탐구하는 중요한 기회를 제공한다. 걸프 인들의 한국 방문이 늘어나고, 한국인의 걸프 지역 방문이 점차 증가하는 추세에서 지리적·문화적·종교적으로 거리감이 있던 양 지역 문화는 더욱 가까워질 것으로 기대된다.

참고문헌

국내 자료

강규상. 2012. 「중동 한류관심층 방한유치 증대를 위한 탐색적 연구」. ≪관광·레저연구≫, 24-8, 363~382쪽.

구정은·장은교·남지원. 2016. 『카페에서 읽는 세계사』. 인물과 사상사.

금상문. 2006. 「사우디아라비아의 부족주의 연구」. ≪한국중동학회논문≫, 27-1, 57~88쪽.

김강석. 2017. 「무함마드 븐 살만의 부패와의 전쟁과 울라마의 파트와」. GCC국가연구소. 『GCC Report』.

김능우. 2013. 「무알라까트에 나타난 "삶" 모티프 연구: 여성, 낙타, 부족주의 모티프를 중심으로」. ≪아랍어와 아랍문학≫, 17-1, 41~67쪽.

김수완. 2014. 「창조경제의 주역 중동 신한류」. ≪한국이슬람학회논총≫, 24-1, 41~67쪽.

김정명. 2012. 「오만의 문화와 생활: 오만의 형성과 발전」. 건국대학교 중동연구소, HK 유망연구소 지원사업 GCC연구총서 3, 아틀라스, 49~122쪽.

_____. 2013. 「사우디아라비아의 문화와 일상생활: 사우디아라비아 형성과 발전」. 건국대학교 중동연구소, HK 유망연구소 지원사업 GCC연구총서 5, 아틀라스, 143~214쪽.

김종원. 2011. 「쿠웨이트의 경제와 비즈니스: 쿠웨이트의 형성과 발전」. 건국대학교 중동연구소, HK 유망연구소 지원사업 GCC연구총서 1, 아틀라스, 159~204쪽.

_____. 2012. 「아랍에미리트의 경제와 비즈니스: 아랍에미리트의 형성과 발전」. 사우디아라비아 형성과 발전, 건국대학교 중동연구소, HK 유망연구소 지원사업 GCC연구총서 4, 아틀라스, 111~159쪽.

_____. 2013. 「사우디아라비아의 경제와 비즈니스: 사우디아라비아 형성과 발전」. 건국대학교 중동연구소, HK 유망연구소 지원사업 GCC연구총서 5, 아틀라스, 217~259쪽.

남승규. 2006. 「소비자 라이프 스타일에 대한 이론적 고찰」. ≪한국심리학회지≫, 7-3, 433~453쪽.

드 무이, 마리케(Marieke K. De Mooij). 2007. 『소비자 행동과 문화』. 나남.

라파이유, 클로데르(Clotaire Rapaille). 2007. 『컬처 코드 세상의 모든 인간과 비즈니스를 여는 열쇠』. 리더스.

마하잔, 비제이(Vijay Mahajan). 2013. 『아랍파워』. 에이지 21.

바크, 졸랑타(Jolanta Bak). 2008. 『미래사회코드: 소비트렌드를 창출하는 10가지 모자이크 키워드』. 디플BIZ.

박찬기. 2011. 「카타르의 경제와 비즈니스: 카타르의 형성과 발전」. 건국대학교 중동연구소, HK 유망연구소 지원사업 GCC연구총서 2, 아틀라스, 143~201쪽.

_____. 2012. 「오만의 정치와 시민사회: 오만의 형성과 발전」. 건국대학교 중동연구소, HK 유망연구소 지원사업 GCC연구총서 3, 아틀라스, 123~190쪽.

배정옥. 2016. "중동한류 어디까지 왔나". 한국문화관광연구원 웹진. http://www.kcti.re.kr/webzine2/webzineView.action?issue_count=57&menu_seq=3&board_seq=3.

서정민. 2012. 「아랍의 정치변동과 부족주의」. ≪한국이슬람학회 논총≫, 22-1, 111~126쪽.

_____. 2016. 「아랍문화코드 내 부족주의」. ≪중동연구≫, 35-2, 1~20쪽.

송경근. 2012. 「오만의 과거와 현재: 오만의 형성과 발전」. 건국대학교 중동연구소, HK 유망연구소 지원사업 GCC연구총서 3, 아틀라스, 9~48쪽.

송세현. 2016.6.15. "저유가로 인한 쿠웨이트 정부정책 및 진출 방안 변화". 코트라 해외시장 뉴스. http://news.kotra.or.kr/user/globalBbs/kotranews/6/globalBbsDataView.do?setIdx=322&dataIdx=149697

송송이·유승진·이윤성. 2015. 『GCC 변화의 바람을 타라』. 한국무역협회.

실버스타인, 마이클(Michael J. Silverstein)·케이트 세이어(Kate Sayre). 2010. 『여자는 무엇을 더 원하는가: 보스턴 컨설팅 그룹의 여성 소비트렌드 보고서』. 보스턴컨설팅그룹 서울사무소 옮김. 비즈니스맵.

엄익란. 2009. 『무슬림 마음 속에는 무엇이 있을까』. 한울아카데미.

_____. 2011. 『할랄, 신이 허락한 음식만 먹는다』. 한울.

_____. 2014a. 「아랍에미리트 여성의 노동시장 진출에 따른 여성 리더십의 성향과 지향점 연구: 아부다비와 두바이를 중심으로」, 24-2, 179~204쪽. 한국이슬람학회.

_____. 2014b. 『이슬람 마케팅과 할랄 비즈니스』. 한울.

_____. 2015a. 『금기, 무슬림 여성을 엿보다』. 한울.

_____. 2015b. 「니따까트 제도 도입에 따른 사우디 여성의 노동시장 진출 향방 연구」. ≪중동연구≫, 34-2, 115~146쪽.

_____. 2016a. 「유가 하락에 따른 GCC 고용노동시장 환경변화와 여성인력진출에 대한 인식」.

≪중동문제연구≫, 35-1, 117~143쪽.

_____. 2016b. 「아랍에미리트 경제 패러다임 변화에 따른 자국민과 이주민 간 관계변화 연구」. ≪한국이슬람학회≫, 26-3, 1~24쪽.

_____. 2017a. 「무슬림 관광의 개념적 정의에 대한 연구: 이슬람 관광, 할랄 관광, 무슬림 친화 관광을 중심으로」. ≪중동문제연구≫, 36-1, 103~130쪽.

_____. 2017b. 「사우디 비전 2030이 사우디 사회변화에 미치는 영향 분석: '이크틸라트' 정책과 여성의 사회참여를 중심으로」. ≪중동문제연구≫, 16-4, 59~91쪽.

엄익란·박유경·이병서·조영찬. 2018. 「한국식품의 GCC 시장진출을 위한 수출경쟁력 조사연구: 사우디아라비아와 아랍에미리트를 중심으로」. ≪중동연구≫, 37-1, 139~172쪽.

유병우. 2004. 「변화의 물결: 소비자 라이프 스타일의 새로운 트렌드」. ≪한국마케팅연구원≫, 38-9, 33~44쪽.

월비, 실비아(Sylvia Walby). 1996. 『가부장제 이론』. 유희정 옮김. 이화여자대학교출판부.

은지환. 2011.11.30. "오만의 탈석유화 전략과 산업별 추진 동향." 코트라 해외시장 뉴스. https://news.kotra.or.kr/user/globalBbs/kotranews/3/globalBbsDataView.do?setIdx=242&dataIdx=111318

이권형. 2016. 「저유가 시대의 대중동 경제협력정책: 동향과 전망」. 『아랍의 봄 이후 GCC국가들의 정치·경제 변동과 한국외교』. GCC국가연구소 콜로키엄 자료집.

이영자. 2010. 「소비 시장과 라이프 스타일의 정치학」. ≪현상과 인식≫, 34-1/2, 101~124쪽.

장세원. 2006. 「아랍에미리트의 부족주의 연구: 정치엘리트와 부족주의 관계」. ≪한국중동학회 ≫, 27-1, 111~128쪽.

정은실·양혜정·김병화. 2013. 「립 컬러에 표현된 20세기 남·여성의 심리표현」. ≪보건의료생명과학논문지≫, 1-1, 55~67쪽.

정수복. 2007. 『한국인의 문화적 문법: 당연의 세계 낯설게 보기』. 생각의 나무.

정상률. 2011. 「석유지대의 정치경제와 아랍 민주주의」. ≪중동연구≫, 30-3. 83~115쪽.

_____. 2014. 「중동 근대 국민국가 건설」. ≪한국중동학회논총≫, 34-4, 89~125쪽.

조희선. 1994. 「아랍문학에 나타난 자힐리야 시대의 여성상」. ≪한국이슬람학회논총≫, 4-1, 285~308쪽.

_____. 2009. 『이슬람 여성의 이해: 오해와 편견을 넘어서』. 세창출판사.

주 카타르 한국대사관. 2015. 『카타르 개황』. 외교부 아프리카 중동국 중동 2과.

최영철. 2012. 「아랍에미리트의 정치구조」. 『아랍에미리트의 형성과 발전』, 69~109쪽. 건국대학교 중동연구소, HK 유망연구소 지원사업 GCC연구총서 4, 아틀라스.

_____. 2013. 「사우디아라비아의 정치구조」. 『사우디아라비아 형성과 발전』, 97~141쪽. 건국
　　　대학교 중동연구소, HK 유망연구소 지원사업 GCC연구총서 5. 아틀라스.

케쉬시안, 조셉(Joseph Kéchichian). 2016. 「아랍 걸프 군주국의 왕위 승계 문제」. 『아산리
　　　포트』. 아산정책연구원.

퐁타넬, 베아트리스(Beatrice Fontanel). 2004. 『치장의 역사』. 김영사.

하라리, 유발(Yuval Harari). 2015. 『사피엔스』. 김영사.

하마디, 사니아(Sania Hamady). 1980. 『아랍인의 행동원리』. 이원용 옮김. 범우사.

홍미정. 2011. 「카타르의 과거와 현재: 카타르의 형성과 발전」. 건국대학교 중동연구소, HK 유망
　　　연구소 지원사업 GCC연구총서 2, 아틀라스, 7~50쪽.

_____. 2012. 「아랍에미리트의 과거와 현재: 아랍에미리트의 형성과 발전」. 건국대학교 중동연
　　　구소, HK 유망연구소 지원사업 GCC연구총서 4, 아틀라스, 9~65쪽.

_____. 2013. 「사우디아라비아의 과거와 현재: 사우디아라비아 형성과 발전」. 건국대학교 중동
　　　연구소, HK 유망연구소 지원사업 GCC연구총서 5, 아틀라스, 12~94쪽.

Geert Hofstede·Gert Jan Hofstede·Michael Minkov. 2014. 『세계의 문화와 조직』. 차재용, 이은
　　　영 옮김. 학지사.

KOTRA. 2008. 「부상하는 이슬람권 여성 소비 시장 공략 포인트」. ≪Global Business Report≫,
　　　08-057.

_____. 2015.1.9. "두바이 플랜 2021 발표". https://news.kotra.or.kr/user/globalBbs/
　　　kotranews/4/globalBbsDataView.do?setIdx=243&dataIdx=139509

_____. 2015.5.29. "사우디 통조림시장, 간편하고 오래 보존할 수 있는 제품이 뜬다". http://
　　　news.kotra.or.kr/user/globalBbs/kotranews/4/globalBbsDataView.do?setIdx=
　　　243&dataIdx=132239

_____. 2016.6.13. "사우디 비전 2030의 주요 내용과 시사점". https://news.kotra.or.kr/user/
　　　globalBbs/kotranews/6/globalBbsDataView.do?setIdx=322&dataIdx=150431

_____. 2017.2. "사우디, 담배·탄산음료·에너지 드링크에 특별소비세 부과". http://news.
　　　kotra.or.kr/user/globalBbs/kotranews/3/globalBbsDataView.do?setIdx=
　　　242&dataIdx=157627

_____. 2017.7. 「중동 주요국 화장품 시장 동향과 우리기업의 진출전략」. ≪Global Market
　　　Report≫.

_____. 2017.10. 30. "사우디, 여성 운전 허용". http://news.kotra.or.kr/user/globalBbs/
　　　kotranews/8/globalBbsDataView.do?setIdx=246&dataIdx=161382

KOTRA 국가정보. 사우디아라비아 편. https://news.kotra.or.kr/user/nationInfo/kotranews/14/userNationBasicView.do?nationIdx=86

KOTRA 무스카트 무역관. 2011.11.30. "오만의 탈 석유화 전략과 산업별 추진 동향". http://news.kotra.or.kr/user/globalAllBbs/kotranews/album/2/globalBbsDataAllView.do?dataIdx=111318

KOTRA 쿠웨이트 무역관. 2016.6.15. "저유가로 인한 쿠웨이트 정부정책 및 진출방안 변화". http://news.kotra.or.kr/user/globalBbs/kotranews/6/globalBbsDataView.do?setIdx=322&dataIdx=149697

국외 자료

Al-Heis, Abdulaziz. 2011. "Women Participation in Saudi Arabia's Political Arena." http://studies.aljazeera.net/ResourceGallery/media/Documents/2011/11/27/20111127125151908734Women%20Participation%20in%20Saudi%20Arabias%20Political%20Arena.pdf

Al Masah Capital Management. 2015.3. "GCC Women – Improving the Odds." http://almasahcapital.com/uploads/report/pdf/report_131.pdf

Al-Mughni, Haya. 2001. *Women in Kuwait: The Politics of Gender.* Saqi Books.

Almunajjed, Mona and Karim Sabbagh. 2011. "Youth in GCC Countries meeting the Challenge." Booz & Co.

Al-Omari, Jehad. 2008. *Understanding the Arab Culture: A Practical Cross-Cultural Guide to Working in the Arab World.* Howtobooks.

Al-Rasheed, Madawi. 2013. *A Most Masculine State: Gender, Politics and Religion in Saudi Arabia.* Cambridge.

Al-Shihri, Abdullah. 2013. Saudi Arabia's Women Granted Seats On Top Advisory Council, http://www.huffingtonpost.com/2013/01/11/saudi-arabias-women-grant_n_2457735.html

Al-Waijri, Mohammmed and Ibrahim Al-Muhaiza. 1996. "Hofsted's cultural dimensions in the GCC countries: An Empirical investigation." *International Journal of Value-Based Management*, 9-2, pp.121~131.

Ali Khan, Ghazanfar. 2017.2. 2. "Kingdom will be major player in global tourism: Prince Sultan." https://www.zawya.com/mena/en/story/Kingdom_will_be_major_player_

in_global_tourism_Prince_Sultan-ZAWYA20170202032959/

Alpen Capital. 2017.2.22. "GCC Food Industry." http://www.alpencapital.com/news/2017/
2017-February-22.html

Arab Youth Survey. 2017. "THE MIDDLE EAST: A REGION DIVIDED." http://www.
arabyouthsurvey.com/pdf/whitepaper/en/2017-AYS-White-Paper.pdf

Baabood. 2014. "Gulf Countries and Arab transitions: Role, Support and Effects."
http://www.iemed.org/observatori/arees-danalisi/arxius-adjunts/anuari/anuari-20
14/Baabood_Arab_Spring_Gulf_role_support_IEMed_yearbook_2014_EN.pdf

Bains, Gurnek. 2015. Cultual DNA: The Psychology of Globalization. Wiley.

Brookings. 2016.2.18. "Will the GCC be able to adjust to lower oil prices? by Brookings."
http://www.brookings.edu/blogs/markaz/posts/2016/02/18-gulf-states-low-oil-
prices-abdelghafar.

Cooke, Miriam. 2014. *Tribal Modern: Branding New Nations in the Arab Gulf.* University of
California Press.

Booz & Company. 2010. "Divorce in Gulf Cooperation Council Countries: Risks and
Implications." http://www.ideationcenter.com/ideation_research/ideation_article/
divorce_in_gulf_cooperation_council_countries

Bq magazine. 2013. "The Gulf, explained in 40 maps." http://www.bq-magazine.com/
economy/2013/08/the-gulf-explained-in-20-maps

_____. 2015. "Cosmetics in the GCC." http://www.bq-magazine.com/industries/2015/04/
cosmetics-in-the-gcc

_____. 2015. " Harder for GCC women to find a job compared to men, survey results show."
http://www.bq-magazine.com/economy/socioeconomics/2015/11/harder-for-gcc-
women-to-find-a-job-compared-to-men-survey-results-show

Chalhoub Group. 2014. "Gulf Luxury Consumers: a World Apart?" http://www.
chalhoubgroup.com/uploads/downloads/Chalhoub_Group_White_Paper_2014_
English.pdf

_____. 2017. "Luxury in the GCC age of Digitalisation." http://www.chalhoubgroup.com/
uploads/downloads/Chalhoub_Group_2017_White_Paper.pdf

Chalhoub Group Consumer Research. 2014. "Gulf Luxury Consumer: A World Apart?"
http://www.chalhoubgroup.com/uploads/downloads/Chalhoub_Group_White_

Paper_2014_English.pdf

CIA The World Fact Book. "Bahrain." https://www.cia.gov/library/publications/the-world-factbook/geos/ba.html

Coleman, Isobel. 2011. "The Arab Spring and the Emergence of a Saudi Women's Movement." http://fikraforum.org/?p=1477

Cooke, Miriam. 2014. *Tribal Modern: Branding new Nations in the Arab Gulf.* University of California Press.

De Bel-Air, Francoise. 2015. "Demography, Migration, and the Labour Market in the UAE." Gulf Labour Markets and Migration Gulf Research Center. http://cadmus.eui.eu/bitstream/handle/1814/36375/GLMM_ExpNote_07_2015.pdf?sequence=1

De Bel-Air, Francoise et al. 2017. *Possible Impact of Saudi Women Driving on Female Employment and Reliance on Foreign Worker.* Gulf Labour Market and Migration.

Digby Morris. 2016. "Middle East - 2016 Employment Trends." http://www.digbymorris.com/news/2016-employment-trends.aspx

Dubai Women Establishment. 2009. "Arab women leadership outlook 2009-2011." Dubai: Government of Dubai.

_____. 2013. "Emirati Women Perspectives on Work and Political Participation: Social Media Poll Analysis Report 2012." Government of Dubai. http://www.dwe.gov.ae/data2/new-poll.pdf

Elamin, Abdallah M. and Katin Omar. 2010. "Male's attitude towards working females in Saudi Arabia." *Personnel Review,* 39-6, pp.746~755.

El-Haddad, Yahya. 2003. Major Trends Affecting Families in the Gulf Countries. Bahrain University. http://undesadspd.org/LinkClick.aspx?fileticket=mfxch4leC4s%3D&tabid=282

El Saadi, Hoda. 2012. "Women and the Economy: Pre-Oil Gulf States." Sonbol, El-Azhary(ed.). *Gulf Women.* Bloombury Qatar Foundation Publishing, pp.147~166.

European Parliament. 2014. "The Situation of Women in the Gulf State." http://www.europarl.europa.eu/RegData/etudes/STUD/2014/509985/IPOL_STU(2014)509985_EN.pdf

Fargues, Philippe. 2011. "Immigration without inclusion: Non-nationals in nation-building in the Gulf states." *Asian and Pacific Migration Journal,* 20(3-4), pp.273~292.

http://www.emnbelgium.be/sites/default/files/publications/apmj-2011-fargues_2.
pdf

Forstenlechner, Ingo and Emilie Jane Rutledge. 2011. "The GCC's "Demographic Imbalance:
Perceptions, Realities and Policy Options." *Middle East policy*, pp.25~43.
http://onlinelibrary.wiley.com/doi/10.1111/j.1475-4967.2011.00508.x/full

Fromherz, Allen. 2012. "Tribalism, Tribal Feuds and the social status of women." Sonbol,
El-Azhary(ed.). *Gulf Women*. Bloombury Qatar Foundation Publishing, pp.48~68.

Frost & Sullivan. 2014. "Shaping the future of travel in the Gulf Cooperation Council." Frost
& Sullivan and Insights Middle East. http://amadeusblog.com/wp-content/uploads/
2014/06/Shaping-the-Future-of-Travel-in-the-GCC.pdf

GFH. 2016. "Sector Report: GCC Education." http://gfh.com/wp-content/uploads/GFH-
ducation-Sector-Report.pdf

Gilsenan, Michael. 1982. *Recognizing Islam: An Anthropologist's Introduction*. London:
Croom Helm.

Gulf Labour Market and Migration. 2016. "GCC: Total population and percentage of national
and non-nationals in GCC countries(Latest national statistics, 2010-2015)."
http://gulfmigration.eu/total-population-and-percentage-of-nationals-and-non-
nationals-in-gcc-countries-latest-national-statistics-2010-2015/

Gulf Research Center. 2014. "Percentage of nationals and non-nationals in employed
population in GCC countries(national statistics, latest year or period available)."
http://gulfmigration.eu/percentage-of-nationals-and-non-nationals-in-employed-
population-in-gcc-countries-national-statistics-latest-year-or-period-available/

_____. 2016. "Total population and percentage of nationals and non-nationals in GCC
countries." http://gulfmigration.eu/gcc-total-population-percentage-
nationals-foreign- nationals-gcc-countries-national-statistics-2010-2016-numbers/

Gulf Research Center Foundation workshop. 2010. "The impact of migration on Gulf
development and stability." http://gulfmigration.eu/media/events/GLMM%20-
%20Website%20-%20GRM%20-%202010%20-%20Gulf%20Migration%
20Workshop%201.pdf

Gulf Talent. 2014. "Employment and Salary Trends in the Gulf 2015." https://www.gulftalent.
com/

_____. 2015. "Employment and Salary Trends in the Gulf 2016." https://www.gulftalent.com/

Hatem, Mervat .1992. "Economic and Political Liberation in Egypt and the Demise of State Feminism." *International Journal of Middle East Studies*, 24-2, pp.231~251.

Havit, Martin. 2013. "Economic Diversification in GCC countries: Past Record and Future Trends: Research Paper." The London School of Economics and Political Science. http://www.lse.ac.uk/middleEastCentre/kuwait/documents/Economic-diversification-in-the-GCC-countries.pdf

Heine, Peter. 2004. *Food Culture in the Near East, Middle East, and North Africa.* Green Wood Press.

Herb, Michael. 1999. *All in the Family: Absolutism, Revolution, and Democracy in the Middle Eastern Monarchies.* SUNY

Hubbard, Ben. 2017. "Saudi Prince, Asserting Power, Brings Clerics to Heel." https://www.nytimes.com/2017/11/05/world/middleeast/saudi-arabia-wahhabism-salafism-mohammed-bin-salman.html

ICNL(International Center for Not-for-Profit Law). 2014. "NGO Law Monitor: Saudi Arabia." http://www.icnl.org/research/monitor/saudiarabia.html

Jamal, Manal A. 2015. "The "Tiering" of citizenship and residency and the "Hierarchization" of migrant communities: the United Arab Emirates in Historical context." *International Migration Review*, pp.601~632.

Kapiszewski, Andrzej. 2007. "De-Arabization in the Gulf: Foreign Labor and the Struggle for Local Culture." *Georgetown Journal of International Affairs*, 8(2), pp.81~88.

Khashan, Hilal. 2017. "Saudi Arabia's Flawed "Vision 2030"." Middle East Quarterly. http://www.meforum.org/6397/saudi-arabia-flawed-vision-2030(검색일: 2017.11.10)

Kinninmont, Jane. 2015. "Future Trend in the Gulf." Chatham House Report. https://www.chathamhouse.org/sites/files/chathamhouse/field/field_document/20150218FutureTrendsGCCKinninmont.pdf

_____. 2017 July. "Vision 2030 and Saudi Arabia's Social Contract Austerity and Transformation." https://www.chathamhouse.org/sites/files/chathamhouse/publications/research/2017-07-20-vision-2030-saudi-kinninmont.pdf.

Kirdar, Serra. 2010. "Women's Education in the GCC-The Road Ahead." Middle East Institute.

http://www.mei.edu/content/women%E2%80%99s-education-gcc-%E2%80%94-road-ahead

Long, David E. 2005. *Culture and Customs of Saudi Arabia.* Green Wood Press.

Mansour, Ahmed Mustafa Elhussein(연도 미상). "The Population Imbalance as a Public Policy Problem in United Arab Emirates." http://www.umdcipe.org/conferences/DecliningMiddleClassesSpain/ Papers/Mansour.pdf

Mashood, Neelofer, Hendrika Ariaantje Lena Verhoeven and Bal Chansarkar. 2009. "Emiratisation, Omanisation and Saudisaton-common causes: common solutions?" Proceedings of the 10th International Business Research Conference.

Melnick, Andrew. 2016. "Oil price and other observations from a recent trip to the Persian Gulf States." https://www.backporchvista.com/oil-price-and-other-observations-from-a-recent-trip-to-the-persian-gulf-states/

Mernissi, Fatima. 1982. "Virginity and Patriarchy." Azizah Al-Hibry(ed.). *Women and Islam.* Oxford: Pergamon Press.

Mohammed, Nadeya Sayed Ali. 2003. *Population and Development of the Arab Gulf States: The case of Bahrain, Oman and Kuwait.* Ashgate.

Mouawiya, Al Awad. 2010. "The cost of foreign labor in the United Arab Emirates." Institute for Social & Economic Research(ISER), Working Paper.

Muñoz-Alonso, Lorena. 2014. "Saudi Arabia Destroyed 98 Percent of Its Cultural Heritage." https://news.artnet.com/art-world/saudi-arabia-destroyed-98-percent-of-its-cultural-heritage-174029

Najm, Najm A. 2015. "Arab Culture Dimensions in the International and Arab Models." *American Journal of Business, Economics and Management*, 3-6, pp.423~431.

Oxford Strategic Consulting. 2016. "UAE employment Report Insight for 2016." http://www.oxfordstrategicconsulting.com/wp-content/uploads/2015/08/OxfordStrategicConsulting_EmiratiEmployment_Jan2016.pdf

Pinto, Vania Carvalho. 2012. *Nation-building, State and the Geder framing of Women's right in the United Arab Emirates(1971~2009).* ITHACA.

Pitt-Rivers, Julian. 1977. *The Fate of Shechem or the Politics of Sex: Essays in the Anthropology of the Mediterranean.* Cambridge: Cambridge University Press.

Rabi, Uzi and Joseph Kostiner. 1999. "The Shi'is in Bahrain: ClassandReligiousProtest." in

Minorities and the State in the Arab World. Ofra Bengio and Gabrial Ben-Dor(eds.). London: Lynne Rienner Publishers, pp.171~188.

Rogan, Tom. 2017.10.24. "Saudi Arabia's crown prince just declared war on the clerics." http://www.washingtonexaminer.com/saudi-arabias-crown-prince-just-declared-war-on-the-clerics/article/2638480

Ross, Michael. 2008. "Oil, Islam and Women." *American Political Science Review,* 102-1, pp.107~123.

Shah, Nasra M. 2004. "Women's Socioeconomic Characteristics and Marital Patterns in a Rapidly Developing Muslim Society, Kuwait." *Journal of Comparative Family Studies,* 35(2), pp.163~183.

Shikaly, May. 1998. "Women and Religion in Bahrain: An emerging identity." Yvonne Yazbeck Haddad and John L. Esposito(eds.). *Islam, Gender and Social Change.* New York & Oxford: Oxford University Press, pp.169~189.

Shirazi, Faegheh. 2016. *Brand Islam: The Marketing and Commodification of Piety.* University of Texas Press.

Snoj, Jure. 2015. "UAE's population – by Nationality." http://www.bq-magazine.com/economy/socioeconomics/2015/04/uae-population-by-nationality

Stewart, Frank Henderson. 1994. *Honor.* Chicago: University of Chicago Press.

Stowasser, Barbara Freyer. 2012. "Women and politics in late Jahili and Early Islamic Arabia: Reading behind Patriarchal history." Sonbol, El-Azhary(ed.). *Gulf Women.* Bloombury Qatar Foundation Publishing, pp.69~103.

Tarlo, Emma. 2007. "Hijab in London: Metamorphosis, Resonance and Effects." *Journal of Material Culture,* Vol.12, No.2, pp.1~26.

The Arab Gulf States Institute in Washington. 2015. "Small Victories for GCC Women: More Educated, More Unemployed." http://www.agsiw.org/small-victories-for-gcc-women-more-educated-more-unemployed/#sthash.dXSYzKG5.dpuf

_____. 2016. "Gulf Societies in Transition: National Identity and National Projects in the Arab Gulf States." Workshop Report, Washington.

The Government of Arab Emirates. 2007. "Women in the United Arab Emirates: A Portrait of Progress." http://lib.ohchr.org/HRBodies/UPR/Documents/Session3/AE/UPR_UAE_ANNEX3_E.pdf

Thomas, Justin. 2013. *Psychological well-being in the Gulf States: The New Arabia felix.* Palgrave macmillan.

Thomson Reuter. 2017. "The State of Islamic Economy Report 2017/2018." Thomson Reuter & Dinar Standard.

Thomson Reuters Foundation. 2013. Women's rights in the Arab world. http://www.trust. org/spotlight/poll-womens-rights-in-the-arab-world/

United Arab Emirates Ministry of State and Federal National Council Affairs. 2007. "Women in the United Arab Emirates: A Portrait of Progress." http://lib.ohchr.org/ HRBodies/UPR/Documents/Session3/AE/UPR_UAE_ANNEX3_E.pdf

van Geel, Annemarie. 2012. "Whither the Saudi Woman? Gender Mixing, Empowerment and Modernity." Roel Meijer and Paul Aarts(eds.). Saudi Arabia between Conservativism, Accommodation and Reform. Netherlands Institute of International Relations 'Clingedael', pp.57~78.

VISA. 2016. "Understanding the millennial mind-set ‐and what it means for payments in the GCC." https://usa.visa.com/dam/VCOM/global/partner-with-us/documents/ millennial-digital-payment-trends-in-gcc.pdf;

Wagemakers, Joas. 2012. "Arguing for Change under Benevolent Oppression: Intellectual Trends and Debates in Saudi Arabia." http://www.clingendael.nl/publications/2012/ 20120000_research_report_rmeijer.pdf

Wagner, Rob L. a. 2011. "Saudi-Islamic Feminist Movement: A Struggle for Male Allies and the Right Female Voice." http://www.monitor.upeace.org/innerpg.cfm?id_article=789

White, Edward. 2016. "Saudi Arabia, the Korean Wave and Gender Control." https:// international.thenewslens.com/article/54071

Wikipedia. "List of shopping malls in Dubai." https://en.wikipedia.org/wiki/List_of_ shopping_malls_in_Dubai(검색일: 2016.12.24).

_____. "Timeline of first women's suffrage in majority-Muslim countries." https://en. wikipedia.org/wiki/Timeline_of_first_women%27s_suffrage_in_majority-Muslim_ countries(검색일: 2017.2.6).

Willoughby, John. 2008. "Segmented feminization and the Decline of Neopatriarchy in GCC countries of the Persian Gulf." Comparative Studies of South Asia, Africa and the Middle East, 28-1, pp.184~198.

World Economic Forum Report. 2016. The Global Gender Gap Report 2016. http://reports.weforum.org/global-gender-gap-report-2016/

World Population Review. 2016. "Kuwait." http://worldpopulationreview.com/countries/kuwait-population/

_____. 2016. "Oman." http://worldpopulationreview.com/countries/oman-population/

_____. 2016. "UAE." http://worldpopulationreview.com/countries/united-arab-emirates-population/

Worldometers.info. http://www.worldometers.info/world-population/saudi-arabia-population/

Zhlan, Rosemarie Said. 2002. *The Making of the Modern Gulf States: Kuwait, Bahrain, Qatar, the United Arab Emirates and Oman.* Forward by Roger Owen. Lebanon: Ithaca Press.

Zhra, Maysa. 2015. "United Arab Emirates' legal framework of migration." Gulf labour markets and migration. http://cadmus.eui.eu/bitstream/handle/1814/35397/GLMM_ExpNote_05_2015.pdf?sequence=1

Zogby, James J. 2007. "Shedding light on the Gulf's Middle Class." The Mckinsey Quarterly. http://pure.au.dk/portal/files/7357/Bilag_5_-_Shedding_light_on_the_Gulf_s_middle_class.pdf

국내 신문

≪연합뉴스≫. 2018.2.4. "사우디서 새로운 트렌드 '여성끼리 여행' 놓고 갑론을박." http://www.yonhapnews.co.kr/bulletin/2018/02/04/0200000000AKR20180204051000111.HTML

_____. 2018.3.8. "2020년까지 사우디 여성 20% 운전 예상." http://www.yonhapnews.co.kr/bulletin/2018/03/08/0200000000AKR20180308152900111.HTML

≪조선일보≫. 2016.1.12. "中東여성시장은 금맥" D&G 첫 히잡 컬렉션. http://news.chosun.com/site/data/html_dir/2016/01/12/2016011200337.html

_____. 2017.3.21. "유커 빈자리, 동남아 관광객이 채운다." http://biz.chosun.com/site/data/html_dir/2017/03/20/2017032003108.html#csidx4f4b33e65abcdb5beaa51d8abfc9b4a

≪중앙일보≫. 2016.1.16. "럭셔리한 히잡·아바야…'히자비스타' 세계 패션 주무른다." http://news.joins.com/article/19421627

_____. 2016.10.9. "한류에 빠져 한국으로 가출한 사우디 여대생들." http://news.joins.com/article/20696755

_____. 2016.10.26. "WEF "남녀 임금 격차 줄이는 데 170년 걸릴 것." http://news.joins.com/article/20783937

_____. 2017.11.24. "K뷰티, 히잡 쓴 중동 여성들 매료시킨다." http://news.joins.com/article/2144975

_____. 2018.1.8. "말 잘못해도 옷 잘 입으면 나도 '매력남.'" http://news.joins.com/article/2265624

≪한겨레≫. 2012.12.3. "화장하는 한국남자, 경쟁사회의 산물." http://www.hani.co.kr/arti/international/europe/563603.html

_____. 2014.1.13. "시대마다 달라진 미인의 기준, 무슨 연유일까요." http://www.hani.co.kr/arti/society/schooling/619563.html#csidx8b4ea2ab45c4b78b8de494e7e1c8203 "

국외 신문

AFP. 2017.2.17. "Comic-Con opens in Saudi: Chance to be 'free'." https://entertainment.mb.com.ph/2017/02/17/comic-con-opens-in-saudi-chance-to-be-free/

Al Aarabiya. 2015.2.10. "Women constitute 13% of Saudi workforce: stats agency." http://english.alarabiya.net/en/News/middle-east/2015/02/10/

Al Arabiya. 2018.2.14. "Saudi cleric: Valentine's Day is a social event, not associated with religion." http://english.alarabiya.net/en/variety/2018/02/14/Saudcleric-Valentine-s-Day-is-a-social-event-not-associated-with-religion.html

Arab News. 2013.1.4. "Kingdom tops world in education spending." http://www.arabnews.com/saudi-arabia/kingdom-tops-world-education-spending

_____. 2013.3.9. "Saudi youth, the issue of unemployment and work ethic." http://www.arabnews.com/columns/saudi-youth-issue-unemployment-and-work-ethic

_____. 2013.3.25. "KSA female employment rate among lowest in MENA region." http://www.arabnews.com/news/445991

_____. 2014.5.23. "Many Saudi women becoming sole breadwinners." http://www.arabnews.com/news/575471

_____. 2015.1.31. "Saudi Arabia KSA population is 30.8m; 33% expats." http://www.arabnews.com/saudi-arabia/news/697371

_____. 2015.2.16. "Saudi jobless rate down to 11.7%: Nitaqat pays off." http://www.arabnews.com/featured/news/705241

_____. 2015.6.24. "Saudi women express reluctance to marry men in blue-collar jobs." http://www.arabnews.com/saudi-arabia/news/722021

_____. 2017.7.15. "Qatar World Cup faces threat of construction delays, sponsorship worries." http://www.arabnews.com/node/1129671/middle-east

_____. 2018.1.18. "Saudi girls catch 'K' fever." http://www.arabnews.com/node/1220911/saudi-arabia

_____. 2018.3.5. "Saudi women's technology businesses incubated by Badir up 144%." http://www.arabnews.com/node/1259216/saudi-arabia

Arabian Business. 2013.11.24. "Saudi woman invents first Arabic coffee machine." http://www.arabianbusiness.com/saudi-woman-invents-first-arabic-coffee-machine-527685.html

_____. 2016.4.12. "77% of UAE mums 'want work after children'." http://www.arabianbusiness.com/77-of-uae-mums-want-work-after-children─628011.html

Artnet News. 2014.11.19. "Saudi Arabia Destroyed 98 Percent of Its Cultural Heritage." https://news.artnet.com/art-world/saudi-arabia-destroyed-98-percent-of-its-cultural-heritage-174029

BBC. 2013.12.13. "Arab Spring: 10 unpredicted outcomes." http://www.bbc.com/news/world-middle-east-25212247

Bloomberg. 2015.10.19. "Saudi Arabia Said to Delay Contractor Payments as Oil Slumps." http://www.bloomberg.com/news/articles/2015-10-19/saudi-arabia-said-to-delay-contractor-payments-after-oil-slump

Business Wire. 2017.4.12. "Global $52.02 Billion Halal Cosmetics (Skin Care, Hair Care, Makeup) Market 2014-2017 & 2025-Research and Markets." http://www.businesswire.com/news/home/20170412005494/en/Global-52.02-Billion-Halal-Cosmetics-Skin-Care

CNN. 2013.1.23. "Make Saudi women visible, boost the economy." http://edition.cnn.com/2013/01/22/business/opinion-mounira-jamjoom

_____. 2014.6.27. "The shifting soft power of the Arab world." http://edition.cnn.com/2014/06/27/opinion/arab-world-soft-power-ctw/

CPI Financial. 2013.5.29. "UAE drafts five-year Emiratisation plan." http://www.cpifinancial.net/news/post/21013/uae-drafts-five-year-emiratisation-plan

Daily Life. 2013.8.20. "The bra blog empowering Middle Eastern women." http://www. dailylife.com.au/dl-fashion/fashion-coverage/the-bra-blog-empowering-middle-eastern-women-20130819-2s639.html

Doha News. 2016.3.15. "Qatar home to highest proportion of employed women in the Gulf." https://dohanews.co/qatar-home-to-highest-proportion-of-employed-women-in-the-gulf/

Dubai Chronicle. 2015.9.29. "Most Credible form of Advertising among UAE Consumers." http://www.dubaichronicle.com/2015/09/29/most-credible-form-of-advertising-among-uae-consumers/

Emirates 247. 2010.5.20. "Emiratisation of workforce 'pillar of growth'." http://www. emirates247.com/eb247/economy/uae-economy/emiratisation-of-workforce-pillar-of-growth-2010-05-20-1.246163

_____. 2015.2.23. "Saudis spend over Dh2bn on weddings a year." http://www. emirates247.com/news/region/saudis-spend-over-dh2bn-on-weddings-a-year-2015 - 02-23-1.581862

_____. 2015.4.12. "UAE girls shun food to look skinny: Study." http://www.emirates247. com/news/emirates/uae-girls-shun-food-to-look-skinny-study-2015-04-11-1.586995

_____. 2015.12.8. "Revealed: Top 10 most popular cosmetic surgeries in UAE." http:// www.emirates247.com/news/emirates/revealed-top-10-most-popular-cosmetic-surgeries-in-uae-2015-12-08-1.613265

Emirates Women. 2017.5.1. "Is Kim Kardashian To Blame For The Rise In Teen Plastic Surgery In The." http://emirateswoman.com/teens-drive-plastic-surgery-growth-uae/

Express. 2016.7.21. "Saudi Arabia issues fatwa against POKÉMON for being 'un-Islamic' and 'blasphemous.'" http://www.express.co.uk/news/world/691674/Saudi-Arabia-fatwa-Pokemon-GO-un-islamic-blasphemous-theory-of-natural-evolution

Financial Times. 2015.10.21. "IMF warns on Gulf States growth amid oil prices fall and conflict." http://www.ft.com/cms/s/0/863d2112-774b-11e5-933d-efcdc3c11c89. html#axzz44tMsgLTw

_____. 2017.9.1. "Saudi Arabia edges more women into work." https://www.ft.com/ content/c55d6cf4-8cd3-11e7-9084-d0c17942ba93

GDN Online. 2016.1.18. "More UAE men favouring detox treatments." http://www.

gdnonline.com/Details/59897/More-UAE-men-favouring-detox-treatments

Gulf Business. 2013.3.14. "UAE Emirati Female Entrepreneurs On The Rise." http://gulfbusiness.com/2013/03/emirati-female-entrepreneurs-on-the-rise/

_____. 2016.3.15. "GCC workers to be it hard by stagnant wages and rising costs in 2016." http://www.gulfbusiness.com/articles/industry/finance/gcc-workers-to-be-hit-hard-by-stagnant-wages-and-rising-costs-in-2016/

Gulf News. 2012.4.5. "How much does it cost to get married in Dubai?" http://gulfnews.com/news/uae/society/how-much-does-it-cost-to-get-married-in-dubai-1.1004239

_____. 2015.6.8. "70% of people in GCC, India, Pakistan obsessed with youthfulness." http://gulfnews.com/culture/people/70-of-people-in-gcc-india-pakistan-obsessed-with-youthfulness-1.1531639

_____. 2015.10.19. "How VAT in UAE will impact consumers." http://gulfnews.com/business/economy/how-vat-in-uae-will-impact-consumers-1.1602612

_____. 2015.10.23. "Mall culture puts UAE consumers above Americans for brand intimacy." http://gulfnews.com/business/sectors/retail/mall-culture-puts-uae-consumers-above-americans-for-brand-intimacy-1.1605687

_____. 2016.3.16. "Percentage of firms planning job cuts in GCC revealed." http://gulfnews.com/business/economy/percentage-of-firms-planning-job-cuts-in-gcc-revealed-1.1691118

_____. 2016.4.19. "Middle East world's fastest-growing beauty market." http://gulfnews.com/business/sectors/retail/middle-east-world-s-fastest-growing-beauty-market-1.1716845

_____. 2016.5.2. "UAE Gender Balance Council to help boost equality." http://gulfnews.com/uae-gender-balance-council-to-help-boost-equality-1.1816276

_____. 2016.5.28. "What makes UAE a role model of cohesion." http://gulfnews.com/news/uae/society/what-makes-uae-a-role-model-of-cohesion-1.1836341

_____. 2016.7.24. "UAE remittances up 15% in first six months." http://gulfnews.com/news/uae/society/uae-remittances-up-15-in-first-six-months-1.1867511

_____. 2016.8.28. "GCC women run SMEs worth Dh1.4 trillion: report." http://gulfnews.com/gn-focus/special-reports/features/gcc-women-run-smes-worth-dh1-4-trillionreport-1.1886393

_____. 2017.10.26. "90% of UAE population Vitamin D deficient, says DHA official." http://gulfnews.com/news/uae/society/90-uae-population-vitamin-d-deficient-says-dha-official-1.2113556

_____. 2017.10.29. "UAE youngsters spend up to 10 hours daily on digital gadgets." http://gulfnews.com/news/uae/society/uae-youngsters-spend-up-to-10-hours-daily-on-digital-gadgets-1.2114644

Gulf Times. 2017.11.30. "Siege has made people in Qatar more nationalistic than ever." http://www.gulf-times.com/story/573085/Siege-has-made-people-in-Qatar-more-nationalistic

Hijab Style. 2011.11.3. "Abaya Inspiration – Hanbok." http://www.hijabstyle.co.uk/2011/11/abaya-inspiration-hanbok.html#.Wl54HGhl-Uk

India Today. 2017.11.14. "Saudi Arabia approves Yoga as a sports activity." http://indiatoday.intoday.in/story/saudi-arabia-yoga-sports-activity-united-nations/1/1089143.html

Indian Express. 2017.6.22. "Family tax to burden Malayalees in Saudi." http://www.newindianexpress.com/states/kerala/2017/jun/22/family-tax-to-burden-malayalees-in-saudi-1619436.html (검색일: 2017. 10. 10).

Khaleej Times. 2013.9.19. "'First women-only' laundry opens." http://www.khaleejtimes.om/kt-article-display-1.asp?xfile=data/todayevent/2013/September/todayevent_September18.xml&section=todayevent

_____. 2015.5.14. "Kuwaiti women spend more time in virtual world than real." http://www.khaleejtimes.com/kt-article-display-1.asp?xfile=data/nationgeneral/2015/May/nationgeneral_May151.xml&section=nationgeneral

_____. 2015.11.21. "Hirings in Middle East being affected by low oil prices." http://www.khaleejtimes.com/business/economy/hirings-being-affected-by-low-oil-prices

_____. 2015.12.31. "Social media influences consumers." http://www.khaleejtimes.com/business/retail/social-media-influences-consumers

_____. 2016.1.25. "Why emirati families have fewer babies now?" https://www.khaleejtimes.com/nation/general/why-emirati-families-have-fewer-babies-now

_____. 2016.10.25. "Young Arabs more likely to boycott brands over politics." https://www.khaleejtimes.com/business/local/young-arabs-more-likely-to-boycott-brands-over-politics

_____. 2016.11.20. "Infertility a major issue faced by men in UAE." http://www.khaleejtimes.com/nation/uae-health/the-mans-side-of-infertility-in-uae

_____. 2017.2.5. "Are foreign nannies a bad influence on UAE children?" https://www.khaleejtimes.com/nation/are-foreign-nannies-in-uae-bad-for-children

_____. 2017.2.23. "UAE consumers willing to pay more for some local goods." https://www.khaleejtimes.com/business/uae-consumers-willing-to-pay-more-for-some-local-goods

Menafn. 2017.2.20. "UAE market for artificial fertilisation for women to reach $27 billion." http://menafn.com/1095257587/UAE-market-for-artificial-fertilisation-for-women-to-reach-27-billion

Migration News. 2012.1. "GCC: Kafala, UAE." https://migration.ucdavis.edu/mn/more.php?id=3740

Muslim Media Watch. 2013.5.1. "Saudi Women at the Helm: Beneficiaries of the Arab Spring." http://www.patheos.com/blogs/mmw/2013/05/saudi-women-at-the-helm-beneficiaries-of-the-arab-spring/

News of Bahrain. 2016.3.13. "GCC women educated but not gainfully employed: Report." http://www.newsofbahrain.com/viewNews.php?ppId=16513&TYPE=Posts&pid=21&MNU=2&SUB=51

Newsweek. 2014.2.5. "Muslim Women: Slow But Steady Progress." http://www.newsweek.com/muslim-women-slow-steady-progress-228083

Prwebme. 2016.12.5. "GCC F&B industry experiencing unprecedented growth buoyed by rising population & tourists arrivals, says report." http://www.prwebme.com/2016/12/05/gcc-fb-industry-experiencing-unprecedented-growth-buoyed-by-rising-population-tourists-arrivals-says-report/

The Conversation. 2015.1.6. "Oil prices: eventually the Gulf states will run out of power." http://theconversation.com/oil-prices-eventually-the-gulf-states-will-run-out-of-power-35867

The Daily Beast. 2011.9.26. "Arab Spring Benefits Saudi Women." http://www.

thedailybeast.com/articles/2011/09/26/saudi-women-win-voting-rights-thanks-to-arab-spring.html

The Economist. 2009. "The GCC to 2020: The Gulf and its people." Economist Intelligence Unit. 8. http://graphics.eiu.com/upload/eb/gulf2020part2.pdf

The Malay Mail online. 2017.10.27. "Young Muslims to drive US$300b boom in 'halal travel'." http://www.themalaymailonline.com/travel/article/young-muslims-to-drive-us300b-boom-in-halal-travel

The National. 2013.4.29. "Emiratisation brings greater equality for UAE women." http://www.thenational.ae/news/uae-news/emiratisation-brings-greater-equality-for-uae-women

_____. 2015.9.24. "Gender equality to yield $2.7 trillion in economic gains for the region." http://www.thenational.ae/business/economy/gender-equality-to-yield-27-trillion-in-economic-gains-for-the-region

_____. 2016.3.6. "Demand is firm amid sagging oil prices." https://www.thenational.ae/uae/demand-is-firm-amid-sagging-oil-prices-1.157882

_____. 2016.4.6. "UAE residents cutting back on eating out as spending habits shift." http://www.thenational.ae/business/economy/uae-residents-cutting-back-on-eating-out-as-spending-habits-shift

_____. 2016.11.8. "Fashion fusion: Japan meets Arabia in kimono abaya collection launch." http://www.thenational.ae/arts-life/fashion/fashion-fusion-japan-meets-arabia-in-kimono-abaya-collection-launch

_____. 2017.7.3. "Doctors warn Gulf women face 'ticking time bomb' of lifestyle diseases." https://www.thenational.ae/uae/doctors-warn-gulf-women-face-ticking-time-bomb-of-lifestyle-diseases-1.91547

The Siasat Daily. 2016.3.30. "Saudi women started mobile pet care service." http://www.siasat.com/news/saudi-women-started-mobile-pet-care-service-939487

The Statistics Portal. https://www.statista.com/statistics/673855/gcc-international-tourist-arrivals

Times of Oman. 2014.9.20. "Science Café set to talk food choices of new generation in Oman." http://timesofoman.com/article/40675/Oman/Science-Caf-set-to-talk-food-choices-of-new-generation-in-Oman

_____. 2015.2.18. "No takers for IS's cause in tolerant Oman." http://www.timesofoman.com/News/47499/Article-No-takers-for-IS%E2%80%99s-cause-in-tolerant-Oman

Trade Arabia. 2015.3.23. "Luxury family travel on the rise in the MENA." http://www.tradearabia.com/news/TTN_278090.html

_____. 2016.11.3. "Middle class to define next decade of MENA tourism. 3 November." http://tradearabia.com/news/TTN_316174.html

Washington Examiner. 2017.10.24. "Saudi Arabia's crown prince just declared war on the clerics." http://www.washingtonexaminer.com/saudi-arabias-crown-prince-just-declared-war-on-the-clerics/article/2638480

Weetas. 2015.6.29. "GCC population growth rate is one of the highest internationally." https://www.weetas.com/gccnews/gcc-population-growth-rate-is-one-of-the-highest-internationally

World Crunch. 2016.6.4. "Muslim And Hipster, Why "Mipster" Fashion Is Trending." http://www.worldcrunch.com/culture-society/muslim-and-hipster-why-mipster-fashion-is-trending/c3s21123

찾아보기

지은이 **엄익란**

2004년 영국 엑서터 대학(University of Exeter)에서 중동학 박사 학위를 취득하고, 국내에서 왕성한 연구 활동을 해왔다. 현재는 단국대학교 GCC국가연구소에 소속되어 이슬람과 소비, 무슬림 젊은 세대, 걸프 지역과 중동 지역, 아랍의 여성 문제 등을 연구하고 있다. 중동 지역의 정치, 경제, 사회문제를 문화의 틀에서 분석하고 있으며, 연구뿐만 아니라 대중 강연을 통해 이 지역 문화를 올바로 알리는 데 힘쓰고 있다. 대표적인 저서로『금기, 무슬림 여성을 엿보다』(2015),『이슬람 마케팅과 할랄 비즈니스』(2014),『할랄, 신이 허락한 음식만 먹는다』(2011),『무슬림 마음속에는 무엇이 있을까』(2009)가 있다.

단국대학교 아랍문화연구소 총서 2

걸프를 알다
변화하는 아랍의 라이프 스타일과 부상하는 우먼 파워

ⓒ 엄익란, 2018

지은이 l 엄익란
펴낸이 l 김종수
펴낸곳 l 한울엠플러스(주)
편집책임 l 최진희

초판 1쇄 인쇄 l 2018년 10월 10일
초판 1쇄 발행 l 2018년 10월 17일

주소 l 10881 경기도 파주시 광인사길 153 한울시소빌딩 3층
전화 l 031-955-0655
팩스 l 031-955-0656
홈페이지 l www.hanulmplus.kr
등록 l 제406-2015-000143호

Printed in Korea.
ISBN 978-89-460-6555-0 03320(양장)
        978-89-460-6556-7 03320(반양장)

* 책값은 겉표지에 표시되어 있습니다.

이 저서는 2016년 대한민국 교육부와 한국연구재단의 지원을 받아 수행된 연구임
(NRF-2016S1A6A4A01017871)

This work was supported by the Ministry of Education of the Republic of Korea and the National Research Foundation of Korea(NRF-2016S1A6A4A01017871)